中国消防救援年鉴
（2020年卷）

应急管理部消防救援局　编

应急管理出版社
·北　京·

图书在版编目（CIP）数据

中国消防救援年鉴. 2020年卷 / 应急管理部消防救援局编. -- 北京：应急管理出版社，2022

ISBN 978-7-5020-9419-5

Ⅰ.①中… Ⅱ.①应… Ⅲ.①消防—工作—中国—2020—年鉴 Ⅳ.①D631.6-54

中国版本图书馆 CIP 数据核字（2022）第123303号

中国消防救援年鉴（2020年卷）

编　　者　应急管理部消防救援局
责任编辑　尹忠昌　徐　静
责任校对　张艳蕾
封面设计　罗针盘

出版发行　应急管理出版社（北京市朝阳区芍药居35号　100029）
电　　话　010-84657898（总编室）　010-84657880（读者服务部）
网　　址　www.cciph.com.cn
印　　刷　北京盛通印刷股份有限公司
经　　销　全国新华书店

开　　本　787mm×1092mm $^{1}/_{16}$　印张　27 $^{1}/_{2}$　插页　1　字数　619千字
版　　次　2022年3月第1版　2022年3月第1次印刷
社内编号　20220503　　定价　119.00元

年伟地　年瑞龙　朱亚东　朱耀杰　刘　明　刘　腾
刘少俭　刘洪超　刘瑞民　闫　松　安天琦　许满凯
孙金杰　芮道余　李　颖　李凤齐　李成堂　李杨卓群
李劲然　杨　昀　杨万平　杨千红　杨艺铭　杨永鹏
肖志成　吴　斌　吴茂刚　何林泰　邬毅宁　汪　辉
沙洲洲　张　航　张文瑞　张弘毅　张先来　张国庆
张栋楠　陆　琦　罗舒文　金泰来　周建军　周建驿
赵仲儒　赵建成　赵毅勇　胡　君　胡海潮　姜　红
姜福岩　秦宏伟　贾洪琛　贾晓冬　徐　涛　徐凯文
徐蕴灏　郭成传　浦小海　姬长建　黄　韡　黄维武
龚海龙　董文辉　蒋思钢　韩　雪　喻　炳　曾　炜
曾　荣　谢　乾　窦礼念　慕洋洋　谭明波　谭鸣宇
熊旺飞

统稿核校人员(按姓氏笔画为序)

统稿人员

马半栓　张　强　张丹丹　张文瑞　陈　俭　陈立国
殷玉绅　龚海龙　董晨鹏　韩晓鹏　缪刚和

核校人员

马仰威　王　宁　李书良　李希明　李朝旭　张亢禹
陈立国　郭成传　缪刚和

《中国消防救援年鉴（2020 年卷）》编委会

《中国消防救援年鉴（2020 年卷）》编写组

编 写 说 明

2020年，是国家综合性消防救援队伍坚定不移沿着习近平总书记擘画的宏伟蓝图坚定迈进、继往开来的奋进之年。一年来，消防救援事业更加融入党和国家事业大局。充分发挥“主力军”和“国家队”作用，承担更多职能、迈入更广领域，在抗疫情、战洪峰，防风险、保平安等严峻考验中，力克时艰、书写忠诚，取得瞩目战果、踏上更广舞台。习近平总书记在中央政治局常委会会议上充分肯定消防救援队伍在救灾中发挥的重要作用。一年来，消防救援队伍自身建设持续向好。坚持顶层设计和主观能动双向发力，工资待遇、经费管理、消防员退出等改革配套政策相继落地，思想教育、执勤训练、队伍管理等方面革故鼎新，“两严两准”建队要求贯彻始终，提质强能的成效愈发明显。一年来，消防救援工作取得了更加显著的业绩成效。进一步规范法规体系、压实工作责任、深化社会治理、改革训战模式，日夜坚守备勤，全力防范和化解风险，全年全国火灾形势总体平稳。

为全面、客观、准确反映2020年全国消防救援工作和队伍建设，为今后工作提供借鉴和参考，应急管理部消防救援局编撰了《中国消防救援年鉴(2020年卷)》。主要包括2020年全国及各省、自治区、直辖市消防救援工作和训练总队等工作情况，有关消防救援工作的重要文件资料，灭火救援和火灾统计情况，全国消防业务统计资料，消防科研和消防产品管理，英模录和大事记等内容。

由于编者水平有限，书中疏漏和不足之处在所难免，恳请读者提出宝贵意见。

应急管理部消防救援局

2021年7月

目　录

第一篇　全国消防救援工作概述

第二篇　各省、自治区、直辖市消防救援工作

第三篇 训练总队、研究所、评定中心工作综述

第四篇 有关消防救援工作的重要文件资料

第五篇 灭火救援统计情况

第六篇　火灾统计情况

第七篇　英　模　录

第八篇 大 事 记

附 录

第 一 篇

全国消防救援工作概述

2020 年全国消防救援工作概述

2020 年，全国消防救援工作以习近平新时代中国特色社会主义思想为指导，自觉站位党和国家工作大局以及应急管理事业全局，聚焦提质强能发展主线，坚持“两严两准”和“五个不动摇”，战疫情、抗洪灾，防风险、保稳定，推改革、谋发展，坚定担起职责使命，成功经受灭火救援、抗击疫情、抗洪抢险等一系列重大任务考验，全年全国消防安全形势总体保持稳定。涌现出“中国消防忠诚卫士”“时代楷模”等一批先进典型，11 名先进个人代表和 3 个先进集体代表受到习近平总书记亲切接见。

一、聚力消防救援队伍改革转隶大局，加快推进顶层设计和体系引领汇聚磅礴合力

一是高位推进各项政策落地。加快推进改革配套政策，工资和消防员退出补助政策顺利出台，至本书成书时，共出台改革配套政策文件 26 个、队伍内部管理规章 17 个，住房政策正在履行会签程序，其他相关政策正在推进之中。圆满完成全国消防救援队伍落编定岗、身份转改、授衔换装等工作，年内招录干部学员 1571 名、消防员 11500 名，队伍改革稳步有序推进。二是持续夯实基层党团组织。消防救援局深入落实中央组织部要求，指导各总队党委协调当地组织部门顺利接转总队党组织关系，理顺了改革过渡期党建机制。强化基层党组织政治功能和组织力，推进党组织标准化规范化建设，狠抓书记队伍建设和组织生活制度落实，充分运用科技信息手段，有效提高基层党建工作水平。天津、辽宁、吉林、福建、江西、山东、湖南、贵州、青海、宁夏总队基层党建工作评议“好”的比例为 100%。三是有效激发典型培树成效。全年全国消防救援队伍共有 210 个集体、320 名个人受到省部级以上表彰。其中江西省九江市消防救援支队被中央宣传部授予“时代楷模”称号，被应急管理部记集体一等功。安徽省消防救援总队陈陆同志被应急管理部、人力资源和社会保障部追授“中国消防忠诚卫士”称号，入围中央电视台“感动中国 2020 年度人物评选”，江苏省消防救援总队被省委荣记集体一等功，展示了“火焰蓝”的时代风采和良好形象。

二、聚焦服务保障“两个大局”的历史考验，在统筹疫情防控和履行核心职能中展示责任担当

一是在疫情防控中担当作为。自国务院联防联控机制宣布新型冠状病毒肺炎疫情（简称新冠肺炎疫情）暴发第一周起，消防救援局即派出工作组赴武汉蹲点 68 天，做好“主战场”协调、指导、督战等工作。全国消防救援队伍参与病员转运、涉疫洗消、物资搬运等涉疫勤务 1.7 万起，组织 1055 个技术组，对涉疫重点场所实行“点对点”上门指导服务，帮助单位整改火灾隐患 58.7 万处，全国涉

疫重点场所未发生火灾事故，消防救援队伍无一人因涉疫勤务、救援行动发生疫情感染。服务保障复工复产消防安全，出台硬性措施做好消防服务、支持消防产品企业，减免减缓认证检验费用2.1亿元。二是在防汛抗洪中勇挑重担。坚持“力量跟着汛情走，救援抢在成灾前”，组建2.6万人抗洪抢险专业队，增配装备14.6万件（套），建立“预警、预置、救援、重建”全链条救灾模式，积极参与巡堤查险、堤坝加固、管涌排险、清淤排障、城乡排涝，全力做好受灾群众安置点和救灾物资仓库消防安全。先后4次组织跨地区增援安徽、江西、四川、吉林，全国消防救援队伍累计参加抗洪抢险救援2.4万起，出动指战员23万人次，营救疏散群众21万人，排涝1762万立方米，清淤排障8.5万立方米，防疫消杀47.4万平方米。三是在履职尽责中扛牢使命。紧盯“高低大化”（高层建筑、地下建筑、大跨度大空间建筑、石化企业）和“三合一”（将人员住宿与生产、仓储、经营一种或一种以上使用功能违章混合设置在同一空间内）、群租房等高风险场所，开展有针对性的专项整治，探索特殊条件下安保新模式，确保全国“两会”、中国（北京）国际服务贸易交易会、第三届中国国际进口博览会等重大消防安保任务万无一失。加强专业训练和熟悉演练，开展战例研讨和典型案例复盘，成功处置福建泉州“3·7”建筑坍塌、黑龙江伊春“3·28”尾矿砂泄漏、浙江台州“6·13”槽罐车爆炸、湖南怀化“10·25”雪峰山隧道车辆起火等重大灾害事故，其中福建泉州建筑坍塌事故救援情况被联合国搜索与救援咨询团作为典型案例推广。全年消防救援队伍接警出动161.3万起，营救被困人员19万余人，疏散遇险人员近50万人。

三、围绕加快提质强能的发展主线，着力提升堪当主力军国家队的能力本领

一是强化源头精准治理。以消防安全专项整治三年行动为主线，深入推进打通消防“生命通道”等5项攻坚治理和2项提升工程，制定文博单位消防安全检查整改工作指南，消防、文物系统对762家第八批全国重点文博单位开展联合检查。建立危险化学品联合监管机制，5次组织开展危险化学品重大危险源、涉油企业等联合督导检查，完成江苏省安全生产专项整治“开小灶”加强行动，开展2019年度省级政府安全生产和消防工作考核。制定《消防安全领域信用管理暂行办法》，试行承诺管理制度。二是强化专业攻坚能力。强化指挥能力，创新“一部六组”指挥架构，完善信息共享、风险研判、预警通报机制，实体运行灭火救援指挥部，加强灾害分级响应和力量调派，启动智能接处警系统、智能指挥系统和“一张图”建设，实现灾情预警、力量调派、现场部署“一键式”调度。深化执勤训练改革，修订执勤战斗条令和业务训练大纲，在总队布点组建轻、重型化工灭火救援编队，开展“高低大化”灭火救援作战编成试点建设，全国消防救援队伍中地震救援专业力量达1.8万人、石油化工事故灭火救援专业力量达2.2万人。开展作战训练安全专项督导和培训，编发安全手册和处置规程，组建紧急救援小组6300个、设置安全员（助理）1.2万人，切实提升队伍识险避险处险能力。三是强化消防宣传培训。以消防宣传进社区、进学校、进企业、进农村、进家庭“五进”为抓手，开展形式多样的社会化消防宣传教育活动。建成各类消防科普教育场所3200个，26个总队级、330个支队级全媒体工作中心实体化运行，推广应用“全民消防知识学习云平台”和“中国消防志愿者注册管理平台”。《人民日报》、新华社等中央主流媒体推出消防工作报道1.2万条(次)，提升主流媒体宣传力。加强新媒体矩阵建设，组织复工复产、学校消防公开课等多场大型网络直播，推送作品820万条（次），总阅读量超160亿次。四是强化遂行作战保障。编制应急物资保障体系建设纲要，推进区域性应急战勤保障中心和应急战勤保障编组建设，完善灾害事故救援装备现场保障社会联动机制，建立应急救援装备引进租用和购买服务制度，与17家大型国有企业签订战略合作协议。组建129支前突小队和8233名志愿消防速报员队伍，配齐关键装备，提升极端条件下应急通信保障能力。

四、切实强化基层基础至上的工作理念，不断积蓄消防事业长远发展后劲

一是完善法制建设。深入推进消防执法改革，及时修改完善消防工作规章，起草《国家综合性消防救援队伍和人员法(草案)》，在消防救援站全面推行开展防火工作，修订出台消防文员协助开展消防监督管理工作规定，应急管理部向党中央、国务院专报了消防执法改革情况。165项消防领域公共安全行业标准划转应急管理部归口并按照新的行业标准代码重新编号，14项国家标准和行业标准获批准发布，17项强制性国家标准项目获批立项，消防车系列强制国家标准获评中国标准创新贡献奖三等奖。编制全国“十四五”消防救援事业发展规划，16个省份的规划纳入了省级重点规划。二是强化综合保障。财政部出台国家综合性消防救援队伍经费管理暂行办法，落实中央和地方财政经费1283亿元，统筹压减公用经费支出40%以上。加快基础设施建设，全国共新建消防救援站276座，增配消防车3647辆、救援装备112万件（套），车辆和器材数量较转制前分别增长13%和27%。应急管理部出台《国家综合性消防救援队伍队旗和制式被装技术标准》，取得32项国家级外观专利。实施为基层办实事工程，为西部10省区争取水域救援装备建设经费20亿元，山西广灵、阳高两县定点扶贫装备和基础设施建设经费全部到位。三是坚持科技驱动。制定年度消防科技计划，完善产学研用机制，深入开展消防基础理论、综合救援实战化训练、火灾防控与灭火救援技术装备研究，探索构建消防信息化新型架构，加快“智慧消防”数据治理系统建设，研发数据分析模型，建立应用支撑体系和数据资源池。加强对“四所一中心”业务指导，全年共28个项目通过评价，取得科技成果45项、专利95项，获得省部级科技奖励15项，消防与应急救援国家工程实验室通过验收。四是坚持人才强消。在顺利完成落编定岗基础上，全国消防救援队伍4508个单位完成《统一社会信用代码》办理工作。首次召开消防救援队伍人才工作会议，制定人才队伍建设意见和人才库建设管理办法，实施干部“蓝焰英才”和消防员“橙才”计划，分岗位建立专业人才库。开展机关与基层干部双向挂职、战训干部跨省实战锻炼，分批组织支队级干部集中培训和业务培训。将消防员和消防行业职业技能鉴定纳入国家职业技能鉴定管理体系，5.7万名消防员通过职业技能鉴定考核。全国新增注册消防工程师 1.6 万人，总数达 5.9 万人。

五、坚决落实“两严两准”的建队标准，全面锻造让党和人民信得过靠得住能放心的队伍

一是坚持抓教育引导。建立学习践行训词精神常态化机制，扎实开展“践行训词精神，担当神圣使命，坚持五个不动摇”主题教育实践活动，开展创新成果评选，培育孵化创新项目 130 余个。深入推进职业荣誉体系建设，实施文化育队战略工程，出台文化建设和加强规范队史馆（荣誉室）建设的指导意见，建立起符合队伍职业特点的思想教育模式，涌现出了“时代楷模”九江支队、“中国消防忠诚卫士”陈陆等重大典型，210 个集体、320 名指战员受到省部级以上表彰。二是坚持抓从严管理。制定党委从严管党治队主体责任和纪委监督责任清单，紧盯选人用人、监督执纪问责等重点环节，建立清单、对账销号。开展规范消防行政许可和处罚行为优化消防执法营商环境专项行动，启用监督执纪问责信息平台，抓好党政纪处分、“四种形态”运用，保持从严从紧的高压态势。重塑重构消防救援队伍战备、训练、工作、生活“四个秩序”，打造正规化管理试点样板并召开现场会，以点带面推动基层建设全面过硬。三是坚持抓巡视整改。扎实开展贯彻落实习近平总书记重要指示批示情况“回头看”，建立健全“学、思、用、查、评、改”一整套制度。深化改革、建章立制，推动改革配套政策和管理规章落地，妥善解决过渡期消防员退出补助发放问题。做好巡视整改“后半篇”文章，深入开展中央巡视反馈意见整改落实工作“回头看”，打造风清气正的良好环境。

第 二 篇

各省、自治区、直辖市消防救援工作

第一章 北京市消防救援工作

2020年，北京市消防救援工作坚持以习近平总书记重要训词精神为指引，强化党政统领、聚焦风险防范、培树打赢能力、不断固本强基，全力以赴保安全、护稳定、促发展，全年全市火灾形势保持平稳。

一、坚持党政统领、强化融入融合，构建消防安全齐抓共管格局

市委书记蔡奇、市长陈吉宁专题听取消防救援工作汇报，部署消防工作，应急管理部党委书记黄明，消防救援局局长琼色、政委詹寿旺多次深入基层检查指导工作，作出批示指示。市委办公厅、市政府办公厅印发《关于深化消防执法改革的实施意见》，明确16项改革任务和40项改革措施，推动消防执法改革走深走实。市安全生产委员会、市防火安全委员会印发《消防安全专项整治三年行动计划》等方案，开展老旧居民小区和城乡接合部村民自建出租房屋连片区消防安全突出问题整治及高层建筑、石油化工、城市轨道交通等领域消防安全专项治理。全市12个部门联合印发《关于实施消防车通道和消火栓治理三年行动计划方案》，建立违规占用消防车通道联合处置机制，全市新建小区、老旧小区、公共建筑划线标识工作进度完成率达100%、72%、82%。将消防安全工作融入“平安北京”建设，纳入公共安全、城市管理、乡村治理等重要内容。推行公众聚集场所投入使用、营业前消防安全检查告知承诺制度，列入市第一批“证照分离”工作清单。深化火灾延伸调查工作，延伸调查火灾事故35起，倒逼责任落实。

二、聚焦风险防范、强化精准施策，保持全市火灾形势持续稳定

针对全国“两会”、中国（北京）国际服务贸易交易会等重要会议活动，分级成立消防安保工作专班，实行“一活动一方案、一会场一团队、一住地一专班、一外围一前指”，完善公安、武警和消防联勤联动机制，发动大、中、小三级网格共48万专群力量开展巡查巡控，全年完成各项消防安保勤务923场次。成立冬奥会消防救援指挥部，对57个涉赛场馆及配套基础设施项目开展技术服务，现场督改火灾隐患1494处。紧盯涉疫场所和复工复产进程，制定消防服务“八项措施”、消防安全“八到位”要求，出动2014个技术服务组实地检查指导，利用“远程监控+微信视频”开展线上检查。全面推行“双随机、一公开”（监管过程中随机抽取检查对象，随机选派执法检查人员，抽查情况及查处结果及时向社会公开）消防监管模式，全年全市共检查单位20.6万家，整改火灾隐患25.2万处。组织全市社区民警以及街道、乡镇政府和村（居）委会工作人员、安全巡查员、物业人员、保安员“一警六员”开展消防基本技能实操实训，累计培训合格13

万余人。开展“关注消防、生命至上”消防宣传月活动，中央和市属主流媒体、新媒体持续扩大宣传覆盖面和影响力，营造浓厚消防安全氛围。

三、树立实战导向、夯实基层基础，队伍实战打赢能力有效增强

市消防救援总队出台《关于加强和改进作战训练工作的意见》，建立“全员普训、分岗专训、轮岗驻训、实战检训”练兵机制，分级制定 31 类、100 个实战化训练科目和 162 项体能培训课程，分期分批组织 758 名基层指挥员、5826 名消防员开展实战业务培训，举办首届“火焰蓝”杯实战化比武竞赛。出台《全面加强应急状态建设八项刚性措施》《全勤指挥部建设管理规定》等文件，严抓“指挥长 24 小时坐班值守、值班备勤人员手台监听和入群指挥”等执勤备战制度，拉动考核基层队站 3533 次、指战员 2.1 万人次。将全市企事业专职消防队，微型、小型消防站和社会救援力量全部纳入 119 调度指挥体系，探索推行“消防+环卫”联勤模式。组建 8 类 145 支专业队，选拔 512 名骨干参加绳索、潜水、安全员、舟艇驾驶、地震救援、灾害医学等专项救援技术培训，举办全市地震、水域、地铁、石油化工等大型综合实战演练。北京市消防救援总队指战员代表在 2020 年“绳命”绳索救援交流赛、格锐德世界绳索救援赛（亚洲赛）中均夺取冠军。全年全市消防救援队伍共接警出动 3.3 万起，出动消防车 6.8 万辆次，消防人员 37.4 万人次，营救疏散被困人员 4756 人。成功处置通州“7・7”危险化学品钢瓶爆炸、“8・12”强降雨灾害等事故。

四、坚持固本强基、优化综合保障，消防事业发展根基不断夯实

编制“十四五”消防救援事业发展规划，出台人才队伍、特种灾害救援能力、车辆装备、信息化建设和消防宣传工作 5 类三年建设规划。上线运行移动作战训练终端和“119”智能接处警、营房管理、被装管理系统等，推进数据资源池、火灾风险隐患挂账销号、消防水源信息管理等系统建设。明确“大站建强、小站建密、微站建广，织密城乡灭火救援网”思路，新建消防救援站 42 座。提速应急通信保障机动队综合业务用房、城市副中心消防指挥中心、第二战勤保障基地等基建项目建设。印发《北京市消防救援队伍经费管理实施细则（试行）》，完善消防经费保障机制。

五、强化党建引领、落实严管厚爱，保持队伍建设发展良好势头

党团组织关系分别划转市直机关工委、团市委，总队、支队两级机关党委实体化运行、工会组建基本完成。构建“八个专业、四个层级”消防专业人才体系，在北京师范大学心理学部挂牌成立心理健康教育基地。开展“五型模范机关”创建活动，召开现场会推进队伍正规化建设。培育 80 个创新成果，“蓝剑”消防安保指挥系统、消防员心理健康服务线上平台分别获评消防救援局创新项目一等奖、二等奖，10 个重点项目获得国家专利。严格落实党风廉政建设“两个责任”，开展两轮内部政治巡察，创新建立巡审一体、“审计+执纪”、共性问题未巡先改机制。制定《北京市消防救援队伍职业保障办法》，稳步推进指战员集体落户工作，363 名消防指战员子女享受教育优待。

第二章　天津市消防救援工作

2020年，天津市消防救援工作坚持以忠实践行习近平总书记重要训词精神为纲领，始终坚持“人民至上、生命至上”，深化消防改革，全面提质强能，全市消防安全形势持续稳定。

一、打造火灾防控新格局

市委书记李鸿忠专题部署消防工作、作出批示指示。全市各级落实“责任牵引、网格兜底、宣传覆盖、诚信制约、智慧支撑”5项防控机制，市政府印发消防安全责任制规定，发布打通“生命通道”集中治理行动通告，开展消防安全专项整治三年行动，建立通报、督导、调度“三项制度”，制定职责手册和任务清单。将“打通生命通道”纳入创文创卫等工作，全市九部门联合开展消防车通道标线施划、百日宣传等8项行动，累计标定禁停线2800处、新增停车位3.6万个。依托专业机构开展城市火灾风险评估，运用大数据分析预警、危险化学品电子信息查询、火患举报云平台等科技手段，为精准防控提供技术支撑。深入开展养老机构、高层住宅、地下建筑、危化企业、“九小”场所、电气火灾等消防安全专项整治。全年全市共整改火灾隐患4.2万处，警示约谈消防安全重点单位8000余家，曝光隐患单位1.5万家，整改销案重大火灾隐患单位12家。

二、探索共治共育新举措

市六部门联合出台《消防安全信用管理规定》，市消防救援总队与市金融局、人民银行签订合作备忘录，3200余家消防安全重点单位在“信用中国”作出公开承诺，27家失信企业受到联合惩戒。创建“公益联盟、快递运输、隐患举报、移动通信”四大平台，发动120个行业协会、40万名消防志愿者联防共治，全市2.2万名群众参与火灾隐患有奖举报，消防安全提示短信覆盖全市1000万人。总队、支队两级全媒体中心实体化运行，天津电视台开播《津门火焰蓝》消防专题节目，新媒体平台关注人数突破千万，总队官方快手、微博、头条获评消防救援队伍全国“十佳”。22个科普教育基地挂牌开放，一批消防主题公园、地铁、街道相继建成投用，300余种消防文创产品走进百姓生活。

三、推动实战能力新提升

深化战区协作机制，组建石化、高层、水域等7类灾害事故专业救援队，开展水域救援、舟艇驾驶、院前救护等资质认证培训，3600人考取专业资格证书。开展全要素演练12次、真烟真火训练36次、经典战例复盘57次。消防救援部门与20余家企业建立联储联调机制，推行“120进驻消防救援站”试点建设，依托危险化学品企业开展驻厂轮训，培养危险化学品事故处置技术骨干 1700 余名。开展岗位能力等级达标考评，制定 8 类 21 个岗位考核标准。全年全市消防救援队伍共接警出动 4.7 万起，营救疏散被困人员 4038 人，保护财产价值 22.3 亿元。

四、积蓄事业发展新动能

将“十四五”消防救援事业发展规划纳入市级重点规划，开展“智慧消防”、基地建设、队伍建设、装备建设 4 个项目评估论证。全年全市消防业务经费突破 20 亿元，开工建设消防救援站 19 座。市消防救援总队训练基地正式建成投用，投入 8.4 亿元建设综合战勤保障基地、山岳救援基地等重点项目。购置消防车 88 辆、器材装备 7 万余件（套）。启动政府专职消防队员统招工作，将政府专职消防队员公用经费和伙食费全部纳入财政预算，实现统一保障。

五、展现纪律队伍新风貌

开展“践行训词精神，担当神圣使命，坚持五个不动摇”主题教育实践活动，组织“争当陈陆式忠诚卫士、争创九江式优秀队站”“津门最美火焰蓝”评选。全年全市 50 个集体和个人获评全国“119 消防奖”、天津市红旗团组织、“天津好人”等荣誉，全市消防救援队伍中 6 个集体获评全国文明单位。紧盯选人用人、工程基建、招标采购、消防执法以及信息化建设等敏感领域，制定党委、纪委、班子成员“三责清单”，印发《支队级以下领导干部问责实施办法》，分 4 轮对 16 个支队党委开展政治巡察，聘用第三方机构开展审计“回头看”，部署开展“未巡先改”工作，共核查处理问题线索 54 条、问责领导干部 307 人。贯彻落实新条令纲要，打造“四型”机关和正规化建设试点，队伍内部正规有序。围绕“黄赌毒、网贷密、人车酒、钱财物”等风险点，梳理制定 15 类 32 项 100 条安全管理风险清单，跟进开展“百条风险、逐条销账”排查整治和“全领域、全覆盖”集中点验。

六、激发干事创业新活力

制定出台总队党委“包保”工作机制，落实“定期调研、主动报告、加强协调、互通情况、同奖同罚”五项制度。召开总队主官与基层主官面对面对话会，设立建言献策信箱。完成 94 名支队级干部选拔、改任。加快构建完善职业荣誉体系，落实教育优待、免费出行、就医优先等政策，21 名消防救援人员子女享受中考优待政策，开工建设 142 套公寓房。

落实新工资政策，协调完善保障制度，实现地方津贴补贴、绩效奖励应享尽享。

第三章　河北省消防救援工作

2020年，河北省消防救援工作坚持以习近平新时代中国特色社会主义思想为指导，深入贯彻习近平总书记重要训词精神，着力防范化解重大消防安全风险，全面提升灭火救援实战能力，消防安全形势和队伍管理形势保持稳定，为建设“经济强省、美丽河北”提供良好的消防安全环境。

一、健全火灾防控体系，社会治理能力不断提升

一是消防安全责任有效落实。省委书记王东峰、省长许勤专题部署、实地检查消防安全工作。省政府年初召开全省消防工作会议，定期开展各级政府、行业部门落实消防安全责任制情况考核。省委办公厅、省政府办公厅联合印发《关于深化消防执法改革的若干措施》，省消防安全委员会印发消防安全专项整治三年行动方案，成立专项议事协调小组部署推进，细化23类90项任务清单，向14个省直部门发送建议函。省安全生产委员会办公室部署开展木材加工行业、商品批发市场、危险化学品消防安全专项整治，省民政、文物、宗教部门分别印发行业系统消防安全标准化管理规定，省住建、公安、消防等部门联合开展打通“生命通道”行动。二是消防安全环境持续净化。以消防安全专项整治三年行动为主线，全年全省共检查社会单位13.8万家，整改火灾隐患11.7万处，13家省级重大火灾隐患单位完成整改。全省6462栋公共建筑、9297个住宅小区完成消防车通道标线施划，1945栋高层公共建筑、24060栋高层住宅建筑明确消防安全经理人和楼长，256个大型商业综合体完成消防安全管理达标创建任务，646家石化企业、112个乡镇工业园和特色小镇完成消防安全风险评估，575家石化企业建立专（兼）职消防队、工艺处置队。三是消防执法改革稳步推进。将消防行政许可、行政处罚、临时查封等内容纳入河北省省级部门信用信息资源目录，修订《河北省消防行政执法裁量实施办法》，优化注册消防工程师注册审批流程。全面推行“双随机、一公开”消防监管模式，开展日常检查12.5万次、专项检查2317次。开展优化消防执法营商环境专项行动，对2017年以来办理的3.7万件行政许可、3.4万件行政处罚逐一自查整改，全省消防执法营商环境专项评估排名位居全国第二名。四是消防宣传教育成效明显。深化消防宣传“五进”（进社区、进学校、进企业、进农村、进家庭）工作，在省、市级主流媒体开设消防宣传专栏40个、报刊专版30个，播发消防专题内容337条。全省新建命名消防科普教育馆154个、消防主题公园62座、主题街道35条，举办河北省第六届“消防之星”评选表彰活动，省扶贫办、文旅厅、科技厅、电影局将消防宣传纳入“精准扶贫和文化、科技、电影下乡”内容，开展遏制“小火亡人”事故植入性

专项宣传活动 3180 场。投入 4300 万元建成总队、支队两级全媒体中心 12 个，新媒体矩阵关注人数达 1720 万，共发布作品 6.4 万条，点击量超过 5.3 亿次。五是服务大事要务彰显作为。紧密围绕京津冀协同发展，将消防救援工作纳入经济社会发展全局，省、市两级“十四五”消防救援事业发展规划全部列入重点专项规划。围绕筹备北京冬奥会、雄安新区建设、河北自由贸易试验区建设等党和国家重点任务，优化执法监管服务，强化实战测试演练，夯实基层基础工作。制定统筹推进火灾防控和复工复产十项措施，卫健、工信、消防等部门联合开展涉疫场所集中排查整治，组成 30 个技术专家组，开展线上线下指导服务，全省涉疫场所未发生有影响的火灾。

二、聚焦主业练兵打仗，综合救援能力不断提升

一是全员岗位练兵提质强能。制定全员岗位大练兵实施方案，举办战训大讲堂 25 期。建成 34 支 1865 人的国家、省、市级专业应急救援队，培训地震、山岳、冰上、水域救援和舟艇驾驶专业队员 1045 人。开展夏季、冬季练兵考核，抽考指战员 1.2 万人次。全年全省消防救援队伍共接警出动 7.1 万起，出动车辆 13.4 万辆次，出动消防人员 75.5 万人次，营救被困人员 6532 人，疏散被困人员 14736 人，保护财产价值 72.0 亿元。圆满完成石家庄市无极县“11·12”爆炸事故、增援黑龙江和吉林排涝抢险等救援任务。二是预案体系建设日趋完善。开展辖区灾害风险评估，围绕 16 类常见灾害和重点问题开展课题攻关，召开专题会议加强全省灭火救援作战编成和抗洪抢险专业队建设，印发《灭火救援基本作战编成》《抗洪抢险专业队力量编成》和《化工灭火救援编成》，完善火灾、地震、洪涝等灾害事故四级预案体系。组织全省 11 支地震救援专业队 920 名指战员，举行历时 36 小时“燕赵风暴-2020”跨区域地震救援实战拉动演练。组织 4 支抗洪抢险专业队，参加大清河流域超标准洪水抢险救援实战演练。三是作战训练安全不断强化。部署开展作战训练安全无事故平安年创建活动，分三期组织 460 名指挥员开展作战训练安全专项培训。落实实战练兵每战必评制度，规范战评程序，开展复盘推演和战评总结 3000 余次。四是应急通信指挥协同高效。加快全省实战指挥平台建设，省消防救援总队与省委省政府，以及省应急厅等厅局级单位实现音视频互通。完成总队级作战指挥室和网络机房改造升级，全省通信网络新接入卫星、4G、营区监控、会议系统等资源 445 个，资源总数达到 1738 个。建立常态化应急通信保障练兵机制，举办全省应急通信队伍比武竞赛，开展无人机操手、通信骨干等业务培训 23 次，日常拉动考核 760 次。

三、坚持党建引领队建，正规化建设水平不断提升

一是党建工作坚强有力。省委组织部明确消防救援队伍党组织隶属关系，省消防救援总队持续开展争建红旗党支部、争当优秀共产党员、争做燕赵消防救援尖兵、创建人民满意国家消防救援队伍“三争一创”主题实践活动，设立便民服务站 280 个，协作性志愿服务队 311 支，开展“青年文明号集中服务日”活动 3300 次，为辖区内行动不便和特殊人群开展预约便民服务 1200 次。二是政治教育成果丰硕。开办“燕赵红门大讲堂”，开展“向人民报告”宣讲6场、“一切为了人民”系列专题访谈43人次。全省消防救援队伍1个单位获评全国文明单位，涌现出“全国优秀共青团员”“全国青年岗位能手”“中国好人”“河北省最美抗疫先锋”等一大批先进典型。三是干部队伍结构优化。完成全省消防救援队伍2198名干部落编定位工作，调整配备336名支队级正、副职和大队级正职干部。分两期对462名符合晋升支队级副职、大队级正职和中级专业技术职务干部进行培训，做到组织领导到位、政策宣讲到位、教育引导到位、严把政策到位、严明纪律到位。四是严管厚爱激发活力。坚持纪律部队建设标准，组织开展“条令纲要宣贯月”活动，累计开展专题教育宣讲380余次。完善安全工作机制，全年开展全天候、常态化督察，共督察基层单位387个，消除安全问题隐患2560处。明确机关业务工作规范化流程和基层消防救援站岗位职责，研发“消防队站智管平台”。安排381名优秀指战员参加疗养，落实520名指战员子女享受入学、升学优待政策。深入落实工资政策，投入4740万元省级专项资金补贴基层差额。

四、全面夯实基层基础，综合保障能力不断提升

一是经费保障稳中有进。省财政厅出台《驻河北省国家综合消防救援队伍经费管理实施细则》，全省各级政府投入消防业务经费27.8亿元，连续四年突破20亿元，全力保障灭火救援主业。二是车辆装备提档升级。省应急厅、财政厅、消防救援总队联合印发《关于加强全省应急救援装备建设的指导意见》和分年度实施计划，三年投入8亿元专项资金，用于优化消防救援装备。全年全省投入资金5.7亿元，新购各类消防车186辆、装备器材11.7万件（套），消防车总数达2586辆，装备器材总量达70万件（套）。三是基础设施不断完善。省委办公厅、省政府办公厅印发《关于推动基础设施高质量发展的若干措施》，启动机动专业支队、省级区域应急救援中心、战略物资储备库等重点项目建设。全年全省新投入使用城市消防救援站18座、新开工建设消防救援站12座，投入7400万元维修改造基层消防救援站79座，全省消防救援站总量达396座（含在建）。四是战勤保障规范高效。省直部门、社会单位间建立紧急物资运输联动战略保障机制，消防救援总队组建2个特别重大灾害应急响应现场指挥部后勤保障编组和12个应急保障小组，制定出台防汛救灾、综合救援、重大灾害事故处置等战勤保障工作类型方案，完成跨区域增援黑龙江、吉林排涝抢险等遂行保障，充分检验应急保障能力。

第四章　山西省消防救援工作

2020 年，山西省消防救援工作坚持以习近平新时代中国特色社会主义思想为指导，认真贯彻习近平总书记重要训词精神，紧紧围绕“提质强能年”工作部署，狠抓业务工作和队伍建设，圆满完成全年各项工作任务。全年全省共发生火灾 1.5 万起，亡 56 人，伤 27 人，直接财产损失 1.1 亿元。

一、压实消防安全责任

一是党委、政府高度重视。省委书记楼阳生主持召开全面深化改革委员会会议，会议审议通过《关于深化消防执法改革的实施意见》，部署高层建筑和平遥古城消防安全等工作。省长林武 4 次主持召开常务会、省长办公会研究消防工作，并专题研究部署 3 年内解决 51 座消防救援站“欠账”问题。全省各级党政领导批示指示、专题部署、带队检查消防工作，研究解决消防救援事业发展的重要问题。二是压实消防责任链条。将消防安全纳入安全创建、数字政府、综合治理重点工作，写入《山西省管行业必须管安全、管业务必须管安全、管生产经营必须管安全实施细则》《山西省安全生产约谈制度》。启动《消防工作考核办法》《山西省政府专职消防队伍建设管理办法》修订工作。省安全生产委员会印发《打牢乡村地区火灾防控基础的指导意见》，定期通报行业领域消防安全突出问题并提出工作建议，卫健、教育、文物、民政、文旅等重点行业部门联合开展消防安全整治。三是着力加强基础工作。编制“十四五”消防救援事业发展规划，将消防安全标准纳入全省综合防灾减灾示范社区创建内容，将消防安全管理模块嵌入社会服务信息管理平台。出台《大型商业综合体消防安全管理规范》，在 11 个市分别召开达标创建工作推进会。在医疗卫生机构、养老服务机构、学校幼儿园、文物古建筑等领域推行消防标准化管理，社会单位落实“三自主两公开一承诺”（自主评估风险、检查安全、整改隐患，向社会公开消防安全责任人、管理人，承诺本场所不存在突出风险或者已落实防范措施）制度。出台文件规范火灾调查报告程序规定，启动第三批火灾调查专业技术人才培养计划，推行“全员火调”模式。全省各级财政投入消防业务经费 12.6 亿元，同比增长 16%。全年新开工建设消防救援站 38 座、训练塔 48 座，投入 2.6 亿元用于消防装备建设，购置各类消防车 96 辆，个人防护装备 6435 件（套），灭火救援器材 24478 件（套）。

二、优化消防安全环境

一是强化火灾隐患治理。印发消防安全专项整治三年行动方案，省安全生产委员会将三年行动工作任务从国家层面的 12 个部门扩展到 34 个省直部门，明确 78 项工作任务责任单位及完成时限。印发《关于进一步加强全省电动自行车消防安全管理工作的通知》，制定《强化火灾防控工作十项硬性措施》《坚决遏制“小火亡人”八项措施》，“清单式”推进任务落实。开展打通“生命通道”集中攻坚行动，将打通消防车通道工程纳入城镇老旧小区改造、城市品质提升等政府工程，组织全省9261个单位和2004个新建住宅小区按标准完成消防车通道标线施划管理工作。全年全省共检查社会单位8.7万家，整改火灾隐患7.9万处，拆除违规搭建彩钢板建筑151万平方米，挂牌督办重大火灾隐患单位27家。二是服务企业复工复产。成立184个复工复产企业服务小组，指导单位开展电气线路、消防设施检测，通过单位微信群、“钉钉”等网络平台组织消防教育培训，累计开展指导性消防检查4518次，检查单位1.1万家，帮助整改隐患1.2万处，函告、提醒2.3万次。对49家定点医疗机构、220家涉疫集中隔离观察场所、162家疫情防控药品器械生产企业开展全方位摸排指导。三是提升消防宣传质效。深入开展消防宣传“五进”工作，教育部门开展开学季消防宣传教育活动，部署推进百日消防宣传教育培训，分重点开设消防安全培训“云课堂”，分批次开放128家科普教育基地，分阶段开展以案说法精准提示。构建微信、微博、抖音、快手等11个平台组成的新媒体传播矩阵，开展“云上消防-2020”“车辆落水自救实验”等30余次直播活动。多个新媒体平台获评全国消防救援队伍“十佳”，其中抖音号和头条号排名全国第一、快手号排名全国第五。

三、提升灭火救援能力

一是突出真训真练真考。开展专项、专业、专队培训，举办4个实体化培训班，累计培训时间近7个月，培训指战员1000人次。开展冬训考核、首届“火焰蓝”杯比武竞赛，考核指战员2000人次。二是突出联勤联动联调。建立“1917”预案体系（1份总体预案、9个职能组专项预案、17类典型灾害事故处置预案），打造省市县三级灭火救援专家“智囊团”。省消防救援总队、省气象局、省地震局、山西航空产业集团有限公司、山西离柳集团等联合签署战略合作框架协议，建立吕安危化培训基地。省内31支地方危险化学品应急救援队伍、10支森林救援力量统一纳入消防救援队伍指挥调度体系。三是突出实兵实装实演。整合地质、地震、抗洪专业力量，组建1000人建制的特种灾害处置专业队伍，实行“日常分散、战时集中，因地制宜、平战结合”的运行和管理模式，举办地震救援、防汛抢险、危险化学品爆炸事故处置、战勤保障4次大型演练，有效提升多部门联动响应、多队伍协同作战效能。全年全省消防救援队伍共接警出动2.8万起，出动车辆4.6万辆次，出动消防人员25.7万人次，营救疏散被困人员2.1万人，保护财产价值1.6亿元。成功处置晋中“3·17”榆社森林火灾、忻州“3·19”五台山森林火灾、临汾“8·29”襄汾民房坍塌、太原“10·13”清徐焦化厂煤气储柜泄漏等灾害事故。

四、强化队伍建设效能

一是思想教育扎实有力。扎实开展坚持“五个不动摇”教育实践活动，统筹推进开展“强党性、明规矩”“向九江支队、陈陆同志学习”等系列学习教育，举办2期支队级单位正副书记（总队处长）培训班、2期大队级正职干部培训班。推出“智慧党建”品牌，探索“三位一体”党团管理新路，推动党建与业务深度融合。突出思想骨干、心理骨干两支队伍建设，建立“一人一策”思想和心理健康工作机制，实时掌握队伍思想动态。二是队伍建设扎实推进。制定《基层消防救援站干部激励措施》《异地交流任职（挂职）干部生活福利待遇暂行办法》等规定，完成 800 余名干部选拔、晋升、调整工作。开展第一轮正规化建设达标创建活动，支队级机关和 30% 的大队（站）完成达标任务。推出“十佳消防员”“感动山西十大人物”、全国 119 消防先进集体和先进个人等先进典型，5 个集体、6 名个人获得省部级表彰。三是优待保障有效落实。省 15 个部门做好消防救援队伍职业优待保障工作，省卫健委出台文件保障消防救援人员与现役军人同等医疗待遇，省市两级教育部门为 189 名消防指战员子女解决入学择校难题，七家省级定点医院开设消防救援人员就医绿色通道。出台《为基层办好 10 件实事重点举措》，启动省内指战员“团圆计划”，50 名指战员实现“团圆梦”。

第五章　内蒙古自治区消防救援工作

2020年，内蒙古自治区消防救援工作围绕“转型升级、提质强能”总基调，加快推进消防改革、做强主业“两大攻坚任务”，实现火灾形势和队伍管理“两个稳定”，全区连续26年未发生重特大火灾事故。

一、高位部署，体系推动消防救援工作

一是融入大局提速发展。自治区人大将涉及消防安全的“4类行为”列入《内蒙古自治区文明行为促进条例》，自治区政府修订出台《消防安全责任制实施办法》，连续27年对盟市级政府和重点企业落实消防工作责任制情况进行考评。自治区党委组织部将消防工作纳入年度绩效考核，自治区党委农村牧区工作领导小组将消防安全纳入乡村振兴战略，自治区、盟市、旗县（市、区）三级政府将“十四五”消防救援事业发展规划全部列入目录清单。二是加快改革担当作为。自治区政府常务会议审议通过《深化消防执法改革的实施意见》，部署16项具体改革措施，构建以“双随机、一公开”监管模式为主体的新型监管机制。自治区主席布小林专题研究并部署落实消防指战员优待政策，加强教育、医疗、出行等方面优待。自治区消防救援总队、退役军人事务厅和相关大型企事业单位签订消防员就业服务战略协议，为13名消防指战员解决家属随调问题。自治区财政厅按照自治区、盟市、旗县（市、区）4：4：2的比例，最大限度保障基层特别是艰苦边远地区指战员享受津补贴待遇。三是内强动力引领队伍。自治区消防救援总队与自治区党委宣传部建立消防先进典型联合宣传机制，每年评选一批“最美消防指战员”，纳入自治区英模事迹报告团。全年全区消防救援队伍涌现出全国文明单位、自治区先进工作者、北疆楷模等一大批先进典型，9个集体和个人荣获省部级以上荣誉，4个集体续评、晋升全国文明单位，10个集体获评“自治区文明标兵单位”“自治区文明单位”。

二、靶向治理，筑牢社会消防安全防线

一是消防治理成效明显提升。自治区政府部署开展消防安全专项整治三年行动，攻坚解决煤化工、大兴安岭林区和农村牧区3类火灾风险隐患。出台《既有建筑消防给水系统改造施工验收规程》《单位消防安全评估标准》等18部地方标准。民政、卫健、文旅等21个重点行业部门加强信息沟通和工作调度，合力整改系统性火灾隐患。部署开展高层建筑、大型商业综合体消防安全达标创建活动，全区9254个新建住宅小区全部完成消防车通道治理任务，45家大型商业综合体实现达标。二是消防营商环境明显优化。自治区消防救援总队出台“一站式服务”等21项便民利企举措，推出缩短办证时限、消防违法首错免罚、轻微火灾即时办结等刚性措施，帮扶指导6986家企业复

工复产。在解决6000多个历史遗留问题的基础上，稳步推进“双随机、一公开”执法改革，研发管理平台及配套App，与自治区市场监管局建立企业信息共用、共享机制，实现对非消防安全重点单位信息实时掌握。三是群众安全意识明显增强。实施“全民消防”战略，融入新时代文明实践活动，自治区团委启动大学生志愿服务消防专项行动，通过政府购买服务的方式，首批招录150名大学生志愿者，辐射带动7500人的消防志愿队伍，发动10万名青年志愿者广泛开展“查改身边隐患”活动。深化消防宣传“五进”工作，拓宽消防宣传覆盖面，编制“中小学生疏散救生操法”，将消防宣传与脱贫攻坚工作有机结合，开展“减少火灾、消除贫困”消防宣传下乡活动，建设农村消防站，构建农村联防机制。制定应急消防科普教育基地四级六类建设标准，建成4个省级、16个市级、72个县级应急消防科普教育和消防主题公园，总队、支队全媒体中心实体化运行，经验做法在全国消防宣传工作会议上交流推广。

三、聚焦实战，提升打赢制胜过硬能力

一是强化专业力量建设。立足内蒙古地区化工产业集聚的特点，打破行政区划，构建“呼包鄂”“乌海三角区”“赤锡通”3个化工灾害事故应急救援圈，明确资源共享、轮值会商、联合备战、应急协同等9项工作机制，组建4支轻型、9支重型化工编队和78个各类型作战单元，辐射4省13市23个工业园区、2000余家化工企业，打造区域化、体系化、编成化的化工作战力量体系。二是强化综合保障支撑。突出保障主业，加大经费投入，强化车辆装备建设，增量提质，全区消防救援队伍进口底盘消防车占比达25%。自治区消防救援总队联合卫健委建立“空中应急医疗”联动机制，分东、中、西三片区与通辽、锡林郭勒盟、包头等地大型工程机械企业签署联勤保障协议，与上海金汇通用航空公司签订直升机消防救援合作协议，与哈瓦国际航空公司合作成立消防无人机研发应用联合实验室。与民航、铁路等系统建立协作关系，完善自治区内8小时物资快速投送机制。三是强化本领素质提升。举办全区消防救援队伍“四级主官体能对抗赛”，发挥引领作用、倒逼全员达标、激发训练热情。聘任24名国内灭火救援专家提供专业咨询、辅助指挥、决策服务等技术支撑，定期召开联席会议、开展业务指导。分条线建立“业务大讲堂”工作模式，举办各岗位培训128次、复盘推演51次，举办地震、化工等大型综合实战演练20余次。召开灭火救援作战训练安全管控现场会，制作下发“高低大化”4类火灾处置行动安全示范片。全年全区消防救援队伍共接警出动2.7万起，营救被困人员3257人，保护财产价值10.6亿元，成功处置乌海“9·10”大悦城火灾、赤峰“1·10”九联化工燃气泄漏等事故。

四、固本培元，打造全面过硬消防队伍

一是强化铸魂育人。扎实开展“践行训词精神，担当神圣使命，坚持五个不动摇”主题教育实践活动，定期开展政治轮训、专题辅导、集中研讨等活动。探索建立内蒙古特色消防救援职业文化体系，将“安全、法治、尚武、健康、和谐”理念融入队伍正规化建设，完成50个基层单位“美好队站”创建工作。建立完善“互联双提醒”管理机制，制定

10类互联关系清单，明确6种互相提醒形式和6个方面提醒内容，形成“情况分析、风险预警、重点帮扶、奖惩激励”工作闭环。二是建强人才队伍。出台《加强干部队伍建设的意见》，细化干部选任标准，完成干部落编定岗工作，选拔任用干部431人、调整任职398人、晋职调级661人，择优选拔10名35岁以下支队级副职干部。与自治区教育厅建立消防员招录人才储备战略合作机制，探索引入理论层次、知识结构、综合素养与主力军、国家队定位相适应的新型人才。三是坚持正风肃纪。与自治区纪委建立监督执纪监察工作协作机制，制定全面从严治党主体责任清单，推进党委、纪委、主官、班子成员“四责协同”。消防救援局党委巡查组反馈的9个方面问题全部整改销号。对6个支队级和20个大队级党委开展两轮次政治巡察，加大问题线索核查和案件办理力度，营造风清气正的政治生态。

第六章　辽宁省消防救援工作

2020 年，辽宁省消防救援工作以贯彻习近平总书记重要训词精神为主线，始终坚持“人民至上、生命至上”，直面新冠肺炎疫情的风险挑战，认真履行防范化解重大消防安全风险、应对处置各类灾害事故的职责使命，接续改革、守正创新、提质强能，社会面火灾形势保持平稳，队伍改革发展势头蓬勃向上。

一、落实消防安全责任

省人大常委会审议修订《辽宁省消防条例》，省政府印发《关于深化消防执法改革的实施意见》《关于构建火灾事故应急处置指挥体系和工作机制的指导意见》，召开打通“生命通道”综合治理现场会。省委办公厅将消防救援总队列为独立发文单位，纳入省中直单位名单库，建立与各级党委和政府重大工作、重要信息直报机制。省政府办公厅将消防救援总队单列由常务副省长联系。全省“十四五”消防救援事业发展规划纳入省级重点专项规划。

二、加强火灾隐患整治

省消防安全委员会出台《成员单位职责规定》《消防安全约谈办法》，印发《关于加强基层消防安全管理工作的通知》《全省冬春火灾防控工作方案》。以消防安全专项整治三年行动为主线，对重点场所集中开展为期 1 个月的专项督导检查，应急、消防部门联合开展危险化学品企业专项督导检查和“回头看”专项行动，教育、消防部门对学校、幼儿园安全开展联合专项督察，民政、住建、卫健、应急、市场监管、消防等部门联合开展养老院服务质量建设专项行动。省消防救援总队与沈阳消防研究所签订《消防技术交流合作框架协议》，挂牌成立全省火调人才实训基地，投入 480 万元建设消防职业技能鉴定站。全年累计检查社会单位 4.5 万家次，整改火灾隐患 1.8 万处，全省未发生较大以上亡人火灾。

三、加大消防宣传力度

全省 132 个应急消防科普教育基地全部完成命名挂牌，覆盖率 100%。省消防安全委员会召开第五届全国“119 消防奖”辽宁省先进集体、先进个人表彰大会暨消防宣传月启动仪式，800 余万人参加线上互动，浏览量 1000 余万次。开展“队伍形象宣传、消防志愿者行动”等八大主题宣传活动，投入 1200 万元建设总队全媒体中心，文旅、公安、消防等部门联合开展消防安全重点单位管理人培训 630 余次。

四、锤炼打赢制胜本领

承担全国灭火救援作战编成试点建设，组建高层、地下、大型商业综合体、化工、地震、水域等各类灭火救援专业队 83 支，在鞍山、丹东、营口、辽阳、盘锦、铁岭等地举办 16 次跨区域综合实战演练，举办 7 批次水域、地震救援等专业培训，两次参加全国绳索救援交流赛，分别取得第四名和第五名。省消防救援总队与移动、联通、电信运营商签署联勤联动协议，联合应急、卫健、民航签订航空应急救援合作框架协议，联合省地震局建立地震灾害消防救援应急保障联动机制，与省公安厅交管局和省高速公路管理局签订高速公路消防救援应急保障联动协议，同省内 157 家社会单位建立联勤保障机制，构建畅通高效的应急指挥机制。举办“战训大讲堂”30 期，开展典型战例复盘研究 4 次，组建新冠肺炎疫情防控应急机动处置队、17 个消防安全技术专家组和 16 支抗洪抢险专业分队，成功完成涉疫处置和抗洪抢险等急难险重任务。

五、提升综合保障水平

省财政厅出台《辽宁省消防救援队伍经费管理实施细则（暂行）》，全省各级财政投入消防业务经费 12. 8 亿元，总队本级消防业务经费同比增长 102%。开展灭火救援装备建设评估论证，全省共投入 3. 7 亿元，购置消防车 102 辆、船艇 24 艘、机器人 8 台、各类器材装备 8. 7 万件（套）、灭火剂 453 吨。投入 4500 万元加强地震、水域、核生化等专业队和机动支队装备建设。全省累计实施新建、改造等基建项目 33 个，推进辽西区域战勤保障基地、朝阳支队消防训练基地等重点项目建设。

六、强化队伍管理教育

总队、支队两级建立“智慧党建”云平台调度中心，构建“党建+N”工作模式。总队机关工会、团委、妇女小组和 16 个支队工会、14 个支队妇委会以及 131 个大队工会全部实体化运行。修订《队伍管理教育规定》，各支队党委委员下基层 4962 人次，整改问题 9814 处。出台《总队党委为基层办实事计划》，700 名基层指战员分批次开展疗养。开展班子履职能力评估和领导干部工作质效评定，同步启动各级干部任免调配工作，全年选拔调整支队级领导干部 164 人，任免大队级正职领导干部 245 人，465 名干部职级等级得到晋升。与省纪委监委研究建立问题线索移交和工作联系机制，完成“三室”建设，研发队伍管理和风险管控自检自查软件。省消防救援总队研发的消防行政处罚自由裁量系统、“智慧党建”云平台在消防救援局科技创新成果奖评选中分别获评二等奖、三等奖。沈阳支队启工消防救援站、葫芦岛消防救援支队获评“全国文明单位”。

第七章　吉林省消防救援工作

2020 年，吉林省消防救援工作以习近平总书记重要训词精神为指导，强化履职担当、加快转型升级，有效维护全省消防安全形势和队伍内部稳定。在国务院省级政府安全生产和消防工作考核中，吉林省连续两年获评“优秀”等次。吉林省消防救援总队连续两年被评为年度工作目标考核优秀总队、安全工作先进总队，总队党委蝉联全国先进总队党委。省委、省政府为总队记集体二等功。

一、建强消防安全责任体系

省委书记景俊海、省长韩俊先后 12 次召开会议、作出批示指示、带队检查消防工作。省委常委会和省政府常务会审议通过《消防安全专项整治三年行动方案》并以省安全生产委员会名义印发。向省级行业部门“点对点”发送各类提示函 33 份，组织 2 轮明察暗访和专项督导，推动落实行业消防监管责任。发挥考核导向作用，对全省 11 个地区、57 个行业部门消防工作进行考核，推动各项工作落实。省住建厅、消防救援总队联合制定《建设工程消防安全监督管理工作协作机制》，建立省、市、县三级联席会议制度，明确在消防设计质量监督、施工现场消防监督检查和消防产品质量监督检查等方面工作职责。召开全省大型商业综合体消防安全管理现场会，推广消防安全标准化管理经验。省商务厅、消防救援总队联合约谈 10 家大型商业综合体连锁企业集团消防安全负责人。省邮政管理局、交通运输厅、消防救援总队联合约谈京东、顺丰、中通等 12 家省内快递物流企业消防安全负责人、管理人。

二、全面深化消防执法改革

深入分析研判消防执法改革背景下的新情况新问题，出台 21 个规范性文件。省委常委会、省政府常务会审议通过《吉林省关于深化消防执法改革的实施意见》，省安全生产委员会出台《关于进一步加强和改进新形势下乡镇街道消防工作的意见》。省发改、教育、民政、公安等 14 个部门联合出台《全省消防安全领域严重失信单位和个人实施联合惩戒的合作备忘录》，省住建厅、消防救援总队联合出台《建设工程消防安全源头管控工作协作机制》。推行“‘双随机、一公开’+包片监管”模式，实行查处分离，加大重点单位监督抽查频次，实行公众聚集场所投入使用、营业前消防安全告知承诺制。出台《吉林省消防救援机构消防行政处罚裁量规定（试行）》，规范行政处罚裁量行为，建立“月度执法分析、季度例会点评、年度考核评议”工作制度。持续强化业务培训，研发企业微信防火岗位大练兵答题平台，分三批次组织全省消防监督干部开展全员业务培训，并将考核成绩计入年度工作考评。

三、有效防控重大安全风险

深入开展消防安全专项整治三年行动，将专项行动纳入省政府安全生产和消防工作考核重要内容。制定强化火灾防范工作实施办法，930个乡镇街道挂牌成立消防救援委员会，派驻消防文员886人，开展打通“生命通道”集中攻坚行动，重点单位和居民小区消防车通道标线标识施划率达100%。省住建厅将消防安全纳入全省1945个城镇老旧小区改造内容，省水利厅出台《依托农村饮水安全工程补齐农村消防供水建设短板的指导意见》，新建农村消防取水口7131个，基本解决农村消防用水难题。指导全省对电气线路进行维修改造，更换空气开关234.2万个，有效降低农村电气火灾风险。及时跟进服务疫情防控和经济社会发展，成立92个检查服务组，助力企业复工复产，紧盯“夜市经济”“地摊经济”“流动商贩”等新业态，出台服务发展十项措施。开展优化消防执法营商环境专项行动，规范消防行政许可和处罚行为，为吉林全面振兴、全方位振兴营造良好消防安全环境。

四、不断提升精准宣传水平

按照“产品共享、力量统筹、精准宣传”的原则，在“吉事办”“吉社通”“吉一通”等App植入消防安全专栏，在全省建立社区消防科普服务e站，开展45场吉林消防安全云直播，发挥“互联网+消防宣传”的叠加效应，吉林省消防宣传教育平台获评消防救援局创新成果优秀奖。加强全媒体中心建设，省消防救援总队全媒体中心内容生产、产品传播、账号运营一体化消防宣传优势更为凸显，获评消防救援局“先进”等次。以消防安全宣传教育“五进”工作为主线，省委宣传部、省教育厅、民政厅、文旅厅、卫健委、交通厅等行业部门共同参与消防安全宣传教育，组织开展消防志愿者服务、百堂消防公开课、百所养老机构消防大演练、百所医疗机构大培训、“开学第一课”、公交车灭火疏散逃生演练等系列活动。移动、联通、电信三大通信运营商向全省手机用户免费推送消防宣传短信1.6亿条（次）。四平市宣传安全教育基地被消防救援局评定为首批国家级应急消防科普教育基地，全省共创建1个国家级、2个省级、8个市级应急消防科普教育基地。省委宣传部、省网信办、省消防救援总队建立媒体联席会议、舆情应对等工作机制，协同开展正面宣传和舆情处置。《吉林日报》、吉林广播电视台、中国吉林网和省消防救援总队签订战略合作协议，加大消防安全常识和安全提示宣传力度。省消防救援总队与中央、省、市三级20余家主流媒体建立快速联动机制，全年在中央广播电视总台播出新闻173条，在《人民日报》刊发稿件1篇，在人民网、新华网、凤凰网、中新社、《吉林日报》等主流新闻媒体刊播稿件5227篇。全省1个集体和1名消防志愿者分别获评第五届全国119消防先进集体和先进个人。

五、全力提升应急救援能力

制定《消防救援站坚持战斗力标准若干措施》《机关战备值班和作战指挥部工作规定》等规定，编印《吉林省消防救援队伍中心消防救援站建设标准》，指导全省建设59座中心消防救援站。编撰8类《特殊灾害事故灭火救援准备与行动指南》，制定 15 类灾害类型通信保障预案，开展常态化应急通信拉动测试和为期一年的作战训练安全管控专项活动，应急通信防寒技术经验在全国会议上介绍推广。建强专业队伍，组建化工灭火救援编队、遂行保障编队和无人机分队。深入开展全员执勤岗位练兵，规范 10 项实战操法和 19 项应急通信保障训练操法，举办体能教练员、绳索救援技术、潜水员、安全员、化工、指挥中心和应急通信 7 个师资骨干培训班，全省新增无人机操手 129 人。举办全省消防救援队伍首届“火焰蓝”杯消防运动会暨实战技术交流竞赛，在消防救援局举办的全国视频会议技能竞赛中获得第一名。开展“类型灾害演练月”活动，指导全省各消防救援支队建设化工、水域、地震、山岳、公路隧道事故实战训练基地，举办 4 次省级实战演练。各级消防救援队伍与多个社会应急联动单位和救援力量建立联勤联动机制，为重特大灾害事故联合处置奠定基础。

六、有效夯实综合保障基础

省财政厅出台《吉林省综合性消防救援队伍地方经费保障标准》，省消防救援总队出台《经费资产审批管理规定》《灭火救援装备采购管理规定》《全省消防救援队伍工程建设管理办法》等系列规章制度。推进 54 个重点工程项目，全年投入 3. 5 亿元购置一批功能完备、性能优越的应急救援车辆装备，进一步优化全省消防车辆装备结构。制定出台装备采购、装备验收、工程建设、装备调拨和油料管理等试行规定，修订完善重大灾害战勤保障预案及 8 类特殊灾害战勤保障预案，建成长春、吉林两个特别重大灾害事故应急战勤保障编组。编制吉林省“十四五”消防救援事业发展规划，省政府将其列为重点专项规划。

七、稳步推进队伍建设发展

深入开展坚持“践行训词精神，担当神圣使命，坚持五个不动摇”主题教育实践活动，认真抓好中央巡视反馈意见整改工作和贯彻落实习近平总书记重要批示指示精神“回头看”。坚持从严治队，严格按条令、纲要（内务条令、队列条令，国家综合性消防救援队伍基层建设纲要）抓建队伍，规范符合队伍职业特点的教育管理、执勤训练、工作生活和监督执法秩序，培育创新成果 24 项。坚持严管厚爱，加快落实新工资政策，建立省内异地干部家庭生活关爱和困难帮扶机制，累计走访慰问 1900 余人次，解决实际困难 400 余项。建立一线优秀指战员疗养制度，组织 228 名指战员疗养。坚持典型引领，举办“为荣誉而战”先进事迹巡回报告会，营造创优争先浓厚氛围。全省消防救援队伍 1 个单位获评“全国文明单位”，1 名个人获评“全国青年岗位能手”，25 个集体、18 名个人获省部级表彰。

第八章 黑龙江省消防救援工作

2020年，黑龙江省消防救援工作坚持以习近平总书记重要训词精神为指引，向打赢实战聚焦、向科学防控用力，瞄准提质强能、实现跨越发展，全省消防救援工作和队伍建设呈现出奋进有为、持续向好的发展态势。全省消防安全工作在国务院省级政府安全生产和消防工作考核中获评“优秀”等次，应急管理部党委书记黄明、省委书记张庆伟、省长王文涛等省部级领导对黑龙江消防救援工作给予充分肯定。

一、消防安全形势持续平稳

省人大第十九次会议审议通过修订《黑龙江省消防条例》，省政府出台《黑龙江省消防安全责任制实施办法》，4次召开常务会议、专题会议研究部署消防工作。开展全省消防工作考核，推动地市政府解决消防难题，不断压实消防安全责任。扎实开展消防安全专项整治三年行动，部署开展清剿火患春季攻坚、打通“生命通道”集中攻坚等多个专项行动，在绥化肇东市召开全省农村消防工作现场会，出台10类重点场所领域火灾防范工作指南，整改火灾隐患及违法行为3.5万处，集中曝光重大火灾隐患单位97家。推进“双随机、一公开”消防监管模式，制定实施支持疫后复工复产消防服务措施，成立152个专家指导组，深入定点医院、集中隔离点、防疫物资生产储运和复工复产企业开展点对点服务指导3600余次。抓实消防宣传教育培训，充分利用新媒体，推广消防培训网络平台建设，分批次、分类别组织单位消防安全责任人、管理人及小企业主等人群开展消防教育培训，逐步为全省2300余所中小学和幼儿园配备消防安全课外辅导员，全省274万名中小学生同步开展“线上学消防”，14个全媒体中心实体化运行。

二、实战打赢能力稳步提升

全省消防救援队伍开展贯穿全年、囊括全岗、覆盖全员的大练兵活动，举办全省首届消防竞技体育运动锦标赛、“火焰蓝·健美达人”体能体型竞赛、应急通信比武竞赛等活动，掀起精武强能训练热潮。针对“高低大化”“山水矿核”以及突发卫生环境等事件，组建13支防疫处置突击队、应急通信“轻骑兵”，成立680人的抗洪抢险救援编队，组建3支重型、5支轻型化工灭火救援编队，建成低温雨雪冰冻灾害救援专业队，深入推进灭火与应急救援预案编制修订。按照“力量跟着汛情走、救援抢在成灾前”的前置备勤模式，建立“一部六组四分指，前后方协同指挥”的实战化指挥体系，研究固化“会商、研判、预警、预调”工作机制，举行10次大型实战演练，累计组织1万余人次参演，强化消防救援队伍实战打赢能力。全年全省消防救援队伍成功处置新冠肺炎疫情、连续台风灾害、伊春尾矿砂泄漏等急难险重任务。

三、综合保障水平显著提高

全年全省落实地方消防经费指标10.9亿元，首次将消防工作纳入省政府绩效考评范围。全省投入近5亿元，升级改造总队、支队指挥平台，新建室内训练馆37个、室内训练室16个、消防救援站20座、训练基地2个、战勤保障消防站3座。连续两年投入近10亿元，增配消防车336辆、救援装备18.6万件（套）。编制“十四五”消防救援事业发展规划，全省新建市政消火栓1007个、消防水鹤152座、取水码头22个、墙壁式消防取水口168个、小型消防站43座，安装独立感烟报警器1.5万个、简易喷淋973套。在全省消防救援队伍一次性更换保暖床垫4000余个，研制配发防寒背心、发热鞋垫1.4万件，提升所有支队、大队伙食标准。紧盯灾害救援现场遂行保障现实困难，充分借鉴“军民融合”模式，消防、铁路、民航等多部门签订应急联动工作协议，建立完善快速响应、应急训演、会商通报、工作联络四项机制。

四、作风能力建设不断加强

研究制定加强党委班子自身建设意见，建立党委议事清单，把推进队站满编执勤、室内训练馆建设等36件大事上升为总队党委工程，党委集体会商研判、班子成员齐抓共管、上下合力攻坚落实。结合“三定”落编和干部调整实施“流程再造”工程，推进机关扁平化管理，总队、支队两级机关党委实体化运行，省直机关工委顺利转接消防救援总队党组织关系。依托哈尔滨支队打造作战训练规范化试点，依托大庆支队打造廉政建设试点，依托绥化兰西大队打造正规化建设试点，依托漠河、抚远大队打造典型培树试点。省消防救援总队与省委宣传部联合举办首届“龙江最美消防员”评选活动，举办原创情景剧、主题文艺汇演等10余项大型文体活动。开展国旗教育、龙江“四大精神”教育，总结凝练“寒风吹不走、冰雪压不垮、极寒冻不走”的北极消防精神。4个基层单位被当地党委政府记集体二等功、15个基层单位被当地党委政府记集体三等功。开展以“涉赌、涉贷、涉酒、涉消、涉四风”为主要内容的“五涉”整治，邀请地方纪委监委、交警、网安等部门30余名专家骨干到队开展专题授课。紧盯“人车酒、网电密”等关键环节，全面实施“点对点”分析研判，制定从严管酒治酒“四级督察”机制，形成党委主动抓、安全有人管的良好态势。

第九章 上海市消防救援工作

2020年，上海市消防救援工作坚持"两个至上"，直面新冠肺炎疫情带来的风险挑战，加快推进防风险、保稳定、攻改革、谋发展各项工作，消防执法营商环境专项评估得分位居全国第一。全年全市发生火灾1.1万起，亡62人，伤54人，直接财产损失6545.8万元，未发生重大以上火灾事故，圆满完成第三届中国国际进口博览会和浦东开发开放30周年庆祝大会等系列重大消防安保任务。全年全市消防救援队伍共接警出动5.7万起，营救疏散被困群众9494人，保护财产价值55.7亿元，圆满完成浦东机场埃塞俄比亚货机火灾扑救、援皖抗洪抢险等作战任务。

一、提速全市消防救援事业转型升级

一是各级领导高度重视。市委常委会、市人大常委会、市政府常务会议先后9次研究审议消防工作和改革重点事项，制修订《上海市消防条例》《消防安全责任制实施办法》《深化消防执法改革的实施意见》《消防救援队伍职业保障意见》《加强基层消防安全综合治理工作的指导意见》等文件，将消防安全纳入市委、市政府年度重点工作督导范围。市委、市政府主要领导专题听取汇报，协调落实改革转制、工资政策和消防员落户等事宜，多次带队督导消防安全、看望慰问基层指战员。二是顶层设计持续优化。市委、市政府将消防安全纳入上海国民经济和社会发展"十四五"规划和应急管理专项规划，编制《上海市消防事业发展"十四五"规划》《上海市消防专项规划（2020—2035）》，各行业部门将消防安全纳入《上海市养老服务条例》《上海市非机动车管理条例》等，修订船舶企业、高层建筑、文博古建等10个消防技术标准。三是改革转型稳步推进。完成2123名干部、2843名消防员落编定岗和文工团、医院改革转制、撤编分流。完成600名国家消防员和1000名政府专职消防员招录，消防员留取率同比增长15%。落实职业优待保障制度，为163名消防指战员子女解决人员落户、入学入托、中高考优待难题，采取多种方式提供地方住房479套、公寓房200套，最大化落实保障政策。

二、提升超大城市消防治理现代化水平

一是优化消防执法营商环境。强化事中事后监管，将审批服务事项接入政务服务"一网通办"和城市运行"一网统管"，实行"最多跑一次""容缺受理"、时限材料"双减半"等改革举措，在浦东新区、奉贤区试点推行消防安全检查告知承诺制度，出台系列便民利企措施。坚持热情服务、分类监管，出台加强和改进消防执法服务提升人民群众满意度工作意见，全年共接收执法评价40515次，消防执法服务好评率99%。推行"双随机、一公开"监督执法模式，向社会公开检查计划与检查标准，公布"轻微免罚"

清单，帮扶指导社会单位提升自主管理能力。严格执行执法公示、执法全过程记录、重大执法决定法制审核等“三项制度”，推行“阳光执法”，主动接受社会监督。二是深化消防“一网统管”建设。市消防救援总队与中国电子科技集团有限公司第32研究所、中国交通通信信息中心等单位签订战略合作框架协议，系统加强火灾防控难题攻关。坚持“管理服务创新、行政方式重塑、体制机制变革”相结合，基本建成“态势全面感知、趋势智能预判、资源全面统筹、行动人机协同”的“一网统管”消防系统。三是夯实社会面防控基础。连续10年推出政府消防实事项目，为50栋高层住宅、50个老旧小区改造消防设施，消防工作市民满意度测评排名第四。市安全生产委员会办公室下发“一区一文”“一行业一文”，督促加强条线消防安全风险评估和分级管控，指导国资、民政、文旅、教育系统强化行业消防安全标准化管理，联合开展“高低大化、老幼古标、快递外卖”（老幼古标：养老服务机构、幼儿教育场所、文物古建筑、标志性建筑）等重点行业、场所集中约谈和专项检查。召开全市微型消防站建设暨电动自行车管理松江现场会，推动建立以属地管理为主体、“一网统管”为基础、部门监管为支撑的基层消防安全综合治理模式。

三、全力防范超大城市消防风险隐患

一是强力推进风险隐患治理。扎实开展消防安全专项整治三年行动，因地制宜开展电动自行车火灾、既有建筑改造以及高层建筑、规模型冷库、危险化学品企业等消防安全专项治理和打通“生命通道”集中攻坚行动，检查单位4.7万家次，整改火灾隐患5.1万处，挂牌督办整改市级重大火灾隐患26处。二是圆满完成重大安保任务。全年圆满完成浦东开发开放30周年庆祝大会、外滩大会等270余场重大警卫、大型活动消防安保任务。针对第三届中国国际进口博览会领导人巡馆范围扩大、展位面积增加、场馆“闭环式”管理等风险挑战，落实等级备战、力量前置、圈层防护等战时机制，圆满完成开幕式、领导人巡馆等系列活动消防安保任务，确保核心区域、要人住地、警卫沿线“不冒烟、不起火”，疏导区连续17天“零火灾”。三是精准服务疫情防控大局。组建24个专家组，为全市2家集中收治点、112家定点医疗机构、67家医疗物资生产企业和199个集中隔离点提供消防技术上门指导服务。组建23支应急处置专业队伍，编制、修订涉疫场所专项预案420余份，对防疫保障企业、复工复产单位落实警情跟踪和信息收集，妥善处置涉疫警情600余起。主动对接卫健、商务等部门，派驻属地防疫领导小组，动态调整火灾防控策略和监督检查重点，全力服务保障“六稳”“六保”大局。四是持续扩大消防宣传影响。加强全媒体中心建设，命名1个国家级、1个市级、10个区级应急消防科普教育基地，建成消防体验馆28家、安全教室1220个，开展消防疏散演练1.7万场，消防技能培训惠及260万人次，发送消防提示短信1.4亿条（次）。市消防救援总队与今日头条、抖音、新浪、网易等知名媒体公司开展战略合作，高质量承办全国高校“消防安全开学第一课”，与上海广播电视台合拍大型纪录片《火线救援》，“上海消防”“金山消防”获评全国消防救援队伍“十佳”微博。

四、构建全灾种大应急灭火救援体系

一是建强专业力量。持续建强国家级、市级专业救援队和攻坚班组，分级组建4支石油化工编队、18支重型、14支轻型地震救援编组、抗洪抢险专业梯队、区域防化救援编队、低温雨雪冰冻灾害事故处置专业队和特种救援轮值轮训队，将28支市级专业应急处置力量纳入全市消防指挥调度体系。在主汛期，调派313名指战员、47辆消防车、33艘船艇、6000余件（套）水域救援装备驰援安徽，历时28天，圆满完成全市消防史上首次跨区域、远距离抗洪抢险任务，指战员代表受到国务委员王勇亲切接见。二是提升打赢能力。全面推行371个清单制训练科目，实施体能、技能、战术科目达标制和年度基础训练科目积分制。严格落实党委研训议训，开展全员岗位大练兵活动，基层消防救援站体能普训抽考达标率91%，新入职消防员初级职业技能鉴定合格率99.3%。三是夯实战备基础。市消防救援总队会同社会科学院、上海财经大学、防灾减灾研究所开展警情数据分析，研发数字化预案管理平台、火场态势感知硬件和AI智能警情受理系统，联合机场集团、上海铁路局、建工集团、三一重工建立跨区域增援和工程机械联保机制，制修订预案3200余份。完成全市11503个小区专项调研，在浦东、徐汇、普陀、嘉定区试点建设老旧居民小区供水管。搭建微型消防站运管平台，嵌入消防接警调度指挥系统，确保全市1万余个微型消防站一键式、可视化调度。

五、提升城市公共消防安全综合实力

一是提升财经保障水平。深入贯彻财政部、应急部《关于印发〈国家综合性消防救援队伍经费管理暂行规定〉的通知》（财建〔2020〕38号）精神，加快构建与消防救援职业相适应的经费保障模式和财务制度体系，完成转业费发放和新工资政策落地。深入贯彻“过紧日子”要求，“三公”经费、非刚性任务和办公消耗支出分别压减10%、20%和10%以上。二是加快基础设施建设。连续6年将消防救援站项目纳入市重大工程，统筹综合训练基地扩建、59个在建消防救援站和新建项目、维修改造项目的建设落地，探索试行大站带小站的“子母站”建设模式。落实市、区两级消防装备专项经费4.7亿元，增配涡喷、举高、压缩空气泡沫等消防车131辆，购置抗洪抢险、地震救援专业队等各类器材装备14.2万件（套）。新建市政消火栓2106个、天然水源消防取水点80个，市政消火栓完好率98.2%。

六、加快建设能力作风全面过硬队伍

一是铸魂育人。扎实开展“践行训词精神，担当神圣使命，坚持五个不动摇”主题教育实践活动和系列学习教育，举办支队级副职以上领导干部政治轮训班，统筹开展习近平总书记授旗训词两周年纪念、向九江支队和陈陆同志学习等系列活动。微电影《初心》获评中组部第十五届全国党员教育电视片优秀奖。二是组织引领。制定领导班子和领导干部考核评价实施细则，开展党组织和领导干部履职能力评估分析，开展重点指导帮建，实体化运作两级机关党委，开展党组织达标创优活动，组织基层党支部书记全员轮训。连续4年召开科技创新和人才培育推进大会，聘请专家导师25人，培育骨干188人。三是固本强基。召开基层建设大会，部署加强基层建设，出台落实纲要要则三十条、基层建设六项重点措施、激励基层干部干事创业若干措施等系列文件。召开正规化建设推进暨试点经验交流会，制定全面推进正规化建设的指导意见，明晰总队机关、支队机关、基层大队、基层消防救援站正规化管理标准。四是严管厚爱。出台涉赌和违规涉贷行为处理办法等纪律规定，推行个人征信定期核查、资金异常银行预警、绿色上网管理系统监控等严管严控措施。全年累计交叉、错时督察 300 余次，督改问题 1200 余个。将消防救援人员纳入组织部、宣传部、团委、工会等表彰奖励范畴，14 名指战员当选人大代表、政协委员。启动上海消防公益基金项目，开工建设上海消防英烈纪念园，分级组建心理专家服务团队，开通 24 小时心理咨询热线。

第十章 江苏省消防救援工作

2020年，江苏省消防救援工作忠实践行习近平总书记重要训词精神，始终坚持“人民至上、生命至上”，坚定不移讲政治、讲奉献、讲奋斗，矢志不渝带队伍、促改革、谋发展，全力以赴抗疫情、防风险、保平安。全省连续21年未发生重特大亡人火灾事故，省消防救援总队同时获评全国消防救援队伍先进总队党委和年度工作先进总队，省委为省消防救援总队记集体一等功。

一、持续健全消防安全责任体系

颁布实施《江苏省消防安全责任制实施办法》，构建完善党委、政府、部门、行业、单位、群众组织、中介机构、公民“八位一体”消防安全责任体系。省委常委会议、省政府常务会议17次研究部署消防救援工作，对防范化解重大安全风险、深化消防改革作出专题部署，制定出台7项消防救援人员优待政策。省委书记娄勤俭、省长吴政隆多次专题听取消防工作汇报、研究部署工作，在政策制定、项目安排、经费投入等方面作出批示指示。省人大和省政府出台贯彻深化消防执法改革意见实施办法，将《江苏省消防条例》《江苏省住宅物业消防安全管理规定》《江苏省政府专职消防队伍管理办法》3部法规列入立法计划。省政府召开消防工作会议，与相关部门、各市政府签订年度目标责任书，将消防救援事业纳入“十四五”规划重点专项进行编制，将“畅通消防通道”纳入年度“十大主要任务百项重点工作”。调整充实省、市、县、乡四级消防安全委员会，定期召开消防安全重点单位集中约谈会，推进落实乡镇（街道）消防安全委员会工作职责、辖区单位消防监管主体“双备案”制度。出台《电动自行车停放充电场所消防技术规范》《建筑电气防火设计标准》《小餐饮经营指南》消防安全规定等地方标准。制定消防宣传“五进”工作标准，开展“百名消防指挥长宣讲消防安全”专题宣讲活动，建设完成总队、支队全媒体中心，在市级以上媒体开设消防宣传专版专栏49个，江苏消防政务微博蝉联全省政务服务类微博榜首，发送消防提示短信1亿条（次）。推进消防影视文化建设，立项协拍影视剧2部、纪录片1部。

二、有力防范重大安全风险隐患

省政府召开全省加强基层消防监管工作会议，破解基层消防监管难题。将消防安全纳入政法系统“大数据+网格化+铁脚板”工作机制，推广应用网格化社会治理信息平台消防安全管理模块。开展消防安全专项整治“一年小灶”、消防安全“十大行动”“百日攻坚”、高层建筑、文博古建筑、大型商业综合体和医疗建筑等重大专项整治行动，整改火灾隐患94万处，实施重大火灾隐患集中攻坚，累计排查判定290家，销案重大隐患254家。深化打通“生命通道”专项行动，持续跟进省政府“新增10万个公共停车泊位”重点任务落实。公安、住建、民政、文旅、宗教、文物等部门联合开展消防安全督察检查、集中培训。组织排查危险化学品重大危险源企业798家，完善“一企一册”。指导244家养老机构完成火灾隐患整改并取得消防手续，关停79家不具备整改条件的养老机构。全力服务社会单位复工复产，成立3个火灾防控督导组、91个技术指导组，为4.2万家单位提供消防技术服务。全年全省共发生火灾5.4万起，亡90人，伤63人，直接财产损失3.6亿元。

三、有效应对处置各类灾害事故

全省消防救援队伍持续深化“营区、单位、基地”三位一体训练机制，构建专业救援力量体系，分类组建化工灾害处置轻型、重型编队以及抗洪抢险、地震救援等专业队。举办灭火救援技术及作战训练安全、舟艇驾驶、水域救援技术培训，完成首批800名建筑消防设施操作专业队指战员轮训。举办全省消防救援队伍“火焰蓝”杯比武竞赛，开展石油化工、地震救援和水域救援跨区域实战拉动演练，承担消防救援局“高低大化”灭火救援作战编成试点任务。举办全省专职消防救援队伍比武竞赛和政府专职消防队伍建设现场会，加快推进队伍职业化、正规化、专业化建设，全省政府专职消防队伍数量规模达381支、1.1万人。防汛期间，在长江、淮河、太湖等9个重点流域，调集2700余名指战员，开展不间断抢险救援，取得无人员伤亡、无重大险情、无重大损失的战果。全年全省消防救援队伍共接警出动11.8万起，出动消防车20.1万辆次、消防人员101.8万人次，营救疏散被困群众1.9万人，保护财产价值6.8亿元。

四、大力提升作战综合保障能力

全年全省累计投入地方消防经费36亿元，消防救援站立项100个、开工建设66个、投入执勤43个，集中采购消防车422辆。开展灭火救援装备评估论证，投入13.8亿元配齐配强专业装备，省政府一次性投入2.8亿元加强化工灾害事故处置特种装备建设。省政府投入8.2亿元开工建设占地300亩的省级实训和综合保障基地，建成省级消防员职业健康中心、省级“火焰蓝”驾培中心，加速推进省级消防指挥中心新址、省级地震救援训练设施、驻宁消防救援队伍经济适用房以及消防救援船艇等重大项目建设，提档升级6个区域性应急救援中心，实体化运行12个训练基地。全面落实各项政策保障，明确将省、市消防救援队伍纳入当地政府年度考核体系，做好消防救援人员工资政策入轨实施工作。构建多级化、实战化战勤保障体系，采用外聘政府专职消防员、争取划拨事业编制等方式充实战勤保障力量，形成省内2小时、市内1小时、县内半小时保障圈。编制应急装备物资储备规划，建立储运一体、战储结合的装备物资保障新模式，建设智能化物联网仓储系统，投入6500万元研发配备装备模块化方舱、9大类灾害标准运输箱、水陆两用全地形运输车、多功能运兵车等325辆（套），实现装备物资智能化存储、模块化投放、摩托化携行。推动后勤社会化服务，建设生态农场，基层“三热一干”“明厨亮灶”设施配备率达100%。试点推进消防救援站内配建执勤公寓、备勤楼，全省改造建设备勤房549套。

五、加快推进“智慧消防”建设应用

坚持以“智慧消防”驱动消防工作创新发展，建设完善信息化新型技术架构体系，实现灭火救援现场车辆、人员、重要装备定位以及无人机实时图传、三维模型等信息“一张图”呈现，提升现场态势感知能力。推进应急救援感知网络建设，上传一级、二级重点单位预案 5817 份，接入微型消防站 2164 个。共享全省 1020 万家市场主体、799 个重大危险源、2.6 万个 DCS（分布式控制系统）监测点位动态数据。大数据平台建设项目获评消防救援局科技创新成果二等奖，便携式宽带卫星通信系统科技项目通过消防救援局验收。研发无人机全景侦察模块和全景直播小程序，承担应急管理部重点区域无人机航拍及三维地理信息库试点建设任务。创新运动相机、便携防水无人机+直播 App 应用模式，实现单兵通信装备轻量化。推动独立式感烟探测、电气火灾监控等公共消防安全感知前端设备安装，完成南京、南通、泰州、扬州等地共 5.2 万台设备数据接入。推进智能指挥、单位消防安全管理、防消联勤、现场执法执勤等信息系统建设应用，共享公安“雪亮工程”建设成果，实现“生命通道”占用智能告警。

六、稳步提升消防救援队伍形象

以坚持“践行训词精神，担当神圣使命，坚持五个不动摇”主题教育实践活动为抓手，学习九江支队和陈陆同志先进事迹，组织主题演讲、朗诵比赛，组建优秀政治教员、心理服务和文艺轻骑兵“三支队伍”。推动各项优待政策落地落实，按照党委政府考评结果发放指战员绩效奖励，支队级副职以上干部纳入省委组织部干部调训范围。与江苏安全技术职业学院等院校开展合作，培养 200 名消防骨干。压紧压实“一岗双责”，制定从严治党主体责任清单、党风廉政建设意见、联系指导等七项制度。严格落实消防救援局巡察反馈意见，抓好反馈问题整改落实，完成支队级单位巡察全覆盖，整改落实率达 97.9%。全省消防救援队伍 1 名个人荣获“中国青年五四奖章”，2 名个人、4 个集体分别获评“全国优秀共青团员”“全国五四红旗团支部”“全国文明单位”。

第十一章　浙江省消防救援工作

2020 年，浙江省消防救援工作以习近平总书记重要训词精神为指引，坚持变中求进谋发展、化危为机开新局、提质强能勇担当，相继打赢了以案促改专项整顿阵地战、疫情防控和复产复工保卫战、防汛抗台抗洪抢险攻坚战和消防安全三年翻身仗决胜战。全省火灾形势和队伍内部保持安全稳定，总体态势向上向好。

一、各级领导关心重视

省委书记袁家军、省长郑栅洁多次听取消防工作汇报并部署工作，10 位省委常委、13 位副省长走访慰问消防救援队伍、带队检查工作。省委常委会、省政府常务会议 3 次研究消防救援工作，省委连续 17 年将消防工作纳入平安浙江建设，省政府将消防救援总队作为中央驻浙单位单独纳入政府绩效考评，将“十四五”消防救援事业发展规划纳入重点规划，启动《浙江省消防条例》修订。各地市党政主要领导先后 106 次对消防工作作出批示、召开会议专题研究、带队检查消防安全。

二、重大任务圆满完成

完成习近平总书记视察浙江、第三届中国国际进口博览会、世界互联网大会等重大活动消防安保工作。助力新冠肺炎疫情防控，消防、卫健、应急部门建立涉疫医疗卫生机构和涉疫企业花名册，成立 30 个指导组、组织 164 名业务骨干分片包干、跟踪指导，共实地检查 6000 余家次，对 49 家省级涉疫重点企业一对一帮扶。开展消防安全攻坚行动，出台硬性措施护航企业复工复产，为“六稳”“六保”提供有力消防安全支撑。

三、责任体系更加健全

省政府与 11 个地市政府和 17 个省直单位签订消防工作目标管理责任书，开展年度考核巡查。发挥省消防安全委员会平台作用，警示通报火灾多发地市 5 个，加强冬春火灾防控、石化消防安全等提示。完成 15 起火灾责任事故延伸调查，共追责刑事立案 4 人，党政纪处分和组织处理 48 人。民政、教育、卫健、民宗等 13 个行业部门深入实施消防安全标准化管理，联合开展危险化学品重大危险源、文物古建筑、邮政、港口等重点行业领域专项检查督导，省标准化委员会出台锂电池管理相关规范。社会单位落实“三自主两公开一承诺”制度，4 地市开展星级微型消防站建设试点。

四、三年翻身仗顺利收官

将消防安全专项整治三年行动和省政府三年翻身仗有机融合，扎实推进高层建筑、大型商业综合体、“生命通道”、文物古建筑等 7 类重点领域专项整治。省政府公布第 18 批重大火灾隐患单位和区域，确定 100 个消防安全重点乡镇（街道），新建小区和单位消防车通道标线施划 1.3

万处，复查整治居住出租房 147.9 万户，145 个老旧小区完成消防设施增配改造，培训高层建筑消防安全经理人（楼长）3.5 万人次、企业员工 308.2 万人次。全年全省共发生火灾 4.5 万起，亡 78 人，伤 74 人。

五、打赢能力持续提升

深化全员岗位大练兵，全省指战员综合考核达标率达 97.6%、优秀率达 69.9%。省政府出台《浙江省防范处置火灾事故应急预案》，基本建成地震救援、抗洪抢险、化工灭火等专业救援力量体系，优化完善部门协同联动和应急通信响应机制，举办省级集训轮训 23 批次、跨区域演练和联合演习 8 次、拉练 15 次。举办“火焰蓝”全员岗位大练兵暨全勤指挥部指挥能力比武竞赛，创新推行“实景式”推演、“情景式”考评，提升基层指挥员组织指挥、处置应对能力。严格落实典型战例复盘研讨和战训大讲堂、战例微讲堂制度，灭火救援安全管控体系课题研究成果向全国推广。全省消防救援队伍共接警出动 9.4 万起，营救疏散被困群众 1.9 万人，保护财产价值 82.6 亿元。成功处置台风“黑格比”、钱塘江流域抗洪、沈海高速槽罐车爆炸、衢州中天东方化工火灾等事故。

六、基层治理加快创新

抓好数字化转型、基层治理模式探索，以数字赋能消防改革创新，探索推进智慧监管、智能指挥、智能管控、数字训练、数字档案等建设。深化“放管服”改革，对 5 类公众聚集场所投入使用、营业前实行消防安全告知承诺制，经验做法被国务院简报刊发。定期开展“双随机、一公开”跨部门联合监管抽查，实现简易处罚“掌上办”。全面完成政务服务升级，申请材料电子化率 100%，办理时限压缩 75%，群众好评率 100%。持续 6 年开展“创人民满意消防救援队伍”活动，全省消防救援队伍共出台便民利民承诺措施 308 项，第三方测评群众满意度达 98.7%。

七、消防宣传有声有色

建成消防全媒体中心，省消防救援总队官方微博、抖音、快手号获评全国消防救援队伍“十佳”。3 次集中开展全省重大隐患集中曝光行动，通过媒体平台跟进整改进程，形成常态曝光机制。“119 消防宣传月”期间，深入开展主题宣传树形象、宗教人士说消防、全民云上学消防等 8 大系列活动，同步启用在线教育平台“消防蓝码”，完成 1574 家县级消防宣传教育场馆、乡镇街道示范宣传体验室和社区农村消防示范宣传体验点提档升级。

八、班子队伍建设大力加强

以“践行训词精神，担当神圣使命，坚持五个不动摇”主题教育实践活动为主线，开展总队、支队、大队三级党委“强党性、明规矩”专题教育和干部全员政治轮训。成立总队党建工作领导小组，制定落实全面从严治党若干措施和党委议事规则、请示报告清单等系列规章制度，建立“AB 角”工作机制。全面启动“两严两准”正规化试点建设，开展“四个珍惜”自主教育活动，创新实施“四级教育模式”，通过身边人讲述身边事，教育身边指战员。挖掘提炼以浙江消防救援精神、队歌、组歌、队赋和文化标识为主要内容的浙江消防救援文化，举办系列文体活动。

九、“两改合一”扎实推进

紧抓“以案促改、整风肃纪”专项整顿和落实巡视整改的机遇，围绕突出问题，相继部署开展“知敬畏、存戒惧、守底线”等 5 个专项教育和党的建设弱化问题等 10 个专项整治，全面清查、整改问题隐患，“两改”查摆问题整改率分别达到 86.6%、92.3%。总队、支队两级围绕纪律保证、队伍管理等建章立制 97 项，逐步形成以制度管人、用制度管事的良好氛围。

十、发展基础更加雄厚

各级财政投入消防经费 28.5 亿元，同比增长 3%，5 个支队经费突破 2 亿元，67 个大队经费超过 1000 万元。16 项消防救援人员优待政策和指战员工资政策全面落地，消防员工资待遇参照公务员标准发放。全年，新招录政府专职消防员 600 余人，开工建设消防救援站 43 座，升级改造营房营区项目 237 个，新购消防车、船、无人机 209 辆（艘、架）、装备器材 2.5 万件（套）。

第十二章　安徽省消防救援工作

2020年，安徽省消防救援工作以“稳中求进、全面过硬”为总基调，坚持守正创新、转型升级、夯实基础、提质强能，坚定不移抓基层、打基础，持之以恒保稳定、谋发展，全省消防救援工作和队伍建设呈现出全面过硬良好发展态势。

一、做强“立体防控”工程，提升消防治理水平

以消防安全专项整治三年行动为主线，从党委政府落实责任、重大隐患严格立案、行业部门标准化管理、复产复工“消防护航”、创新“五实N岗”责任体系入手，打好“组合拳”、练硬基本功。全年全省发生火灾3.2万起，亡106人，伤36人，直接财产损失2.6亿元。

二、做强“作战增效”工程，提升实战打赢能力

开展实战比武竞赛、组织训练质量督察、推行首战四车模式等战训基础工作，连续第7年举办山岳、水域、地震、交通、石化等五大类专业技术培训，组建高层地下、石油化工等172支攻坚专业队伍。全年全省消防救援队伍共接警出动7.3万起，出动车辆12.1万辆次，出动消防人员68.2万人次，营救疏散被困人员4.7万人，保护财产价值28.7亿元。

三、做强“防汛抗洪”工程，提升综合救援能力

在长江、淮河、新安江、巢湖4线2027起救援作战中闻令而动、听令而行，在江西出现重大汛情之时逆向出征，营救疏散被困群众2.5万人，充分体现消防救援队伍职责担当，受到多位省部级以上领导充分肯定。

四、做强“基础提档”工程，提升综合保障实力

省政府印发装备发展五年规划，明确五年内投入专项经费40亿元。全省消防经费连续3年突破20亿元，总队本级8254.5万元，同比增长119%。全省开工、改建消防救援站81座，训练基地6个；加快建设省级训练基地和山岳水域救援训练基地建设，全部完成既定建设目标进度。

五、做强“队建强本”工程，提升政治核心作用

在“践行训词精神，担当神圣使命，坚持五个不动摇”主题教育实践活动中提出“加速冲刺走前列”目标，创新设置“4个专题学习教育+5大学习实践活动+X随机教育”总体思路。制定总队党委议事规则、规范“七议”制度、党建工作要点、全面从严治党主体责任清单等13项制度，全面厚实了队伍建设的底蕴

根基。

六、做强“改革深化”工程，提升事业发展信心

落实消防救援人员教育、交通等优待政策，省政府将总队纳入省直团购房和绩效考核奖励范畴，落户、工资保障制度落地。总队主要领导常态化列席省委常委会、省政府常务会，省防灾减灾等 13 个省政府层面协调议事机构将总队列入成员单位，新体制新机制优势不断显现。

七、做强“品牌战略”工程，提升示范引领效果

总队连续三年被评为“调研工作先进单位”，被评为“全国冬春火灾防控优秀总队”，5 人入选“中国好人榜”。陈陆同志获评“中国消防忠诚卫士”，习近平总书记接见慰问陈陆同志亲属，在省内外举办巡回报告会 9 场，中央及省市媒体持续关注。

第十三章　福建省消防救援工作

2020 年，福建省消防救援工作以习近平总书记重要训词精神为引领，坚持抓班子、带队伍、促工作，抓思想、强定力、促稳定，抓创新、谋发展、促转型，全年全省火灾起数、亡人数、伤人数、较大火灾数均创近年新低。全省消防救援队伍有 4 个集体、8 名个人获省部级以上表彰，5 个单位荣立集体二等功，11 名个人荣立一等功、二等功。

一、防治并举，优化消防安全环境

省委、省政府先后召开省委常委会、省政府常务会和系列专题会议，研究部署消防安全专项整治三年行动、打通“生命通道”集中治理行动等工作，将“十四五”消防救援事业发展规划纳入省级重点规划目录清单，审议通过《福建省深化消防执法改革实施方案》。省委书记尹力、省长王宁等领导多次听取消防工作汇报、作出批示指示、带队开展消防检查。省政府下达消防工作目标任务，开展消防工作考核，明晰各地各部门职责。将消防安全纳入全省安全隐患排查整治八大领域一体推进，将消防基础设施改造纳入全省老旧小区改造内容，将“智慧消防”纳入“数字福建”发展规划和政府工作要点。消防、公安、住建部门联合制定出台消防车通道管理意见，多部门联合开展消防安全标准化达标创建，树立行业标杆示范单位 730 家，推动各级行业部门全年全省检查单位 9.3 万家，整改火灾隐患 4.2 万处。全省 256 个乡镇（街道）将消防安全纳入综合行政执法事项目录清单。实施公众聚集场所投入使用、营业前消防安全告知承诺制，出台技术服务机构管理规定，研发执法文书二维码制作管理系统，推行“双随机、一公开”消防执法检查模式，推进“高低大化”场所、老旧场所和新材料新业态消防安全综合治理。制定疫情防控特殊时期消防监管工作六项措施和定点医疗机构等三类单位消防安全指导要点，成立 109 支专业技术服务队，运用“现场+远程”模式对涉疫场所开展“点对点”指导服务。全年全省消防救援机构累计检查单位 5.8 万家，整改火灾隐患和违法行为 1.6 万处，挂牌督办重大火灾隐患单位 32 家。

二、聚焦实战，提升灭火救援能力

开展“闽动-2020”地震救援、防汛抗洪、高层建筑等大型跨区域实战拉动演练 4 次。遴选 22 名业务能手成立专家（骨干）组，结合典型战例攻关 4 类难点课题，6 项战例研究成果在应急管理部灾害医学培训班、外交政策与国际救援规则培训班和消防救援局战例研讨班交流研讨，涉疫救援经验成果被联合国国际搜索与救援咨询团官网推介。连续 3 年开展车辆交通事故处置、化学事故处置、水域山岳绳索救援师资技能培训和支队指挥长、站指挥员、安全员及紧急救援小组队员关键岗位轮训，研究引进国际绳索救援、重型车辆破拆支撑、水下搜救等前沿领域技术，累计培训骨干330人次，322名指战员取得相关资质证书。分区域、分灾种布点建设专业救援队，分类型打造47支地震、水域、山岳等专业救援队，2支省级抗洪抢险编队和4支重型化工编队通过消防救援局考核验收。投入9000万元建设实战指挥系统、手机报警定位系统等平台，完成智能接处警项目试点推广和应急通信装备建设。全省消防救援队伍先后成功处置泉州“3·7”建筑坍塌事故、龙岩“7·12”化工企业爆炸起火事故，圆满完成跨区域增援江西防汛抢险及各项大型活动消防安保任务。

三、服务中心，完善综合保障体系

出台福建省地方消防救援经费管理暂行办法，建立人员经费、跨地区调动经费和省级补助财力困难县（市）保障机制，提高政府专职消防员、特种车辆运行和应急战略物资储备经费标准。新建消防救援站19座，维修改造消防救援站74座，新改扩建备勤公寓181套，完成训练与战勤保障支队模拟训练设施等6个项目建设，闽北训练基地顺利竣工投用。全省投入16.9亿元，购置各类消防车278辆、器材装备22.1万件（套）。构建完善新型战勤保障体系，制定应急救援战勤保障工作方案，组建总队、支队两级战勤保障队伍，按标准建设各支队战勤保障消防站。配齐装备维修车、运兵车等战勤保障车90辆，购置省级应急战勤保障装备物资4万件。推进2个特别重大灾害响应现场指挥部后勤保障编组建设，常态化开展战勤拉动演练和装备巡检巡查，提升队伍实战保障能力。

四、强化宣教，提升全民消防意识

省委宣传部等12个部门联合印发消防安全宣传教育“五进”实施细则，将消防安全知识编入义务教育教材，消防法律法规纳入党校中青班必修课，省人口普查办组织25万名普查员助力消防宣传进村入户。省通信管理局等单位向全省手机用户推送消防安全提示短信1亿余条（次）。围绕“防灾减灾日”“安全生产月”“119消防宣传月”等时间节点，针对用火用气用电、电动自行车停放充电等关键环节和“三合一”、石化企业、大型商业综合体、人员密集场所等场所，相关行业部门联合集中开展大宣传、大警示、大培训活动，提升单位自我管理和群众自防自救能力。组建全媒体中心，强化团队能力和媒体融合宣传建设，获评消防救援局全媒体工作中心建设先进单位。设计推出消防宣传卡通形象“福吉”、三维动画片和微信定制表情包等消防产品。建设消防主题公园28座，配备各类消防宣传车242辆，省科协覆盖全省1600个社区的科普云终端平台和3.2万个社区物业小广播、“村村通”广播，定期播放消防安全提示，扩大宣传覆盖面。

五、规范管理，凸显队伍良好形象

解决形式主义、官僚主义突出问题，切实为基层制定减负松绑十项措施，细化分解基层建设28项具体任务，配套制定4项保障措施。出台福建省消防救援队伍职业优待办法，依托省慈善总会，创新设立省级消防救援慈善救助基金。建立以案促改统筹联动机制，推动个案整改向修复政治生态转化。积极探索创新审计方式，开展车辆装备价格预算审计，完成各类审计项目 154 个。深入开展正规化建设活动，推广应用“护剑系列”和微信队伍服务管理平台，持续加大队伍安全管控力度，队伍抵御风险能力显著提升，实现队伍全年“零责任事故”。全省消防救援队伍 1 名个人被中共中央、国务院表彰为“全国先进工作者”，1 名个人被中宣部、退役军人事务部、中央军委政治工作部表彰为“全国最美退役军人”，1 个集体被中宣部和应急管理部表彰为全国“最美应急管理工作者”，并荣获全国“119 消防奖”，4 个集体 8 名个人获省部级表彰，5 个单位荣立集体二等功，11 名个人荣立一等功、二等功。高规格举办三坊七巷消防救援站承接升降国旗任务 30 周年系列活动，省消防救援总队 2020 年度绩效考评成绩位列省直机关第一名。

第十四章　江西省消防救援工作

2020 年，江西省消防救援工作以践行习近平总书记重要训词精神为统领，聚焦主责主业、强化使命担当，消防救援工作和队伍建设取得新成效。江西省连续两年获评国务院省级政府安全生产和消防工作考核“优秀”等次，九江市消防救援支队被中央宣传部授予“时代楷模”称号、被应急管理部荣记集体一等功。全年全省共发生火灾 17669 起，亡 43 人，伤 45 人，直接财产损失 2.8 亿元，未发生重特大火灾事故。全省消防救援队伍共接警出动 4.3 万起，出动车辆 8.2 万辆次、消防人员 52.9 万人次，营救遇险群众 2 万人，疏散被困群众 6.6 万人，保护财产价值 29.3 亿元。

一、精准施策，提升消防治理现代化水平

一是完善法规政策。启动“十四五”消防规划编制工作，审议公布《江西省消防条例》，将《江西省消防安全责任制实施办法》纳入省政府 2021 年立法计划。省政府制发消防工作目标任务，明确消防安全责任，细化各地市、各部门具体工作。加快消防工作规范性文件和执法制度“立改废”，修订 10 份，废止、失效 30 份。二是压减火灾风险。开展消防安全专项整治三年行动，持续推进危险化学品重大危险源企业专项督察、打通“生命通道”“九小”场所、大型商业综合体“四大”攻坚整治。加强物流园区和物流仓储企业场所整治，约谈 13 家快递物流企业主要负责人和消防安全管理人。推行“一查两惩四公开”（依法查处，信用惩戒、约谈警示，挂牌督办、媒体曝光、社会公示、通报函告）治理机制，各级政府挂牌重大火灾隐患单位 91 家、省级媒体集中曝光 20 家，到期整改率 95%。全年全省消防救援机构共检查社会单位 4.9 万家，整改隐患 4.2 万处。三是创新监管模式。开展全国消防监督管理正规化建设试点，规范“双随机、一公开”监管模式，推行“互联网+监管”，探索消防救援站开展防火工作、专职消防队“三员一队”（灭火救援战斗员、火灾隐患巡查员、消防安全宣传员和消防便民服务队）建设，在全国正规化建设现场会作现场展示和经验介绍。健全落实消防服务“好差评”执法行为跟踪问效机制，规范自由裁量等制度，开展规范消防行政许可和处罚行为优化消防执法营商环境专项行动，推出“进一步缩小行政许可范围”等便民利企措施，消防行政许可上线“赣服通”政务平台。全省 11 个地市公安局出台专门意见，加强派出所消防监管工作。对年内 23 起亡人和有影响火灾事故开展延伸调查，向相关政府、部门发出通报函、追责建议函 9 份。四是提升宣传质效。推进消防宣传“五进”，将消防安全教育课纳入 720 万中小学生在线学习的“赣教网”云课程，全省 80 万名党政机关、企事业单位人员参与消防普法网上答

题活动。"一警六员"（社区民警、多种形式消防队员、村居委会工作人员、综合网格员、保安员、物业服务企业职员、消防安全重点单位职员）实操实训累计培训合格 146 万人，独立或参与处置火灾占总量的 20% 以上。创作《张关理待》《店铺不住人》消防公益广告，播放量过亿次。省消防救援总队微博、微信、抖音、快手四大新媒体平台和南昌、赣州支队官方微信，获评全国消防救援队伍"十佳"。五是建设"智慧消防"。发布《城市消防物联网大数据应用平台接口规范》等 3 部地方标准，将"智赣 119"消防物联网规模化应用上升为"物联江西"十大品牌工程，全省投入 3.5 亿元推进"智赣 119"建设，建成市级以上平台 15 个，智慧监管终端数量突破百万级。

二、应对大考，打好防疫抗洪"两场硬仗"

一是积极投身疫情防控。组建 11 支 360 人的防疫处置机动队，制定涉疫处置、消防监督、营区防疫操作要则，参与疫情救助服务。防疫消杀 3.5 万平方米，转送涉疫物资 160 吨，消防指战员向灾区捐款 200 万元。二是全力做好防汛抗洪。针对鄱阳湖流域严重洪涝灾害严峻形势，省消防救援总队调集 11 个支队 1500 名指战员、172 辆消防车、275 艘舟艇投入洪涝灾害抢险救援，会同全国 1300 名增援力量连续奋战 26 昼夜，营救被困群众 1.5 万人、转移疏散群众 3.7 万人。三是用心助力经济复苏。省政府出台深化消防执法改革以助力经济社会发展若干措施。消防等部门利用远程监控、物联网等手段指导社会单位 1.6 万家，实地检查 4600 家，全省 185 家医疗机构、174 个隔离点、71 家涉疫企业、118 个安置点和 19 个救灾物资仓库实现"零火灾"。助力洪涝灾后重建，参战消防力量累计清淤除障 3000 余吨、运送生活救灾物资 1.7 万件，帮助解决人民群众生活实际困难。

三、提质强能，狠抓执勤练兵备战

一是建强专业队伍。组建防疫、化工、抗洪抢险、低温雨雪冰冻灾害救援等专业队 307 支，举办 3 次大型地震、水域、化工事故处置跨区域拉动演练。出台《全省消防应急通信保障队伍建设管理规定（试行）》，12 支应急通信保障分队和各队站班组实体化运行。探索研究水域救援技战术，成果获评消防救援局创新成果三等奖。二是坚持实战实训。出台练兵奖惩实施办法，举办 2 次全省执勤岗位练兵大比武和搜救犬技术、指挥中心与信通业务比武竞赛，组织 2 轮示范教和交叉考核，各级消防救援队伍指挥员体能优秀率 86.8%。推行异地交叉轮岗、战训大讲堂、业务考察拓展践学、巡查督训示范示教、专业技术培训、实战拉动演练"六项行动"，分级举办"战训大讲堂" 118 期，开展典型战例研讨、桌面推演 72 次，组织全省 1300 人开展战训、指挥调度、信通全岗轮训和冲锋舟驾驶技术、潜水打捞、山岳（高空）绳索技术、车辆事故救援技术、紧急救援小组、安全员、火灾统计等专业岗位培训。三是提升应急效能。消防救援总队纳入省政府突发事件应急委员会，接入地方预警信息平台，与水利、气象、地震、交通部门建立会商研判、应急值守机制。落实全勤指挥部 24 小时"坐班、监听、入群"制度，常态化开展实战拉动演练。启动实战指挥平台及应急通信系统建设，研发推广智能化

“119”接处警指挥系统，部署智能化指挥系统和全国“一张图”建设，全省消防救援队伍 5000 余个监控点接入平台。

四、立足长远，夯实高质量发展基础

一是保障经费持续增长。出台《江西省地方消防救援经费管理实施细则》，提高保障标准，并将政府专职消防队伍公用经费等纳入保障范围。全年投入各类消防经费 27.6 亿元，全省有 55 个消防救援大队经费超 1000 万元。二是基础建设稳步推进。省消防安全委员会印发《江西省城乡消防救援基础建设三年行动计划（2020—2022 年）》，开工建设省应急救援物资储备库，国家区域性水域救援训练基地完成项目用地批复。全年全省新建城市消防救援站 157 座，其中建成投用 65 座，新增市政消火栓 13436 个，新建乡镇政府专职队 130 支，招录政府专职消防队员 1578 人。三是综合保障质效提升。开展装备巡检 24 次、解决管装用装问题 360 余个，聘请评估机构排查 1112 栋营房建筑安全性能。完善省域应急物资储备保障体系，签订联勤保障协议 100 余份。加速装备建设转型升级，投入装备专项经费 6 亿元，同比增长 91%，集中采购消防车 80 辆、器材 6 万件（套）。60 个特勤消防救援站和一级消防救援站完成体系化装备配备，全省执勤消防车总数达 1390 辆。

五、抓建强能，推动队伍纵深发展

一是突出政治引领。深入开展“践行训词精神，担当神圣使命，坚持五个不动摇”主题教育实践活动，省消防救援总队举办主官讲堂、专家辅导、专题讨论 45 次。注重培树先进典型，制定三年规划和年度计划，全年全省消防救援队伍 124 个集体和个人荣获省部级以上表彰。二是强化组织建设。出台支队班子综合考评和监督管理办法，制定机关、大队党委、基层党支部规范化建设办法细则，形成“闭环管理”。省委组织部完成总队党组织关系转接，全省消防救援队伍成立专职队党组织 83 个，总队机关党委、工会实体化运行。完成 1994 名干部和 2687 名消防员落编定位，机关精减 1/3 力量充实基层，分级提职调整晋升干部 920 名。三是坚持严管厚爱。出台《基层建设标兵（先进）单位创评办法》《基层队站外观标识系统》《基层队站库室设置标准》以及指战员手机使用、轮休等规定，加强队伍正规化管理工作，进一步严格“四个秩序”。做好“暖心工程”，投入 800 余万元为基层办 8 件实事，出台困难指战员救济办法，发放 97.3 万元救济 158 人，组织 600 名指战员进行疗养，落实 298 名指战员子女教育优待。四是坚决正风肃纪。出台《江西省消防救援总队落实全面从严治党责任考核办法》和总队、支队两级党委、纪委主体责任和监督责任清单，压实党委、党委书记、班子成员和纪委的责任。严抓责任推进，制定加强巡察整改九项硬性措施，推动队伍风气持续向好。

第十五章　山东省消防救援工作

2020年，山东省消防救援工作围绕服务“六稳”“六保”大局，加快转型升级，加速提质强能，全力防风险、保稳定，推改革、促发展，保持全省火灾形势总体平稳。省消防救援总队党委被应急管理部评为全国消防救援队伍先进总队党委，总队被消防救援局评为年度工作先进总队。全省消防救援队伍在青岛、烟台、威海等地多起山林火灾扑救中发挥重要作用，圆满完成东营“7·15”危险化学品停车场爆燃事故处置以及增援安徽、江西、吉林抗洪抢险等应急救援任务。

一、突出精准治理，火灾防控基础更加稳固

一是顶层推动消防责任落实。省政府确定2020年为消防安全“重点工作攻坚年”，向16个市级政府下达年度目标任务。省政府常务会议审议通过消防安全专项整治三年行动方案，省消防安全委员会3次召开成员单位会议，研究推进冬春火灾防控等重点工作，组织对相关负责人提醒谈话，压实各方责任，形成综治合力。二是强力整治突出风险隐患。统筹推进消防安全专项整治三年行动，制定高风险场所治理、老旧场所及新材料新业态风险整治、重点行业标准化管理等22项重点项目清单。省委政法委、省公安厅等联合开展打通“生命通道”行动，全省新增、开放停车位3万个，75%的公共建筑、81%的新建居民住宅完成消防车通道标线施划工作。省住建厅、教育厅等9个部门联合开展校园消防安全整治，摸排学校3.9万所，整改消防安全隐患5万处。开展危险化学品重大危险源企业检查督导，检查20家大型石化基地、原油储备库和重点石化企业，有力净化消防安全环境。三是助力保障抗疫工作大局。省消防安全委员会下发做好疫情防控期间火灾防控工作的紧急通知，函商卫健部门，组建省级消防工作专家组，分片区指导服务，制定“一企一策”靶向治理、“一呼百应”远程监管等七项措施和20条指导意见，指导2.6万家复工复产企业落实防范措施。

二、提升监管质态，执法营商环境更加优化

一是创新消防治理手段。全面推行“双随机、一公开”监管模式，将消防安全纳入全省部门联合监督抽查内容，采取政府购买服务方式开展“专家查隐患”，完成全省4369家火灾高危单位消防安全评估。试点推进消防救援站开展防火工作，探索消防员执法资格认证机制，创新熟悉演练、隐患排查、宣传培训“防消一体化”勤务模式，提升消防监管质效。二是提升执法服务效能。开展规范消防行政许可和处罚行为、优化消防执法营商环境专项行动，出台优化营业前检查程序、取消4项审批程序、推行差异化监管、实施“网上办”“掌上办”等五项措施，打造精简高效政务生态。严格执法质量考

评，通过季度网上考评、适时集中考评、强化记录仪使用等措施，提升执法水平。三是加大宣传培训力度。省14个部门联合印发消防宣传教育“五进”实施细则，开展科普教育基地等级评定授牌工作，实现市、县全覆盖，1个基地被命名首批国家级应急消防科普教育基地。打造消防“云课堂”，举办“中小学生消防公开课”“探访蓝朋友大V体验行”等活动，中央、省级主流媒体累计播发新闻4300余条（次），新媒体全网阅读量6.5亿次。

三、坚持精武强能，应急救援处置更加高效

一是加快作战编成建设。承担全国灭火救援作战编成试点建设，制定全省消防救援队伍规模结构和力量编成建设指导意见，编制高层建筑、地下建筑、大型商业综合体、石化企业灭火救援和森林火灾、抗洪抢险、交通事故、地震救援8类编成、18种构成单元建设标准，建立队站内部单元编配、队站布防结构编配、作战编成合成编配执勤作战新模式。二是深化岗位实战练兵。组织作战指挥、安全管控、专项救援、岗位履职培训，开展建筑消防水源调查熟悉和化工企业、园区摸排建档专项行动。省政府举办港口危险化学品事故应急演练，省应急厅、总工会等8个部门举办全省化工园区应急救援队伍技术竞赛，锤炼检验实战能力。三是优化作战指挥体系。省政府印发《关于建立健全应急救援力量联调联战工作机制的实施意见》，省应急厅、省消防救援总队召开现场会，加快社会应急救援力量调度指挥平台建设。推行“战区指挥长+灭火救援专家组”联合响应机制，健全直调直报、前突通信、跨区域增援和联勤联动等通信保障机制，提升作战指挥效能。

四、强化多元发展，综合救援力量更加壮大

一是建好森林消防处置力量。省政府在全省13个森林防火重点市、91个重点县（区）依托消防救援机构组建森林消防专业队伍，共建成森林消防队站46处，完成规划选址96处，落实营房、装备经费3.9亿元，招录政府专职消防员2737人。二是建精专业处置机动力量。优化抗洪抢险队伍，组建1支省级、16支市级、118支县级抗洪抢险队。建强地震救援队伍，由4支重型队、19支轻型队共750人增至20支重型队、3支轻型队共990人。提速84个化工园区消防特勤站建设，组建16支化工灭火救援重型编队，专业救援体系更加健全。三是建强区域响应突击力量。省自然灾害、海洋灾害、危险化学品事故灾害、矿山和地质灾害、森林火灾5个区域应急救援中心挂牌实体化运行，投入基建、装备经费5.7亿元，招录政府专职消防队员、技术人员98名。持续推进鲁中、鲁东、鲁南3个区域灭火与应急救援中心建设，其中鲁中中心已主体封顶。

五、注重固本强基，事业发展基础更加夯实

一是经费保障提效益。省财政厅出台《山东省国家综合性消防救援队伍地方经费管理实施细则》，明确省、市、县三级财政事权和支出责任。全省各级投入消防经费42.9亿元，同比增长14.3%。聚焦新旧会计制度转换，开展全省财务大检查，进一步严肃财经纪律，提高经费使用效益。二是装备建设优结构。推进全省9

亿元装备采购项目落地，投入 3.5 亿元配备个人防护装备，购置高精尖装备，消防车辆装备建设提档升级。探索构建总队级特别重大灾害应对处置后勤保障体系，提升应急救援遂行保障能力。三是规划发展谋长远。科学编制“十四五”消防规划，列入省级重点专项规划内容。省政府办公厅出台《山东省消防救援保障体系建设规划（2020—2030 年）》，制定优化布防体系、加强专业队伍建设、加强社会力量建设、健全作战指挥体系等 10 项措施，为加快转型升级提供保障。

六、坚持举旗铸魂，队伍作风形象更加过硬

一是党建引领聚合力。扎实开展学习贯彻落实习近平总书记重要指示批示情况“回头看”工作，出台落实全面从严治党主体责任清单，开展基层党组织标准化规范化建设，举办基层党建示范点观摩会，集中培训 500 余名党组织书记，着力增强组织力、引领力。二是正规抓建增效力。开展新一轮队伍正规化达标创建，制定《正规化建设示范图册》，统一规范外观标识、内务设置、门牌标志等 20 余项内容。研发“火焰蓝”智能管理平台，探索规范化党建、战斗型机关、智慧型队站等山东特色正规化建设新品牌。消防救援局在济南市召开全国正规化建设推进暨试点成果交流展示现场会，推广省消防救援总队经验做法。三是铸魂育人添活力。深入开展“践行训词精神，担当神圣使命，坚持五个不动摇”主题教育实践活动，党委政府将消防救援队伍纳入表彰奖励、绩效考核体系，省委宣传部、省消防救援总队联合评选“齐鲁最美消防员”，举行抗击疫情巡回宣讲暨“两优一先”先进事迹报告会。实施战训人才跨市锻炼、专业人才梯次帮带、基层人才上挂锻炼、机关人才交流任职、领导干部院校进修“五大工程”，分岗分类组建全省 9 个业务骨干人才库。总队灭火救援指挥部和烟台市消防救援支队被省委、省政府表彰为“攻坚克难奖”先进集体，全省 5 个集体、7 名个人荣获全国“119 消防奖”，总队 1 个集体获评“全国文明单位”，总队指战员连续 4 年登上《中国骄傲》舞台，树立了队伍良好形象。

第十六章 河南省消防救援工作

2020年，河南省消防救援工作以贯彻习近平总书记重要训词精神为主线，认真履行防范化解重大消防安全风险、应对处置各类灾害事故的职责使命，省消防救援总队党委被应急管理部评为全国消防救援队伍先进总队党委，总队被消防救援局评为全国消防救援队伍年度工作先进总队。全年全省共发生火灾3.9万起，亡128人，伤111人，直接财产损失1.5亿元，未发生重大以上火灾事故。

一、坚持责任牵引，打造消防安全共建共治共享格局

一是党委政府更加重视。省委、省政府先后6次召开常委会、常务会，研究解决消防重大问题，将消防安全工作纳入平安建设、文明创建、政务督察重要内容。省委书记王国生、省长尹弘等领导32次听取工作汇报、作出批示指示、检查消防工作。省政府成立19个调研指导组2次深入一线调研指导，督促整改问题1100条。省防火安全委员会办公室先后52次与民政、文物等部门协商推动工作，市、县两级走访社会单位4500余家，指导制定整改意见2.2万条。二是法治体系更加健全。省委办公厅、省政府办公厅印发《关于深化消防执法改革的实施意见》。省政府修订河南省消防安全责任制实施办法、农村消防工作规定、社会消防组织建设管理办法、共同使用建筑消防安全管理办法、建筑消防设施管理办法等5部政府规章，全省13个有立法权的省辖市开展消防立法。三是行业监管更加高效。在23个重点行业领域开展排查整治，教育、民政、商务、文旅、文物等11个重点领域火灾均下降20%以上。深化行业系统消防安全标准化管理，细化4张工作清单，为行业系统、所属单位加强消防安全工作提供参考。省、市防火安全委员会办公室先后3次致信各省辖市市长，向市、县两级政府下发督办函3500余份，推动解决消防救援站建设等重点工作460余项。四是基层治理更加有力。在济源市试点推行将部分消防执法权限赋予乡镇街道综合行政执法机构，6个试点乡镇街道综合行政执法队承担消防监管职能。市、县两级公安机关将火灾事故纳入绩效考评，建立公安派出所消防工作派驻指导、定期讲评、业务培训等机制。全省派出所共检查单位147.9万家，督促整改火灾隐患167.6万处。组织2540名消防文员分包指导乡镇街道消防网格化管理，在漯河市、鹤壁市划分南北两个片区组织基层火灾防控观摩交流，指导各地将消防工作纳入基层党建和综治平台一体推进。

二、突出精准治理，进一步优化消防安全环境

一是深入推进消防安全专项整治三年行动。省安全生产委员会、省防火安全委员会印发消防安全专项整治三年行动方案和2020年实施计划，细化8类、30项重

点工作，逐一明确牵头行业部门，实行项目管理、挂账推进。省人大将“打通消防‘生命通道’工程”纳入年度重点督办内容，消防、公安、住建等部门召开座谈会会商研判、专题督导。省消防救援总队出台党委统揽、专班推进、常态督导等九项措施，召开专题推进会、协调会、调度会 21 次，开展督导调研 9 次，推动年度 24 项重点任务全部完成。二是精准开展消防安全隐患治理。民政、商务、邮政、文旅、住建等部门联合开展养老机构、集贸市场、快递物流、冰雪冰雕馆和消防车通道、电动自行车、彩钢板建筑等 12 项消防安全治理。全省消防机构累计检查单位 34.1 万家，整改火灾隐患 52.3 万处，各级政府挂牌督办并整改销案重大火灾隐患单位 170 家。强化大型商业综合体火灾防控，出台硬性管控措施和达标创建细则，逐一排查全省 274 个大型商业综合体，抽调 73 名业务骨干跨区域交叉互查。组建由消防、建筑、电力、燃气等部门人员组成的 5 个专家团队，集中“会诊”38 个 10 万平方米以上的大型商业综合体。消防、公安联合开展“多合一”场所消防安全专项治理，排查场所 6.2 万家，整改火灾隐患 7.6 万处，清理违规留宿人员 2.1 万人。聚焦党的十九届五中全会、全国“两会”、央视“春晚”“秋晚”录制等活动，落实消防安保工作核心守护、前置备勤等举措，开展 16 次大规模集中夜查，确保绝对安全。三是大力加强消防宣传教育。扎实开展“119 消防宣传月”“消防安全下乡”等活动，固化 5 月份火灾警示月和每月 25 日隐患曝光制度，累计曝光隐患单位 749 家，向 1400 万河南有线电视用户和 1.1 亿手机通信用户常态推送火灾防范提示。全省消防救援队伍招聘消防文员 176 人，购置器材 4000 余件（套），建成总队、支队两级全媒体中心。河南消防微信号获评全国消防救援队伍“十佳”，全省 5 个集体、6 名个人荣获全国“119 消防奖”。举办 2 期省直单位和中央驻豫、国有省管、省内大型企业消防安全责任人、管理人培训班，市、县两级累计举办行业系统培训 220 期，培训消防安全“明白人”1.6 万人。

三、聚力精武强能，全面提升综合应急救援能力

一是狠抓全员练兵备战。按照水域、地震、化工等 6 类灾害事故类型，组建 6 支省级救援队、114 支市级突击队、2628 个县级攻坚组。升级完善省、市、县三级指挥中心，将多种形式消防队伍、各领域专业救援队伍和社会救援力量统一纳入 119 调度指挥体系。应急、消防、气象、水利、自然资源、铁路等部门建立灾情预判、信息共享等机制。省政府举行危险化学品企业跨区域综合灭火救援演练，全省消防救援队伍层级开展全员执勤岗位大练兵大比武，整建制抽取 19 个支队、38 个消防救援站开展集中对抗，分片区组织交叉普考，举行大型商业综合体、地下轨道交通等实战演练 9 次，各级开展实地熟悉演练 7.3 万次。二是坚守作战安全底线。开展作战训练安全专项整治和“回头看”，出台水域救援安全六条规定，制定加强作战训练安全七项措施，组织 3 次专项督导，检查单位 284 个。举办作战训练安全“夜校”，对全国 90 起灭火救援作战伤亡案例和近 25 年省内作战伤亡案例逐一复盘剖析。紧盯全勤指挥部、基层指挥员、安全员、紧急救援小组 4 类重点岗位，轮训指战员 2526 人。三是高效处置灾害事故。坚持“力量跟着灾情走、救援抢在成灾前”，跨区域调派 1151 名指战员、236 辆消防车、136 艘舟艇、2.1 万件（套）专业救援装备，圆满完成信阳地区抗洪抢险、跨区域增援安徽防汛救灾任务。全年全省消防救援队伍共接警出动 7.7 万起，出动车辆 16.6 万辆次、消防人员 93.1 万人次，营救疏散群众 3.6 万人，成功处置洛阳“9・30”中托力和化学有限公司爆燃等事故。

四、夯实基层基础，着力筑牢消防救援事业发展根基

一是消防经费实现新提升。省消防救援总队联合财政厅制定《河南省国家综合性消防救援队伍经费管理细则》，全省 19 个消防救援支队本级和 194 个消防救援大队消防经费同比增长 7.8%，新工资政策稳步落实落地。二是基础建设再上新台阶。编制河南省“十四五”消防事业发展规划，并纳入省级重点规划。大力实施消防队站、消防装备提质升级工程，截至 2020 年底，全省建成执勤消防救援站 541 座，配备各类消防车 2611 辆、装备器材 50.7 万件（套）、灭火药剂 2504 吨。三是信息科技迈出新步伐。加强信息科技在火灾防控、灭火救援等方面支撑保障，建成实战指挥平台，实体运行总队、支队两级运维中心。强化极端恶劣条件下通信装备建设，全省配备卫星通信指挥车 22 辆、卫星便携站 41 套，无人机 342 架，卫星电话 638 部，图传终端设备 712 台。制定科技计划项目管理、科技成果推广应用、科技创新奖励办法，推广应用便携式点型感烟火灾探测器现场定量检测装置、大型移动式水力排烟机等 20 余项消防科技成果。

五、突出政治统领，着力建设素质高作风正的过硬队伍

一是党建引领，把牢思想阵地。扎实开展“践行训词精神，担当神圣使命，坚持五个不动摇”等主题教育，开展党支部标准化规范化建设、三级党组织书记培训、“双争”“三帮”等活动，聚焦疫情防控、防汛救灾和重大消防安保，成立“党员突击队”，设置党员“先锋岗”“示范岗”，切实发挥党的组织力、引领力。平顶山支队获评“全国文明单位”，三门峡支队被省政府授予“消防工作模范集体”。全省消防救援队伍 6 个集体、7 名个人受到团中央、团省委表彰，185 名指战员荣立个人一等功、二等功、三等功。二是依法治队，打造规范秩序。强力推进巡视反馈意见整改，制定 29 类 66 项具体整改措施，自查自摆问题 37 个。推进正规化建设达标创建，开展条令纲要学习宣贯“回头看”和政府专职消防队员、消防文员管理教育整顿。建立健全队伍管理目标责任、教育警示、形势分析、评估预警、督察检查、奖惩激励六项机制，全面开展疫情防控、安全集中排查整治、安全创建等活动，深入开展涉酒、涉赌、涉贷专项整治，发送预警提示短信 16 万余条，队伍安全管理水平持续增强。三是从严治党，弘扬清风正气。加强党风廉政教育、党章党规教育，扎实开展警示教育活动，教育引导广大指战员知敬畏、存戒惧、守底线。修订巡察工作办法，组织对 6 个支队党委开展政治巡察、4 个支队进行“回头看”。修订完善经济责任审计、机关项目审计、审计移送、审计公开等制度规定，先后对 11 个支队开展领导干部经济责任审计。

第十七章 湖北省消防救援工作

2020年，湖北省各级各部门坚持“人民至上、生命至上”理念，以消防安全专项整治三年行动为牵引，精准研判风险，持续强化措施，扎实开展工作，创造良好消防安全环境，保障疫后重振和加快经济社会恢复发展，省政府在国务院省级政府安全生产和消防工作考核中获评“优秀”等次。

一、严密组织部署，消防责任落实有力

省政府2次召开会议专题部署消防工作，印发《湖北省消防安全责任制规定》，进一步明确各级各部门消防责任。省长王晓东等各级主要领导多次听取工作汇报、带队开展检查。省安全生产委员会印发消防安全专项整治三年行动方案，制定工作清单，明确具体任务。省委政法委员会、安全生产委员会、消防安全委员会等向119家省直部门、中央直属机构、省属企业下发任务清单和工作提示函，约谈火灾多发县市区政府负责同志，推动责任落实。省公安厅强化派出所消防工作监管职责，加固火灾防控前沿阵地。省消防救援总队协调文旅、公安、邮政、教育、民政等部门，扎实开展旅游景区、星级宾馆、快递物流、学校、养老福利机构等行业消防管理，压实条线管理责任。

二、坚持标本兼治，风险防范化解到位

全省强力推进消防安全整治三年行动、冬春火灾防控、执法检查等专项行动和重大消防安全保卫工作。省消防救援总队落实火灾形势月研判机制，针对火灾规律特点和薄弱环节，以涉疫重点场所、大型商业综合体、仓储物流、沿街商铺、危化企业等为重点，分步骤、高规格开展消防安全综合治理。采取集中排查、专家会诊、联合执法等措施，逐项建立清单，累计整改火灾隐患10.9万处，3处省级挂牌和281处市县级挂牌重大火灾隐患按期销案。新冠肺炎疫情期间，成立20个技术指导组、82支消防志愿服务队，采取“线上、线下”相结合形式，督促五类涉疫场所落实“一场一策一预案”，整改火灾隐患4.7万处，助力疫情防控大局稳定。省委政法委将打通“生命通道”工程纳入平安建设内容，全省共完成1.2万个单位和住宅小区消防车通道标线施划，清除固定障碍物1.4万处。全年全省共发生火灾1.8万起，亡78人，伤24人，直接财产损失1.6亿元。

三、聚焦执法改革，营商环境不断优化

省政府印发《湖北省深化消防执法改革的实施意见》，着力解决群众反映强烈的堵点难点问题。消防救援部门全面落实“双随机、一公开”监管模式，严控检查频次和范畴。各级消防救援队伍主动服务防疫大局，研究制定消防安全技术规范制度，对方舱医院开展“入舱”服务

382次，确保涉疫场所“零起火、零冒烟”。深入1万余家复产复工单位开展体检问诊，指导单位建立健全消防安全管理体系，维保消防器材设施，确保安全复产复工复营复市。简化公众聚集场所开业前消防安全检查许可程序，取消技术服务机构资质许可，推动群众办事“最多跑一次”。大力推行阳光执法，确保执法活动公开、公正、透明。组建消防执法法律顾问团，援助基层单位行政诉讼应诉、上访舆情处置等，有效防范化解法律风险，全面提升全省消防救援队伍依法行政、依法决策、依法管理、依法办事能力水平。

四、着力做深做细，宣传教育全面覆盖

全省各地持续深化消防宣传“五进”工作，扎实开展“安全生产月”“开学第一课”“119消防宣传月”等活动。省、市级媒体开设消防专栏60余个，打造《支队主官访谈》《荆楚消防》等5个精品栏目。录制发放《8类场所消防安全提示》，创作“村村响”消防广播音频200余个，制作发放消防画册、围裙等宣传品100余万份，发送提示短信6000余万条。紧盯防疫、抗洪等重大作战行动，发布权威新闻，累计在中央主流媒体发稿9000余条。

五、聚焦提质强能，打赢能力稳步提升

全省组建水域救援专业队116支、化工编队11支、地震救援专业队20支，省消防救援总队邀请建筑设计、石油化工、医疗卫生等8个领域52名专家建立全省灭火救援专家智库，与民航、铁路部门建立物资、人员快投联动机制。全省消防救援队伍以练体能、练技能、练指挥、练协同、练保障、练作风为重点开展岗位练兵，实施全员普训、岗位专训。组织指战员全科目普考、业务骨干集中对抗，校验练兵成效。全省消防救援队伍参与涉疫勤务1.5万起，转运人员2.3万人、防疫物资3万余吨，洗消杀毒3031万平方米，实现人员“零感染”、勤务“零失误”。参与抗洪抢险任务871次，出动指战员7180人、舟艇818艘，转移疏散被困群众1万余名，并集结172名指战员、44辆车、36艘舟艇驰援江西抗洪救援。全年全省消防救援队伍共接警出动8.3万起，出动车辆12.4万辆次、消防人员66.0万人次，营救遇险群众8386人，疏散被困群众3.3万人，保护财产价值9.5亿元，成功处置黄冈“7·8”山体滑坡、仙桃“8·3”化工厂爆燃、武汉“8·13”厂房火灾等灾害事故。

六、持续固本强基，改革转型积蓄动能

省消防救援总队与近70家社会单位签订战勤保障协议，为15个战勤保障消防站调拨160辆战勤保障和举高车辆，以及机器人、无人机、冲锋舟拖车等装备，建强2个特别重大灾害事故现场指挥部后勤保障编组并实体化运行。组织全省消防救援队伍191名装备技师驻厂培训，巡检消防车辆1670辆、器材50余万件（套）、泡沫和干粉灭火剂近2000吨。全省启动35座消防救援站建设，建成投用6座；启动31个老旧营房改造项目，6个项目完工。加快省、市两级消防训练基地建设，宜昌训练基地营房建设完工，武汉江夏、蔡甸以及襄阳、黄冈、黄石、恩施、咸宁、随州、荆门训练基地开工建设。全

省深入推进消防体制改革，完成队伍落编定岗、职级和工资改套等工作，落实消防指战员子女入学、家属随调等优待政策。全年全省消防救援队伍中35个集体和个人荣获“全国五四红旗团支部”“全国优秀共青团员”、抗疫先进集体（个人）、“全省工人先锋号”“全省最美消防卫士”等表彰，11人荣立二等功、171人荣立三等功。

第十八章　湖南省消防救援工作

2020 年，湖南省消防救援工作以忠实践行习近平总书记重要训词精神为指引，规范抓建、提质强能，强班子、带队伍，战疫情、抗洪灾，防风险、保平安，促改革、谋发展，全省连续 10 年未发生重大以上火灾事故，实现消防安全形势和队伍内部“双稳定”。省消防救援总队获评应急管理部和消防救援局年度考核评比党委班子、年度目标任务、安全工作“三项先进”，被湖南省委、省政府评为绩效考评优秀单位、平安建设和文明创建优秀单位。

一、服务大局、聚焦民生，消防救援事业高位建设发展

省委常委会、省政府常务会及各类省级专题会议先后 20 余次研究消防救援工作，省委书记许达哲、省长毛伟明等领导同志多次批示消防工作、带队督导调研、慰问基层队伍。省委、省政府将消防安全工作纳入市（州）和省直单位绩效评估。修订《湖南省安全生产和消防工作考核办法》，将消防救援人员优抚政策落实情况纳入考核内容，省委全面深化改革委员会审议出台《关于加快推进消防执法改革的实施意见》。针对消防救援队伍职能任务新拓展，省政府组建 400 人的省级应急消防救援机动支队。全省各地新建乡镇专职消防队 92 支，村志愿消防队 4188 支，新增消防车 230 辆、装备器材 18.6 万件（套）。全省消防救援队伍聚焦大事难事勇担当，主汛期在环洞庭湖和主要江河沿线前置 1300 余名消防救援力量参与巡堤、堵漏、筑坝行动。新冠肺炎疫情防控中，省消防救援总队组建防疫消杀队和消防服务队，出台便民利企“八项措施”，指导 316 个涉疫重点场所落实消防安全“一点一策”，精准助力复工复产。

二、源头防范、精准治理，系统防范化解消防安全风险

省安全生产委员会明确湖南省重点行业领域安全生产监管责任分工，消防安全委员会下发工作督办和提示函 46 份、约谈政府领导 3 次，省公安厅连续三年发文强化派出所消防工作职责，省直 10 个部门联合开展 14 轮消防安全专项督察。聚焦全省群死群伤火灾风险和“小火亡人”特点，以消防安全专项整治三年行动为主抓手，深入开展打通“生命通道”以及危险化学品场所、物流企业、福利机构、开学复课等消防安全专项治理，实施冬季安全取暖、团寨消防安全隐患整改、重大火灾隐患清零等工程，3059 个老旧小区完成“一区一策”消防安全改造、1411 个团寨完成消防安全整改、840 家重大火灾隐患单位完成整改销案。深化消防安全教育培训，副省长陈飞在“119 消防宣传月”期间为全省各级各界讲授消防安全公开课，全省消防救援队伍建立消防宣传融媒体“中央厨房”和服务队，制播全

国首档消防救援纪实真人秀《冲呀，蓝朋友》，在2000余个行政村建立“村村响”消防安全广播平台，在3000余所中小学推广《消防安全三字经》。全年全省共发生火灾2.5万起，亡88人，伤216人，直接财产损失2.0亿元，连续10年未发生重大以上火灾。

三、实战实训、提质强能，不断提升综合实战打赢能力

针对全省灾害事故特点，省消防救援总队革新抗洪抢险、森林火灾扑救、气象灾害处置等执勤模式，创新“一舟一艇、12人”水域救援、6公里长距离供水、地下隧道应急通信、现场指挥部“一部六组”等救援编成，完善“滚动研判、常态前置、精准前置”战法。各级消防救援队伍大力开展全员练兵，举办整建制、政府专职消防队、实战化训练“三大比武”，举办危险化学品、道路交通、水域救援、绳索救援等处置技术培训班，培训650名冲锋舟驾驶员，45人取得潜水员资质。完善实战化指挥平台、“智慧消防”平台建设，完成省级消防指挥中心升级改造，同应急、气象、水利、地震等部门和蓝天救援队等救援力量建立联勤联动联战机制。全年全省消防救援队伍共接警出动5.2万起，出动消防人员52.0万人次，营救疏散群众3.2万人，保护财产价值9.1亿元。圆满完成援赣援川抗洪抢险、永兴“3·30”列车侧翻、耒阳“11·29”源江山煤矿透水事故等救援任务。

四、深化改革、创新引领，有力激活转型升级内生动力

深化消防“放管服”改革，创新重点监管、信用监管、“互联网+”监管、委托执法等新监管模式，实行小微企业首次免罚、大型项目对点技术服务，全面推行“双随机、一公开”“三自主两公开一承诺”机制。延伸调查112起亡人和有重大影响的火灾，公安机关立案8起，追究刑事责任2人。省消防救援总队联合中联重科股份有限公司、山河智能装备股份有限公司等企业，合作研发砂石自动装袋机、被服洗涤消防车、大功率排涝车、隔离带开辟车等装备并逐步列装。大力实施科技强消战略，出台《湖南省科技强消奖励办法》，省消防救援总队与南京训练总队、天津消防研究所、省自然资源厅及相关企业单位签订战略合作协议，特邀25名军地院校专家担任特约研究员。“砂石装袋机”项目获评应急管理部创新奖，“消防指挥员训练导论”项目获评消防救援局“软科学奖”，航空救援队建设、心理健康服务体系项目获评全国消防救援队伍创新成果优秀奖。

五、政治建队、从严治队，培塑火焰蓝新队伍新形象

大力实施“全域党建”，在全省消防救援队伍开展“百名委员帮建百个支部”、支部“五化”创建活动，队伍转隶落编后基层党团组织健全率、覆盖率100%。扎实推进“践行训词精神，担当神圣使命，坚持五个不动摇”主题教育实践活动，开展书记讲党课、精品课堂及优秀政治教员评选、微视频展播等活动。各级消防救援队伍始终坚持“两严两准”建队要求，纵深推进规范抓建年、巡视巡察整改、从严管酒治酒等活动，完成指战员落编定岗，探索消防救援职业特点人才建设新路子，消防救援队伍活力进一步迸

发。全省消防救援队伍 1 个集体和 1 名个人分别获评第五届全国 119 消防先进集体和先进个人，18 个集体、72 名个人获省部级以上表彰。

第十九章　广东省消防救援工作

2020年，广东省消防救援工作以习近平总书记重要训词精神为指引，坚持“稳中精进、创新创优”总基调，瞄准“防风险、保稳定、走前列”总目标，从严从实抓班子带队伍、抓练兵谋打赢、抓防控保平安、抓基层强基础、抓执纪正风气，推进消防治理体系和治理能力现代化，各项工作实现转型升级、创新创优。广东省政府在国务院省级政府安全生产和消防工作考核中获评“优秀”等次。

一、消防发展环境更加优化

一是主动融入改革发展大局。省委书记李希、省长马兴瑞多次研究部署消防工作，省、市两级政府全部将“十四五”消防规划列入编制目录，省政府常务会议专题研究审阅粤港澳大湾区消防救援规划。消防专业化技术装备及攻坚装备配备、装备达标建设、指挥中心升级、陆搜基地建设等项目纳入全省自然灾害防治9项重点工程。二是着力破解改革发展难题。省政府制定出台消防救援队伍高质量建设发展意见，推进解决镇街监管机构缺失、消防救援力量紧缺、区域发展不平衡等15项难题。出台省级职业保障办法，21个地级市全部实现消防指战员子女入学、家属随调、交通出行等33项优待政策平移。三是创新驱动消防工作创优。融入“数字政府”发展战略，省消防救援总队召开首届科技信息化大会，编制信息化发展三年规划并纳入省政府信息化“十四五”发展规划内容，消防业务工作全面融入“粤省事”“粤商通”“粤政易”等政务服务平台。参与省政法系统“雪亮工程”建设，会同省公安厅研发“警情协作信息流转平台”，大力开展智能接处警、智能指挥系统建设，信息化服务保障能力不断提升。在全省消防救援队伍深入开展“工作创新奖”评选，全省消防救援队伍年内申报创新项目287项，“心理健康阳光工程”“消防监督移动执法终端系统”项目分获消防救援局创新成果一等奖、二等奖，“火灾信息采集统计应用平台”项目获评消防救援局科技创新三等奖。消防信用监管、网络宣传培训、人才队伍建设、队伍正规化建设等经验做法以不同形式向全国推广。

二、消防安全形势持续平稳

一是全面压实消防安全责任。大力推行“党政领治、行业联治、单位自治、专家诊治、社会共治”工作模式和“1+N”联合监管机制，省政府与各地、各部门签订安全生产与消防工作目标责任书，持续深化行业消防安全标准化、清单化管理，全年对44起亡人火灾全部进行延伸调查，消防安全责任链条更加紧实。二是精准治理火灾风险隐患。坚决落实“六稳”“六保”任务，全力护航复工、复产、复学、复市，全省3300余家涉疫场所零起火。扎实推进消防安全专项整治三年行动，深化打通“生命通道”“敲门行动”

等“十大工程”和电动自行车、城中村消防安全隐患等“四项治理”，各级政府挂牌整治188个火灾高风险区域、262家重大火灾隐患单位，全年全省消防救援机构检查社会单位10.2万家，整改火灾隐患3.6万处。三是持续深化全民宣传教育。依托“数字政府”开展227万家社会单位线上消防安全大承诺，省政府部署实施消防宣传“五进”三年行动，将消防安全纳入各级党政干部培训内容，将消防安全管理人等6类人群培训全部纳入全省安全技能提升工程，全年培训目标人群300余万人次。命名挂牌6个省级、15个市级消防科普教育基地。高规格举办“119消防宣传月”活动，省消防救援总队3个微信公众号获评全国消防救援队伍“十佳”。

三、攻坚打赢能力全面提升

一是狠抓“练法”。省消防救援总队深入开展全员岗位大练兵，总队、支队两级每季度开展一次比武竞赛。开展特勤业务技能、地震救援技能、装备操作技能“三项技能会操”，举办总队级高层、轨道交通、城市综合体、石化、水域、地震、森林等灾害事故类型大型综合实战演练8次，支队、大队级实战演练2600余次。二是狠抓“训法”。建立全省消防救援队伍等级达标体系制度，加强粤港澳大湾区及国际消防救援合作交流，分4批组织全省486名基层指挥员开展能力培训，强化潜水、航空等9类救援专业技术和安全助理岗位履职能力轮训，全年培养各类骨干2400余人，评选“专业指挥员”“金牌教练员”和“工匠消防员”50名。三是狠抓“战法”。开展“高低大化”灭火救援作战编成试点建设，组建国家综合应急救援机动支队和地震救援专业队，完成7类41支专业救援大队建设，新增政府专职消防队252支、专职消防队员3501人，与交通运输部南海救助局、三一重工等5家单位建立战时联动机制，编制7类特殊灾害事故处置指南，提升队伍作战效能。成功处置珠海“1·14”长炼石化爆炸、揭阳“9·9”甬莞高速苯酚泄漏、汕头“10·23”南澳山火等灾害事故。

四、综合保障基础全面夯实

一是健全经费保障长效机制。全省各级投入消防经费68.8亿元，同比增长10.2%。省政府将省消防救援总队纳入一级预算单位管理，22个支队、201个大队全部纳入中央基层预算单位和常驻地预算单位管理。全省消防救援队伍新工资、新补贴、新绩效全面落地，消防经费保障新机制全面建立。二是推动基础建设进档提速。编制《消防救援队站建设指导意见》，规范营房基建项目管理。全年投入经费23.4亿元，新建、改造消防救援站125座。全省落实训练基地用地2272亩，建设4个支队级训练基地，国家陆搜救护基地广东基地建设一期完成验收并进驻。大力推动“安居工程”，建设备勤公寓900套，广州、深圳市政府为消防救援队伍提供保障性住房1236套。三是实现装备结构优化升级。省、市两级政府投入经费20亿元，推动广东省自然灾害防治专业化技术装备、攻坚装备等9项重点工程建设。省政府连续5年累计投入4.4亿元扶持经费，重点支持苏区老区及欠发达地区装备营房建设。制定灭火救援装备建设三年规划，全年共投入装备建设经费17亿元，新购消防车312辆、器材35万件（套），建成广州、惠州、茂名特别重大灾害事故应急战勤保障编组，进一步健全战勤保障体系。

五、消防执法水平稳步提高

一是持续推进消防顶层设计。省人大修订《广东省实施〈中华人民共和国消防法〉办法》，省政府常务会议审议通过《广东省消防工作若干规定》，省委会审议研究《关于加强新时代消防救援队伍高质量建设发展的意见》，为全省消防救援队伍建设提供政策保障。二是全面深化消防执法改革。省委、省政府出台《关于深化消防执法改革的若干措施》，从深化消防执法领域简政放权、构建消防安全新型监管体系、优化便民利企服务、加强消防执法能力建设等 4 个领域，提出 15 类、46 项改革措施。制修订法制审核等 7 项执法制度和《公职律师管理规定（试行）》《业务受理窗口工作规范》等 13 项制度。三是切实规范监督执法行为。省消防救援总队开展优化营商环境专项行动，创新建设法制审核中心，建设公职律师服务团队，自主研发执法质量考评系统并开展 2020 年度全省消防执法质量考评。四是着力提升政务服务效能。研究制定服务复工复产十项措施、“地摊经济”六项措施，对涉疫场所“一对一”服务指导，为服务经济社会发展提供有力支撑。出台《消防政务服务“好差评”实施办法（试行）》，开展消防政务服务评价工作，全省消防救援机构受理公众聚集场所开业前消防安全检查 2. 8 万次，好评率 97. 5%；开展消防监督检查 20. 6 万次，好评率 95. 3%。

第二十章　广西壮族自治区消防救援工作

2020 年，广西壮族自治区共发生火灾 1.4 万起，亡 56 人，伤 95 人，直接财产损失 1.1 亿元，连续 21 年未发生群死群伤恶性火灾事故。全年全区消防救援队伍共接警出动 4.0 万起，营救被困人员 4251 人，疏散被困人员 5123 人。

一、党政总揽高位推进

自治区党委、政府高度重视支持消防工作，自治区党委书记鹿心社、自治区代主席蓝天立等领导多次听取消防工作汇报，作出批示指示。自治区政府先后召开常务会议、全区消防工作会议、冬春火灾防控工作会议，研究部署消防工作。部署开展消防安全专项整治三年行动及打通“生命通道”集中治理行动，明晰乡镇街道消防权责，完成省、市两级政府消防工作考核。自治区人大、政协将住宅小区消防车通道整治、旅游民宿消防安全管理等工作纳入人大代表和政协委员建议、提案范围。全年自治区党委组织部、编办、人社、财政等部门联合印发《广西壮族自治区〈国家综合性消防救援队伍经费管理暂行规定〉实施细则》等文件，落实各项消防优待保障措施。

二、精准防控安全风险

自治区消防安全委员会紧盯“高低大化”、居民自建房、少数民族村寨、电动自行车等薄弱环节，部署开展消防安全专项整治三年行动，细化 36 项目标任务，印发 18 类场所整治方案和隐患排查手册，统筹推进城乡消防基础建设、基层综合行政执法改革、市域治理现代化建设、助力脱贫攻坚“四项特色重点”活动。自治区政府组织各地按照地域特点，划分 5 个片区开展基层消防安全管理示范创建。自治区党委政法委、省商务厅、扶贫办、消防救援总队等部门联合召开消防车通道综合治理、大型商业综合体消防安全标准化管理、脱贫攻坚消防助力现场会，举办“街长制”、木材加工行业消防安全管理工作交流活动，5977 个单位和新建住宅小区按标准落实消防车通道标线施划、立牌管理任务，119 家危险化学品重大危险源企业完成消防安全整改，229 家大型商业综合体完成专家团队检查和消防安全改进，17 家自治区级重大火灾隐患单位全部整改销案。自治区消防救援总队出台《公众聚集场所投入使用和营业前消防安全检查五项暂行规定》，压缩审批范围、简化审批程序、优化审批服务。结合新冠肺炎疫情防控工作，全区消防救援队伍加强涉疫定点医院、集中隔离点及医疗器械生产企业消防监督闭环管理和消防技术服务工作，涉疫场所实现“零火灾”。广西卫视等主流媒体、策划机构与消防救援总队建立消防宣传协作关系，先后开展

“消防云上唱山歌”、消防文艺下乡等系列大型宣传活动。

三、完善法律法规体系

自治区人大、政府分别将修订《广西壮族自治区实施〈中华人民共和国消防法〉办法》纳入立法计划，自治区司法厅将消防法律法规纳入全区国家工作人员学法用法学习考试内容。全区各地市按计划开展消防立法工作，南宁、防城港、河池等市相继出台电动自行车、农家乐（民宿）、家庭旅馆等场所消防安全管理规定。贺州市出台《贺州市乡镇人民政府（街道办事处）消防检查工作实施细则（试行）》。自治区公安、消防等部门建立火灾调查协作机制，严厉打击消防违法犯罪行为，依法追究河池市南丹县“4·12”农贸市场火灾、防城港市防城区“6·18”自建房火灾事故当事人刑事责任。

四、优化升级救援体系

自治区消防、应急、交通、气象、水利、民政等11个部门建立应急通信保障联动工作机制，实现跨部门信息共享和互联互通，全国消防智能接处警及智能指挥系统在南宁市开展试点建设。中铁集团、金汇通航、柳工机械、三一重工等单位深入开展消防领域战略合作，建立特种灾害救援专家库和专家会商联动机制，逐步建立全区陆、水、空“三位一体”救援体系。全区消防救援队伍共组建抗洪抢险救援、地震、石油化工、高层等各类救援专业队89支，部署开展“做好打仗准备”执勤战备专项检查、“壮鹰竞桂”全员岗位练兵比武竞赛、指挥员指挥能力考评、主官夜校、典型战例复盘等练兵活动，举办水域、山岳、舟艇、激流、潜水、航空、石化、地震等专业培训班，开展石油化工、高层建筑、地下交通类型火灾扑救及水域灾害事故救援等跨区域实战拉动演练。全年全区消防救援队伍先后成功处置钦州“8·4”“中匀7”轮石脑油泄漏、北海“11·2”LNG接收站火灾等事故。圆满完成第17届中国—东盟博览会、中国—东盟商务与投资峰会等重大活动消防安保任务。

五、着力夯实基层基础

全区各级共投入消防经费19.6亿元，8个地市投入消防经费超亿元，29个县区投入消防经费超千万元，自治区财政建立每年3000万元的专项补助机制。自治区发改、消防等部门联合编制消防救援事业“十四五”发展规划，自治区、市两级消防事业发展规划同步纳入本级政府专项规划目录清单。自治区政府将中国—东盟应急救援培训中心建设工程、灭火救援物资储备及装备维护中心建设工程等项目纳入自治区重点项目内容。全区5个中央投资的消防建设项目及8座消防救援站相继开工建设、25座消防救援站竣工，消防救援总队训练基地项目建设有序推进。全年全区消防救援队伍新购各类消防车101辆、器材装备8.3万件（套）。

第二十一章　海南省消防救援工作

2020 年，海南省消防救援工作以习近平总书记重要训词精神为引领，围绕自贸港建设，接续改革、守正创新、提质强能，社会面火灾形势和队伍内部保持安全稳定，重点工作推进有力，全面工作稳中有进、稳中有新。琼海市消防救援支队博鳌大队获评“全国文明单位”，指战员代表在全国精神文明建设表彰大会上受到习近平总书记等中央领导同志亲切接见。

一、坚持目标靶向、精准施策，创新治理构建安全屏障

一是强化消防责任落实。全省各级党政领导多次专题听取消防工作情况汇报，作出批示指示，带队调研慰问，常态化召开常委会、常务会、办公会，推动消防工作落实。省委、省政府将消防安全工作纳入市县高质量发展综合考核评价，与市县绩效奖励、一般性转移支付挂钩。省委组织部、应急厅、消防救援总队联合举办全省党政领导干部消防安全和应急管理专题培训。制定出台《海南自由贸易港消防条例》，有效填补空白，实现制度创新。省委办公厅、省政府办公厅出台《关于加快推进消防执法改革的实施意见》，省消防安全委员会印发《消防安全工作督办约谈实施办法》，督促解决消防安全突出问题。各行业部门落实监管责任，健全信息共享、风险提示、问题函告、联合整治等制度。将消防安全纳入行业单位评先评优评级、升级改造等重点内容。持续强化重点场所消防安全管理，规范档案建设，强化从业人员消防技能培训，全面落实“三自主两公开一承诺”制度，确保社会单位主体责任落实。二是稳步推进专项行动。将消防安全专项整治三年行动和冬春火灾防控工作与自贸港建设、执法改革和优化营商环境紧密结合，以仓储物流、新能源领域、大型商业综合体为重点，将新技术、新材料、新业态监管作为专项行动重要内容，推动纳入文明城市创建、平安海南建设（综治工作）考评指标以及省委督察内容，确保整治成效。深化打通“生命通道”集中治理，新建住宅小区和公共建筑消防车通道标线施划立牌工作完成率达 100%，全省 2067 个老旧小区全部制定消防车通道“一区一策”治理方案。出台服务海南自由贸易港建设 11 项措施、规范消防执法优化营商环境服务海南自由贸易港建设专项行动等举措。全面落实“双随机、一公开”消防监管模式和公众聚集场所消防安全告知承诺制，推行“互联网+监管”“一窗受理、一网通办”，落实“证照分离”，探索柔性执法，出台创一流营商环境 8 项措施。聚焦重点园区建设，出台《关于加强重点园区消防工作的意见》，实施“一园一策”，消防执法“预约办理、上门服务、当场办结”。将公众聚集场所消防审批事项纳入重点园区行政审批服务事项，实现“一枚印章管审批”。在海口市龙华区试

点行政许可现场受理、当场审批和当场智能制证，进一步改善消防营商环境。三是不断夯实防控基础。将消防救援综合管理系统纳入2020年度省级政务信息化建设项目，“智慧消防”建设成效明显。制定出台《电动自行车充电停放场所消防安全要求》《建筑消防设施检测技术规程》《海南省重要场馆消防安全评估规范》《学校消防安全管理》4个地方标准。举办基层执法人员和业务主官监督执法业务培训班，开展“火焰蓝”防火岗位大练兵比武，组织全省网格员开展消防安全培训。省消防救援总队联合海南大学、中国科学院大学火灾科学国家重点实验室、北京新能源汽车等高校和单位开展电动汽车消防安全技术研究。四是扎实开展宣传教育。省委宣传部、网信办、应急厅、省消防救援总队建立联动宣传机制，省委宣传部将消防工作纳入新闻发布系列并组织2场专题发布会。发动代言人、社区大使、“外卖小哥”大力开展消防宣传“五进”活动。开展“119消防宣传月”“记者变身消防员”等系列宣传活动。结合海南特色创作琼剧、儋州调声、椰子快板歌舞等宣传作品，策划10余场线上直播和23场主题宣传活动，受众200万人。发动社区、镇（村）热心公益活动人士和“候鸟”人员提醒消防安全。在主流媒体刊播新闻600余条（次），制播《百姓消防》电视新闻专题42期、《消防时空》广播261期，全省消防官方微博、微信、抖音等新媒体推送作品3000余条（次）。全年全省共发生火灾4682起，亡10人，伤20人，直接财产损失5007.2万元，未发生较大以上火灾事故。

二、聚焦打赢制胜、转型升级，攻坚克难锤炼精兵劲旅

一是深化应急救援能力建设。立足自贸港新形势、新业态，开展重大课题研究，持续深化石化灭火救援联动机制建设，开展石油化工事故处置技术培训和跨区域实战拉动演练。探索建设森林火灾救援体系，编制森林火灾处置预案，组织专家开展专题授课，对昌江“6・7”森林火灾等战例进行复盘研讨。组建总队、支队、消防救援站三级抗洪抢险专业救援编队，配齐配强专业装备，深入开展水域救援训练月活动，强化技能培训。针对海岛灾害特点，瞄准职业化、专业化发展方向，持续加强国家水域救援三亚大队建设，打造水域救援全国知名品牌。采取轻重结合、优势互补的工作模式，组建水域、石化、地震灾害事故处置等74支灭火救援专业队，建强23支应急通信保障分队和“轻骑兵”前突小队，做到快速响应、全省覆盖。强化人才培养，突出专勤专训，先后组织潜水、冲锋舟驾驶、急流救援、绳索、危险化学品事故处置技术和AOPA（无人机操手）等专业培训，提速专业救援技术资质认证。二是强化指挥体系建设。适应自贸港建设发展需要，加强省社管平台信息共享和联动，消防、气象、水利等部门深化协作，将有资质的社会救援力量纳入“119”调度指挥体系。持续加强应急通信装备和人才配备，省应急厅、消防救援总队、电信运营商等多次开展应急演练，锻炼提升极端复杂条件下的应急通信能力。出台《全省消防救援队伍防汛防风应急救援响应规定（试行）》《自然灾害及事故灾难应急通信保障社会联动工作机制》，修订完善协作区分级响应及跨区域力量调派制度，提升队伍应急响应能力。建立各类型灾害事故应急响应机制，规范处置程序，开展紧急避险训练，开设大讲堂和每日 8 点课堂，开展分层次、分类别、分课题集中授课活动，开展全覆盖、全流程执勤作战安全大检查。三是深化全员岗位练兵。完善工作调度、练兵督导、奖励惩处等 3 类 7 项工作机制，夯实水源管理、熟悉演练、现场秩序等基础工作。开展重大疫情、危险化学品事故处置技术专题培训，提升队伍专业水平。采取“一考核、一排名、一通报”制度，落实“总队随机抽考，协作区分组联考、各单位摸底自考”机制，扎实推进练兵工作。建立熟悉演练周（日）制度，先后开展大型商业综合体、石油化工和水域救援编队实战演练。成功处置琼海“2·7”住宅小区火灾、昌江“6·7”森林火灾事故，圆满完成海口“3·31”红旗镇井下救援、全国“两会”及系列火箭发射安保等任务。

三、坚持政治领航、铸魂育人，精耕细作锻造过硬队伍

一是党建统领作用凸显。健全和完善党建工作领导组织机构，总队、支队两级机关党委实体化运行，规范党内政治生活，举办 6 期三级党组织书记理论研讨交流活动，充分发挥各级党组织核心战斗堡垒和党员先锋模范作用。深入开展“践行训词精神，担当神圣使命，坚持五个不动摇”主题教育实践活动，打造 8 个岛屿特色队站文化品牌，开展大讲堂，巩固创办教育栏目，组织书记授党课、参观见学等活动 170 余次，广大指战员思想根基进一步夯实。二是深化典型激励带动。省委宣传部、省人社厅、退役军人事务厅、应急厅等多部门联合开展“海南消防十大杰出卫士”评选表彰活动，深入开展“喜报送家”“送奖到岗”等暖心工程。省消防救援总队获评脱贫攻坚工作先进单位，全省消防救援队伍 3 个集体获评“全国文明单位”，21 个集体、24 名个人获省级表彰。三是人才培养措施有力。省委组织部将消防救援指战员纳入各类专题培训，3 名总队级副职、38 名支队级正职干部和总队直属大队主官参加培训。省委人才发展局将消防指战员纳入“南海系列”培养范围，消防救援队伍 1 名个人当选“南海工匠”，省政府 5 年跟踪培养并给予 30 万元人才补贴。

四、围绕发展中心、服务实战，固本强基强化综合保障

全年全省投入消防经费 8.2 亿元，同比增长 16%，将全省指战员奖励性补贴纳入省级财政统一保障。投入 50 余万元救济 158 名困难指战员。集中开展全省灭火救援装备评估论证，科学制定年度建设计划，推动装备结构优化升级。全省投入 2.7 亿元加强基础装备建设，投入 854.1 万元购置森林灭火装备。各级政府将 35 座消防救援站建设纳入年度目标，开工建设消防救援站 10 座，立项审批综合性消防应急救援实战化训练基地。

第二十二章　重庆市消防救援工作

2020年，重庆市消防救援工作坚持以习近平总书记重要训词精神为指引，全面深化消防执法、执勤、训练改革，推进消防治理体系和治理能力现代化。重庆市政府连续3年在国务院省级政府安全生产和消防工作考核中获评“优秀”等次。全年全市共发生火灾1.2万起，亡64人，伤46人，直接财产损失1.1亿元，未发生重大及以上火灾事故。全市消防救援队伍共接警出动6.2万起，出动车辆11.0万辆次、消防人员69.5万人次，营救疏散被困群众2.5万人，保护财产价值1.1亿元，成功处置渝北“1·1”加州花园火灾、“两江”系列洪水以及綦江“9·27”、永川“12·4”矿难等灭火救援任务。

一、坚持责任导向，健全共建共治共管格局

一是市政府出台《关于深化消防执法改革的实施意见》，开展《重庆市消防条例》立法调研，开展区（县）政府年度消防工作综合检查，将检查结果纳入区（县）政府经济社会发展实绩考核范畴。全市40个区（县）全部明确镇街应急办、综合行政执法大队消防监督职责和执法权限，落实委托执法人员4550名，打通消防监督执法“最后一公里”。二是落实行业系统会商研判、季度例会、联合检查工作机制，深化11个行业领域消防安全标准化管理，培养消防管理“明白人”3500余名。开展民办养老机构达标提升工程，完成69家民办养老院消防设施改造。开展消防产品监督抽查，累计抽检720批次。“派出所消防监督检查”和“小火亡人控制”两项指标纳入公安机关分局、县局考核范畴。三是建立大型企业、集团总部、行业协会等三类消防安全协调机制，推动145家大型商业综合体开展消防安全达标创建活动，督促各区（县）打造消防管理示范标杆。全市9534家消防安全重点单位和2942家火灾高危单位全部落实“三自主两公开一承诺”并完成自查报备。

二、聚焦风险防控，提升城乡火灾抗御水平

一是市委、市政府将高层建筑消防安全治理作为“一把手”工程，出台《重庆市高层建筑消防安全提升计划（2020—2022年）》，部署开展为期一年的突出问题专项整治。成立由常务副市长任组长、19个市级部门“一把手”为成员的领导小组，启用专用公章和公文，统筹协调全市专项整治工作。打造渝中双钢路、渝北加州花园2个市级消防安全示范小区，召开全市现场会推广管理经验。开展打通“生命通道”工程和“春季攻势”整治行动，厘清全市3.6万栋高层建筑“隐患清单”和“责任清单”，启动8027栋高层建筑消防用水问题整改行动，6642个小区实现消防车道标识化管理，拆改违章搭建和可燃雨棚等14.6万平方米，新

增停车位 3.8 万个。二是深化消防安全专项整治三年行动，发动 7500 余名执法人员，开展大型商业综合体、地下建筑、石化企业等重点领域专项治理。结合新冠肺炎疫情防控，将消防安全纳入基层力量“入网入格入家庭”防疫排查内容，针对 5 类涉疫重点场所制定“一企一策一小组”工作机制，督促指导每日开展自查自改。全年全市共排查社会单位 5.1 万家，整改火灾隐患 2.2 万处，整改销案重大火灾隐患单位 68 家。三是深入推进消防宣传“五进”工作，举办全市首届大学生校园消防艺术文创大赛，连续七年开展暑期消防安全教育行动，在西南大学举办“119 消防宣传月”启动仪式和大学消防安全教育现场会，1.2 万名师生现场体验，逾 600 万网友线上学习。与四川消防连线开展“助力成渝经济圈，火焰蓝在行动”主题直播，400 余万人次在线观看，300 余万人次参与活动。建设总队级消防全媒体中心，各区（县）建成 52 处应急消防科普教育基地，打造 16 个消防文化主题公园，分类培训党政干部，行业部门、重点企业负责人等 6 类重点群体 8.7 万人次。

三、对标职能任务，推动应急救援体系和能力现代化

一是完成全市消防智能接处警系统示范建设及“全国消防一张图”部署应用，组建覆盖全市全域的三级消防应急通信队伍，在渝东北、渝东南等 14 个重点区（县）建成“轻骑兵”前突通信队伍。启动消防大数据实战应用平台一期建设，建立人员、单位、地点等 6 类基础数据库，更新汇聚水利、地震等 9 类 321 项政务数据，将 154 座消防救援站、267 支专职消防队、1.3 万个微型消防站和有资质的社会救援力量全部纳入 119 调度指挥体系，实现消防资源“一张图”展示，救援力量“一键式”调度。二是在全市划建“3+3”个灭火救援战区，按照不同作战假想和响应模式，分类组建化工、抗洪和地震救援编队。举办全市消防业务运动会和高层建筑熟悉、业务技能、通信、装备等 9 项比武竞赛活动，分级开展 89 个支（大）队主官和 260 名指挥长业务竞赛和能力考评。全年开展各类实战演练 1.1 万次，组织 600 名业务骨干开展紧急救援小组和安全培训，集中组织 321 名冲锋舟驾驶员进行实战化训练，遴选 57 人参加绳索救援技术认证培训，选派 18 名指战员赴市通航公司学习空勤救援专业技术。三是建立健全多级响应战勤保障网络，建成 1 个国家级重大灾害救援现场指挥部，6 个战区级指挥方舱，北斗有源终端等关键设备配备率达 100%。市消防救援总队与重庆交运、重庆航空等建立救援力量、装备物资应急输转协议，开展 72 小时全要素综合战勤保障演练。

四、着眼固本强基，夯实消防事业发展基础

一是启动全市《城乡消防规划（2019—2035 年）》修编，各区（县）、建制镇同步修编消防专项规划或专篇。制定《2021—2023 年基础设施建设规划项目库》《2021 年中央投资基建计划》，推进 4 个消防指挥中心、7 个训练基地、25 座消防救援站建设，完成 10 支乡镇专职消防队伍建设。出台《小型消防站建设管理规定》，加快建设解放碑地下环道、观音桥、三峡广场等 7 个小型消防站。升级改造歌乐山、四面山等消防训练基地，改扩建战勤保障基地，启动建设三峡库区综合应急救援指挥中心，完成万州、江北、长寿、巫山4个救援大队建设任务。全年新招录政府专职消防员860名，新建市政消火栓1370个、取水设施100处，改造老旧居住建筑659栋。二是开展特种装备调研评估，统筹推进战区车辆装备统型化、体系化建设。投入5.5亿元，新购执勤消防车135辆、远程供水系统8套、器材装备4.5万件（套）。投入3.6亿元建造消防指挥艇1艘、综合型消防船3艘、主力型消防船2艘、消防救援快速反应船1艘、消防趸船4艘。

五、突出政治建队，打牢队伍建设发展思想根基

一是规范全市消防救援队伍31个机关党委、204个机关支部及159个大队部、队站党支部组织建设，举办基层党组织书记培训班。分4批调整充实支队、大队和消防救援站三级领导班子，提任交流大队级正职以上干部310人，配齐配强55个消防救援站主官，874名新招录消防员通过考核授衔投入执勤，指导25人通过高级专业技术任职资格评审。二是深入开展“践行训词精神，担当神圣使命，坚持五个不动摇”主题教育实践活动，开设“头雁先行”大讲堂、“品读分享会”学习活动。全年1个集体、4名个人获省部级以上表彰。三是完成4600余名指战员集体转改落户工作，为预备消防士家庭发放优待金，落实消防救援人员子女及教育优待政策。投入近4000万元，建设档案馆、队史馆，升级改造训练场、训练塔、篮球馆等基础设施。

六、严格建队标准，树立纪律严明铁军形象

一是打造南岸、两江“火焰蓝”队站建设样板，配套制定《正规化管理若干规定》等91项制度规定，规范教育、管理、执法、保障等领域运行秩序。试点引入KPI（关键业绩指标）考核体系，出台《绩效量化管理标准》，对指挥员、消防员、专职队员、文职人员实行全覆盖考评。二是制定《党风廉政建设意见》《全面从严治党“四责协同”责任清单》，各级对照巡视意见查纠问题1900余个，出台三项巡察工作配套制度，建立总队、支队两级巡察人才库，巡察监督18个基层单位。开展“叩问初心、警钟长鸣”警示教育月活动，完成37个基层单位主官经济责任审计，审计重点项目165个、审减资金6800万元；考察监督支队级副职以上领导干部93名、晋职调级干部297名，廉政审查2782人次。三是狠抓安全管理工作，制定从严管队治队十条铁规、车辆管理八条规定，划清“人车酒、网电密”管理红线。安装营区人脸识别、周界安防等智能管理系统，开发启用“智慧车管”App。开展百日安全、“三抓三促”等专项活动，开展暗访督察382次，纠治各类隐患问题448个。

第二十三章　四川省消防救援工作

2020 年，四川省消防救援工作坚持以习近平总书记重要训词精神为指引，围绕“提质强能年”目标和“守正创新”要求，大力推进消防治理体系和治理能力现代化，实现火灾形势持续平稳，应急救援处置安全高效，队伍转制转型平稳有序，基层基础实力稳步提升。省消防救援总队在消防救援局 2020 年度工作目标任务考评中获评“优秀”等次，并被表彰为安全工作先进总队。

一、构建共治格局，治理体系逐步完善

一是压实工作责任。省委、省政府将消防安全工作纳入安全生产党政同责考核、目标管理绩效考核、社会治安问题考核内容。消防、公安、住建、文旅、应急、市场监管等部门建立信息沟通和联合执法机制。探索建立企业消防安全信用“黑名单”制度，集中约谈大型连锁企业、重大火灾隐患单位、消防安全重点单位负责人。推广化工园区“一企主建、多企供养、政府指导”模式，推动企业消防队和微型消防站建设。二是强化末端落实。借力全省乡镇行政区划调整改革和村级建制调整契机，省政府强化推动乡镇、街道消防安全管理责任落实。投入 2000 万元以奖代补，利用省委政法委网格化管理平台，整合调动派出所民警、基层工作人员、网格员、保安员、微型消防站队员等力量，运用“消防 E 通”手持终端开展经常性检查和宣传，通过 82621 个基层网格，切实织密全省火灾防控网络。三是开展全民宣传。把消防安全教育纳入国民教育和精神文明建设体系，推出“消防安全云课堂”，覆盖 1200 余万名大、中、小学生，300 余万名复工复产单位责任人，3 万余名消防安全管理人。省委宣传部等九部门联合开展消防宣传月活动，74 所消防科普体验馆常态化开放，消防志愿者总数达 16 万人。建成命名全国首批国家级消防科普基地，总队、支队两级全媒体中心建成投用，省消防救援总队全媒体中心建设获评“先进”等次，在中央电视台信息播发量位居全国消防系统第二，成都消防抖音获评全国消防救援队伍“十佳”，全省消防宣传工作经验在全国会议上交流推广。

二、推进执法改革，火灾形势高度稳定

一是改进执法模式。省司法厅将修订《四川省消防条例》纳入 2021 年立法计划，省级九部门联合出台《关于深化消防执法改革的实施意见》，细化 44 类 135 项工作任务，试点推行开业前消防安全检查告知承诺制。推动消防员参与执法工作，探索“防消联勤”新模式，省司法厅、省消防救援总队联合攻关破解消防员执法资格难题，编写辅导教材，800 余名指战员完成防火业务专业培训。二是加大执法力度。扎实开展消防安全专项整治三

年行动和危险化学品专项整治，针对性开展“文博单位和宗教活动场所消防安全基础提升”等五类重点领域消防安全治理。开展电动自行车、大型商业综合体等10余个专项行动，120家重大火灾隐患单位整改销案，336个存在消防车通道问题的老旧小区逐一制定整改方案，12609个住宅小区、6452栋公共建筑完成消防车通道标线施划，消防安全环境持续净化。三是提升执法水平。修订消防行政处罚裁量规则，开展执法质量考评，清理排查10万余份消防执法记录。制定“智慧消防”大数据系统数据标准，加入省大数据中心交换体系，应用大数据、云计算手段进行消防管理模型分析，精准投放监管力量。全面取消技术服务机构资质许可，在天府新区、青白江铁路港和川南临港自贸区试点推行开业前消防安全检查告知承诺制。依托一体化政府服务平台，实现业务网上申请、办理、查询一网通办，推出异地受理、预先服务和“容缺后补”等创新机制，简化40%申报材料、压缩50%审批时限。全年全省火灾形势总体稳定，连续18年未发生重特大亡人火灾事故。

三、应对职能拓展，力量建设迅猛发展

一是优化专业队伍。科学调配21个市（州）1172名指战员和240名社会力量，成立搜救犬队伍和通信保障专业队伍，组建地震、石化、水域、山岳、核生化、战保、重型机械7类29支专业队，举行成立仪式、开展专业训练。二是做强专职队伍。按照30分钟辐射圈重新调整队站布局，确定972个网格布点排兵。规范乡镇政府专职消防队伍建设，开展乡镇消防队建设达标验收，新建乡镇消防队42支，新增政府专职消防队员1727人、消防文员180人，依托社会单位建立19687个微型消防站，有效充实队伍力量。三是壮大志愿队伍。在未达到建队标准乡镇和常住人口超千人的村建立志愿消防队，对蓝天、公羊、熊猫等27支注册社会志愿救援队伍7.7万余名社会志愿消防员、救援人员以及3000余名志愿消防速报员，强化协同演练和业务指导，多种形式社会应急救援力量“杂、乱、散”的问题得到较大改观。

四、聚焦实战要求，打赢能力稳步提升

一是健全指挥体系。省消防救援总队、森林消防总队联合制定协同配合实施方案，探索建立信息共享、共同指挥、救援协作、通信互联、信息归口、培训科研等6项制度，实现消防救援、森林消防、森林公安三方警情互通、联动响应。依托省18个专项指挥部，构建联战联调机制，优化调度指挥体系，与省地震局、省红十字会等9个单位签订战时信息共享和联动协议。二是狠抓全员练兵。加快推进全员能力素质“认证制”，全年全省消防救援队伍1251名指战员取得专业培训和资质认证，覆盖体能、水域、绳索、潜水、地震等6个方面，指战员代表在3个国际国家赛事中取得较好名次。举办“火蓝尖兵”比武竞赛，各级指挥员带头参与全员达标考核，组织消防救援支队和基层消防救援队站三级主官分四批次进行集中考核。开展“蓝色使命-B”地震救援演练和“全流域全要素”抗洪拉动演练。三是强化科技支撑。完成“国家特别重大灾害应急救援现场指挥部建设”“应对大

震灾极端条件下应急通信保障力量建设”两项试点建设任务，“国家现场指挥部建设”项目获评消防救援局创新成果一等奖。投入1亿余元开展信息化建设，完成实战指挥平台、网络安全设备、消防指挥二级网、指挥中心改造等近20项重点任务，探索建立空中覆盖、地空协同应急通信保障机制。全年全省消防救援队伍先后成功处置青白江“2·3”和石渠“4·1”地震灾害、西昌“3·30”森林火灾以及彭州“5·17”化工厂火灾等急难险重任务。

五、围绕主责主业，基层基础不断夯实

一是落实职业保障。全省21个市（州）出台消防指战员职业保障实施细则，为“三州”（甘孜州、阿坝州、凉山州）34个偏远和高海拔地区基层单位建设饮水净化设施和燃油发电机，大力改善基层指战员工作生活条件。258名指战员子女享受入学升学优待、38名指战员家属解决驻地就业，投入111.9万元慰问救济困难指战员362人次。二是夯实发展基础。省政府出台《四川省应急救援能力提升行动计划（2019—2021年）》，三年新建城市消防救援站137座、新建乡镇专职消防队105支，年内完成城市消防救援站立项100个，开工建设75个，竣工验收35个。全年全省投入消防业务经费25.1亿元，8个支队经费突破亿元。投入8.2亿元购置消防车246辆，消防车总量达2687辆，购置器材装备11.9万件（套），器材总数达59.9万件（套），省级应急救援训练基地一期工程顺利竣工。三是构筑保障体系。总队、支队两级训练基地建设快速推进，战勤保障体系基本建成，投资8799万元落实年度应急装备物资配备任务，集中储备泡沫灭火剂1052吨，器材装备和保障物资总数达21万件（套），全省战勤保障车辆总数达158辆。省消防救援总队与成都铁路局、中国安能建设集团以及三一重工、灰狗运业、红旗连锁超市等企业建立联动响应机制，推进应急保障社会化。

第二十四章　贵州省消防救援工作

2020年，贵州省消防救援工作坚持以习近平新时代中国特色社会主义思想为指导，围绕服务经济社会发展、保障疫情防控、“六稳”“六保”和脱贫攻坚大局，圆满完成防火灭火、抢险救援、抗疫消杀等各类急难险重任务。省消防救援总队党委被应急管理部评为先进总队党委，在消防救援局2020年度工作目标任务考评中获评“优秀”等次，并被表彰为安全工作先进总队，总队机关蝉联“全国文明单位”，荣获省直机关目标绩效考评一等奖、创新二等奖，在省委意识形态领域考核中获评“优秀”等次。

一、坚持抓防控、保稳定，着力防范化解重大安全风险

一是消防安全责任体系有效健全。省委、省政府多次专题研究部署消防安全工作，出台《贵州省消防安全责任制实施办法》，与10个市（州、新区）政府、53个行业部门签订消防工作目标责任书，压实消防安全责任。深入落实《贵州省安全生产约谈实施办法》，先后8次对发生较大火灾事故的地方政府和相关行业部门实施约谈。充分发挥省消防安全委员会协商平台作用，实现实体化运行，建立联合执法检查、专家会诊检查、风险问题隐患函告、重大消防安全问题报告等长效工作机制。深入推进部门联合监管模式，分级培树行业消防安全标准化管理单位509家，督促落实消防安全主体责任。省直七部门联合印发《关于切实做好村规民约和居民公约工作的实施意见》，规范村（居）民消防安全行为。二是消防安全专项整治行动扎实深入。省政府制定《贵州省贯彻落实国务院安委办消防安全工作督导反馈意见整改方案》，在全省部署开展为期3个月的消防安全大起底大排查大整治专项行动。制定省、市、县三级消防安全风险管控清单，各级政府挂牌督办整改196家重大火灾隐患单位。省政府将消防安全纳入专项工作目标，列入“负面清单”管理，对27个厅局实施消防工作考核。省消防安全委员会部署消防安全专项整治三年行动，建立双周会商研判机制，开展消防安全五项攻坚治理。制定《贵州省加强小型生产经营性场所火灾防范七项措施》，研发“黔小消”App强化基层消防网格化管理，共排查小场所101万家，整改隐患125万处，投入经费1978万元实施消防安全改造，整治违规夹层32.9万平方米，清理违规住宿10.5万人。三是执法规范化建设水平全面提高。省政府修订《贵州省消防条例》《贵州省消防设施管理规定》，省消防救援总队出台《关于改进消防监管强化火灾防范的实施意见》，组织编制3个技术标准。开发消防执法服务系统、执法记录仪数据管理平台、贵州省社会消防技术服务积分信用管理平台3个系统。深入开展优化营商环境专项行动，依法依规整改处理各类问题11万余个。制定《全力支持复

工复产八项便民利企措施》，成立11个专家组对复工复产的3885家规模以上企业、92个大型商业综合体、9965家消防安全重点单位定向指导。出台《贵州省消防安全领域信用管理实施细则（试行）》，将226个消防违法失信主体违法信息录入全国企业信用信息公示系统和信用中国信用信息平台。四是宣传教育培训工作精准高效。建成总队、支队全媒体中心，全省开设消防宣传专栏37个，开通运营官方微信、微博、抖音等新媒体平台14个，总队快手号关注人数突破160万，建成98个消防宣传科普基地、55个消防文化主题公园，接待参观体验人数200万人。制作《夺命夹层》《酿灾神龛》《违规住人酿惨剧》《通天楼火灾之痛》等多部火灾警示片在全省各地广泛播放。建成多种形式消防公益力量88支，开展消防安全培训27.5万人。全省5个集体、4名个人获评全国“119消防奖”。

二、坚持抓练兵、强备战，着力提升队伍实战打赢能力

一是队伍建设突出实战化。强化国家山岳救援队、省级综合性救援队、地州市灾害事故处置队三级专业队伍建设，打造10类55支专业救援队伍，创新酒类围堰火灾扑救战法。投入5000余万元建成105支乡镇应急救援队伍，初步建成“一专多能、专常兼备，辐射区域、形成网络”的应急救援力量实战体系。二是岗位练兵突出全员化。省消防救援总队出台十条练兵措施，开展冬训夏训练兵考核，举办两次千人比武活动。对训练表现突出的136名指战员实施记功奖励，营造“练机关带基层、练主官带部属、练干部带消防员”的浓厚练兵氛围。三是应急救援突出专业化。制定贵州“十类”典型灾害事故响应流程，建立“编组出动、编队调派、编成作战、专业指挥”响应模式。在新冠肺炎疫情防控中，出动消杀专业机动队1643个（次）、消耗消毒药剂2.7万升，消毒面积1738.6万平方米，实现外部消杀“零失误”、内部防疫“零感染”目标。全年全省消防救援队伍共接警出动3.8万起，出动车辆5.4万辆次、消防人员30.9万人次，营救被困人员6067人，疏散人员45110人，保护财产价值7.0亿元，圆满完成贵州“3·27”商品混凝土有限公司建筑塌滑、安顺“7·7”公交车坠湖、增援四川泸州抗洪抢险等救援任务。

三、坚持抓党建、带队建，着力夯实队伍发展根基

一是党建工作基础不断夯实。深入开展“让党中央放心、让人民群众满意”模范机关创建活动，形成了大抓机关、争当模范的导向和氛围。扎实开展基层党组织规范抓建三年攻坚行动，召开全省基层党组织标准化规范化建设现场会，全省消防救援队伍基层党组织选举率达100%，轮训率达100%，各项组织生活制度规范落实。二是人才队伍管理培养体系不断健全。全面完成全省消防指战员落编定位工作，推行干部“能上能下”机制，组织41名机关、基层干部“上派下挂”。建立“专业人才库”，建立院校定向培养、职业技能培训、岗位实践锻炼、外出深造学习“四位一体”人才培育机制，各级开展各类培训256期、4670人受训。三是奋发有为的良好形象全面彰显。全省消防救援队伍1名个人获得全国“先进工作者”荣誉称号，3名个人受团中央表彰，

2名个人获评全省“道德模范”，1名个人被授予“贵州青年五四奖章”，1个集体获评“第五届全国119消防先进集体”、被团中央表彰为“五四红旗团支部”，1个集体获评“全省脱贫攻坚先进党组织”。

四、坚持抓机遇、促发展，着力提高队伍综合保障能力

一是优待政策落地见效。省政府出台《贵州省支持综合性消防救援队伍建设实施方案》，9个市（州）政府全部出台贯彻落实意见，细化落实消防救援人员生活待遇、职业荣誉、优抚优待等保障政策。省财政、人社、应急等厅局联合印发《贵州省政府专职消防队员职业保障机制实施意见》，有效破解专职消防队伍建设发展的根本性难题。二是经费保障稳步提升。省政府出台《贵州省消防救援队伍经费管理实施细则》，各级投入消防经费12.4亿元，同比增长6.8%，连续7年突破10亿元。省消防救援总队研究出台经费管理30条实施细则和20条刚性措施，缩减一般性支出1.7亿元。三是战勤体系提质升级。全面落实《2019—2021年灭火救援装备建设规划》，购置消防车辆217辆，各类器材装备6.9万件（套），配齐配强10支水域救援专业队和执勤消防救援站装备器材。建成总队、区域、支队三级保障体系，黔中、黔东、黔西区域保障，各支队战勤保障大队定点保障的多点辐射战勤保障体系实现实体化运行。

第二十五章　云南省消防救援工作

2020年，云南省消防救援工作立足全局站位，深入学习贯彻习近平总书记重要训词精神，大力统筹发展和安全，全面压实消防安全责任，不断提升社会治理和应急救援水平。全年全省共发生火灾1.7万起，亡96人，伤72人，直接财产损失1.1亿元，火灾形势持续稳定，较好地服务和保障了全省“六稳”“六保”和高质量跨越式发展。

一、党政重视、融入发展，消防治理环境不断优化

全省各级党委政府高度重视消防工作和队伍建设，省、市、县三级党政领导部署消防救援工作、带队检查消防安全、走访慰问一线队伍形成常态。全年全省投入消防经费11.7亿元。省委书记阮成发、省长王予波等领导先后20余次作出批示指示，省政府召开全省消防工作会议，组织16个州市政府、36个行业部门签订年度消防工作责任书，将“十四五”消防规划列为省级重点专项规划，省委平安办、省文明办等部门将消防工作纳入平安建设、文明城市创建、“美丽县城”建设考评指标。发展改革、自然资源、交通运输、农业农村、应急管理等省直部门将消防工作纳入国土空间、巩固脱贫攻坚、综合防灾减灾等22个省级“十四五”专项规划，将消防队站、农村消防基础设施等总投入83亿元的重点项目纳入云南新型城镇化建设项目库。省消防安全委员会每季度召开联络员会议，推动19个重点行业部门开展本领域消防治理和标准化达标创建。

二、系统治理、精准防控，有效防范化解重大消防风险

一是专项整治行动稳步推进。围绕消防安全专项整治三年行动，将城中村、出租房、古城古镇、文物古建、旅游景区、连片村寨等纳入治理范围，消防、住建、交警等部门联合开展打通“生命通道”专项行动，全省标线施划消防车通道1.4万处，打通封闭通道8000余处，清理违规障碍物1.1万个，推动2370个老旧小区完成消防车通道划线改造。紧盯重大风险隐患，联合开展农村房屋安全隐患排查治理专项行动，开展2轮危险化学品大排查大整治，全年排查单位场所4.6万家，消除火灾隐患3.7万处，挂牌整治重大火灾隐患单位183家，有效净化社会消防环境。二是深化消防执法改革取得实效。落实消防执法改革意见，修订出台《云南省消防条例》，增加打通“生命通道”和“电动自行车管理”等内容，5部消防规章纳入地方立法计划。稳步推进“双随机、一公开”消防监管模式、自贸区公众聚集场所消防告知承诺制等12类40项改革任务，出台30余个配套文件。连续两年举办全省消防·公安刑侦火灾调查拉动演练。三是便民利企服务走深走实。省消防救援总队主动对接疫情防控指挥部，

汇编防火要则，做好涉疫场所消防安全工作。组建省、市两级22支消防安全技术服务队，对全省涉疫场所开展实地技术服务和消防安全培训。跟进做好复工复产企业、复学复课消防服务指导工作，出台支持复工复产消防服务六项措施和复课学校消防管理要则，助力全省疫情防控工作。助力脱贫攻坚，分两批抽调80名业务骨干实施“消防守护”计划，全省2832个易地搬迁扶贫安置点、8052个贫困村无一人因火灾致贫返贫。四是消防宣传工作提档升级。省委宣传部统筹将消防宣传教育纳入年度工作内容，各级党校将消防安全纳入党政领导干部培训内容，实施“百万干部员工大培训”工程。推进“安全生产月”“119消防宣传月”、消防宣传“五进”活动，研发消防志愿者服务平台，组织志愿者对特殊群体开展“面对面”服务4.3万次。投入685万元建成总队全媒体中心，微博、微信等14个新媒体政务号宣传矩阵初步形成，微博影响力排名全国总队级及以下消防系统第一名，总队获评全国全媒体中心建设先进单位。

三、立足实战、提质强能，全面提升队伍综合救援能力

一是提升攻坚打赢能力。制定全员岗位练兵奖惩实施办法，引进专业训练方法开展体能示教活动，抓实山岳、水域、化工等8类灾害和搜救犬训导技术专业培训，广泛开展执勤训练、作战指挥、应急通信等17个岗位比武竞赛。加强技战术和训练操法研究，推动装备器材革新，投入1.1亿元建成全国首个智能化急流模拟水域训练设施，承办2期203人的全国水域救援教练员专业培训班，“水域救援专业训练设施”“消防绳索技术”项目分获消防救援局创新成果一等奖、优秀奖。举办消防山岳救援技术交流活动，高频次开展抗洪抢险、石油化工等大型拉动演练。省政府举行“担当—2020”地震救援跨区域实战演练，省消防救援总队、昆明训练总队、云南省森林消防总队、南方航空护林总站、省公安厅警航总队及森林航空救援支队联合作战，规模空前。二是建强专业救援力量。分类组建疫情处置、化工灭火救援、抗洪抢险、低温雨雪冰冻灾害处置等专业救援队，持续加强地震、高层、地下、山岳、水域等典型灾害处置专业力量建设，开展地震救援实战能力评估测试。各级政府完成738支政府专职消防队事业单位法人登记、落实1277名专职消防队员事业编制，各类专业救援力量建设取得新成效。三是筑牢作战安全防线。开展灭火救援作战训练安全管控专项活动和作战训练安全专项整治，印发初战行动安全要诀和灭火救援“五条铁规”，结合云南环境气候、道路交通和队伍作战训练安全特点，制定检查清单并开展检查督导，实时通报警示、量化考核扣分。建立重大灾害风险预警、往返途中安全提示、行动全程安全监察等机制，设立水域、高空救援专家顾问团队，提供救援风险评估和决策辅助意见。四是提高指挥调度能力。出台加强灭火救援指挥能力实施意见，部署推进三级指挥中心规范化达标建设，推动所有非集中接警消防救援站通信室完成大队指挥中心升级改造，组建“轻骑兵”前突小队和志愿消防速报员队伍，进一步深化消防、地震、应急、气象等部门与蓝天救援队等救援力量联勤联动联战机制，消防救援总队、通信管理局与三大通信运营商建立重大灾害救援应急通信保障联动机制，消防、应急、通信、森

林航空等单位开展航空救援联合通信训练演练，队伍应急指挥和通信能力显著提升。五是增强战勤保障实力。实施战勤保障体系建设三年规划，在全省分层次、分功能、分区域建设17个战勤保障消防站。投入4000万元建成2个特别重大灾害应急响应现场指挥部战勤保障编组，形成战保编组、协作区基地、机动保障力量协同保障的工作格局。消防、交通、航空、铁路等部门联合签订人员投送、物资储运等合作协议，实现人员、装备、物资高效投送。针对汛期抗洪抢险、低温雨雪冰冻灾害救援、重大活动消防安保等任务，配备集宿营、冷藏、被服洗涤等功能的战勤保障车33辆，储备各类装备物资23万余件(套)。全年全省消防救援队伍共接警出动5.4万起，出动车辆7.2万辆次、消防人员37.2万人次，营救被困人员6209人，疏散人员2.1万人，保护财产价值16.9亿元。

四、铸魂育人、从严治队，全面锻造过硬消防铁军

坚持政治建队，分专题、分层次开展“践行训词精神，担当神圣使命，坚持五个不动摇”主题教育实践活动，统筹开展“弘扬清风正气、凝聚奋进力量”专题教育和经常性教育、职业精神教育，着力抓好云岭消防大讲堂、随机教育微课堂、政治教育云课堂“三个课堂”，举办领导干部政治培训班。深入推进队伍正规化建设，在昆明、曲靖开展试点建设，组织“学习新条令、立起新标准、展示新形象”主题活动。开展涉赌涉贷、管酒治酒、执法腐败问题专项整治和后勤财经大清查，完成巡察发现问题整改。开展总队党委为基层办实事工程，全年投入2.3亿元专项经费补助艰苦边远地区基层装备提质、营房修缮和地方奖励性补贴发放。设立200余万元专项救助资金，帮助解决艰苦边远地区指战员大病医疗开支缺口。投入253万元为全体指战员及政府专职消防队员购买人身意外伤亡和重大医疗保险。开展异地分居指战员“团圆工程”，完成125名指战员工作调动。

第二十六章　西藏自治区消防救援工作

2020年，西藏自治区消防救援工作紧盯全年目标任务，坚持守正创新，强化使命担当，连续18年未发生重特大火灾事故，连续两年获评国务院省级政府安全生产和消防工作考核“优秀”等次，自治区消防救援总队获得国家级3项荣誉，1名个人获评全国“先进工作者”，1个集体获评全国“五四红旗团委”。

一、火灾形势总体平稳

一是优化制度机制。自治区政府和相关部门出台《深化消防执法改革实施意见》《火灾高危单位消防安全管理办法》，修订《消防安全责任制实施办法》《文物保护单位消防安全管理办法》，编制《西藏自治区消防安全领域信用管理暂行办法》《寺庙文物古建筑消防照明规范》，完善火灾事故延伸调查指导实施意见、监督检查“双随机、一公开”抽查细则等规范性文件，实现监管体系全流程、全链条有序运行。二是点面结合防控。以冬春火灾防控、消防安全专项整治三年行动为抓手，投入2.1亿元整改火灾隐患。研究应用文物建筑“智慧消防”预报警系统，推行加装无源型悬挂超细干粉灭火装置、弱电酥油灯替代、煨桑炉改造、千供灯外迁、寺庙智慧用电等消防安全管理新举措。先后7次开展大型商业综合体、易燃易爆场所、消防车通道等专项治理，先后10次开展老城区、农牧区、寄宿制学校等“西藏特色示范”创建活动，整改火灾隐患10万余处，政府挂牌督办9家重大火灾隐患单位，打通“生命通道”859处。三是深化宣传教育。紧贴社情民意开展消防宣传，组建消防宣传队82支，新配消防宣传车4辆，新建和改建消防科普场馆4处、消防主题公园3个，创新投放具有地域特色的消防唐卡、央巴石宣传牌3788个，编印寺庙、农牧区、家庭、学校消防知识画册26万余份，拍摄《多吉与卓玛》系列等宣传公益片10部。

二、应急救援能力全面提升

一是建强专业力量。布点组建11类、45支专业救援队伍，完成高山救援专业队建设，规范5类应急响应和3类等级调度制度，消防、公安、地震、气象等8部门建立“信息互通、预警共享、处置联动、季度会商”实体化联合作战机制，与16家重型机械、直升机公司签订联勤联动协议。建立覆盖自治区各市、县、乡、村的灾情信息网格，确定灾情联络人6075人，在灾情风险区前置2820件（套）装备器材。二是强化能力建设。针对高海拔地区气候特点，分岗位、分类别、分科目开展岗位练兵和达标考核，集中开展基层指挥员、攻坚队员培训，组织化工灭火救援技术、应急通信业务、搜救犬训导员等专项培训，建立完善211名战训骨干人才库档案，依托实战指挥和图像综合管理平台建立“一张图”常态化监管模式。围绕233家寺庙文博单位、1022

家公众聚集场所等开展熟悉演练5960次、修订预案1220份。三是做强保障支撑。全年投入地方经费3.7亿元，增幅16.8%，自治区各级财政追加人员经费1.2亿元落实属地改革性补贴，地方补助经费提升至人均3.6万/年。投入2.2亿余元，购置消防车94辆、装备器材4.4万件（套）。升级应急通信设备，新增动中通方舱卫星通信指挥车，建成拉萨、昌都两个战勤保障基地和水域、山岳、高层、交通、油罐、槽车、隧道、寺庙等8类典型灾害事故模拟训练设施。全年自治区消防救援队伍共接警出动6573次，营救和疏散遇险群众2209人。

三、积蓄力量助推提质强能

深入开展“五个不动摇”主题实践活动，探索建立“不忘初心、牢记使命”长效机制，创新推广党员准入制和党员积分制，持续推进29个基层党组织示范点建设。研发集营区、人员、车装、健康、战训于一体的“队伍综合管理平台”，紧抓“制度、教育、督察、奖惩”四个关键环节，打造“红黑榜”通报、三色预警管理模式，创新建立“四级安全管理”网格，先后组织专题讲座153次、集中授课121次、座谈讨论112次。集中整治“人车酒、网电密、黄赌毒、战训勤”等安全问题，密集组织远程视频巡查和实地督察1929家（次）、督改问题隐患432处。大力改善各级消防救援队伍办公和生活条件，为全区106个执勤单位建设配备发电设施、生态园，为66个新建队站配备吸氧、供暖、设施设备。解决完成总队机关国有土地证办理、总队退休基地和公寓产权办理等历史遗留问题。

第二十七章　陕西省消防救援工作

2020年，陕西省消防救援工作坚持以习近平新时代中国特色社会主义思想为指导，全力打好重大安全风险防范化解、综合应急救援能力提升、改革政策落地见效三大攻坚战，社会面火灾形势保持持续稳定，为陕西社会经济发展营造良好消防安全环境。全年全省发生火灾2.2万起，亡72人，伤53人，直接财产损失1.7亿元。

一、有效落实消防安全责任

省委、省政府将消防工作接入社会综治、政务督察等考核平台，省安全生产委员会、消防安全委员会印发通知，进一步落实行业部门消防安全责任，建立行业部门会商研判、隐患函告、工作提示、联合执法机制，明确责任部门、任务、时限。省委书记刘国中、省长赵一德等领导先后13次召开专题会议研究部署消防工作。开展“三自主两公开一承诺”活动，将消防工作情况与企业诚信经营相挂钩，以公开承诺倒逼责任落实，压实单位内部消防管理，形成消防工作合力。

二、深入开展火灾隐患治理

省安全生产委员会印发《全省消防安全专项整治三年行动实施方案》，明确教育、公安、住建等16个重点行业部门26项年度任务，省消防救援总队同发改、财政、人社、住建、交通、民政等13个行业部门出台11个规范性文件。紧盯火灾防控重点单位和区域，集中开展“平安三秦”“三合一”场所、社区工厂和扶贫车间等11项消防安全攻坚行动。召开大型商业综合体消防安全标准化管理现场会，集中约谈培训全省大型商业综合体负责人、管理人，挂牌督办重大火灾隐患单位70家，全省消防救援机构和公安派出所共检查单位8.8万家，整改火灾隐患7.3万处。

三、大力改进消防监管服务

省安全生产委员会印发《陕西省关于深化消防执法改革的实施意见》，健全地方消防法规体系，省消防救援总队制定《陕西省住宅物业消防管理规定》《陕西省专职消防队管理规定》，全面推行“双随机、一公开”消防监管模式，应用消防监督管理信息系统，开展规范消防行政许可和处罚行为优化消防执法营商环境专项行动，举办全省首届“三秦火焰蓝”杯消防监督执法岗位练兵竞赛，开办消防监督执法“微课堂”，推行总队、支队两级每月案卷评查与实地帮扶指导，提升队伍监督执法履职能力。

四、不断提升火灾防范水平

编制陕西省“智慧消防”建设规划，各地将“智慧消防”融入“智慧城市”同步建设，渭南、汉中、西咸消防救援支队试点建成消防物联网监控系统。推动消防科技创新，申报科研项目18项，推广多功能转角水枪、多功能防疫防水执勤防护服等 4 项成果。创新监管模式，开展大型商业综合体达标创建，全省 66 个超高层建筑和大型商业综合体建成专职微型消防站。开展易燃易爆单位消防安全“互查互学”和“一厂一策一演练”活动，对全省 535 处省级以上文物建筑开展火灾风险评估。

五、全面增强公众消防意识

省消防救援总队同省委宣传部、省政府新闻办等 20 个职能部门以及中央广播电视总台、《人民日报》等 49 家主流媒体建立战略合作机制，建设总队和支队两级全媒体中心、科普教育基地、消防主题公园，打造新型消防宣传矩阵。深入开展消防宣传“五进”工作，联合西安交通大学举办首届全省大学生消防志愿者联盟主题活动，举办消防宣传月启动仪式、“助力蓝朋友”线上马拉松、“火焰蓝”主题灯光秀、摄影展、漫画展等主题活动百余场，开通西安地铁消防主题专列。制作陕西方言版《村长硬核消防喊话》，推出《陕西消防队伍之歌》和华阴老腔《红门一声吼》，陕西消防自媒体关注人数、阅读量均超百万，全省 3 个集体和 3 名个人获评城市和农村地区消防工作先进集体和个人。

六、稳步提升攻坚打赢能力

省政府出台意见，建立多部门通盘协作联勤联动机制，加快政府、企业专职消防队和小型站等多种救援力量资源整合，形成防灾减灾救灾合力。省消防救援总队研究制定《总队灭火救援指挥部实战化运行实施意见》《总队机关实战化值班工作管理规定》等 3 项工作机制和 2 项运行办法，建立每日实战化推演、每周“六熟悉”和“闭环”调度模式，分类、分级举办 7 次专项培训，组建 91 人的灭火救援专家库和 90 人的安全工作人才库，建立山岳水域、公路隧道、森林灭火、抗洪抢险等 10 类 48 支专业队，构建形成三级抗洪抢险专业力量体系、低温雨雪冰冻灾害救援专业队、煤化工灭火救援专业队和三级化工救援编队，组建 85 个森林灭火专班。开展森林、水域以及地震等跨区域拉动演练 7 次，全省各级消防救援队伍开展熟悉演练 8100 余次。完成国家领导人及国外元首来陕、黄帝陵公祭等 23 次省级以上消防安保任务，成功完成榆林“4・3”化工装置火灾、“8・6”抗洪抢险、包茂高速“11・24”重大交通事故处置以及增援四川雅安抗洪抢险等重大任务。

七、深入培树队伍作风形象

扎实推进“践行训词精神，担当神圣使命，坚持五个不动摇”主题教育实践活动，举办“训词铸魂・学思践悟”主官讲堂、“政教微课堂”20 余次，开展学习讨论和实践活动 500 余场次。大力弘扬学习“延安精神”“西迁精神”，开展主题征文评选、红门微电影展播、创办网络交流台等七大活动，培育新时代陕西消防精神。开展为期五年的队伍正规化建设，固化正规化建设会议分析研究制度，分级制定正规化建设方案，提速“六大数字管理平台”试点建设。在渭南支队举办基层党组织规范化建设试点现场会，举办两期基层党组织书记培训班。省消防救援总队同西安科技大学建立消防科技创新基地，合作申报的项目获得省科技进步一等奖。与西北政法大学建立战略协作关系，常态化组织业务骨干实地研学。采取“内部培训+外部研学”方式，全年开办火灾警情统计、巡察业务理论、消防技术服务等20余个培训班，提升指战员业务水平。

八、切实增强综合保障能力

加快推进全省消防训练基地、西北物资储备库、西安战勤保障中心、消防救援总队战勤保障队等基本建设项目，全年共投入基建专项经费6.6亿元，新建消防救援站5座、续建21座，新建支队级训练基地4个、战勤保障消防站1座，总建筑面积13万平方米。全省投入专项经费10亿元，落实中央专项经费1.5亿元，加强消防基层基础建设。出台《陕西省消防救援队伍经费资产审批管理规定》《财务社会化保障管理办法》《地方消防经费管理暂行规定》等，规范财务管理。组织专家评审组集中审核各地市评估论证报告，下达2020年度装备建设计划，全年全省共投入装备建设经费4.4亿元，购置先进主战装备，补充更新常规装备器材11.5万件（套），投入9456万元为全省配备战勤保障车辆26辆，各类战勤保障物资1.5万件（套），连续四年开展跨区域战勤保障实战拉动演练。

第二十八章　甘肃省消防救援工作

2020 年，甘肃省消防救援工作坚持以习近平总书记重要训词精神为指引，坚定不移围绕改革发展大局，锐意进取、真抓实干，实现火灾形势和队伍管理“双稳定”。省消防救援总队党委获评先进总队党委，总队获评“平安甘肃建设”先进单位，1 名个人获评全国先进工作者，3 个集体获评“全国文明单位”。

一、全面落实消防安全责任

一是党委、政府高位推进。省委书记林铎、省长任振鹤等领导多次参加消防重大活动、深入基层看望慰问一线指战员。省委常委会议、省政府常务会议先后 5 次研究部署消防工作，将高层建筑消防安全治理纳入为民办实事清单，投入 3 亿元为社区街道、微型消防站、居民家庭配备应急逃生设施器材 10 万件（套），为 20 个区（县）购置举高消防车。省委、省政府连续 18 年与各市（州）、部门签订目标管理责任书，省委宣传部连续 3 年部署授旗训词系列活动和“119 消防宣传月”活动。二是行业部门齐抓共管。省消防安全委员会向 10 个省级重点行业部门发出冬季防火工作建议书，分批约谈 1.3 万名重点单位消防安全责任人、管理人，挂牌督办 91 家重大火灾隐患单位，全省 30 个行业部门分领域组织开展交叉互查。省民政、文旅等九部门相继出台消防安全标准化管理规定，省应急、民政、住建等部门联合印发《民办养老机构消防安全达标提升工程实施方案》，联合开展排查整治，利用公益基金整改隐患。省文物、消防等部门联合部署做好第八批全国重点文物保护单位消防安全工作。省教育、消防等部门部署学校开学复课消防安全工作。三是执法改革纵深推进。省人大专题调研指导《甘肃省消防条例》修订，省政府修正《甘肃省火灾高危单位消防安全管理规定》《甘肃省建筑消防设施管理规定》《甘肃省市政消火栓管理办法》《甘肃省专职消防队建设管理办法》4 部规章。省委办公厅、省政府办公厅印发《关于深化全省消防执法改革的若干措施》，完善消防政务服务平台，研发“双随机”监管系统，将消防安全违法行为纳入诚信管理内容，实施信用信息联合惩戒。

二、持续优化消防安全环境

一是深入开展隐患整治。省安全生产委员会印发消防安全专项整治三年行动实施方案，省消防救援总队细化分解 74 项政府、行业具体任务，省政府专门召开现场推进会部署工作、落实责任。抽调石化专家、注册消防工程师和中高级专业技术骨干，对易燃易爆危险化学品企业逐一排查、整改隐患。全省 1573 个高层住宅小区全部完成标线施划、障碍物清理、消火栓测试，全省 66 家大型商业综合体落实消防安全管理要求。省安全生产委员会部署开展城乡接合部、“城中村”“三合一”场所消防安全专项排查整治。发动 7.6 万名基层网格员开展检查282万次，宣传培训169万场，有效巩固消防安全群防群治成果。二是创新提升监管效能。开展消防安全管理示范单位创建，累计创建1.2万家，重点单位100%达标。加强消防物联网建设，接入单位5712家，在线率达95%。推进消防技术服务行业发展，新增服务机构86家，4954家单位委托技术服务机构开展维保检测，维保合同执行率超98%，联网单位消防设施完好率91%、值班人员在岗率92%。助力疫情防控大局，编制定点医疗机构、集中隔离点、防疫用品生产企业、仓储物流企业、复工复产场所消防安全技术服务要点，成立专家组深入东、中、西三个片区指导特殊时期火灾防控工作。聚焦“六稳”“六保”和常态化疫情防控大局，持续跟踪保障复工复产、复学复课消防安全。三是广泛开展宣传教育。省安全生产委员会、消防安全委员会联合印发消防宣传“五进”方案，累计培树“五进”宣传典型92个，招募消防志愿者2898名，组建消防志愿服务队177支，开展公益宣传活动630余场。省消防救援总队投入500余万元建设全媒体中心，并获评全国全媒体中心建设先进单位。全省建成省、市两级应急消防科普教育基地62个，全年接待参观200余万人次。同省内电视、广播、报刊等媒体建立战略合作关系，在新华社、中央电视台、《中国应急管理报》《甘肃日报》等中央和省级媒体刊发新闻800余条，制作系列警示教育片及短视频32部，利用地铁车站、楼宇电视等媒介投放200余万次。

三、持续抓建作战训练工作

一是持续狠抓全员练兵。省消防救援总队建立“专班每周分析、党委定期研判、每月全省通报”练兵机制和“赋分制”考评制度，出台严训抓训硬性措施，开展冬训、夏训全员普考和交叉考核，举办全能尖兵、全员练兵比武对抗，在消防救援局冬训抽考中取得“全优”成绩。编制安全行进、自救逃生、极限抗压等6类23项实操科目，突出人装结合、班组配合、识险避险等关键能力和安全素养实训考评，对训练、演练、救援中表现突出的集体和个人记功嘉奖。二是深入开展实战演练。分区域、分等级制定地震、洪涝、泥石流等重大灾害和石油化工等火灾处置行动预案，定期开展“精品预案”互评互学活动、特种灾害处置兵棋推演。组织“全过程、全要素、导调式”重大地震、洪涝灾害救援和森林火灾扑救等跨区域实战拉动演练6次，召开演练点评总结会和典型灾害处置战例研讨会。三是强化专业能力建设。依托政府专职队组建专业森林消防队伍，消除44个县消防力量“空白点”。分级组建34支抗洪抢险专业队、12支石油化工灭火编队、57支低温雨雪冰冻灾害救援专业队和重型、轻型排涝分队，打造应急救援“尖刀”力量。开展实战指挥和安全管控专项培训，集中培训站级指挥员280人，视频培训900余人。利用社会优势资源和专业师资，开展水域、绳索、地震等专业技术培训和资质认证，累计有504人取得资质。开展“主官讲战训”系列活动，总队、支队主官开展专题授课17次。四是纠治战训安全积弊。出台《安全助理（员）和紧急救援小组建设管理规定》《训练督察工作办法》《作战训练安全监督问责暂行规定》《消防救援站干部管理规定》，健全“一岗双责、齐抓共管”作战训练安全责任体系，研发作战行动管理平台，编制细化

12类76种灾害事故处置要点和程序，全要素、全流程闭环管控作战行动，建立常态化作战训练安全督导机制。

四、持续优化综合保障效能

一是地方经费总量持续增长。全年全省落实消防经费17.4亿元，省、市、县三级配套高层建筑消防安全治理经费3亿元，中央拨付救灾资金1.6亿元，全省地方消防经费连续4年保持30%以上增速。省财政厅印发《甘肃省消防救援队伍经费管理实施细则》，细化指战员各类改革性和地方奖励性补贴，明确政府专职消防队员执勤、灭火救援和高危补贴发放标准。二是车辆装备建设提质增效。投入装备建设经费2.5亿元，购置各类消防车95辆、装备器材6.7万件（套）。利用中央投资3500万元专项经费，购置远程供水系统、高机动器材运输车、水陆两栖全地形车等消防车35辆。开展装备器材安全操作和隐患专项排查，组织培训80余次、1200余人。三是基础设施建设再上台阶。全省开工新建20座消防救援站和6座搜救犬站，7个中央投资基建项目投入使用、4个项目正在建设，中央投资经费执行率超过70%，19座消防救援站完成高海拔地区基层生活设施改造。四是战勤保障能力有效提升。配备专职战勤保障人员254人，14个战勤保障消防站实体化运行。多部门、多单位签订联勤联动应急保障协议700余份，通过自储、代储等方式，建立应急物资装备储备调用机制。专业训练基础建设和战勤保障体系转型升级，省级水域救援训练基地和区域性应急救援中心建设有序推进。

五、持续提升队伍建设水平

一是坚持党建引领。省消防救援总队制定《总支队两级党委议事规则》《党委委员联系指导基层责任规定》《党委落实“七议”制度工作办法》等规定，举办基层党组织书记培训、政治理论培训，开展“戴党徽、亮身份、做模范”“学习型、实战型、创新型、廉洁型”机关创建等活动，队伍活力持续增强。制定《全面从严治党主体责任清单》，出台《从严监督管理支队党委班子成员十项措施》，印发《预防消防执法廉政风险“十个严禁”》等规定。二是坚持铸魂育人。深入推进“践行训词精神，担当神圣使命，坚持五个不动摇”主题教育实践活动，举办干部政治理论培训。分文秘、作战、通信、纪检、火调、后勤等不同岗位举办培训班9期，全方位培养人才骨干。全省1个集体和2名个人分别获评第五届全国119消防先进集体和先进个人，消防救援队伍7名个人获评省部级以上表彰。三是坚持从严治队。狠抓条令、纲要、规定、大纲学习宣贯，基层干部跟班作业、蹲班住宿、坚持“五同”，确保工作生活秩序规范高效。研发“消防站智能管理平台”，对岗哨、营区、车辆、装备、后勤保障等进行数字化改造，提高管理和战备效能。总队“消防站智能管理平台”和“智慧社会消防管理系统”项目分别获评消防救援局创新成果一等奖、三等奖。

第二十九章　青海省消防救援工作

2020年，青海省消防救援工作围绕“夯实基层基础、破解瓶颈难题、推动转型升级”主基调，全面实施“政治建队、素质强队、实战兴队”三大工程，持续推进“精准防控、作战力量、综合保障”三大体系建设，全省火灾形势和队伍内部保持安全稳定，整体工作稳中有进、稳中有新、稳中向好。

一、坚持综合防控，营造平安和谐消防安全环境

一是健全链条式责任体系。建立党委政府常议常抓消防工作机制，将消防工作纳入目标绩效、平安建设等考核体系，年初专题部署重点任务，每半年召开常务会研究重大事项，每季度实施考评督导，做到任务责任“双落实”。将消防工作纳入政府目标考核体系，单列考核指标和分值权重，省级层面实现对市（州）政府、省直部门和中央驻青单位考核全覆盖。发挥省消防安全委员会牵头抓总作用，做实通报函告、联合检查机制，推出融入搭车、预约培训创新举措，将消防工作融入行业部门业务工作，落实行业监管责任。二是突出精准型消防治理。开展冬春火灾防控和消防安全专项整治三年行动，严管严控“高低大化”等重点场所，对账销号重大火灾隐患，标本兼治消防通道、物流仓储等突出问题，着力化解农牧村、老旧小区等消防安全风险。创新建立“融入搭车”机制，将消防安全纳入物业管理、乡村治理和文物管理工作，融入美丽乡村建设、棚户区改造等重大项目。深化消防安全标准化示范创建，召开大型商业综合体、寺庙消防管理现场会，提升行业规范化管理水平。全年全省共检查社会单位25401家，整改火灾隐患2085处，整改重大火灾隐患单位40家，共发生火灾1597起，亡12人，伤3人，直接财产损失2482万元，全省连续23年未发生重大及以上火灾。三是推进规范化监督执法。省委、省政府办公厅出台《关于加快推进消防执法改革的实施意见》，省人大开展《青海省消防条例》立法调研，省政府将“智慧消防”融入“数字政府”统筹建设。加强消防法规“立改废”，推行“双随机、一公开”等新型消防监管模式，固化公安派出所消防工作职责，将消防管理纳入乡镇综合行政执法，逐步完善消防安全事中事后监管机制。开展优化营商环境专项行动，定期开展执法考评。建立火灾调查协作机制，强化延伸调查和责任追究。

二、坚持因势利导，构建全面覆盖宣传工作格局

一是加强宣传基础建设。省消防救援总队围绕消防宣传基础建设年工作任务，建立“大队（消防站）素材采集、支队新闻采访、总队全媒体深加工”一体宣传模式。全省累计投入383.1万元完成全媒体中心建设并实体化运作，建成消防主

题公园 10 个，消防文化街 17 条，建成 2 个省级、54 个市（县）级应急消防科普教育基地，在商场超市等人员密集场所建立 57 个消防宣传科普点。二是打造媒体宣传品牌。策划开展在线闯关消防知识答题和新媒体直播公开课，每周固定推出《高原火焰蓝》专题栏目，全网推送安全使用酒精、油锅火灾扑救、复工复产服务等公益广告。在快手、微博平台开展网络直播 18 场次，累计 2000 余万人观看，点赞超 2600 万次。三是提升宣传工作质效。大力推行消防“五进”宣传活动，高中和大学新生消防“进军训”率 100%，各级党校、行政学院全部将消防知识纳入党政干部培训内容。全省建立 35 支消防志愿者服务队，招募消防志愿者 3000 余人，充分发挥网格员、村警、社区宣传大使、驻寺干部“四支力量”基层优势，深入开展针对性培训。全省各地消防教育培训走进新媒体、交通工具、旅游景区、文物单位，进一步扩大覆盖面。

三、坚持实战兴队，锤炼敢打必胜救援力量

一是抓实全员岗位练兵。省消防救援总队统筹灭火救援、政工、后勤、防火各业务口练兵工作，形成整体练兵方案，增强练兵针对性。统筹安排基础理论学习、战训大讲堂、案例复盘复评、安全管控专项活动等重点任务，建立周测试、月考核、季度比武等考评机制，开展常态化练兵考核。明确整建制消防救援站基地化轮训新思路，着重学习森林火灾、防汛、抗旱、地质、地震等 8 大类灾害事故处置程序和战术要点，突出抓好 8 大专业救援力量任务编组基础科目训练，全年完成 10 批次 62 个消防救援站轮训工作，受训 1152 人。二是建强作战力量体系。修订《应急救援作战指挥力量体系建设指导意见》，明确专业救援力量建设模式，将体系建设延伸到大队一级，定期开展实战拉动演练和比武竞赛，提升队伍应急救援作战能力。全年全省消防救援队伍共接警出动 3031 起，出动车辆 5896 辆次、消防人员 2. 9 万人次，营救被困人员 627 人，疏散人员 6224 人，保护财产价值 6541 万元，成功处置西宁“1 · 13”公交车站塌陷等事故。三是强化信息技术支撑。提速“轻骑兵”前突小队和志愿消防速报员队伍建设，海西、海北州 4 县 23 乡 15 村全面完成两支队伍组建，提升极端条件下通信保障能力。修订《青海省灭火与应急救援社会联动工作机制》，消防、公安、应急、气象、地震、供水、通信、医疗等部门建立信息共享、会商研判和协作机制，形成应急救援作战合力。

四、坚持固本强基，健全支撑有力综合保障体系

一是经费保障效能不断提升。全省地方消防经费总量 4. 6 亿元，新增政府专职消防队员专项经费 3260 万元，将消防员招录及政府专职消防队员经费纳入常态化保障机制。出台《青海省消防救援队伍地方消防经费管理实施细则》，人均保障标准大幅提升，在全省范围内实现专项资金定额保障。二是基层基础建设稳步推进。制定“十四五”基础设施建设专项规划，投入 6. 5 亿元用于基础设施建设。全年全省投资 2. 9 亿元开展 73 个基础设施项目建设，完成省级重大灾害装备物资保障二期项目建设，全面打造战勤保障物资储备体系。建成 14 个藏区体能训练馆，改善高寒缺氧环境下指战员生活训练条

件。建立“装备实力动态普查、装备技术服务巡查、采购和库存备购”三项机制，建设基于互联网支撑装备管理信息化系统，精准调度消防救援站装备实力。三是综合保障体系日益完备。消防、航空、铁路、公路等运输部门，加强联动保障，实现力量、物资、装备快速调运，建立“政府统一领导、应急统筹协调、消防主调主战、各方密切协同”应急救援保障体系。按照“模块化调集、机动化运输、机械化装卸”建设要求，建立总队、支队、大队三级信息通信模块化保障模式，开展全省跨区域战勤保障拉动演练。

五、坚持从严治队，打造全面过硬新型队伍

一是建强专职队伍。省五部门联合印发《青海省政府专职消防队伍建设管理办法》，明确专职队伍人员招聘、工资待遇、经费保障、综合待遇等具体内容，逐步构建起以国家综合性消防救援队伍为主力、专职消防队伍为补充、社会救援力量为辅助的队伍格局，全年招录433名政府专职消防员。二是严格队伍管理。省消防救援总队出台队伍安全管理职责规定，严格落实“一岗双责”，排查整治队伍安全稳定“风险点”，构建全方位、立体化安全管理责任体系。制定《青海省消防救援总队车辆主动安全防御系统管理规定》，在全省804辆消防执勤车和行政车安装主动安全防御系统，强化车辆运行全过程监管。三是增强职业荣誉。省17个厅局联合出台消防救援队伍人员优抚优待政策，消防救援人员子女教育、交通出行、生活待遇和落户、工资等政策落地。发放2019年两批新招录481名消防员家庭优待金，17名指战员子女享受入学、升学优待政策，组织110名指战员疗养。省消防救援总队首次参加省委、省政府年度绩效目标考核并获评“优秀”等次，全年6个集体、15名个人获省部级以上奖励。

第三十章 宁夏回族自治区消防救援工作

2020 年，宁夏回族自治区消防救援工作紧紧围绕习近平总书记重要训词精神要求，社会消防治理水平和消防救援队伍实战能力稳步提升，社会面火灾形势保持高度安全稳定。自治区政府连续 3 年获评国务院省级政府安全生产和消防工作考核“优秀”等次，自治区消防救援总队党委被应急管理部评为先进总队党委，总队在年度目标任务考评中被消防救援局评定为“优秀”等次，被自治区人民政府表彰为 2020 年度先进驻宁单位。

一、织密火灾防控体系，压实消防安全责任

一是党委政府高位推动。自治区党委政府把消防工作纳入当地经济社会发展规划，自治区党委书记陈润儿、自治区主席咸辉等领导先后 10 余次听取工作汇报、带队开展检查。自治区政府修订出台《宁夏回族自治区消防安全责任制实施细则（修订稿）》，先后 7 次召开常务会、办公会研究消防工作，全区 193 个乡镇政府、47 个街道办事处全部建立消防安全领导小组。二是行业部门协同推进。自治区消防安全委员会办公室实体化运行，建立定期会商、信息共享、部门联动等机制，定期召开联席会议，通报火灾情况和突出问题，全年 4 次提示督促落实行业监管责任。教育、民政、文旅、文物等部门修订行业系统消防安全标准化管理指南，开展重点行业领域专项治理和联合督导。对 5 地市政府和 24 个消防安全委员会成员单位进行年度消防工作考核巡查。三是主体责任有效压实。社会单位落实消防工作户籍化管理和“三自主两公开一承诺”措施，常态化开展防火巡查检查、火灾隐患整改、消防设施器材维护保养、消防安全教育培训和灭火救援演练，2366 家消防安全重点单位建立健全消防安全组织机构。开展大型商业综合体等 9 类场所消防安全达标创建活动，全区 7 家 10 万平方米以上大型商业综合体全部创建完成。

二、用足火灾防控举措，营造安全稳定环境

一是深入推进“三年行动”。自治区主席咸辉召开会议部署开展消防安全专项整治三年行动，明确教育、民政、文旅等九部门消防治理内容，形成“1+9”治理体系，定期会商研判、联查联办，将三年行动情况纳入自治区年度效能目标考核、政府效能考核、“平安宁夏”建设考核内容，实行“清单化”管理、“项目化”推进。二是集中开展专项整治。自治区政府先后部署开展冬春火灾防控等 10 个专项行动，持续深化打通“生命通道”治理行动，消防、公安部门建立消防车通道联

合执法管理机制，2642个住宅小区和1668个公共建筑完成消防车通道标线施划。开展全区6627栋高层建筑隐患排查，建立问题隐患清单，制定三年整治计划。聘请专家对全区17家5万平方米以上的大型商业综合体会诊把脉，试点推进达标创建。消防、应急部门对全区10个化工企业相对集中区和143家危险化学品企业开展联合督导检查和安全风险等级评估。住建、消防、自然资源等部门联合开展人员密集场所、施工工地彩钢板建筑整治。三是紧盯重点服务保障。自治区消防救援总队在重要节假日和重大活动期间，加大消防监督检查力度，采取错时检查、媒体曝光、严防死守、力量前置等防控措施，加强对不放心场所消防安全管控。结合新冠肺炎疫情防控需要，成立6支专业技术服务队，运用“现场+远程”模式开展涉疫场所“点对点”指导服务，解决问题1600余个。组建240人的防疫洗消行动队，圆满完成疫情隔离点、定点医院等场所洗消、监护任务，保障企业安全复工复产。全年全区消防救援机构共组织检查单位3.9万家，整改隐患2.5万处，全区未发生较大以上火灾，保持消防安全形势稳定。

三、深入推进执法改革，完善监督执法体系

一是完善制度支撑。自治区党委办公厅、政府办公厅出台《关于深化消防执法改革的实施意见》，自治区人大修订《宁夏回族自治区实施〈中华人民共和国消防法〉办法修正案》，编制《农村消防安全技术标准》，完善消防安全法律法规。二是深化监管改革。自治区消防救援总队建立“吹哨人”制度，鼓励群众举报火灾隐患，将消防安全失信行为纳入“互联网+监管”“信用中国”、国家企业信用信息公示系统（宁夏）等信用系统管理。纠正消防行政许可和行政处罚等不规范、不合法问题，排查复检消防执法案卷6.1万份。三是加强火灾调查。自治区消防安全委员会办公室制定《宁夏回族自治区较大以上火灾事故调查处理信息通报和整改措施落实情况评估制度》、自治区消防救援总队制定《关于开展火灾延伸调查强化追责整改的指导意见》，明确火灾延伸调查具体要求，对亡人火灾和重大社会影响火灾开展调查，全年火灾事故原因查明率85%。

四、狠抓宣传教育引导，提高群众安全意识

一是部门联动形成合力。自治区党委宣传部等九部门联合开展消防宣传“五进”工作，自治区教育厅、民政厅、消防救援总队等联合开展“携手参与除火患、建设美丽新宁夏”消防志愿服务宣传活动。将消防安全宣传教育纳入精神文明建设内容，创新开展消防宣传进乡村“三九”工程（依托全区9个入选首批全国乡村旅游重点村，建设9个应急消防科普教育基地，组建9支乡村志愿消防队）。二是加强融入借势发力。开展消防法律法规和消防安全常识普及性宣传，把消防安全培训列入党政干部、公务员和职业技能培训内容，鼓励支持消防培训机构开展消防网络教育。强化消防安全责任人、管理人，消防专兼职人员、消防控制室操作人员、物业保安等8类人群消防安全培训和职业技能资格鉴定，消防设施操作员持证上岗。三是发挥优势扩大影响。加大主流媒体宣传力度，新华社、中央电

视台播出《我的 24 小时都与你有关》等热点新闻，运营《平安 119》《消防微课堂》栏目和微博、微信、抖音、快手、今日头条等 9 大新媒体平台，建成 40 个应急消防科普教育基地，全部实现网上预约，全年开放 1500 余次，受教育人数达到 12 万余人。

五、紧盯打赢制胜目标，提升综合救援能力

一是建强专业力量。着眼高层、化工、水域、山岳、地震、洪涝、森林草原、低温雨雪冰冻等灾害，组建 6 类 32 支典型灾害事故专业救援队伍，通过实战集结拉动、专业训练，锤炼能力素质。完成高空绳索救援技术普训普考，57 名指战员取得国际高空绳索救援技术中级认证资质。开展危险化学品事故处置、绳索救援、水域救援等 6 类专业培训，依托宁东能源化工基地承办全国化工灭火救援技术培训班，编制 31 类基础战法和化工编队基本力量构成指南。二是强化实战练兵。全区各级消防救援队伍广泛开展智能、体能、技能一体化实战练兵活动，制定出台训练奖惩系列文件制度，完成全区 197 名新消防员和 12 名基层高级消防员灭火救援专业职业技能鉴定考核，组织开展 2 次体能对抗比武竞赛。开展“高低大化”、抗洪抢险、高空、山岳和地震救援等全要素实战演练，修订各类灾害事故处置预案 3545 份，开展总队级熟悉演练 25 次、支队级熟悉演练 87 次，制作全区典型重点目标单位数字化仿真模型 39 套。三是强化通信保障。推广“一单一图一视频”（接警单、灾害现场定位图、现场实况视频）和 4G 单兵图传设备到场上线制度，实时掌握警情处置动态，做好消防融合通信系统试点建设工作，申请政务云服务器 24 台，将运营商应急通信保障车辆编入应急通信保障分队，建设城市重大事故和地质性灾害救援两大应急通信系统，提升公网瘫痪情况下的快速反应能力。

六、坚持因地制宜发展，夯实公共消防基础

一是抓实基础规划。自治区党委政府将消防安全基层治理融入完善基层治理体系提高基层治理能力体系内容和《关于推进城镇老旧小区改造工作的实施意见》，将消防事业发展“十四五”规划纳入自治区“十四五”专项规划编制目录清单，将消防公共设施建设纳入国土空间规划编制内容，启动 73 个市、县和乡镇消防规划（专篇）修编工作。二是抓实机制保障。自治区政府批复《宁夏消防救援队伍 2019—2021 年灭火救援装备建设规划》和《宁东能源化工基地灭火救援装备建设三年规划（2019—2021 年）》，明确自治区、各地市和区（县）消防救援装备配备标准和经费保障办法。自治区财政厅和消防救援总队联合印发《宁夏回族自治区消防救援队伍地方消防经费管理办法》，划分自治区本级、市、县财政支出事权与支出责任，建立符合消防职业特点的经费保障机制。三是抓实基础建设。将消防监管事项纳入国家“互联网+监管”系统，建成“智慧消防”物联网远程监控系统，对 791 家火灾高危单位和高层建筑实施消防安全智慧管控。建设消防救援站 6 座，采用“两站合一”或“三站合一”模式建设支队级训练基地和战勤保障基地（大队），夯实公共消防安全基础。

七、坚持“两严两准”标准，锻造全面过硬队伍

一是强化党建引领。制定《关于加强全区消防救援队伍基层党组织标准化规范化建设的指导意见（试行)》，打造基层党组织建设示范点。总队、支队两级机关党委实体化运行，开展学习型、服务型、创新型、实干型机关创建和模范表率政治机关建设活动。二是强化思想引导。坚持政治建队方针，以“践行训词精神，担当神圣使命，坚持五个不动摇”主题教育实践活动为主线，创新开展“政策直通车”“政工夜校”“互动大课堂”和“红门夜读”等活动，举办书记大讲堂6期，开展网络交流3期、讨论交流200余次。制定“两个经常性”工作和队伍心理健康工作指导意见，创建工作试点。三是强化监督执纪。制定全区消防救援队伍党风廉政建设意见，细化落实全面从严治党主体责任清单。制定项目审计工作规定、委托社会中介机构审计管理办法等5项制度，对支队级单位开展全覆盖巡察，完成6个支队级单位领导干部经济责任审计，审计资金11.1亿元，提出意见建议25条。

第三十一章　新疆维吾尔自治区消防救援工作

2020 年，新疆维吾尔自治区消防救援工作坚持以习近平新时代中国特色社会主义思想为指导，紧紧围绕新疆社会稳定和长治久安总目标，坚持守正创新、跨越发展，一手抓应急救援、火灾防控中心任务，一手抓队伍管理、基础建设，确保了全区消防安全形势持续平稳和队伍内部安全稳定。

一、压实防控责任，优化消防安全环境

一是党政主导，健全责任体系。自治区政府先后召开常务会、安全生产会议、消防工作联席会议，研究部署消防安全重点工作和重大事项，印发《关于做好国家综合性消防救援人员优待工作的通知》，优化消防事业改革发展环境。自治区党委政府修订《新疆维吾尔自治区消防条例》，出台《关于深化消防执法改革的实施意见》《消防救援机构消防行政处罚自由裁量权规定（试行）》等 16 部行政规范性文件和地方消防标准，废止规范文件 42 部。二是基础先行，加强消防安全。自治区安全生产委员会印发《关于推进消防救援事业高质量发展的意见》，量化 2020—2021 年重点工作任务。自治区消防工作联席会议编制消防救援事业发展“十四五”规划。各地结合国土空间规划编制，开展城乡和各类园区消防规划修编工作。全区共建成投用 12 座消防救援站，开工建设 3 座消防救援站，新建 1958 个市政消火栓、109 座消防水鹤，投入 2. 4 亿元加强消防装备建设。组建中国救援新疆机动专业支队、17 支化工灭火救援编队和 36 支抗洪抢险救援队，组建“轻骑兵”前突小队和志愿消防速报员队伍，选聘速报员 1608 人、“轻骑兵”294 人。三是靶心治理，防范化解风险。开展消防安全专项整治三年行动，持续开展电气火灾治理、大风天火灾防控、棉花企业消防安全、大型商业综合体自动消防设施建设、打通“生命通道”集中攻坚等系列活动。制定疫情防控期间支持复工复产消防服务六项措施、疫情防控期间消防安全工作指导手册，组建专家组和技术服务组，动态管控涉疫场所消防安全，精准保障企业复工复产和学校开学复课。全年全区各级消防救援机构共检查单位 10. 6 万家，整改火灾隐患 7 万余处。全区 2328 个高层住宅小区、6774 个多层住宅小区以及 1. 1 万个单位完成消防车通道标线施划。四是多措并举，深化宣传教育。消防、教育、民政等部门联合印发《自治区消防宣传“五进”工作实施细则》，推动形成消防宣传教育长效机制。全区 9 个集体和个人获评第五届全国 119 消防先进集体和先进个人。探索“互联网+精准培训”模式，开展“防灾减灾日”“安全生

产月”“中小学生安全教育日”“119 消防宣传月”等系列活动。研发“新疆消防知识培训”微信小程序，累计培训 3520 万人次。积极拓宽媒体宣传渠道，在省级以上主流媒体刊发新闻 1.3 万条（次），自治区消防救援总队微博、抖音等新媒体平台关注人数超 600 万，消防宣传影响力持续扩大。建成县级以上消防科普教育基地 124 个、示范学校 243 所，累计开放 3.6 万次。

二、瞄准实战打赢，提升应急救援能力

一是瞄准打赢制胜，强化执勤备战。消防、应急、气象、地震等部门加强信息共享和协作联动，消防、地震部门联合签订重大地震灾害应急协作备忘录。开展“高低大化”等重点场所全面摸底排查，加强熟悉演练，逐一修订完善数字化预案和“一厂一册”台账资料，开展全要素拉动演练，检验处置对策，优化作战编成。二是紧盯提质强能，突出实战练兵。开展全员岗位练兵活动，规范“总队统筹规划、区域联合比训、属地协同保障”的比训模式，固化体技能对抗、入厂培训、座谈研讨和实战演练 4 项比训交流内容，划分 10 类火灾和地震、洪涝、暴雪等 7 类典型灾害，创编单兵基础科目 12 项、班组技能科目 15 项、站级实战科目 17 项。统筹划分 7 个协作区，组织总队级跨区域实战演练 8 次，支队级演练 172 次，站级演练 11200 次。举办专业技能培训班 16 期，业务骨干培训班 36 期，培训各层级指战员 4000 余人。开展战训大讲堂、典型案例复盘、战例研讨 77 次，健全与“全灾种、大应急”体系相适应的训练模式。三是补齐能力短板，强化专业建队。抓牢“国家地震救援新疆大队+自治区级综合救援队+地州市灾害事故处置专业编队”三级专业队伍建设，优化 8 支重型、15 支轻型地震救援队力量，重点监测区 36 座消防救援站均组建不少于 8 人的地震救援先遣队。组建 9 支重型、7 支轻型化工灭火救援编队，并同步指导规模以上企业专职队组建 6 支重型、4 支轻型化工灭火救援编队和 13 个作战单元。组建 1 支总队级、8 支支队级、38 支站级低温雨雪冰冻灾害救援专业队。四是着眼救援实际，提升战保能力。修订完善地震救援战勤保障预案，强化各类地震救援战勤保障车辆装备操作训练，累计开展战勤保障实战拉动演练 42 次。制定应急通信专业训练计划，充分发挥师资骨干力量，开展信通岗位月度轮训 5 次。实行“主副班+指挥专班”“日常值班+遂行作战”工作模式，建立“直调直报、前突通信、跨区域增援、联勤联动”4 项机制，常态化开展实兵实装实训、无预案拉动演练 12 次。

三、坚持铸魂塑形，夯实队伍稳定基础

一是坚持首位首抓，铸牢忠诚队魂。扎实开展“践行训词精神，担当神圣使命，坚持五个不动摇”主题教育实践活动，建立健全精准研判、整体联动、网上网下、风采展示、联席会商、跟踪督导工作机制。深化向九江支队和陈陆同志学习等 7 个专题教育与教育实践，依托主官“大讲堂”、基层“微课堂”、网络“云课堂”，建立健全“网上+网下”立体教育模式，开展“百名书记上党课”149 次，举办知识竞赛、文艺演出、参观见学等活动 280 余次，专题研讨 360 余次。二是紧

盯重大任务，跟进思想工作。面对新冠肺炎疫情反复的实际，在隔离前置点成立临时党支部 7 个，临时党小组 6 个，制定疫情防控攻坚战正面激励“八项措施”，举行誓师会、出征仪式 18 次，党员先锋队、青年突击队授旗仪式 35 次，组织签订军令状、承诺书，手写请战书、决心书，激励全体参战指战员进入战时状态、提升打赢信心。加大战时表彰力度，深入开展抗疫先锋评比和火线立功、火线入党活动，先后评选“党员先锋岗”“党员先锋车”“抗疫先锋”37 人，确保队伍始终保持最硬作风、最佳状态、最强战力。三是加强典型培树，激发正向能量。坚持以典型为引领，建立涵盖 15 个单位、25 名个人在内的全区先进典型库，逐人建立电子档案。9 个集体和个人获评第五届全国 119 消防先进集体和先进个人，“基于 4G 网络图传消防头盔”科研项目获评消防救援局技术革新奖，“消防车与水泥泵车联用接口”项目获评教育实践活动创新成果优秀奖。全年全区消防救援队伍共 36 个单位、52 名个人获市级以上表彰。

四、打牢基层基础，增强队伍发展后劲

全区投入消防业务经费 6. 3 亿元，出台《新疆维吾尔自治区消防救援队伍经费管理暂行规定》，进一步建立健全经费保障机制。自治区各级政府投入 2. 4 亿元开工建设消防救援站 18 座，同比增长 63. 6%，完成 16 座在建消防救援站建设。投入 3500 万元筹建机动专业支队仓房沟营区，投入 5628 万元建设体能训练馆 17 座。投入 2135 万元新建备勤公寓 91 套，备勤公寓总数达到 1570 套。落实灭火救援车辆装备建设经费 2. 4 亿元，购置各类应急救援车辆 85 辆，器材装备 5. 6 万件（套），加大高层建筑、大型商业综合体等火灾和地震、水域、雪灾等自然灾害专业救援队特种装备和战勤保障车辆配备力度。

第 三 篇

训练总队、研究所、评定中心 工 作 综 述

第一章　天津训练总队工作综述

2020年，天津训练总队以习近平新时代中国特色社会主义思想为指导，坚决贯彻落实应急管理部和消防救援局决策部署，先后承办2期支队级副职干部培训班、1期宣传处长培训班和4期经费资产决算培训班，完成应急管理部、消防救援局干部公选考核保障和应急管理部课题研究组保障任务，获评年度安全工作先进总队。

一、教育培训改革有序推进

研究制定支队级指挥员教育培训大纲，初步构建基础课与专业课、必修课与选修课、理论课与实践课相结合的课程体系。培训期间，安排专人跟班听课，每周召开教学管理分析会，及时调整课程。在支队级副职干部培训中，邀请南开大学马克思主义学院7名教授组成教学团队，系统解读习近平新时代中国特色社会主义思想。把灭火救援业务教学作为重点教学内容，重点讲授类型灾害事故处置技战术、灭火救援组织指挥等。以空气呼吸器使用、现场医疗急救和消防员职业体能训练为突破口，创新体验式实操训练模式，让学员体验训练过程，提升发现基层问题、协助解决问题的能力。推行现场教学、模拟教学、案例教学、研讨式教学、体验式教学、参观见学、课题研究等多种方法，把前瞻思维理念、鲜活案例战例、先进技术手段融入教育培训。研究制定摸底测试、随堂测评、结业考试和日常管理考评相结合的考核办法，将数字化思维贯穿培训全过程，为学员建立培训档案，为研训、议训提供资料和数据。

二、内部潜力挖掘初见效果

将岗位练兵作为一项打基础、管长远、求突破的重要任务，在支队级副职干部培训中有5名干部走上讲台授课，遴选25名消防员，组建示教分队，保障体验式实操教学。制作消防员职业体能训练、空气呼吸器使用、现场医疗急救等课程教学短片，在总队微信、抖音等公众号发布。派出多名业务骨干，参加地震救援能力测评教练员培训班、化工灭火救援技术培训班、应急通信队伍师资骨干培训班、绳索救援技术培训班、灭火救援战例研讨班等，在教学培训中固化培训成果。

三、管理服务保障不断加强

制定支队级干部培训班管理规定和量化管理实施细则，建立全程封闭、全程禁酒、全程量化考核、全程淘汰和全程跟班评学“五个全程”管理机制。加大经费投入力度，对营区环境进行绿化、美化、亮化，优化升级学员住宿、就餐、医疗、网络等生活服务设施，完成第二教学楼研讨室信息化改造和烟热训练馆升级改造，有序推进第一教学楼阶梯教室、综合训练楼、体能训练馆、游泳训练馆等升级改造。全年完成和推进27个项目建设，跟进审计项目总金额4524.2万元。成立保密委员会、安全委员会、信访工作领导小组等机构，制修订各类规章制度28项。

四、党建队建发展势头良好

完成巡察整改任务，开展党的建设“灯下黑”问题专项整治，加强思想教育和理论武装，严肃党内政治生活。开展以“八查八看八整顿”为主要内容的纪律作风集中强化教育整顿活动，深化“践行训词精神，担当神圣使命，坚持五个不动摇”主题教育实践活动，深入学习贯彻习近平总书记重要训词精神和党的十九届五中全会精神。完成干部落编任职工作，从各总队选调两批共15名干部，从地方高等院校招录5名大学生干部。

第二章　南京训练总队工作综述

2020 年，南京训练总队立足新职能新定位，坚持以习近平总书记重要训词精神为指引，紧紧把握中高级消防员培养和消防救援专业人才培训两个基本盘，全面推进“培训、鉴定、科研、备战”一体化发展。总队党委班子获评“优秀”等次，总队获评年度安全工作先进总队，在江苏省服务高质量发展考核中获评“优秀”等次。

一、紧扣中心任务，实现教育培训体系初步转型升级

一是探索“研训合一”工作模式。聚焦转型发展，建立健全教研室与训练大队融合发展机制，组建 6 个研训大队。健全联合办公、对口指导、年度抓总、议研议训等制度，整合内部资源，释放机构编制效能。二是构建专业引领项目体系。着眼“全灾种、大应急”要求，成立专班开发一批培训大纲、教材讲义、应用操法、实训台架、设备模型，拓展森林火灾扑救、气象和地质灾害救援、水域救援等培训项目，创建管理教育、组训施训、初战指挥等 6 大培训模块和 125 个教学实训科目，初步构建适应岗位需要、突出实战运用的专业科目体系，满足队伍对消防长、站长助理、应急通信师资骨干等 8 类培训对象的培训需求。全年开办培训 11 期，培养输送业务骨干和专业人才 2200 余名。三是建立实战导向培训模式。健全组训施训、知识讲授和现场实操相结合的培训模式，制定理论+案例、操场+现场、实操+测试、全天候+全地形、全流程+全要素等实战实训方法，培塑学员专业知识、专业能力和专业精神，推动教育培训模式重构重建，实现授课模式从基础理论知识的课堂教学向以实操实训为主导的班组化培训转变，课堂规模从 50~100 人的大班向 10~20 人小班转变，课时结构由 8∶2 的基础教学与技能训练向 2∶8 的专业理论讲座与实操实训实演转变。

二、扛牢主体责任，实现职业技能鉴定整合优化重塑

一是拓展职能，强化综合竞争力。在承担消防员职业技能鉴定基础上，拓展社会面消防设施操作员职业技能鉴定，实施全国消防行业职业技能鉴定“一盘棋”“一张网”建设工作，担负队伍内外两方面鉴定整合优化重塑的重任。与中国消防协会沟通对接，妥善做好消防设施操作员职业技能鉴定的职能交接，短期内完成全国各省约 118 万份答题卡和试卷复核、7.3 万份欠证核发等历史遗留工作。二是编制标准，增强工作引领力。制定鉴定工作组织流程、理论机考实施规程、技能考核评分标准、鉴定站建设标准和评估验收实施办法等一整套制度标准，修编理论知识题库，建立健全消防行业职业技能鉴定标准体系。承办消防行业职业技能鉴定工作部署会和全国消防行业鉴定考评员培训班，扎实推动新标准体系落地落实和消防

行业职业技能鉴定重启。三是重构体系，提升行业影响力。开展消防设施操作员鉴定站升级改造，新增电气火灾监控、可燃气体探测报警等4套系统，对防烟排烟、消火栓等5套系统进行智能化改造，为全国消防鉴定站建设打造样板。成立研发团队，开发消防行业职业技能鉴定一体化业务系统。

三、实施科研兴训，实现“训、研、鉴、战”深度融合互促

一是增强虚拟仿真实训实力。以灭火救援训练“一揽子”26个项目为牵引，牢固立起“研为训、研为鉴、研为战”的科研工作导向，依托VR虚拟现实、AI人工智能等新一代数字信息技术，改造升级烟热、危险化学品事故处置等模拟训练设施，研发车载消防泵、救援工程机械消防作业、卫星便携站等虚拟仿真系统，并获得软件著作权证书。“消防救援培训与鉴定虚拟仿真训练系统”项目获评消防救援局创新成果一等奖。二是提升科研项目水平。推进“石油化工储罐实战化训练平台”等3个局级科研项目研发，储备9个总队级科研项目。邀请行业专家评审信息化建设规划方案，部署启动无人机实训室和灾害现场影像采编实训室建设，完成无线网络全营区覆盖和监控系统全方位改造。与上海消防研究所、沈阳消防研究所签订战略合作框架协议，拟定消防设施虚拟仿真训练系统、消防职业技能鉴定智能考核系统、消防设施操作员系列教材及题库建设等3个首批合作项目。与南京大学等地方高校建立科研合作机制，与徐工集团等企事业单位建立实训基地。

四、坚持为战育人，实现训战相促、训战相长、训战合一

一是夯实备战工作基础。把解决“训战脱节”问题作为首要任务，在改革政策框架内，依托教勤保障大队和研训大队，构建“1+6”实战实训平台，按照“平时是教练员、研究员，战时是指挥员、战斗员”的备战理念，编制应急救援预案，将全员不分建制单位、不分岗位层级，按专业编入水域、山岳、地震等专业救援队和保障队。对标“五个不动摇”要求，全员参与值班执勤、应急分队24小时驻勤备战、专业队24小时轮执值守，构建起符合备战实战要求的工作模式。对接江苏总队和社会保障单位，建立区域消防救援力量联训联战、信息互联互通和资源共享等工作机制，积极融入消防救援作战力量体系。二是提升实战实训能力。建设绳索救援技术、车辆事故处置、化学事故救援、应急通信保障、重型机械工程救援和战勤保障等6支专业队。组建应急分队，接入江苏消防作战指挥调度网，协助承担周边片区灭火救援任务，全年共接警出动17起，出动指战员275人次，消防车50辆次，营救疏散人员4人，保护财产价值500余万元。防汛救灾期间，受消防救援局紧急调派，整建制出动300余人，转战安徽淮南、六安两市四地，历时28天完成抗洪抢险任务。三是强化战备物资保障能力。建成占地750平方米的应急物资库，实现装备物资管理更加制度化、规范化、精细化。新配置灭火、救援、抗洪抢险装备2000余件（套），现有装备器材1万余件（套），基本满足日常训练和小规模单一灾种跨区域增援需求。

五、坚持政治建队，凝聚转型发展合力和后劲

一是坚持从严治党。制定《党风廉政建设意见》《落实全面从严治党主体责任清单》，进一步拧紧从严管党责任链条。落实党委“议廉议审”制度，专题研究党风廉政建设工作2次，明确17项年度党风廉政建设工作任务。二是加快巡视整改。贯彻落实巡视整改部署要求，先后召开专题党委会2次、推进会3次，细化分解整改任务31条，汇总自查自摆问题61项，确定整改措施89条。三是狠抓日常监管。开展警示教育会、违纪案件通报会、集体廉政谈话会等廉政教育，筑牢指战员廉政思想防线。强化8小时外以及“黄赌毒、人车酒、网密贷”等重点环节督管，部署开展涉赌涉贷专项整治，3轮现场督察160余人次。出台《廉政风险评估办法》，强化全区域廉政监督，建立廉政风险信息库，制定审计工作规程，对器材装备采购和工程建设等49个项目进行重点环节审计，提出意见建议280余条，节约资金1600余万元。严格落实安全形势分析和风险评估制度，狠抓重点环节、重点领域、重点群体、重点部位安全管控措施落实，连续17年实现安全无事故。

第三章　昆明训练总队工作综述

2020 年，是昆明训练总队以崭新编制、崭新形象开启崭新征程的“奋进元年”。一年来，训练总队作为一支因改革而生的队伍，紧紧围绕“建设质量过硬、特色鲜明、国内领先、国际一流的大国消防训练总队”工作目标，坚持精准抓建、守正创新，大力加强领导班子、过硬队伍和基层基础建设，高质量谋发展、抓培训、强保障，高效完成各项职能任务。总队 1 个集体获评“中央和国家机关五四红旗团支部”、1 名个人获评“中央和国家机关优秀共青团干部”。

一、坚持党建引领，凝聚转型发展工作合力

严格执行党委议事规则，全年召开党委会 21 次，研究重大事项 113 个，在新编制、新征程的初期阶段，为总队发展把舵领航、破题攻坚。深入开展“践行训词精神，担当神圣使命，坚持五个不动摇”主题教育实践活动，全年开展集中学习 12 次，专题研讨交流 4 次，辅导授课 10 次。深入开展机关党建“灯下黑”专项整治，排查问题 44 个，制定整改措施 57 项。加强基层党建和群团工作，成立机关党委和 38 个党支部、团委和 12 个团支部，组织 50 名党务工作者开展集训。出台党支部结对共建实施方案，与地方党建工作示范单位联合推动“智慧党建”项目。

二、围绕中心主业，开启教学实战崭新模式

立足主责创新教学方法，大力构建“教、研、训、战”一体化的教育训练模式，探索实施线上教育，组建教师、管理干部、学员、家长联动的教学班级群 58 个，64 名教师完成 4 个专业 23 门课程，共计 1 万余学时的网上教学任务，878 名学员顺利毕业，全员通过国家行政能力测试。编写干部初任人才培养方案和培训大纲，优化课程设置，新编初任培训教材 8 本，组建新训支队、成立临时党委，圆满完成首批 922 名国家综合性消防救援队伍初任职干部培训工作。完成“消防无人机集群作战系统研究”“消防员智能训练和测评模拟仿真系统的研制”2 项消防救援局级科研项目和 40 个总队级教改项目立项申报，发表学术论文 61 篇，获得实用新型专利 4 项、软件著作权 1 项，出版教材 2 部、论著 1 部，消防救援队伍创新成果“水域救援‘教—训—战’一体化人才培养体系研究与实践”项目获评优秀奖。组建 5 支机动救援专业队伍，调派 7 车 43 人参与云南省“担当-2020”地震救援跨区域实战演练，派员赴江西、安徽参加抗洪抢险救援，参加 2020 年“绳命”绳索救援交流赛、首届“云上”山岳救援技术交流会，举办危险化学品事故处置技术、绳索救援技术、车辆理论及操作、装备器材及操作、消防应急通信等集

中培训，锤炼实战能力，提升业务水平。

三、聚焦提质强能，实现队伍体制机制重塑

组建专班编制总队五年发展规划、人才培养体系建设规划和转型升级工作方案，修订完善 4 类 58 项规章制度。按照实战需求，设置 10 个处室、12 个大队和 16 个专业教研室，在全国范围内征求意见建议，调整部分教研室职能、名称，明确学术研究方向、教学模式，满足“全灾种、大应急”形势任务需要。组织 13 个调研组共 102 人次，赴 30 家单位开展专题调研，撰写调研文章 66 篇。组织精干力量参加各类专业培训 20 场次，应急处突和教学组训能力不断提升。云南省委、省政府将总队纳入云南省应急救援保障体系，与南方航空护林总站等 12 家单位签订战略合作协议，深化与驻滇相关单位深度交流，形成优势互补、资源共享、融合发展的格局。

四、狠抓人才建设，积蓄队伍长远发展动能

制定人才队伍建设意见，通过有步骤有计划培养、多岗位多角色磨炼和重大活动任务历练，塑造信念坚定、本领过硬、素质全面的优秀指战员。全年选派挂职锻炼干部 2 名、援藏干部 1 名，推荐 13 名干部参加在职学习深造，组织 63 名干部参加各类培训，为年轻干部创造成长进步空间，搭建施展才华平台。全年选拔任用 13 名支队级副职干部，先后 3 次调整配备干部 270 名，分 10 个岗位开展专业技能练兵活动，做到人岗相适、令位相符，晋升高级专业技术职务 10 人，现有高级专业技术职务 33 人，77 名专业技术干部提职改任，干部队伍结构得到优化。发放调查问卷 2000 份，开展 4 次思想摸排，对接中国消防救援学院和 16 个省、自治区、直辖市消防救援总队，完成 83 名干部选调分流。

五、强化规范建队，确保队伍高度安全稳定

严格执行“两严两准”建队要求，做好新冠肺炎疫情防控，研究制定防控方案，发出倡议书、动员令，2603 名指战员服从命令、听从指挥，滞留湖北指战员响应号召投入抗疫一线，完成 2020 届毕业学员返昆归建和 922 名新训干部防疫工作，实现“零疑似、零确诊”。开展集中教育整训，成立安全保密委员会，出台安全管理制度措施 10 项，召开安全形势分析会 2 次，开展“改革创新谋发展、正风肃纪守规矩、提升能力上水平”三大系统工程，强化风险隐患动态排查，严格规范“四个秩序”，全力稳住队伍安全管控“基本盘”，实现队伍高度安全稳定。推进巡视问题整改，坚持党委、纪委、主官、班子成员“四责协同”、一体推进，所有问题全部对照整改、挂号销账。紧盯选人用人、装备采购、信息化建设、后勤财经等敏感环节，开展内部交叉巡察，自查自摆问题 35 个，制定整改措施 55 条，全面从严正风肃纪。

六、持续夯实基础，提高精准服务保障水平

云南省政府投资 1300 万元用于营区内外路网和营区建设升级，建成专属消防通道。开展招标采购项目 38 个，改造指挥中心、红门影院，建设“两室一站”，打造良好工作、生活和培训环境。开展汛

期防洪工程建设，修缮滑坡、塌方隐患区域 1.2 万平方米，回填土方 1.3 万立方米，浇筑挡土墙 254 米，新建排水管网 581 米，解决了排水不畅、山体滑坡、水土流失等安全隐患。核算发放 1653 名消防指战员转业费、住房补贴等经费，释放改革红利。成立耗材管理中心，实行一体化保障，提升综合服务水平。推进固定资产正规化、信息化管理，逐一进行账物核对、粘贴条码、登记造册，清理盘亏资产 1830 余件（套），挽回损失价值 181.7 万元。

第四章　天津消防研究所工作综述

2020年，应急管理部天津消防研究所聚焦建筑防火、高效灭火、火场调查、标准规范、感知预警、消防大数据以及新能源火灾防治等重点领域发力攻关，增强自主创新能力，加快科技成果转化，开启建设一流战略研究所的崭新征程。获得各级别奖项60余项，其中省部级科普类奖励14项，获得“全国科普工作先进工作者”“第五届全国119消防先进个人”等荣誉。

一、党建引领，高站位推进院所治理

深入学习贯彻党的十九大和十九届四中、五中全会精神，找准战略研究所新定位，建立“师傅带徒弟”和“科研检测融合发展”机制，编制研究所战略发展规划和“十四五”人才建设发展规划。开展党风廉政建设专项行动，实现巡察问题全部销号，修复政治生态。开展“科技英才”“突出贡献团队”“科技创新奖励”等评选，启动第二届“金点子”征集，获评“天津市文明单位”。

二、聚焦主业，高质量提升创新能力

全年承担科研项目137项，标准项目79项，新增消防救援局级以上项目19项、基科费项目43项，新增标准（规范）项目36项。完成项目（课题）验收14项、成果登记22项，报批标准（规范）17项，授权专利36项，发表学术科研论文107篇。获消防救援局科技创新奖、中国消防协会科学技术创新奖等60余项。8项成果入选2020年度消防救援局成果推广目录，“手持式有机液体危险化学品泄漏应急处置装置”和“压缩空气泡沫灭火剂”2项成果入选消防救援局试点应用计划，促成各级队伍采购局目录成果85批次。研制的压缩空气泡沫系列灭火装备、主动启动自动喷水灭火产品、自行走式智能消防炮等，有效提高大跨度空间、石油化工、特高压输电等领域火灾防控水平。研发的“火察”视频系统、“火眼”系统、抗结冰防护服和VR火场求生训练体验系统等成果在20多个省份示范应用。中央投资计划项目“建筑消防设施智能监测及可靠性实验平台”建设取得新突破。牵头编制消防工作“十四五”发展规划6个专题，提交项目建议论证报告26项。参与编制应急管理中长期规划，提交4项重点项目论证报告、1项规划建议和34项装备研发需求。

三、提质强能，高标准支撑实战需求

建成火灾与警情风险监测预警研判系统，定期分析研判全国火情。完成“7·22”埃塞俄比亚货机火灾和“8·27”国航客机火灾等物证鉴定1700余项，参与“3·19”五台山风景区森林火灾、“10·1”台骀山景区火灾等火场调查近百起，组织火调技术培训1200人次。参编《火灾调查培训教材》《建筑防火通用规范》《消防设施通用规范》和《可燃物储罐、装置及堆场防火通用规范》，编制《医疗机构常见消毒剂储存消防安全指引》，为防疫定点医疗机构和集中隔离点消防安全提供支撑。

四、竭诚为民，高效能服务社会发展

完成检测任务 1240 余项、发放认证证书 1813 张，推出检测认证业务“便民利企六项措施”，启动“提质增效专项行”，走访近 20 个省份、600 余家企业。全年减免检测、认证费用 3440 余万元，免收湖北企业检测费 680 余万元。经第三方测评，窗口单位满意度达 99% 以上。建成国际首套泡沫灭火剂微量 PFOS 类物质测试平台，在斯德哥尔摩公约缔约方大会上围绕 PFOS 替代问题成功维护我国权益。承办“119”全国消防科技成果展等央视新媒体直播，发布原创科普作品 50 余项，受众突破 1.2 亿人。获得全国优秀消防科普宣传教育作品一等奖等省部级荣誉 14 项。

五、开放办所，高水平打造创新高地

同天津训练总队、中国消防救援学院、国家超算天津中心、华为技术有限公司等 10 余家单位签署战略合作协议。承办第一届火灾调查专家组暨全国火灾调查技术学术工作委员会成立会议。派员赴森林消防局、各地消防救援总队、高等院校等走访调研数十次，挖掘一线需求和科技创新点。成立国外科技动态信息搜集工作专班，追踪国外消防科技前沿动态。同国家电网、市场监管总局、三峡集团等开展合作项目数十项。

第五章　上海消防研究所工作综述

2020年，应急管理部上海消防研究所坚持以习近平新时代中国特色社会主义思想为指引，守正创新、开拓进取，全面完成既定目标任务，为消防救援科技工作新发展作出应有贡献。

一、全面加强党的领导

围绕“为民、服务、务实、创新”的工作理念，形成党委统一领导、班子成员齐抓共管、政工部门组织协调、党支部和业务部门分工负责的意识形态工作机制。全所干部职工思想统一、斗志昂扬，齐心协力推动主责主业迈上新台阶。

二、助力各级规划编制

参与编制国家《工程类自然灾害防治技术装备规划》，提交《自然灾害防治技术装备项目建议》。在应急管理部科技和信息化司、教育训练司组织下，牵头或参与编制《应急管理装备发展战略规划》《全国消防救援和森林消防人员编制配备方案》《应急管理部中长期科技发展规划》等。参与编制《消防工作“十四五”规划》《森林消防装备现代化工程规划》等。

三、服务疫情防控大局

在疫情初期紧急研发多功能防疫防雨执勤服，并捐赠湖北、上海消防救援总队及上海、山东援鄂医疗队，全年向20余个总队提供近3万件。与上海市消防救援总队合作组建“消防救援心理抗疫队”，为疫情期间消防救援人员提供心理健康服务4000余人次。积极响应中央“六稳”“六保”政策号召，加大湖北籍消防企业检验费用减免力度，支持相关企业复工复产。

四、重大科研项目成果斐然

牵头承担的“十三五”国家重点研发计划2016年度项目顺利通过科技部绩效评价，2017年度项目完成课题验收，2018年度项目通过中期检查。全年完成科研项目22项，授权专利16项，获得软件著作权19项，发表论文45篇，出版专著3部。获评中国标准创新贡献三等奖1项、上海市科技进步三等奖1项。

五、检验物证工作再创佳绩

全年受理产品检验任务1.2万份，完成工厂检查任务2000余项，为消防救援队伍提供产品质量监督抽查检验服务1660余批次、火灾物证鉴定服务600余次，参加重大或亡人火灾现场勘验26起。

第六章　沈阳消防研究所工作综述

2020 年，应急管理部沈阳消防研究所深入学习贯彻习近平总书记重要训词精神，主动融入国家发展战略和应急管理事业大局，着力实施创新驱动发展战略，努力提升消防救援科研能力建设，较好完成疫情防控、科研、检验、成果转化、职能和企业管理等工作。

一、聚焦主责主业，科研工作成果丰硕

将 153 项科研和标准项目列入年度计划，其中国家科技基础性工作专项项目 1 项，国家重点研发计划课题 6 项、子课题 6 项，辽宁省科技计划项目 6 项，广东省科技计划项目 1 项，消防救援局科技计划项目 18 项，消防救援局科技成果试点应用项目 7 项，标准和规范制修订项目 63 项。“基于 NB-IOT（窄带物联网）的高层住宅智能火灾预警系统研发”等 5 项消防救援局重点攻关计划项目通过绩效评价。完成“智能可穿戴式火灾现场勘验辅助决策系统”关键技术研发和示范等 29 项。获评辽宁省科技进步二等奖 1 项、消防救援局科技奖 3 项、中国专利奖 1 项、金桥奖 1 项、中国消防协会科技创新奖 2 项。共取得专利 14 项、软件著作权 25 项、作品著作权 4 项，在国家正式刊物和学术会议共发表论文 38 篇。

二、响应改革要求，检验工作持续加强

受理、审核产品技术资料 1 万余批次，下达检验任务通知单 9800 余份，出具检验报告 7573 份。分派工厂检查任务 2064 个，管理完成检查数达 2450 人（日），完成文审检查任务 1063 项。在抗击新型冠状病毒期间，对所有消防产品生产企业实行检验费用缓收和适当减免政策，对湖北省内复工复产的消防产品生产企业免收检验检测费用，对其他省（自治区、直辖市）减免 20% 检验检测费用，合计减免检验费 820 余万元。

三、紧贴实战需求，大力推进科技成果转化

7 项科技成果列入 2020 年度消防科技成果推广目录，3 项成果列入消防救援局 2020 年消防科技成果试点应用计划，在全国 31 个消防救援总队试用。“消防宽窄带融合通信系统”等 4 项科技成果在全国 31 个总队进行试用，“窄带物联网智能火灾预警系统”在火神山医院、湖北鄂州防疫应急医院、山东日照人民医院等多地“小汤山”模式医院病房安装。“消防生命通道监测预警系统”在沈阳市试点应用，全流程实现违停车辆自动识别、信息推送、挪车提醒、隐患处置功能。“地铁车辆火灾探测及灭火优化集成系统”在沈阳 78 列 468 节地铁车辆上安

装应用，系统中的细水雾灭火系统在沈阳超过3000辆公交汽车上得到推广应用。“火灾现场电气熔落物分选机”在10余个消防救援总队推广应用。为全国各省（自治区、直辖市）共118个消防救援支队、大队配备“消防员个人照明装备”1005件。

第七章　四川消防研究所工作综述

2020 年，应急管理部四川消防研究所聚力科技攻坚、服务社会消防、深化技术引领，科研创新取得新进展，检测认证取得新提升，助力消防工作彰显新作为，企业发展取得新成效，队伍建设呈现新面貌。

一、抓好主责主业，大力推进科研工作

一是当好科技先锋。全年申报立项 19 项，其中国家项目 2 项，省部级项目 1 项，消防救援局项目 1 项。联合申报的国家重点研发计划“重点基础材料技术提升与产业化”、重点专项项目“耐高温无卤阻燃抑烟隔热弹性材料的制备与应用”获立项，并承担其中 1 项课题。获批四川省重点项目“基于多源影像的堰塞湖导流辅助信息提取技术”“高效抗复燃森林火灾隔离技术及灭火装备研发”，在自然灾害救援领域拓展方面取得实质性进展。二是强化创新驱动。加强与消防救援队伍合作，4 项装备类成果获消防救援局消防科研成果试点应用工作计划立项，相关装备配发全国 31 个总队试点应用，派员参与危险化学品企业安全督导和地方消防安全隐患排查工作。与昆明训练总队签署战略合作协议，为下一步“队所”实质性合作打下基础。烟气与火蔓延控制技术创新团队通过应急管理部组织的专家推荐评审。三是加强平台建设。开展“防火阻燃技术应急管理部重点实验室”申报工作。全年共获消防救援局技术创新奖三等奖 1 项，获中国消防协会科学技术创新奖一等奖、三等奖各 1 项；申请专利并获授权 46 项。发表论文（其中 EI 收录 9 篇，SCI 收录 1 篇）和参编专著近 50 篇。

二、聚焦公共安全，加强服务消防中心工作

一是扎实开展检验认证。全年共受理 4600 余家企业、12646 个产品的检验任务，出具检验报告 10858 份。现场抽样 590 余家企业，出具标识证书 596 份。完成工厂检查任务 1321 个，其中监督检查 829 个，完成文审任务 935 个。二是高效履行社会责任。全力推动企业复工复产，为 2500 余家企业减免费用共 2500 余万元（其中湖北企业 400 家，免收检验费用 350 余万元）。支持企业技术创新和成果推广，召开安全玻璃、防火/耐火门窗幕墙系统、住宅通风系统标准等一系列技术宣贯会。三是稳步推进物证鉴定。共接收消防救援部门送检 790 余起，司法鉴定委托 4 起，技术服务 14 起。积极参与火灾原因调查，派出 50 余人次赴西昌“3 · 30”森林火灾等 30 个火场开展现场勘验工作。应用火灾现场超高速三维激光扫描仪获得火灾现场数据，建立远程人机交互机制。为广东省消防救援总队和佛山市消防救援支队 2 批次 38 人次提供培训服务。

三、加强内部管理，助力科研检测工作任务

贯彻落实应急管理部相关管理规定，努力提升服务效能，为全所各项工作顺利开展提供有力保障。注重加强疫情防控，筑牢疫情防控内部防线。注重加强制度建设，循序渐进优化内控管理。注重加强人才队伍，持续优化人才服务。注重加强财务管理，贯彻落实中央“过紧日子”决策部署。注重加强自身建设，提高科研成果转化能力。

第八章　消防产品合格评定中心工作综述

2020年，应急管理部消防产品合格评定中心坚决贯彻落实习近平总书记重要训词精神，在抗击新冠肺炎疫情、深化消防产品市场准入制度改革、推进“放管服”措施落实、保障消防产品质量安全、促进科技成果转化等方面取得较好成效，各项工作持续稳定发展。

一、坚持党的全面领导，强化政治定力抓好工作统领

消防救援局党委批复中心党委、纪委成立后，中心党委结合巩固深化习近平总书记重要训词精神活动，认真组织开展政治理论学习教育、专题党日活动。全年上报贯彻落实情况、重大事项等报告共13篇。全力以赴助力企业复工复产，出台免除湖北地区全部消防产品生产企业的认证费用，免除国内生产重要防疫物资、为抗疫定点医院提供各类服务的消防产品生产企业全部认证费用等多项措施，助力国内企业复工复产。

二、持之以恒正风肃纪，深入推动廉洁工作有效落实

一是强化履行党风廉政建设主体责任。每周开展警示教育学习和警示提醒，每半年组织领导干部关键岗位人员向全体职工述职述廉、开展评议评价。进一步压实党委主体责任，增强领导干部履行“一岗双责”思想自觉和行动自觉，规范权力运行。二是扎实推进审计监督全面覆盖。强化对领导干部权力监督，凡属人事、劳资、预算、信息化建设、科研经费使用等重大事宜，全部经中心党委集体研究、民主决策后实施。重大技术决定，均由技术评定委员会集体研究作出。三是深入执行廉洁执业制度。坚持制度管人，深化“双随机、一公开”工作模式，指导各分包机构严格遵循廉洁从业制度要求，将“双随机、一公开”方式拓展至其承担的审核、检查工作，效果良好。四是致力提高企业满意度。坚持委托第三方调研机构，针对“认证受理、工厂检查、信息服务、财务收费”等重点领域持续开展满意度调查。中心业务系统“好差评”系统共收集8152份企业评价意见，好评率99.9%。

三、坚持质量为先，深化消防产品市场准入制度改革

根据党中央、国务院关于深化消防执法改革的决策部署，受国家认证监管部门委托，制定公众聚集场所及住宅使用的火灾报警器、灭火器、疏散及逃生产品的强制性认证实施规则，并于2020年12月1日颁布实施。坚持“放管服”改革要求，实施云平台工厂检查“阳光工程”，强力推行“先证后查”，为消防产品生产企业

减负3000余万元。全年，共受理各类认证委托45916项，签订服务合同11268份，共发放中国强制性产品认证证书6983张、技术鉴定证书141张、自愿性证书28775张。在强化监督管理方面，依法依规暂停存在质量问题的539家企业认证证书2275张，撤销38家企业认证证书49张，有效净化消防产品市场。

四、加快成果转化，高质量推进科技研究产品开发

加速推进科研与成果转化，“超高层建筑及森林火灾无人机集群协同灭火关键技术研究”项目取得重大突破，完成火灾现场“黑匣子”数据采集装置研制工作。主编的消防救援行业标准《灭火剂及防火阻燃产品快速检定要求》(XF/T 3006—2020）公布实施，国际合作项目“中国PFOS优先行业削减与淘汰——消防行业项目”进展顺利，《泡沫灭火剂PFOS物质检定方法》通过审定，环境友好型泡沫灭火剂新技术成果获国际权威部门认可并批量投产。完成一级注册消防工程师资格考试命题规划编制、辅导教材出版、试题拟定以及30余万份考卷的阅卷工作。

第 四 篇

有关消防救援工作的重要文件资料

关于印发医疗机构消防安全管理九项规定（2020年版）的通知

（国卫办发〔2020〕1号）

各省、自治区、直辖市及新疆生产建设兵团卫生健康委、应急管理厅（局）、中医药管理局，各省、自治区、直辖市消防救援总队，国家卫生健康委机关各司局，委直属和联系单位，委属（管）医院，国家中医药管理局直属和联系单位、局属（管）医院：

为深入贯彻落实党中央、国务院领导同志关于消防工作的一系列指示批示精神及消防安全法律法规、行业标准，进一步明确医疗机构消防安全管理工作的重点和措施，2015年，原国家卫生计生委、公安部、国家中医药管理局联合印发了《医疗机构消防安全管理九项规定》（以下简称《九项规定》）。根据机构改革职能调整和新形势下医疗机构消防安全管理工作需要，国家卫生健康委、应急管理部、国家中医药管理局联合对《九项规定》进行了修订。现将《医疗机构消防安全管理九项规定（2020年版）》印发给你们，请结合实际认真贯彻落实，广泛宣传，督促指导医疗机构遵照执行。

卫生健康、中医药和应急管理行政部门要进一步明确职责定位，充分发挥联席会议制度的作用，共同完善消防安全监管工作，强化部门联动，研究重大事项，通报工作情况，建立联合检查和监督约谈机制，形成信息共享、齐抓共管的工作格局。要严格要求，定期开展医疗机构消防安全检查，联合有关部门，综合采取法律、行政、经济、技术、舆论、信用等多种措施，确保督促整改到位，坚决消除各种火灾隐患。要落实责任追究制度，对不认真履行职责甚至渎职失职的严肃问责，同时实行责任倒查，对事故当事人和监管部门都要追责。

本规定自发布之日起施行，原《医疗机构消防安全管理九项规定》（国卫办发〔2015〕86号）同时废止。

国家卫生健康委
应急管理部
国家中医药管理局
2020年1月8日

（信息公开形式：主动公开）

医疗机构消防安全管理九项规定（2020版）

一、守法遵规，严格执行标准

（一）遵守法律规定。各级各类医疗机构要严格遵守《消防法》《安全生产法》《机关、团体、企业、事业单位消防安全管理规定》等法律法规。

（二）执行相关强制性消防标准。贯彻执行《WS 308 医疗机构消防安全管理》和《GA 654 人员密集场所消防安全管理》等强制性消防标准。

（三）规范消防行为。建立健全消防安全自查、火灾隐患自除、消防责任自负以及自我管理、自我评估、自我提升的工作机制，全面确保本单位消防安全。

二、落实责任，加强组织领导

（一）落实主体责任。贯彻《国务院关于加强和改进消防工作的意见》、消防安全责任制及实施办法，全面实行“党政同责、一岗双责、齐抓共管、失职追责”制度，落实“管行业必须管安全、管业务必须管安全、管生产经营必须管安全”的要求，建立逐级消防安全责任制，明确各岗位消防安全职责，层层签订责任书。公立医疗机构党政主要负责人，其他医疗机构法定代表人、主要负责人或实际控制人是本单位消防安全第一责任人，对本单位消防安全全面负责。主管消防安全的负责人是单位的消防安全管理人，领导班子其他成员对分管范围内的消防安全负领导责任。

（二）明确责任部门。明确承担消防安全管理工作的机构和消防安全管理人，负责本单位的消防安全管理工作，负责制订和落实年度消防工作计划，组织开展防火巡查、检查、隐患排查和监督整改，加强宣传教育培训、应急疏散演练、督导考核等。按照《医疗卫生机构灾害事故防范和应急处置指导意见》要求，切实做好各项防范和应急处置工作。

（三）履行消防职责。各部门（科室）要履行消防安全主体责任，主要负责人为本部门（科室）消防安全第一责任人，设立消防安全员。全体职工履行岗位消防安全职责，做好本部门（科室）消防安全管理各项工作。

三、防患未然，坚持日常巡查

（一）坚持日常巡查。医疗机构应当明确消防巡查人员和重点巡查部位，每日组织开展防火巡查并填写巡查记录表。住院区及门诊区在白天至少巡查2次，住院区及急诊区在夜间至少巡查2次，其他场所每日至少巡查1次，对发现的问题应当当场处理或及时上报。

各部门（科室）的消防安全员要坚持日巡查并填写记录表。两人以上的工作场所，无值班的部门（科室），每天最后离开的人员要对本部门（科室）相关场所的消防安全进行检查并签字确认。

应当根据实际情况相应加大巡查频次和力度。

（二）突出巡查重点。

1. 用火、用电、用油、用气等有无违章情况；

2. 安全出口、消防通道是否畅通，安全疏散指示标识、应急照明系统是否完好；

3. 消防报警、灭火系统和其他消防设施、器材以及消防安全标识是否完好、有效，常闭式防火门是否关闭，防火卷帘下是否堆放物品；

4. 消防控制室、住院区、门（急）诊区、手术室、病理科、检验科、实验室、高压氧舱、库房、供氧站、胶片室、锅炉房、发电机房、配电房、厨房、地下空间、停车场、宿舍等重点部位人员是否在岗履职；

5. 医疗机构内施工场所消防安全情况。

（三）严格规范消防控制室工作。消防值班人员应当持有消防行业特有工种职业资格证书。消防控制室实行 24 小时值班制度，每班不少于 2 人。应当确保自动消防设施处于正常工作状态。接到火警信号后，应当以最快方式进行确认，确认发生火灾后应当确保联动控制开关处于自动状态，同时拨打“119”报警并启动应急处置程序。

四、检查整改，及时消除隐患

（一）开展防火安全检查。每月和重要节假日、重大活动前至少组织 1 次防火检查和消防设施联动运行测试，建立和实施消防设施日常维护保养制度，对发现的安全隐患和问题立即督促整改。

（二）突出检查重点。

1. 重点工种工作人员以及全体医护人员消防安全知识和基本技能掌握情况；

2. 消防安全工作制度落实情况以及日常防火巡查工作落实情况，之前巡查发现问题的整改情况；

3. 电力设备、医疗设备、办公电器、生活电器管理和使用部门消防安全责任落实情况；

4. 消防设施设备运行和维护保养情况；

5. 消防控制室日常工作情况，消防安全重点部位日常管理情况；

6. 电气线路、燃气管道、厨房烟道等定期检查情况；

7. 病理科、检验科及各种实验室内易燃易爆等危险品的管理情况；

8. 火灾隐患整改和动火管理、临时用电等日常防范措施落实情况；

9. 装修、改造、施工单位向医疗机构的消防安全管理部门备案和签订安全责任书情况。

（三）消除安全隐患。建立消防安全隐患信息档案和台账，形成隐患目录，并在单位内部公示。隐患治理要实行报告、登记、整改、销号的一系列闭环管理，确保整改责任、资金、措施、期限和应急预案“五落实”。

五、划定红线，严禁违规行为

（一）严禁使用未经消防行政许可或者不符合消防技术标准要求的建筑物及场所，严禁违规新建、扩建、改建不符合消防安全标准的构筑物（含室内外装修、建筑保温、用途变更等）。

（二）严禁采用夹芯材料燃烧性能低于 A 级的彩钢板作为建筑材料。

（三）严禁擅自停用关闭消防设备设施以及埋压圈占消火栓，严禁设置影响疏散逃生和灭火救援的铁栅栏，严禁锁闭堵塞安全出口、占用消防通道和扑救场地。

（四）严禁违反酒精等易燃易爆危险品的使用管理规范，严禁违规储存、使用危险品，严禁在病房楼等人员密集场所使用液化石油气和天然气，严禁违规使用明火，严禁在非吸烟区吸烟。

（五）严禁私拉乱接电气线路、超负荷用电，严禁使用非医疗需要的电炉、热得快等大功率电器。

（六）严禁电动自行车（蓄电池）在室内和楼道内存放、充电。

六、群防群治，狠抓培训演练

（一）医疗机构要加强对全体员工（包括在编人员、学生、实习生、进修生、规培生、合同制人员、工勤人员等）的消防安全宣传教育培训，职工受训率必须达到 100%，每半年至少开展 1 次灭火和应急疏散演练。

（二）应当对新职工和转岗职工进行岗前消防知识培训，对住院患者和陪护人员及时开展消防安全提示。

（三）监督第三方服务公司履行消防安全管理职责，做好消防安全宣传教育培训演练等工作，受训率必须达到 100%。

（四）人人掌握消防常识，会查找火灾隐患、会扑救初起火灾、会组织人员疏散逃生、会开展消防安全宣传教育，掌握消防设施器材使用方法和逃生自救技能。

（五）结合老、弱、病、残、孕、幼的认知和行动特点，制定针对性强的灭火和应急疏散预案，明确每班次、各岗位人员及其报警、疏散和扑救初起火灾的职责，并每半年至少演练 1 次。配备相应的轮椅、担架等疏散工具，对无自理能力和行动不便的患者逐一明确疏散救护人员。

（六）医疗机构消防安全重点单位应当根据需要设立微型消防站，配备必要的人员和消防器材，并定期进行培训和演练。

七、加大投入，改善设备设施

（一）医疗机构要确保消防投入，保障消防所需经费，持续加强人防、技防和物防建设。

（二）持续加大消防安全基础设施建设，按照国家和行业标准配置消防设施、器材，并定期进行维护保养和检测，确保灵敏、可靠，有效运行。主要消防设施设备上应当张贴维护保养、检测情况记录卡。

（三）设有自动消防设施的医疗机构，每年应当至少检测 1 次。属于火灾高危单位的，应当每年至少开展 1 次消防安全评估，针对评估结果加强和改进消防工作。

（四）消防设施器材要设置规范醒目的标识，用文字或图例标明操作使用方法，消防通道、安全出口和消防重点部位应当设置警示提示标识。

（五）确保报警系统和应急照明的齐全、灵敏、有效。

（六）推进“智慧消防”建设，促进信息化与消防业务融合，提高医疗机构火灾预警和防控能力。

八、建章立制，加强队伍建设

（一）医疗机构党政领导班子每年专题研究消防安全工作不少于 1 次，领导班子成员每人每年带队检查消防安全不少于 1 次。

（二）制定完善消防安全规章制度，及时总结实践中的好经验、好做法，提炼固化为规章制度和操作标准。

（三）对消防工作人员和消防安全员进行经常性的业务培训、岗位培训、法规培训，切实增强消防技能，提高工作水平。

（四）关心爱护消防工作一线人员，不断改善工作环境，依法依规保障和提高薪酬等方面待遇，加大考核培养及交流使用力度。

九、强化管理，严格考核奖惩

（一）医疗机构要认真遵守本规定，自觉接受各级卫生健康行政部门、中医药主管部门和消防救援机构的检查指导，持续加强本单位的消防安全工作。

（二）对本单位发生的火灾事故要如实、及时上报卫生健康行政部门、中医药主管部门以及消防救援机构，不得迟报、瞒报和漏报。

（三）建立风险管理和隐患排查治理双重预防机制，主动研究分析各地各类典型火灾事故案例，深刻汲取经验教训，举一反三，严防类似事故发生。

（四）按照国务院办公厅和国家卫生健康委消防工作相关考核办法，将消防工作情况纳入单位年度考评内容。

（五）科学制定和实施奖励制度，每年对成绩突出的部门和个人进行表扬和奖励。建立消防安全管理约谈机制，对未依法履行职责或违反单位消防安全制度并造成损失的责任人员和部门负责人严肃处理。

中共应急管理部委员会关于向陈陆同志学习的决定

（应急委发〔2020〕20 号）

中国地震局、国家煤矿安监局党组，各省、自治区、直辖市应急管理厅（局）党委（党组），新疆生产建设兵团应急管理局党委，部消防救援局、森林消防局，部机关各司局，国家安全生产应急救援中心，部所属事业单位党委（总支、支部）：

近日，正在安徽合肥考察调研的习近平总书记亲切看望慰问了陈陆等三位在防汛抗洪中不幸牺牲的同志的亲属，对牺牲同志的感人事迹和崇高精神给予高度评价。习近平总书记说，你们的亲人也是我们的亲人，是祖国的亲人，他们是我们心中的英雄，我们都会崇敬他们。每当危难时刻总有英雄挺身而出，这是中华民族伟大精神的体现。你们要把工作生活安排好，保重身体，以最好的方式来告慰他们。

陈陆，男，1984 年 2 月出生，2004 年 7 月参加工作，2006 年 6 月加入中国共产党，一级指挥员消防救援衔，生前系安徽省合肥市庐江县消防救援大队党委书记、政治教导员（大队级正职）。陈陆同志参加消防救援工作以来，始终对党忠诚、爱岗敬业，扎根基层、无私奉献，在推进基层队伍全面建设、优化消防执法服务和参加抗击 2008 年南方雨雪冰冻灾害、四川汶川抗震救灾等重大任务中功绩突出，曾被评为安徽省公安系统“优秀人民警察”、安徽消防救援队伍“优秀共产党员”、合肥市“抗震救灾先进个人”。今年 7 月 22 日，庐江县同大镇石大圩受持续强降雨影响突发漫堤决口，导致 4 个村庄、5. 8 平方公里被淹，6500 余名群众被洪水围困，情况万分危急。陈陆同志闻讯后，率领大队指战员迅速投入抢险救援战斗。因决口突然扩大，所乘橡皮艇被卷入激流漩涡发生侧翻，陈陆同志不幸落水英勇牺牲，用年仅 36 岁的宝贵生命诠释了“对党忠诚、纪律严明、赴汤蹈火、竭诚为民”的铮铮誓言。陈陆同志牺牲后，应急管理部批准其为烈士并追记一等功，中共安徽省委追授其“优秀共产党员”，共青团安徽省委、安徽省青联追授其“青年五四奖章”，安徽省总工会追授其“五一劳动奖章”。

陈陆同志是习近平总书记重要训词精神的忠实践行者，是新时代应急管理人的杰出代表。为深入学习宣传陈陆同志的先进事迹和崇高精神，激励广大党员干部职工和消防救援指战员不忘初心、牢记使命，担当作为、敬业奉献，奋力开创应急管理事业新局面，部党委决定，在全国应急管理系统组织开展向陈陆同志学习活动。

学习陈陆同志信念坚定、对党忠诚的政治品格。陈陆同志政治素质过硬，理想信念坚定，自觉在思想上政治上行动上同以习近平同志为核心的党中央保持高度一致。他出生于革命军人家庭，自幼立志从军报国，怀着满腔热爱和赤诚进入消防部队工作，一直默默奉献、无悔付出。在消防部队改革转制的重要关头，他主动放弃转业到工作轻松单位、回到市区与家人团聚的机会，毅然选择继续从事自己所痴迷热爱的消防救援事业，并且深入细致做好思想政治工作，引导大队指战员坚定改革信心、投身改革实践，大队没有一名干部提交离队申请。在今年的抗洪抢险救援斗争中，他坚决贯彻落实习近平总书记关于防汛救灾工作的重要指示精神，以对党和人民的无限忠诚，冲锋在第一线、战斗在最前沿。他说："我是一名共产党员，又是大队党委书记、政治教导员，我必须带头上。"向陈陆同志学习，就要像他那样笃定理想、坚定信念，把对党忠诚熔铸于灵魂，把人民至上、生命至上落实到岗位，用实际行动践行"两个维护"、书写忠诚本色，永远做党和人民的忠诚卫士。

学习陈陆同志牢记宗旨、竭诚为民的高尚品质。陈陆同志始终牢记全心全意为人民服务的宗旨，始终把人民利益、群众安危摆在首要位置。他坚持为民办好事、办实事，积极推行随时办、随地办、网上办、上门办、邮寄办的"五办"便民机制，打通服务群众"最后一公里"，大队连续4年被县政府评为执法服务先进单位，群众回访满意度位居全市前列。新冠肺炎疫情期间，他主动想方设法帮助辖区一对以养鸡为生的残疾夫妇，联系营销渠道，降低经济损失，使他们渡过了难关。陈陆同志牺牲前，已在抗洪抢险救援一线连续奋战了4昼夜，他坚持人民至上、生命至上，把个人生死安危置之度外，带领指战员争分夺秒营救转移被困群众，先后辗转5个乡镇，行程600余公里，成功营救、转移和疏散2600余人。向陈陆同志学习，就是要像他那样忠实践行以人民为中心的发展思想，做到一心为民、服务为先，在本职岗位上维护好、实现好、发展好人民群众的根本利益，传递党和政府的温暖，永做人民群众的贴心人。

学习陈陆同志赴汤蹈火、冲锋在前的英雄气概。陈陆同志视灾情为命令，把岗位当战位，把任务当使命，不畏艰险、冲锋在前，先后参加各类灭火救援战斗1500余起，成功救出被困人员百余名。2008年冬，合肥遭遇50年一遇的雪灾，他带队在救灾一线连续奋战48小时，脚趾严重冻伤、险些截趾。2016年夏，在庐江县内涝应急救援中，他连续奋战35个小时，带队营救和疏散群众2400余人，由于长时间泡在发臭、发腥的洪水里，突发急性心肌炎当场晕倒，被送往医院抢救2小时后才转危为安。向陈陆同志学习，就要像他那样在人民群众生命财产安全遭受威胁的危急关头，刀山敢上、火海敢闯，召之即来、战之必胜，为党和人民的利益不惜牺牲自己的一切。

学习陈陆同志扎根基层、爱岗敬业的奉献精神。陈陆同志军校毕业后主动申请到基层，先后在8个基层单位任职工作，都是急难险重任务最多、最偏远艰苦的单位。担任中队主官期间，他坚持全程组织参加每一次训练，两年时间把训练成绩曾排全市"倒数第三"的中队，带成了全市24支队伍中的比武竞赛冠军。2015年11月担任庐江县大队政治教导员后，陈陆更是以队为家，将办公室简单隔出一角当做卧室，除了每月偶尔回家，一住就是五年。他与基层指战员同甘共苦、并肩战斗，每天夜里总是等最后一辆出警的消防车安全归队才会熄灯就寝。在他的带领推动下，大队及所属队站多次被总队、支队评为先进单位，因业绩突出所带队伍被安徽省公安厅记集体三等功。向陈陆同志学习，就要像他那样立足本职、担当尽责，做到干一行、爱一行，钻一行、精一行，在平凡的岗位上苦干实干，创造一流工作业绩。

伟大时代呼唤伟大精神，崇高事业需要榜样引领。全国应急管理系统各级党组织要把开展向陈陆同志学习活动与深入学习践行习近平总书记重要训词精神结合起来，与开展“让党中央放心、让人民群众满意的模范机关”创建工作和“践行训词精神，担当神圣使命”主题教育实践活动结合起来，切实加强组织领导，精心部署实施，丰富形式载体，搞好舆论宣传，迅速掀起学习热潮，大力营造学习先进、崇尚先进、争当先进的浓厚氛围。要教育引导广大党员干部职工和消防救援指战员坚持以习近平新时代中国特色社会主义思想为指导，增强“四个意识”、坚定“四个自信”、做到“两个维护”，继承烈士遗志，坚守初心使命，强化责任担当，始终把人民放在心中最高位置，视人民利益高于一切，全力保护人民群众生命财产安全和维护社会稳定，不断增强人民群众获得感、幸福感、安全感，为决胜全面建成小康社会、夺取新时代中国特色社会主义伟大胜利、实现中华民族伟大复兴的中国梦作出新的更大贡献。

附件：践行训词当先锋　担当奉献铸忠诚——安徽省合肥市庐江县消防救援大队原政治教导员陈陆同志主要事迹

中共应急管理部委员会

2020 年 8 月 22 日

附件

践行训词当先锋　担当奉献铸忠诚

——安徽省合肥市庐江县消防救援大队原政治教导员陈陆同志主要事迹

陈陆，男，汉族，江苏江都人，中共党员，1984 年 2 月出生，2004 年 7 月参加工作，大学本科学历，生前系安徽省合肥市庐江县消防救援大队党委书记、政治教导员，一级指挥员消防救援衔。曾被评为安徽省公安系统“优秀人民警察”、安徽消防救援队伍“优秀共产党员”、合肥市“抗震救灾先进个人”。2020 年 7 月 22 日，陈陆在合肥市庐江县同大镇抗洪抢险时，因营救被困群众而壮烈牺牲，年仅 36 岁，用年轻的生命模范践行了习近平总书记重要训词精神，谱写了人民消防为人民的壮丽篇章。陈陆同志牺牲后，被应急管理部批准为烈士并追记一等功，安徽省委追授“优秀共产党员”，安徽省总工会追授“五一劳动奖章”，安徽省团委、安徽省青联追授“青年五四奖章”。

初心如磐　担当奉献
始终坚守对党忠诚的政治品格

陈陆的外公和父亲都是军人，他从小在红色基因熏陶感染下长大，自幼立志从军报国。2005 年 7 月，怀揣着对“救民于水火、助民于危难、给人民以力量”的消防队伍的向往，陈陆毅然选择走进红门，15 载扎根基层、15 载水火考验、15 载初心不改，他用担当和奉献坚守着许党报国的坚定信仰和忠诚本色。

忠诚在奉献基层中厚植。“每个人体现忠诚的方式和途径有很多种，我愿意扎根基层，为消防事业燃烧自己，让自己的青春更有意义更有价值！”这是陈陆到基层任职时的表态发言。进入消防队伍 15 年，他先后在 8 个基层单位任职，都是急难险重任务最多、最偏远艰苦的单位。2007 年 4 月，陈陆去了全市灭火救援任务最繁重的瑶海中队担任中队长，当时中队的训练成绩全市“倒数第三”，为了打好翻身仗，他坚持每次训练都全程参加、亲自组训，两年后硬是带着中队拿下了全市比武竞赛 24 支队伍中“团体第一”的好成绩。妻子王璇说：“陈陆发自内心挚爱他的战友，享受和战友们并肩战斗的过程”。2014 年，已经到支队机关任纪保督察科科长的陈陆，再次主动要求去基层任职，他和领导说：“一线的兄弟们天天在出警、时刻在战斗，我喜欢跟他们朝夕在一起的日子，在哪儿干都是干，我就想在基层干。”2015 年 11 月到庐江县大队任政治教导员后，陈陆第一件事就是在办公室一角隔出一个狭小空间，除了每月偶尔回一次家，5 年来他都睡在这个没有窗户和卫生间的地方，每天夜里总是等最后一辆出警的消防车安全归队才会熄灭的那盏灯，渐渐成为了队里每个人心底最习惯的温暖。

*忠诚在改革大考中砥砺。*根据党中央决策部署，2018 年公安消防部队集体退出现役，组建国家综合性消防救援队伍。是申请转业离开，还是继续坚持留下来？对陈陆来讲同样是一次不小的考验。不少亲戚朋友都劝他，在基层也辛苦了十几年，转业也能找一个好单位，最起码可以回市区和家人每天团聚啊！面临人生的十字路口，他跟亲戚朋友们说：“我是大队主官，如果我带头离开，怎么对得起组织的培养，身后的战友们怎么看我？”最终，陈陆还是坚定地选择了继续从事他所深深热爱着的消防救援事业。脱下军装的那一刻陈陆流泪了，但他不仅没有为此失去热情，反而干劲更足了。那段时间，陈陆天天拉着队员们促膝谈心，告诉大家虽然消防改制了，但是党中央和习近平总书记给予了我们这支队伍特殊的关心关怀，习近平总书记亲自为我们这支队伍授旗并致训词，国家相关部门正在研究制定一整套符合消防救援职业特点的配套政策，消防救援队伍一定会越来越好，消防救援事业一定会大有可为！在他的带动感召下，大队在改革转制的关键时期思想不乱、队伍不散、干劲不减、工作不断，没有一名干部提交离队申请，大家都说：“我们都愿意跟着他一起干！”当看着一个个新队站拔地而起，当看着一批批消防员茁壮成长，当看着改革政策逐步落地、改革前景一片光明时，陈陆心中满是欣喜，也更加

坚定了自己的选择。庐江县主要负责人多次在各种会议上讲到，消防救援大队改制不改本色，任务比原来更重了，干得比原来更好了，县委县政府很放心、人民群众很满意！不愧为总书记授旗致训词的队伍！

忠诚在生死考验中升华。英雄的思想在积淀中形成，英雄的壮举在刹那间绽放。2020 年 7 月 18 日起，庐江县连续数日普降暴雨，遭遇百年一遇的特大洪灾，河流湖泊水位均超历史峰值，良田被淹没、村庄被吞噬，原本生机勃勃的家园变成一片危机四伏的汪洋。庐江县城告急！环巢湖圩区告急！大量群众亟待营救转移！汛情就是命令、灾区就是战场。陈陆带领大队指战员闻“汛”即动、向险而行，顽强战斗在救援最前沿、英勇冲锋在生死第一线，将火红的党旗和鲜艳的队旗牢牢插在抗洪阵地上。7 月 22 日，庐江县同大镇石大圩突发漫堤溃口，巢湖湖水倾泻而出，圩内 4 个村、5.8 平方公里被淹，6000 多名群众的生命安全面临着严重威胁，情况万分危急！由于连日来的持续奋战，陈陆长时间在水中浸泡的双腿红肿得十分严重，膝盖肿得像馒头一样，甚至连裤子都要靠别人帮忙才能脱下来。战友们劝他休息一下，他却坚定地说：“还有那么多人等着救，咱们大队人又少，我必须去！”在成功营救两名群众后，大队长方锐再次让陈陆轮换休整一会儿，他却一边喊着“这片水域我熟悉，还是我打头”，一边毅然跳上首艇，担当起开路先锋。突然，远处堤坝传来几声巨响，5 台正在封堵决口、重达 4 吨的挖掘机瞬间被洪水冲走。溃口撕裂得越来越大，堤坝两侧水位落差瞬时陡增，形成了 3 米高的“滚水坝”，这是水域救援中最危险的情况！“掉头，快掉头！”危急关头陈陆大声喊道。话音刚落，橡皮艇就猛然被卷入“滚水坝”的漩涡洪流中。正是陈陆的提醒，才使紧随其后的 4 艘艇及时避开了危险，而他却和一名村干部一起被卷入湍急的洪流中不见踪影。经过 49 个小时的艰难搜寻，搜救人员终于找到了陈陆的遗体，他年轻而宝贵的生命永远定格在了 36 岁。“先后转战 5 个乡镇，行程 600 余公里，成功转移和救出 2600 余人”，这是陈陆在生命最后的 96 个小时里，带领战友们交出的答卷，他用短暂而璀璨的一生书写了对党和人民的无限忠诚！

敢抓严管　凝心聚力
始终保持纪律严明的优良作风

队伍改革转制后，全社会都在关心，消防救援队伍还能不能保持过硬的作风和战斗力？作为基层大队党委书记、政治教导员，陈陆暗下决心，一定要用铁的纪律带出铁的队伍，把队伍带得嗷嗷叫、响当当、过得硬，让习近平总书记重要训词精神在基层一线落地生根。

用正风正气抓班子。陈陆常说，带队伍首先抓班子，抓班子首先管思想。刚到大队任党委书记、政治教导员时，他坚持按规定落实集体学习制度，可连续几次都有个别班子成员不是以各种理由请假，就是学习时静不下心、定不下神。陈陆敏锐地发现了问题的苗头，找来班子成员逐人谈心谈话，讲清及时学习党的创新理论对指导工作实践的重要性和紧迫性，并探索建立起集中学习考勤签到、研讨交流随机发言、阶段成果考核通报等机制，有效提升了党委集体学习的质量。2018 年年底，陈陆在审阅班子成员民主生活会个人对照检查剖析材料时发现，有的同志查摆问题不够到位、思想根源挖得不够深刻，如果草率召开民主生活会势必影响会议质量，他果断推迟了会议召开时间，严肃要求每个人都认真反思，做到讲心底话、交明白账。2018 年，大队所辖的龙桥特勤站项目启动后不久，某公司老板带着陈陆的老班长找到他，希望得到关照。陈陆诚恳地说："班长，当年你对我说，凡事要讲原则、守底线，现在我是大队主官，又是党委的'班长'，如果我带头坏了规矩，还配当这个'班长'吗？"事后，他在党委会上讲起这事时说："我们每名班子成员都必须把自己置于制度和指战员的监督之下，牢牢守住思想道德防线和法规纪律红线，决不允许拿组织原则换人情！"

用严抓严管带队伍。消防改制初期，部分指战员对继续坚持纪律部队建设标准思想上有疙瘩、认识上有偏差。面对大家的困惑，陈陆站出来反复和大家讲："队伍的体制变了，但我们骨子和血液里的红色基因没有变！不坚持'两严两准'，哪来的战场上统一的指挥、顽强的作风？哪来的消防救援队伍职业的荣誉、人民的赞誉？"新的条令纲要下发后，陈陆立即带领指战员认真学习、严格落实，并逐步探索建立起一整套标准化管理制度和奖惩机制，对每名指战员进行量化评分，推动考评结果与绩效考核、评先评优挂钩；他积极探索运用智能化手段打造"数字化"营区，推动研发使用行政车辆审批、器材装备管理、人员请销假等多个 App 软件系统，大队的管理更加精准、秩序更加正规。多年来，陈陆一直有个原则，每一件要求指战员做到的事自己首先做到，无论是早上出操、日常队列训练，还是队容风纪检查、内务卫生评比他都坚持带头参加。陈陆的手机闹钟常年设在深夜 12 点，在这个时候他会准时走进队员们的宿舍，看看睡得如何、门窗关紧了没有、被子盖好了没有……

用关心关爱聚人心。陈陆常说："队伍教育管理，既要有力度，也要有温度；既要严到关键处，也要暖到心坎上。"由于营区内条件所限，指战员家属来队探亲没地方住，陈陆看在眼里、急在心头。消防改制后，合肥市委市政府出台了一系列关于消防救援队伍的保障机制，陈陆借着这个"东风"积极推动公寓房建设，跑政府要政策、要资金，跑部门出规划、拿方案。房子开建后，他又天天围着工地转，晴天一头灰、雨天一身泥。经过一年的建设，12 套公寓房全部竣工。庐城消防救援站指导员邵将看着崭新的住房，想到推动建房的人却已永别，他潸然泪下："教导员，这是你留给我们的家！"为了缓解消防监督力量不足的状况，2019 年大队新招收了 6 名消防文员，午休却成了大问题，陈陆楼上楼下来回地转，一间库室一间库室地看，召集大家反复研究，最后终于腾出一个地方改建成了文员午休房。文员方晶晶眼含泪花地说："教导员办的是小事，但却是我们关心的大事、期盼的好事，如今他不在了，我们能做的只有更加努力地工作！"陈陆就是这样时时以兄长之心善待着身边的战友，这么多年来，只要有人生病，他都第一时间帮助联系医院；只要有人孩子上学，

他都第一时间帮助协调学校；只要有新战友下队，他都第一时间送上一身新衣服；只要有战友的父母来队，他都要陪着吃上一顿饭……

思战谋战　冲锋在前
始终恪守赴汤蹈火的职业精神

消防救援队伍适应“全灾种”“大应急”任务的需要，加快推进转型升级和提质强能，是一项重要而紧迫的现实课题。陈陆作为基层大队主官，始终坚持战斗力这个唯一的根本的标准，全力推动提升队伍专业化水平，确保刀山敢上、火海敢闯，召之即来、战之必胜。

苦练精兵为打赢。火场打不赢，一切等于零。陈陆讲的最多的话是训练，去的最多的地方是操场，思考最多的是如何成为“尖刀上的刀尖”。2015 年任职庐江后，陈陆狠抓队伍训练工作，三次邀请全国消防队伍“训练标兵”“训练先进个人”徐长青来队指导，先后培养出在全国消防救援队伍比武竞赛中勇夺第九名的训练标兵李俊杰、在首届“火焰蓝”国际消防救援技术交流竞赛中获得优胜奖的业务骨干路子平，在他的带领下队伍训练的氛围空前高涨。2019 年年初，大队新招录了一批政府专职消防员，为了尽快让他们形成战斗力，陈陆带领大队党委“一班人”梳理查找了体能基础较差、训练尖子带动作用不明显等 5 大类 14 个问题，研究制定了主官主训、带训干部组训和周测、月考、年评等 10 多项措施，并由党委班子成员逐个认领、跟踪落实。在大队党委的有力推动下，政府专职消防员开展训练你追我赶、比武竞赛扛旗夺标，作战能力显著提升。

创新探索促转型。面对职能任务的不断拓展，陈陆一直有一种强烈的本领恐慌，总是在琢磨怎么能推动救援理念、职能、能力、装备、方式和机制等方面的转型升级。2018 年以来，随着经济社会的快速发展，庐江县内大空间大跨度厂房不断增多。陈陆居安思危、谋战思战，大胆提出了配备消防机器人的设想，多次邀请发展改革委、财政局等相关部门现场办公，反复论证采购消防机器人的可行性。2019 年年初，县政府拨款近 300 万元为大队购买了 2 台灭火消防机器人。为了迅速让装备转化为战斗力，陈陆组织队员认真钻研、反复训练，探索了“一机两枪、两机三枪”的机器人协同灭火作战操法，在实战中发挥了重要作用。2020 年 4 月 24 日，庐江县美高美工厂突发大火，3000 多平方米的钢结构厂房内浓烟滚滚、火光冲天。陈陆带领队伍沉着应战，操作 2 台消防机器人快速内攻，精准打击着火点，将火势牢牢压制，最大限度地减少了企业损失。事后企业负责人感叹地说：“消防救援队伍人员精干、装备先进，确实很专业，战斗力就是强！”

危急关头敢冲锋。加入消防救援队伍以来，陈陆参加灭火救援战斗 1500 余起，身上 8 次负伤的疤痕，就是他一次次冲锋在前的勋章。2008 年，合肥遭遇 50 年一遇的雪灾，陈陆带队在救灾一线奋战 48 小时，脚趾严重冻伤、险些截趾。同年，陈陆又主动报名去汶川地震灾区增援，双腿被毒虫叮咬、起泡流脓，他咬牙拖着伤腿，背着30多公斤的破拆器材，连续10天在震区救援。2016年6月，庐江县连续一周暴雨狂泻、内涝严重，陈陆连续奋战35个小时，带队营救和疏散群众2400余人，由于长时间泡在发臭、发腥的洪水里，他突发急性心肌炎当场晕倒，被紧急送往医院抢救2小时后才转危为安。2020年3月，庐江县东顾山突发山火，陈陆到场后立即指挥无人机升空侦察，迅速找到起火点，精准判断火势，并提请政府针对性部署灭火力量，有效控制了山火。入夜后，大火再次复燃，蔓延到一个大型垃圾处理场附近，关键时刻他再次挺身而出，带队开辟隔离带，与火魔鏖战13个小时，避免了一场可能发生的灾难……7月25日，确认陈陆牺牲的消息之后，他的母亲悲痛欲绝、肝肠寸断，她说："我就知道，如果大队有人牺牲，这个人一定是陈陆！"

保民平安　助民危难
始终秉持竭诚为民的价值追求

消防救援队伍是一支为人民而生、为人民而战的队伍。在长期的基层火热实践中，陈陆始终把人民放在心中最高位置，在基层一线的平凡岗位上书写了牢记宗旨、 心为民的感人篇章。

人民群众的平安是最大的心安。庐江县是合肥市最偏远的县，农业人口多，每年农村火灾多发。以前全县只有1个消防站，由于大部分农村火灾地点较远，有的要一个多小时的车程，常常是"车到场、火烧光"。到庐江县大队任职后，陈陆以强烈的忧患意识，将消防队站建设作为新一届党委班子的"一号工程"。2个月的时间里，他跑遍了全县18个乡镇，行程超过3000公里，在深入调研的基础上，提出了"新建+改建+合办"的队站建设思路，新建了1个特勤站，改建了2个小型站，合办了5个派出所消防执勤点，极大缓解了"远水解不了近渴"的困境。陈陆还充分发挥县人大代表的职能作用，为落实消防法奔走呼吁，大力推动通过政府购买服务等办法，为沿街商业门面、弱势群体居住场所等安装独立式烟感报警器，全县城乡的消防安全防护网越扎越牢、越织越密，人民群众的获得感、幸福感、安全感越来越强。

便民利民的举措是最好的服务。庐江县是旅游大县，历史文化深、温泉资源广、自然景点多，近年来宾馆、民宿、度假村等服务业蓬勃兴起，对消防行政许可的业务需求日益增加。家住万山镇长冲村的汪先生，因为背靠青山绿水，眼见旅游的客人络绎不绝，计划把自家房子改建成特色民宿，兴冲冲地跑去大队窗口办理消防许可手续，不料却因为一份资料没有带齐致使无法一次性办理，心里很是沮丧。陈陆问清缘由后，当即表示可以实行"容缺预审"，先受理送来的材料，等缺失的材料补齐后再依法办理。汪先生逢人就夸，消防执法服务越来越好！安徽新合富力科技有限公司是庐江县重点企业，复工复产中存在不少火灾隐患，因受疫情影响消防工作责任人一时又无法返岗，陈陆得知后第一时间安排业务骨干主动深入该企业，帮助出主意、想办法，协助开展整改、组织进行培训。通过 3 天的驻点帮扶，火灾隐患得到消除。企业负责人张国锐说：“现在企业经营压力很大，非常害怕再发生火灾，隐患排除了，就安心多了，消防服务太及时、太到位、太给力了！”为了解决好服务群众“最后一公里”的问题，陈陆和大队干部广泛征求服务对象的意见建议，研究实行了“随时办、随地办、网上办、上门办、邮寄办”的“五办”便民机制，采取取消午休时段窗口不间断受理、网上开通业务受理窗口、资料上门受理、邮寄办理结果等便民措施，赢得了社会各界的一致认可，执法质量回访满意度在全市位居前列。

扶危济困的温暖是最深的情怀。冶父山镇幸福村地靠山脉，靠天喝水、蓄水不易，平日里村民们主要用山泉水生活。2019 年入夏后，持续近两个月的高温天气，导致村内水源枯竭，村民们饮水困难。陈陆知道后二话不说，立即带队驱车往返数百公里送水，解决了幸福村数十户人家、近 200 人的燃眉之急。“你们消防队就是及时雨，否则真不知道这日子怎么过了。”村民们拉着陈陆的手连声道谢。汶川地震抗震救灾期间，陈陆看到一位羌族的老大娘因为房子被震塌，流离失所、泣不成声，他想都没想就从口袋里掏出全部的 500 元钱塞到了老大娘手里。卫岗村农民吴申枝夫妇都是残疾人，全家人靠经营一个小型养鸡场为生，由于交通不畅养殖的土鸡经常滞销，2020 年受疫情影响更是雪上加霜。陈陆得知后主动与村支书张传友联系，个人托关系找门路帮忙千方百计拓展销路，帮他们渡过了难关。每次面对群众的感谢，陈陆总是说，助民于危难就是我们消防救援队伍的职责所在！陈陆就是这样，深爱着他为之倾尽所有的消防救援事业。他爱家却难以顾家，把爱和温暖都给了工作、给了战友，却不得不将遗憾留给家人，更将自己摆到最后。就在牺牲前的一个星期，已经一个多月没有回家的陈陆给家里人说，近日抗洪任务很重，顾不上回家。父亲发来短信：“抗洪形势非常严峻，领导全到一线了，关键时期，你也应坚守在抗洪前沿，最近就不要回来了，确保全员安全。”陈陆回复父亲：“抗洪任务十分繁重，同志们已经几天没有吃好睡好了，自己一定会守好庐江。”只是没想到，这次通信竟成永别。两年前，陈陆的脖子上长了一个血管瘤，他不情愿耽误工作时间住院做手术，一直靠吃药控制病情，今年妻子王璇又几次催促他尽快去做手术，但庐江洪涝灾害发生后，他又一次义无反顾投身到紧张的抗洪抢险之中。王璇每说起这件事，就泣不成声：“这是我最大的愧疚，让陈陆带着病痛走了！”孩子出生时，陈陆还在一线指挥灭火战斗，加之当时父母又不在身边，因为没有直系亲属签字，王璇连无痛分娩的针都无法注射；孩子出生后，陈陆只在医院照顾了 3 天就又赶回了队里。这次因为抗洪抢险，陈陆已经有 1 个月没有见到孩子了，他特意托人买了一个漂亮的消防车模型，打算作为生日礼物给孩子一个惊喜，可是，亲手把这份生日礼物送给儿子的愿望已经永远无法实现了……王璇在遗体告别仪式上，撕心裂肺地哭着说：“陈陆，我会把孩子好好带大，特别特别好地带大！”这一幕，当天新媒体点击量过亿，神州大地处处寄托着深深的哀思、传颂着英雄的故事、唱响着时代的壮歌！

英雄是催人奋进的灯塔，精神是永不熄灭的火炬。“一切为了人民、为了人民的一切”，这是陈陆的初心所在、使命所系。在旌旗猎猎的“火焰蓝”方阵里，陈陆把最美的青春献给了最爱的事业，用担当和奉献诠释了激流勇进的人生，用年轻而宝贵的生命践行了“对党忠诚、纪律严明、赴汤蹈火、竭诚为民”的铮铮誓言！

中华人民共和国应急管理部

公　　告

2020年　第5号

关于消防救援领域行业标准以“XF”代号重新编号发布的公告

机构改革后，公安部消防管理职能已经划转至应急管理部，原由公安部归口管理的消防救援领域国家标准、行业标准已调整由应急管理部归口管理。根据《中华人民共和国标准化法》《行业标准管理办法》《应急管理标准化工作管理办法》的有关规定，消防救援领域165项现行行业标准类别由公共安全行业标准调整为消防救援行业标准，代号由“GA”调整为“XF”，顺序号、年代号和内容保持不变；消防救援行业标准（XF）的组织制修订职责，由应急管理部消防救援局及全国消防标准化技术委员会承担，现予公告。

附件：165项消防救援行业标准清单

应急管理部

2020年8月25日

附件

165项消防救援行业标准清单

序号	标准名称	现标准编号	原标准编号
1	消防用无线电话机技术要求和试验方法	XF 14—1991	GA 14—1991
2	防火刨花板通用技术条件	XF 87—1994	GA 87—1994
3	阻燃篷布通用技术条件	XF 91—1995	GA 91—1995
4	铺地纺织品静电性能参数及测量方法	XF 96—1995	GA 96—1995
5	防火玻璃非承重隔墙通用技术条件	XF 97—1995	GA 97—1995
6	火灾报警设备图形符号	XF/T 229—1999	GA/T 229—1999
7	软质阻燃聚氨酯泡沫塑料	XF 303—2001	GA 303—2001
8	电气安装用阻燃PVC塑料平导管通用技术条件	XF 305—2001	GA 305—2001
9	防火卷帘控制器	XF 386—2002	GA 386—2002

165 项消防救援行业标准清单（续一）

序号	标准名称	现标准编号	原标准编号
10	化学氧消防自救呼吸器	XF 411—2003	GA 411—2003
11	消防员灭火防护靴	XF 6—2004	GA 6—2004
12	消防手套	XF 7—2004	GA 7—2004
13	防火门闭门器	XF 93—2004	GA 93—2004
14	电缆用阻燃包带	XF 478—2004	GA 478—2004
15	消防安全标志通用技术条件　第 1 部分：通用要求和试验方法	XF 480. 1—2004	GA 480. 1—2004
16	消防安全标志通用技术条件　第 2 部分：常规消防安全标志	XF 480. 2—2004	GA 480. 2—2004
17	消防安全标志通用技术条件　第 3 部分：蓄光消防安全标志	XF 480. 3—2004	GA 480. 3—2004
18	消防安全标志通用技术条件　第 4 部分：逆向反射消防安全标志	XF 480. 4—2004	GA 480. 4—2004
19	消防安全标志通用技术条件　第 5 部分：荧光反射消防安全标志	XF 480. 5—2004	GA 480. 5—2004
20	消防安全标志通用技术条件　第 6 部分：搪瓷消防安全标志	XF 480. 6—2004	GA 480. 6—2004
21	消防用防坠落装备	XF 494—2004	GA 494—2004
22	阻燃铺地材料性能要求和试验方法	XF 495—2004	GA 495—2004
23	建筑消防设施检测技术规程	XF 503—2004	GA 503—2004
24	阻燃装饰织物	XF 504—2004	GA 504—2004
25	材料的火灾场景烟气制取方法	XF/T 505—2004	GA/T 505—2004
26	火灾烟气毒性危险评价方法——动物试验方法	XF/T 506—2004	GA/T 506—2004
27	脉冲气压喷雾水枪通用技术条件	XF 534—2005	GA 534—2005
28	阻燃及耐火电缆阻燃橡皮绝缘电缆分级和要求	XF 535—2005	GA 535—2005
29	易燃易爆危险品火灾危险性分级及试验方法　第 2 部分：易燃固体分级试验方法	XF/T 536. 2—2005	GA/T 536. 2—2005
30	易燃易爆危险品火灾危险性分级及试验方法　第 3 部分：易于自燃的物质分级试验方法	XF/T 536. 3—2005	GA/T 536. 3—2005
31	易燃易爆危险品火灾危险性分级及试验方法　第 4 部分：遇水放出易燃气体物质分级试验方法	XF/T 536. 4—2005	GA/T 536. 4—2005
32	易燃易爆危险品火灾危险性分级及试验方法　第 5 部分：固体氧化性物质分级试验方法	XF/T 536. 5—2005	GA/T 536. 5—2005
33	母线干线系统（母线槽）阻燃、防火、耐火性能的试验方法	XF/T 537—2005	GA/T 537—2005
34	消防车辆动态管理装置　第 1 部分：消防车辆动态终端机	XF 545. 1—2005	GA 545. 1—2005
35	消防车辆动态管理装置　第 2 部分：消防车辆动态管理中心收发装置	XF 545. 2—2005	GA 545. 2—2005
36	超细干粉灭火剂	XF 578—2005	GA 578—2005
37	城市轨道交通消防安全管理	XF/T 579—2005	GA/T 579—2005

165项消防救援行业标准清单（续二）

序号	标准名称	现标准编号	原标准编号
38	防火卷帘用卷门机	XF 603—2006	GA 603—2006
39	悬挂式气体灭火装置	XF 13—2006	GA 13—2006
40	消防职业安全与健康	XF/T 620—2006	GA/T 620—2006
41	消防培训基地训练设施建设标准	XF/T 623—2006	GA/T 623—2006
42	消防腰斧	XF 630—2006	GA 630—2006
43	消防救生气垫	XF 631—2006	GA 631—2006
44	正压式消防氧气呼吸器	XF 632—2006	GA 632—2006
45	消防员抢险救援防护服装	XF 633—2006	GA 633—2006
46	消防用红外热像仪	XF/T 635—2006	GA/T 635—2006
47	气体灭火剂的毒性试验和评价方法	XF/T 636—2006	GA/T 636—2006
48	人员密集场所消防安全管理	XF 654—2006	GA 654—2006
49	消防梯	XF 137—2007	GA 137—2007
50	阻燃及耐火电缆塑料绝缘阻燃及耐火电缆分级和要求 第1部分：阻燃电缆	XF 306. 1—2007	GA 306. 1—2007
51	阻燃及耐火电缆塑料绝缘阻燃及耐火电缆分级和要求 第2部分：耐火电缆	XF 306. 2—2007	GA 306. 2—2007
52	住宿与生产储存经营合用场所消防安全技术要求	XF 703—2007	GA 703—2007
53	构件用防火保护材料快速升温耐火试验方法	XF/T 714—2007	GA/T 714—2007
54	消防摩托车	XF 768—2008	GA 768—2008
55	消防员化学防护服装	XF 770—2008	GA 770—2008
56	排油烟气防火止回阀	XF/T 798—2008	GA/T 798—2008
57	火灾原因调查指南	XF/T 812—2008	GA/T 812—2008
58	喷射无机纤维防火材料的性能要求及试验方法	XF 817—2009	GA 817—2009
59	消防排烟风机耐高温试验方法	XF 211—2009	GA 211—2009
60	消防水鹤	XF 821—2009	GA 821—2009
61	泡沫喷雾灭火装置	XF 834—2009	GA 834—2009
62	油浸变压器排油注氮灭火装置	XF 835—2009	GA 835—2009
63	火灾现场勘验规则	XF 839—2009	GA 839—2009
64	消防产品身份信息管理	XF 846—2009	GA 846—2009
65	消防控制室图形显示装置软件通用技术要求	XF 847—2009	GA 847—2009
66	灭火器箱	XF 139—2009	GA 139—2009
67	简易式灭火器	XF 86—2009	GA 86—2009
68	合同制消防员制式服装　第1部分：命名与术语	XF 856. 1—2009	GA 856. 1—2009

165 项消防救援行业标准清单（续三）

序号	标准名称	现标准编号	原标准编号
69	合同制消防员制式服装　第 2 部分：服饰	XF 856. 2—2009	GA 856. 2—2009
70	合同制消防员制式服装　第 3 部分：春秋制服	XF 856. 3—2009	GA 856. 3—2009
71	合同制消防员制式服装　第 4 部分：夏季制服	XF 856. 4—2009	GA 856. 4—2009
72	合同制消防员制式服装　第 5 部分：冬季制服	XF 856. 5—2009	GA 856. 5—2009
73	合同制消防员制式服装　第 6 部分：执勤帽	XF 856. 6—2009	GA 856. 6—2009
74	消防斧	XF 138—2010	GA 138—2010
75	消防用易熔合金元件通用要求	XF 863—2010	GA 863—2010
76	易燃易爆危险品火灾危险性分级及试验方法 第 6 部分：液体氧化性物质	XF/T 536. 6—2010	GA/T 536. 6—2010
77	分水器和集水器	XF 868—2010	GA 868—2010
78	消防员灭火防护头套	XF 869—2010	GA 869—2010
79	固定灭火系统驱动、控制装置通用技术条件	XF 61—2010	GA 61—2010
80	火场通信控制台	XF/T 875—2010	GA/T 875—2010
81	消防机器人　第 1 部分：通用技术条件	XF 892. 1—2010	GA 892. 1—2010
82	气溶胶灭火系统　第 1 部分：热气溶胶灭火装置	XF 499. 1—2010	GA 499. 1—2010
83	消防球阀	XF 79—2010	GA 79—2010
84	化工装置火灾事故处置训练设施技术要求	XF 941—2011	GA 941—2011
85	网栅隔断式烟热训练室技术要求	XF 942—2011	GA 942—2011
86	消防员高空心理训练装置技术要求	XF 943—2011	GA 943—2011
87	水基型阻燃处理剂	XF 159—2011	GA 159—2011
88	消防安全训练要则	XF/T 967—2011	GA/T 967—2011
89	消防员现场紧急救护指南	XF/T 968—2011	GA/T 968—2011
90	火幕墙训练设施技术要求	XF/T 969—2011	GA/T 969—2011
91	危险化学品泄漏事故处置行动要则	XF/T 970—2011	GA/T 970—2011
92	消防卫星通信系统　第 1 部分：系统总体要求	XF/T 971. 1—2011	GA/T 971. 1—2011
93	消防卫星通信系统　第 2 部分：便携式卫星站	XF/T 971. 2—2011	GA/T 971. 2—2011
94	D 类干粉灭火剂	XF 979—2012	GA 979—2012
95	哈龙灭火系统工况评定	XF 982—2012	GA 982—2012
96	厨房设备灭火装置	XF 498—2012	GA 498—2012
97	防排烟系统现场性能试验方法热烟试验法	XF/T 999—2012	GA/T 999—2012
98	塑料管道阻火圈	XF 304—2012	GA 304—2012
99	挡烟垂壁	XF 533—2012	GA 533—2012

165 项消防救援行业标准清单（续四）

序号	标准名称	现标准编号	原标准编号
100	消防产品消防安全要求	XF 1025—2012	GA 1025—2012
101	消防产品现场检查判定规则	XF 588—2012	GA 588—2012
102	火灾事故调查案卷制作	XF 1034—2012	GA 1034—2012
103	消防产品工厂检查通用要求	XF 1035—2012	GA 1035—2012
104	消防员心理训练指南	XF/T 1039—2012	GA/T 1039—2012
105	跨区域灭火救援指挥导则	XF/T 1041—2012	GA/T 1041—2012
106	建筑倒塌事故救援行动规程	XF/T 1040—2013	GA/T 1040—2013
107	消防员个人防护装备配备标准	XF 621—2013	GA 621—2013
108	消防特勤队（站）装备配备标准	XF 622—2013	GA 622—2013
109	建筑构件用防火保护材料通用要求	XF/T 110—2013	GA/T 110—2013
110	消防产品一致性检查要求	XF 1061—2013	GA 1061—2013
111	正压式消防空气呼吸器	XF 124—2013	GA 124—2013
112	易燃易爆危险品火灾危险性分级及试验方法 第 1 部分：火灾危险性分级	XF/T 536. 1—2013	GA/T 536. 1—2013
113	易燃易爆危险品火灾危险性分级及试验方法 第 7 部分：易燃气雾剂分级试验方法	XF/T 536. 7—2013	GA/T 536. 7—2013
114	消防员单兵通信系统通用技术要求	XF 1086—2013	GA 1086—2013
115	干粉灭火装置	XF 602—2013	GA 602—2013
116	火灾损失统计方法	XF 185—2014	GA 185—2014
117	仓储场所消防安全管理通则	XF 1131—2014	GA 1131—2014
118	消防员灭火防护服	XF 10—2014	GA 10—2014
119	消防搜救犬队建设标准	XF/T 1150—2014	GA/T 1150—2014
120	火灾报警系统无线通信功能通用要求	XF 1151—2014	GA 1151—2014
121	消防技术服务机构设备配备	XF 1157—2014	GA 1157—2014
122	细水雾灭火装置	XF 1149—2014	GA 1149—2014
123	探火管式灭火装置	XF 1167—2014	GA 1167—2014
124	地下建筑火灾扑救行动指南	XF/T 1190—2014	GA/T 1190—2014
125	高层建筑火灾扑救行动指南	XF/T 1191—2014	GA/T 1191—2014
126	火灾信息报告规定	XF/T 1192—2014	GA/T 1192—2014
127	消防标准制修订工作程序	XF/T 720—2014	GA/T 720—2014
128	气体灭火系统灭火剂充装规定	XF 1203—2014	GA 1203—2014
129	移动式消防储水装置	XF 1204—2014	GA 1204—2014
130	灭火毯	XF 1205—2014	GA 1205—2014

165 项消防救援行业标准清单（续五）

序号	标准名称	现标准编号	原标准编号
131	注氮控氧防火装置	XF 1206—2014	GA 1206—2014
132	多产权建筑消防安全管理	XF/T 1245—2015	GA/T 1245—2015
133	火灾现场照相规则	XF/T 1249—2015	GA/T 1249—2015
134	消防产品分类及型号编制导则	XF/T 1250—2015	GA/T 1250—2015
135	长管空气呼吸器	XF 1261—2015	GA 1261—2015
136	公共汽车客舱固定灭火系统	XF 1264—2015	GA 1264—2015
137	蓄冷型消防员降温背心	XF 1265—2015	GA 1265—2015
138	火灾事故技术调查工作规则	XF/T 1270—2015	GA/T 1270—2015
139	消防头盔	XF 44—2015	GA 44—2015
140	消防员隔热防护服	XF 634—2015	GA 634—2015
141	灭火器维修	XF 95—2015	GA 95—2015
142	消防员防护辅助装备消防员护目镜	XF 1273—2015	GA 1273—2015
143	消防员防护辅助装备阻燃毛衣	XF 1274—2015	GA 1274—2015
144	石油储罐火灾扑救行动指南	XF/T 1275—2015	GA/T 1275—2015
145	道路交通事故被困人员解救行动指南	XF/T 1276—2015	GA/T 1276—2015
146	灭火救援装备储备管理通则	XF 1282—2015	GA 1282—2015
147	住宅物业消防安全管理	XF 1283—2015	GA 1283—2015
148	消防车消防要求和试验方法	XF 39—2016	GA 39—2016
149	七氟丙烷泡沫灭火系统	XF 1288—2016	GA 1288—2016
150	燃烧训练室技术要求	XF/T 1289—2016	GA/T 1289—2016
151	建设工程消防设计审查规则	XF 1290—2016	GA 1290—2016
152	轻便消防水龙	XF 180—2016	GA 180—2016
153	细水雾枪	XF 1298—2016	GA 1298—2016
154	社会消防安全培训机构设置与评审	XF/T 1300—2016	GA/T 1300—2016
155	火灾原因认定规则	XF 1301—2016	GA 1301—2016
156	建设工程消防验收评定规则	XF 836—2016	GA 836—2016
157	火灾隐患举报投诉中心工作规范	XF/T 1338—2016	GA/T 1338—2016
158	火警和应急救援分级	XF/T 1340—2016	GA/T 1340—2016
159	人员密集场所消防安全评估导则	XF/T 1369—2016	GA/T 1369—2016
160	119 接警调度工作规程	XF/T 1339—2017	GA/T 1339—2017
161	建筑火灾荷载调查与统计分析方法	XF/T 1427—2017	GA/T 1427—2017
162	消防用荧光棒	XF/T 1428—2017	GA/T 1428—2017

165 项消防救援行业标准清单（续六）

序号	标准名称	现标准编号	原标准编号
163	文物建筑消防安全管理	XF/T 1463—2018	GA/T 1463—2018
164	火灾调查职业危害安全防护规程	XF/T 1464—2018	GA/T 1464—2018
165	消防产品市场准入信息管理	XF/T 1465—2018	GA/T 1465—2018

中共应急管理部委员会关于向江西省九江市消防救援支队学习的决定

（应急委发〔2020〕27号）

中国地震局、国家煤矿安监局党组，各省、自治区、直辖市应急管理厅（局）党委（党组），新疆生产建设兵团应急管理局党委，部消防救援局、森林消防局，部机关各司局，国家安全生产应急救援中心，部所属事业单位党委（总支、支部）：

2020年8月31日，中共中央宣传部授予江西省九江市消防救援支队“时代楷模”称号，号召全社会特别是应急管理系统向他们学习。

江西省九江市消防救援支队组建于1949年，守护着江西北大门1.9万平方公里土地和520余万群众的消防安全，在1998年特大洪水抗洪抢险救援中屡建功勋，荣立集体二等功，基因中熔铸了英勇无畏的“98抗洪精神”。长期以来，他们对党忠诚、纪律严明，科学备战、刻苦训练，不负重托、救民危难，先后荣获“全国抗洪抢险先进支队”“全国战训先进支队”等荣誉52项，涌现出“全国抗震救灾模范”石凯和“中国好人”鲁信等一大批先进个人。国家综合性消防救援队伍组建以来，他们深入学习习近平新时代中国特色社会主义思想，以习近平总书记重要训词精神为指引，主动对标应急救援“主力军、国家队”职能定位，不断提升“全灾种、大应急”救援能力。在今年鄱阳湖发生超历史大洪水、防汛救灾形势异常严峻的紧要关头，他们听党指挥、闻汛而动、向险而行，出色完成防汛抗洪抢险救灾等各项任务，营救疏散遇险被困群众1.3万余人，用忠诚担当书写了时代荣光。

九江市消防救援支队的先进事迹，厚重感人、影响广泛、催人奋进。他们矢志不渝听党话、跟党走，奋战在防风险、保平安的第一线，是信仰如山、信念如磐的忠诚卫士，是刀山敢上、火海敢闯的消防尖兵，是人民至上、生命至上的践行典范，集中彰显了习近平总书记重要训词精神，生动诠释了以人民为中心的发展思想，充分展示了新时代应急管理体制改革成果，具有突出的时代性、典型性和代表性。为深入学习宣传“时代楷模”九江市消防救援支队的先进事迹和崇高精神，激励广大党员干部职工和消防救援指战员以对党和人民的无限忠诚，履行使命、恪尽职守，赓续传统、勇立潮头，奋力开创新时代应急管理事业改革发展新局面，部党委决定，在全国应急管理系统组织开展向江西省九江市消防救援支队学习活动。

学习他们听党指挥、忠诚使命的政治品格。九江市消防救援支队始终把对党绝对忠诚作为建队兴队之魂，充分汲取江西红土圣地精神养分，赓续“八一精神”“井冈山精神”“苏区精神”“长征精神”红色基因，一代代接力奋斗、一茬茬接续传承，谱写了新时代应急管理队伍的忠诚篇章。面对改革转制大考，支队全体指战员坚决听从党中央号召，脱下“橄榄绿”、换上“火焰蓝”，没有任何杂音、没有一个掉队。他们坚持把抗洪抢险的战场作为检验绝对忠诚的考场，坚决贯彻落实习近平总书记关于防汛救灾工作的重要指示精神，全体指战员纷纷主动请缨出战，到最危险的堤坝，到最严重的灾区，到群众最需要的地方，没有一个讲条件，没有一个往后退，以实际行动把忠诚基因融入血脉、植入灵魂。应急管理部门首先是政治机关，对党忠诚是第一位的政治要求。向九江市消防救援支队学习，就要像他们那样始终听党话、跟党走，以守护人民平安、确保江河安澜、维护社会稳定的实际行动和实际效果践行“两个维护”，充分彰显中国共产党领导和中国特色社会主义制度的显著优势。

学习他们守纪如铁、令行禁止的优良作风。九江市消防救援支队始终坚持“两严两准”和纪律部队建设标准，突出以条令条例和规章制度管人管事，率先打造队伍正规化建设标杆样板，于细微处见精神、在细节间抓养成。在今年防汛救灾中，他们严守战场纪律和群众纪律，扛起背包就出发、放下背包就战斗，在持续高温、毒蛇频出、蚊虫叮咬的艰苦条件下连续奋战 40 多天，以血肉之躯构筑起一道道“橙色堤坝”、连接起一座座“生命之桥”。应急管理部门枕戈待旦，全年 365 天、每天 24 小时应急值守，随时可能面对极端情况和生死考验。向九江市消防救援支队学习，就要像他们那样严格管理、严格教育，统一指挥、统一制度、统一纪律、统一训练，增强组织性、计划性、准确性和纪律性，成为党和人民信得过的力量。

学习他们赴汤蹈火、敢打必胜的英雄气概。九江市消防救援支队时刻保持枕戈待旦、快速反应的应急状态，在党和人民最需要的时候挺身而出、向险而行。特别是九江是企业聚集地和洪涝灾害多发区，也是江西唯一拥有长江岸线的设区市，有着江西省唯一的大型石油化工企业。历史上辖区多次发生洪灾和爆炸起火事故，他们始终战斗在抢救生命的第一线，多次在千钧一发时刻化险为夷，先后打赢 2008 年冰灾救援、2016 年长江永安堤管涌处置、2019 年奥德瑞仓库火灾等百余场大仗硬仗。在此次抗洪抢险战斗中，命令下达后他们短时间内就迅速集结了上千名指战员，携带近万件器材装备奔赴抗洪一线，实现营救疏散人民群众“零遗漏、零伤亡、零事故”，被群众亲切誉为“生命的摆渡人”。应急管理部门承担着防范化解重大安全风险、应对处置各类灾害事故的重要职责。向九江市消防救援支队学习，就要像他们那样无私无畏、敢于斗争，关键时刻挺身而出、闻令而动雷厉风行、舍生忘死逆行而上、充满信心勇于胜利，始终为党和人民的事业英勇奋斗。

学习他们竭诚为民、无悔奉献的真挚情怀。九江市消防救援支队始终坚持以人民为中心的发展思想，在为民奋斗、保民平安的实践中立起“火焰蓝”新形象。他们从百姓看得见、摸得着的实事入手，创新“互联网+消防服务”平台应用，推出“一窗式受理”“一站式服务”，大力推行消防业务办理“只跑一次”“一次不跑”

改革，人民群众获得感不断增强。先后成立“学雷锋志愿服务队”17支，累计捐献爱心款200余万元，帮扶2个贫困村实现脱贫摘帽，资助12名贫困学生完成学业。他们积极参与灾后重建，顶风冒雨架起百米“爱心浮桥”方便群众出行，昼夜不息开展排涝清淤作业，主动让出宿营车给安置点群众洗澡，肩挑背扛帮助受灾群众抢收稻谷，派员驻守安置点开展防火巡查，以实际行动向灾区群众传递党和政府的温暖。应急管理队伍是救民于水火、助民于危难、给人民以力量的新型人民队伍。向九江市消防救援支队学习，就要像他们那样坚持人民至上、生命至上，始终把人民安居乐业、安危冷暖放在心上，满腔热诚地为人民群众做好事、办实事、解难事，保民平安、为民造福，坚决扛起维护人民生命财产安全的政治责任。

时代造就英雄，榜样引领时代。全国应急管理系统各级党组织要深入学习贯彻习近平总书记关于应急管理重要论述，把开展向九江市消防救援支队学习活动与深入学习贯彻习近平总书记重要训词精神结合起来，与开展“让党中央放心、让人民群众满意的模范机关”创建工作和“践行训词精神 担当神圣使命”主题教育活动结合起来，切实加强组织领导，精心部署实施，丰富形式载体，搞好舆论宣传，大力营造学习先进、崇尚先进、争当先进的浓厚氛围，迅速掀起学习“时代楷模”热潮。要教育引导广大党员干部职工和消防救援指战员坚持以习近平新时代中国特色社会主义思想为指导，强化政治自觉，筑牢使命担当，把增强“四个意识”，坚定“四个自信”、做到“两个维护”落到实际行动上，围绕做好“六稳”工作、落实“六保”任务，毫不放松抓实安全风险防范工作，在统筹推进常态化疫情防控和经济社会发展中履职尽责，为决胜全面建成小康社会、决战脱贫攻坚，夺取新时代中国特色社会主义伟大胜利、实现中华民族伟大复兴的中国梦作出新的更大贡献。

附件：水火见忠诚的英雄卫士——“时代楷模”江西省九江市消防救援支队主要事迹

中共应急管理部委员会

2020年9月12日

附件

水火见忠诚的英雄卫士

——“时代楷模”江西省九江市消防救援支队主要事迹

江西省九江市消防救援支队始建于1949年，现有17个大队、70个消防救援站，1096名消防救援指战员、111名消防文员，承担着守护江西北大门1.9万平方公里土地、520余万群众消防安全的神圣使命。长期以来，一代代指战员对党忠诚、纪律严明，科学备战、刻苦训练，不负重托、救民危难，为维护人民生命财产安全作出了突出贡献。近年来，他们深入学习习近平新时代中国特色社会主义思想，模范践行习近平总书记重要训词精神，矢志不渝听党话、跟党走，防风险、保平安，先后打赢 2008 年冰灾救援、2016 年长江永安堤管涌处置和 2019 年奥德瑞仓库火灾扑救等百余场大仗硬仗，保持了辖区连续 15 年没有发生较大以上亡人火灾事故，曾荣立集体二等功一次，先后荣获 52 项省部级以上荣誉，连续 9 年被评为全省“先进支队”，涌现出被中共中央、国务院、中央军委授予“全国抗震救灾模范”石凯和“中国好人”鲁信等一大批先进典型。在今年鄱阳湖流域发生超历史大洪水、防汛救灾形势异常严峻的紧要关头，他们听党指挥、闻汛而动、向险而行，出色完成防汛抗洪、抢险救灾等各项任务，营救疏散遇险被困群众 1.3 万余人，用忠诚担当书写了时代荣光，被中央宣传部授予“时代楷模”称号。

信仰如山　信念如磐
永葆对党忠诚的政治品格

九江支队是与共和国一道成长的队伍，71 年来，扎根在江西这片红土圣地，大力传承“八一精神”“井冈山精神”“苏区精神”“长征精神”红色基因，始终把对党绝对忠诚作为建队兴队之魂，坚决听从党中央号令，代代接力奋斗、率先扛旗奔跑，奋力谱写新时代消防救援队伍的忠诚篇章。

突出政治首位。坚持用习近平新时代中国特色社会主义思想武装头脑，紧跟学习习近平总书记关于应急管理重要论述，牢固树立总书记重要训词精神根本指导地位。坚持读原著、学原文、悟原理，常态化开展集中领学、专题研学、个人述学，推动理论学习往深里走、往实里走、往心里走。面对改革转隶大考，全体指战员坚决听从党中央号召，迅速脱下“橄榄绿”换上“火焰蓝”，没有丝毫怨言、没有任何杂音、没有一个掉队，用支持拥护投身改革的实际行动践行“两个维护”。坚持把抗洪抢险的战场作为检验忠诚度的实践考场，坚决贯彻落实习近平总书记关于防汛救灾工作的指示批示精神，全体指战员不分男女、不论年龄，纷纷主动请缨出战，到最危险的堤坝，到最严重的灾区，到群众最需要的地方，没有一个讲条件，没有一个往后退，以实际行动把忠诚基因融入血脉、植入灵魂。

突出党建引领。支队历任党委始终像爱护眼睛一样爱护团结，大事讲原则、小事讲风格，坚持以一种声音、一种步调引领队伍，形成心齐气顺、风正劲足的干事创业氛围。坚持将各项工作置于党委的全面领导之下，做到重要决策共同商量、重大难点共同解决，今年初，将危化品整治、水域救援建设、岗位练兵等工作纳入党委“十大工程”，一同部署，一体推进。牢固树立实干为先的鲜明导向，制定出台《绩效考评办法》《评功评奖办法》《岗位练兵奖惩办法》等机制文件，划定工作标准，强化结果运用，真正使“以实绩论英雄、凭实干得实惠”成为全体指战员的共识。深入推进基层党组织全面规范化建设，做强一线战斗堡垒，树好党员先锋模范，坚持任务推进到哪里，党组织建设就覆盖到哪里，今年抗洪期间第一时间成立2个前置点临时党支部、组建18个党员突击队，让党旗始终在抗洪一线高高飘扬。

突出思想铸魂。扎实开展“不忘初心、牢记使命”主题教育和坚持“五个不动摇”主题教育实践活动，广泛采取专家集中宣讲、“故事课堂”“体会式笔记”等形式，教育引导广大指战员强化践行训词精神、担当神圣使命的思想行动自觉。狠抓战斗精神培育，大力弘扬英勇无畏的“98抗洪精神”，充分用好九江舰、耀邦陵园、秋收起义纪念馆等红色资源，传承红色基因，传承刀山敢上、火海敢闯的血性胆气。这次面对上百万受灾群众，全体指战员不畏艰险、不怕牺牲，冒着狂风暴雨、顶着高温酷暑，哪里有困难就出现在哪里、哪里有危险就战斗在哪里，一个村庄一个村庄排查，一间房屋一间房屋搜索，奋战一个多月，创造了营救疏散人民群众“零遗漏、零伤亡、零事故”的战绩，被亲切誉为“群众生命的摆渡人”。加强职业精神培育，常态开展观队史馆、听战斗课、读红色书、唱消防歌、走抗洪路、扫烈士墓等教育活动，在全省率先推动出台职业保障办法，落实各项优待措施，立起职业尊崇，增强职业荣誉。

有令必行　有禁必止
锻造纪律严明的过硬铁军

作为一支脱胎于人民军队和公安机关的纪律部队，九江支队有着光荣的历史和优良的作风，一直以来，他们始终赓续光荣传统，传承优良作风，坚持全面依法治队、从严治队，将“两严两准”抓牢抓实、抓出成效，用铁的纪律锻造铁的队伍。

严格管理立标杆。坚持纪律部队建设标准不动摇，突出以条令条例和规章制度管人管事，围绕“整整齐齐不杂乱、干干净净无死角、漂漂亮亮有品位”的目标定位，制作《正规化建设示范图册》，拍摄《正规化组织程序示范片》，大到灭火救援的作战程序、行动要则，小到牙刷毛巾的摆放朝向，于细微处见精神、在细节间抓养成，打造正规化建设标杆样板。坚持严下先严上、严兵先严官，注重从机关抓起、从干部做起，出台《机关正规化管理规定》，着力规范公车派遣、办公秩序、营区环境等，坚决杜绝“灯下黑”。走进九江支队，无论资历，无论身份，管理始终贯彻一个标准、执行一个标尺，支队特勤站一级消防长邹晨，30年来如一日，严格要求自己，带头出操、训练、出警，内务设置始终保持全队最高标准。

严抓作风树形象。好的作风是无形的战斗力。在一次次的战斗中，全体指战员始终服从命令、听从指挥，冲锋在灾情第一线，战斗在危险最前沿。在今年防汛救灾中，他们严格遵守战场纪律和群众纪律，强化“抗洪抢险连着政治”“群众交往关系政治”的意识，自觉做到“扛起背包就出发，放下背包就战斗”，坚守堤坝、深入灾区40多天，白天要忍受40度左右的高温炙烤，晚上要面对着洪灾过后毒蛇频出、蚊虫叮咬等侵扰，以血肉之躯筑起了一道道冲不垮的“橙色堤坝”。永修县建昌大道消防救援站班长袁展满在处置九合圩堤泡泉和管涌险情时，始终坚持在围堵一线，两天两夜没休息，由于长期作战，双眼熬得通红，手上到处都是血泡。在三角乡救援中，他冒着随时被水下电线挂翻冲锋舟的危险，在洪流中劈波斩浪，成功营救被困群众 100 余名。

严明纪律强约束。支队党委紧抓主体责任这个“牛鼻子”，制定出台《考核落实推进表》，逐级签订《党风廉政建设目标责任书》，压实责任链条。率先在全省建成纪检监控室、纪委约谈室、廉政教育室、行政看管室，打造了视频监督、指尖监督、内网监督、网上办事系统和电话举报的“4+1”监督平台，确保队伍始终在法治轨道上运行。坚持每年组织开展观看警示教育片、参观廉政教育基地、聆听法律知识讲座等活动，每逢重大节日和敏感时段，组织督察组深入基层开展饮酒、违规收受红包等专项检查，切实架起纪律规矩“高压线”。集中开展问题积弊大排查、大清理，开展“政治体检”对巡察中存在的问题认真核查、严肃处理，推动队伍建设正规有序、全面过硬。近年来，队伍未发生事故案件和有影响的负面舆情，保持了队伍持续高度安全稳定。

刀山敢上　火海敢闯
淬炼赴汤蹈火的尖兵劲旅

九江支队始终牢固树立战斗力这个唯一的根本标准，苦练打赢制胜的过硬本领，充分发扬一不怕苦、二不怕死的战斗作风，在党和人民最需要的时候挺身而出、向险而行，确保队伍召之即来、战之必胜。

锤炼实战尖兵。坚持练体能与练技能、练指挥与练战术、练协同与练保障相结合，改革转制后，立足“全灾种、大应急”和“主力军、国家队”的新定位，坚持正规化、专业化、职业化方向，先后组建石油化工、抗洪抢险、地震山岳等专业队伍，不断练就科学高效、专业精准的过硬本领，支队体能考核优秀率连续多年在全省排名前列，连续 5 年位居全省实战化练兵竞赛前三。近年来，支队还与九江市海事局签订战略合作协议，系统培养具有国家资质证书的 78 名舟艇驾驶员和 28 名救生员，确保了每个基层队站至少编配 3 名专业舟艇驾驶员和 1 名救生员，队伍专业救援能力大大提升。本着有备无患原则，坚持每年都把队伍拉到长江里、鄱阳湖上开展冲锋舟救人、武装泅渡、远程抛投攀爬等实战实训，全方位检验和锻炼队伍专业救援、应急通信、战勤保障等各项能力，为打硬仗、大仗、恶仗打下坚实基础。

健全指挥体系。为健全支队指挥系统，支队结合九江实际，制定出台《全勤指挥部管理规定》，设立作战指挥长、指挥助理、通信助理等，组建作战指挥专班，定期组织全勤指挥部、基层指挥员等开展指挥能力培训，及时完善与政府部门联勤联动机制，更新灭火救援专家组成员，确保一旦发生灾害事故，联动力量能够第一时间到场处置。今年汛期，支队主动融入政府应急管理体系，积极参与全市范围内抗洪抢险指挥调度和作战决策，同时立即集结精干力量组成2支突击队抵达湖口、特勤前置备勤，成立作战指挥、信息通信、政工保障、后勤装备、战勤保障、新闻宣传等小组，形成完整跨区域增援作战指挥体系。面对九江市区、湖口、都昌、彭泽等地灾情告急的严峻形势，支队作战指挥系统按各自区域联合作战、分工协作，科学高效、专业精准，打赢一场又一场硬仗，取得了营救疏散人民群众“零遗漏、零伤亡、零事故”的战绩。

强化装备保障。为应对作战时间日益延长、作战跨度日趋增大的综合应急救援现状，支队坚持以完善车辆装备建设、智能化装备管理、提高物资投送为抓手，不断健全战勤保障体系。面对九江市高层建筑、石油化工企业密集和洪涝灾害多发易发等特点，支队坚持以实战为牵引，在配齐配强举高类消防车、泡沫消防车等车辆和各类专业灭火救援装备的基础上，购置物资运输车、运兵车、自装卸式消防车、供液消防车、加油车以及龙吸水等排涝装备，为每个消防救援站增配2台消防机器人，推动装备建设从数量规模型向质量效能型转变。立足“全灾种、大应急”装备保障新要求，积极探索装备建设新路子，形成集配备、储运、投送、使用为一体的装备保障新体系，推动装备综合保障能力不断提升。

人民至上　生命至上
践行竭诚为民的生动典范

作为党绝对领导下的新型人民队伍，九江支队始终把人民群众放在心中最高位置，为民奋斗、保民平安，在大灾大难面前奉献大爱，守护九江市连续15年未发生一起较大以上亡人火灾，以实际行动向驻地群众传递着党和政府的温暖。

防患未然保民安。九江是江西省石化产业集中地，有全省唯一的炼油厂、最大的成品油库和亚洲最大的有机硅生产基地，一旦发生火灾，后果不堪设想。支队将化工场所火灾隐患作为每年专项整治行动的重要内容，与行业主管部门常态化开展联合检查。近年来，支队指导全市200余家化工企业编制火灾防控“一厂一册”，推动建立企业专职消防队、微型消防站、工艺处置队，有效提升火灾防控水平。紧盯“小火亡人”事故症结，持续推进电气火灾、高层住宅等专项治理和消防安全示范社区创建，在各类企业单位、居民小区、九小场所等开展“一警六员”消防技能培训。通过多年努力，培养了12万余名“见火不慌、抬手就打”的“准消防员”，及时有效处置30%的初期火灾。

优化服务惠民生。支队坚持以人民为中心的发展思想，从百姓看得见、摸得着的实事入手，深化“放管服”改革，出台《优化消防营商环境实施办法》，强化“互联网+消防服务”平台应用，推出“一窗式受理”“一站式服务”，推行消防业务办理“只跑一次”“一次不跑”改革，不断增强企业和群众的获得感。江平华工程师是一名防火“老兵”，先后8次参与地方性消防规范制定。在疫情防控期间，定点医院、集中隔离点、医疗物资生产企业消防安全让他心急如焚，他发挥专业优势，查阅大量规范性文件，第一时间制发工作建议函，并根据涉疫单位需要，通过语音视频、手机短信等形式，提供消防安全管理、火灾隐患整改、消防演练等方面的远程技术咨询和培训指导服务，有效保证了涉疫场所的消防安全。不仅如此，在今年的防汛救灾中，他还和其他防火骨干主动请缨驻守灾民安置点开展消防安全服务，日巡夜查，除患保稳，有效确保了63 处灾民安置点零火灾的目标。

解难纾困暖民心。支队坚持把人民群众幸福感、满意度作为检验工作成效的根本标准，先后成立“学雷锋志愿服务队”17 支，累计捐献爱心款 200 余万元，帮扶 2 个贫困村实现脱贫摘帽，资助 12 名贫困学生完成学业，让“火焰蓝”形象深入人心。在疫情防控期间，支队组建 18 支志愿服务队，深入定点医院和社区街道开展防火检查、洗消杀毒、运送物资等服务，协助做好疫情防控工作，维护社会大局稳定。在灾后重建期间，支队主动作为，靠前服务，顶风冒雨架起百米“爱心浮桥”方便群众出行，昼夜不息开展排涝清淤作业，主动让出宿营车给安置点群众洗澡，肩挑背扛帮助受灾群众抢收稻谷，用实际行动践行初心使命。永修县立新乡一户加工米粉的老乡，被消防员救出时，为家里一千多斤米粉发愁。参与救援的消防员得知情况后，立马出动冲锋舟帮其转运米粉，并联系餐饮店全部脱销。他感动地说：“因为有消防员，生活又看到了希望。”

应急管理部关于表彰第五届全国119消防先进集体和先进个人的决定

（应急〔2020〕86号）

中国地震局、国家煤矿安监局，各省、自治区、直辖市应急管理厅（局），新疆生产建设兵团应急管理局，部消防救援局、森林消防局，部机关各司局，国家安全生产应急救援中心，部所属事业单位：

近年来，在党中央、国务院和地方各级党委、政府的坚强领导下，社会各界和国家综合性消防救援队伍一道，认真贯彻消防工作预防为主、防消结合的方针，按照政府统一领导、部门依法监管、单位全面负责、公民积极参与的原则，积极落实消防安全责任，扎实开展消防宣传教育、监督检查、隐患整改、火灾扑救、应急救援等工作，合力推进消防治理体系和治理能力现代化，有效确保了全国消防安全形势的持续平稳，涌现出一大批事迹突出、群众公认、催人奋进的先进集体和个人。为表彰先进、弘扬正气、激励斗志，进一步动员全社会力量共同做好消防工作，不断开创消防事业改革发展新局面，应急管理部决定，授予中国国家博物馆等147个单位为“第五届全国119消防先进集体”称号、北京市公安局密云分局城关派出所副所长李坚等197名个人为“第五届全国119消防先进个人”称号，并分别颁发奖匾、奖章和证书。

希望受表彰的先进集体和先进个人珍惜荣誉、再接再厉，充分发挥模范表率作用，继续热情支持、积极参与、奋力推进消防事业改革发展，不断取得新的成绩。希望社会各界特别是应急管理系统广大干部职工和消防救援指战员以先进典型为榜样，勇于担当，积极作为，顽强奋斗，全力防范化解重大安全风险，有效应对处置各类灾害事故，致力建设更高水平的平安中国，为全面建设社会主义现代化国家、实现中华民族伟大复兴的中国梦提供良好的安全保障。

附件：1. 第五届全国119消防先进集体名单
2. 第五届全国119消防先进个人名单

应急管理部

2020年11月6日

附件 1

第五届全国 119 消防先进集体名单

（共 147 个）

中国国家博物馆

中国空间技术研究院

故宫博物院消防处

北京市延庆区森林消防大队

北京市天安门地区消防救援支队故宫特勤站

天津市物业管理协会

天津应急救援港琪队

天津市和平区劝业场街百货大楼社区居民委员会

天津经济技术开发区八大街消防救援站

天津市消防救援总队特勤支队古林站

河北省石家庄市正定县常山 119 宣传队

河北省秦皇岛市昌黎县小雨点爱心帮扶救助中心

河北省沧州市沧县捷地乡义务消防应急队

河北省张家口市崇礼区消防救援大队

山西博物院安全保卫处

山西天脊煤化工集团股份有限公司消防大队

山西省忻州市五台山风景名胜区消防救援大队

内蒙古自治区鄂尔多斯市王府井百货有限责任公司

内蒙古自治区巴彦淖尔市五原县银定图农村消防站

内蒙古自治区锡林郭勒盟西乌珠穆沁旗高日罕街消防救援站

内蒙古自治区森林消防总队大兴安岭支队莫尔道嘎大队七中队

内蒙古自治区森林消防总队通辽市支队科左后旗中队

辽宁省沈阳市沈北新区兴隆台街道孟家台社区村民委员会

辽宁省本溪市蓝天救援队

辽宁省丹东市振兴区纤维街道办事处滨江村志愿消防队

辽宁省沈阳市铁西区启工消防救援站

吉林省四平市梨树县榆树台镇政府专职消防队

吉林省通化市柳河县柳爱青年志愿者协会

吉林省森林草原防灭火指挥部办公室

吉林省长春市消防救援支队特勤大队一站

吉林省森林消防总队特勤大队二中队

黑龙江省佳木斯市同江市八岔赫哲族乡八岔村

黑龙江省哈尔滨市儿童少年活动中心

黑龙江省虎林市应急管理局

黑龙江省大兴安岭地区漠河市消防救援大队

黑龙江省森林消防总队特勤大队一中队

黑龙江省森林消防总队伊春市支队直属大队一中队

上海市豫园旅游商城微型消防站

上海地铁第二运营有限公司二号线管理部徐泾东站

亚东石化（上海）有限公司专职消防队

上海市浦东新区世博大队周渡消防救援站

江苏省南京市江宁区东山街道办事处

江苏省南通市海安市飞鹤公共交通有限公司

江苏省徐州市贾汪区潘安湖街道马庄村

江苏省南通市崇川区天生港消防救援站

杭州灵隐寺

浙江省台州市三门县亭旁镇杨家村女子更夫队

浙江省宁波市象山县渔嫂剿火卫队

浙江省嘉兴市南湖区消防救援大队

安徽省六安市金寨经济开发区红石社区居民委员会

安徽省芜湖市大江义工队

安徽省合肥市蜀山区笔架山街道天鹅湖社区居民委员会

安徽省合肥市庐江县消防救援大队

安徽省黄山市歙县徽城消防救援站

福建省泉州市红十字迅捷应急救援队

福建省福安市穆阳镇专职消防队

福建侨龙应急装备股份有限公司

福建省福州市鼓楼区三坊七巷消防救援站

福建省森林消防总队特勤大队一中队

江西省上饶市德兴市新岗山镇占才民间义务救援协会

江西省萍乡市上栗县桐木镇湖塘志愿消防站

江西省景德镇市乐平市洎阳帮帮团

江西省宜春市万载县专业森林消防大队

江西省南昌市西湖区八一消防救援站

江西省赣州市瑞金市消防救援大队

山东省德州市总工会

山东省泰安市公安局泰山景区分局岱顶派出所

中石油昆仑燃气有限公司山东分公司

山东省烟台市长岛海洋生态文明综合试验区消防救援大队

山东省青岛市消防救援支队特勤大队一站

河南省许昌市魏都区五一路办事处光明社区老妈妈志愿服务队

河南省商丘市水上义务救援队

河南省开封市清明上河园景区

河南省三门峡市卢氏县综合应急救援大队

河南省开封市兰考县兰考消防救援站

湖北省武汉市青山区工人村街青和居社区居民委员会

湖北省武汉市火人消防宣传队

湖北省鄂州市美团外卖消防志愿者服务队

湖北省十堰市武当山道人消防队

湖北省鄂州市消防救援支队葛山大道特勤站

湖北省黄冈市黄梅县站前大道消防救援站

湖南省张家界市民歌志愿消防救援队

湖南省长沙市示范性综合实践基地

湖南省韶山毛泽东同志纪念馆女子志愿消防队

湖南省湘潭市韶山市消防救援大队

广东省国家危险化学品应急救援茂名石化队

广东省潮州市潮安区健诚高科玻璃制品股份有限公司

广东省四会市战勤保障志愿服务队

广东省航空护林站（广东省林火卫星监测中心）

广东省消防救援总队特勤大队

广东省茂名市高州市宝光消防救援站

广西壮族自治区柳州市三江侗族自治县林溪镇冠洞村女子义务消防队

广西壮族自治区梧州市爱国拥军促进会

广西壮族自治区钦州市三娘女子消防宣传服务队

广西壮族自治区桂林市西街外国消防志愿者队伍

广西壮族自治区百色市右江区红城消防救援站

海南省文昌市文昌学校

海南省三亚市千古情旅游演艺有限公司

海南省广播电视总台新闻频道《法治新海南：百姓消防》栏目组

海南省琼海市消防救援支队博鳌大队

重庆市渝北区龙山小学

重庆市客轮有限公司

重庆市铜梁区铜龙应急救援大队

重庆市航空应急救援总队

重庆市渝中区较场口消防救援站

四川省成都市青羊区草堂街道办事处

四川省眉山市东坡区紧急救援志愿者协会

四川省凉山州盐源县应急管理局综合应急救援大队

应急管理部南方航空护林总站西昌站

四川省成都市天府新区消防救援大队

四川省森林消防总队凉山彝族自治州支队西昌市大队

贵州省贵阳市花果园微型消防站

贵州省京东贵州正安营业部快递员团队

贵州省六盘水市钟山区第二实验小学蓝精灵少年消防团

贵州省黔东南州从江县增冲侗族女子志愿消防队

贵州省贵阳市森林消防队

贵州省遵义市红花岗区会址消防救援站

云南省大理州大理市金花消防志愿服务队

云南省昆明市盘龙区盘龙小学

云南省文山州西畴县兴街镇拉孩村民委员会

云南省怒江州兰坪县怒江路消防救援站

云南省森林消防总队特勤大队

西藏日报社汉编部专刊室

西藏自治区阿里地区革吉县消防救援大队

西藏自治区森林消防总队林芝市支队巴宜区中队

西北大学保卫处

陕西省延长石油（集团）有限公司延安炼油厂消防大队

陕西省渭南市西岳庙文物管理处

陕西省西安市经济技术开发区消防救援大队

甘肃省兰州雨思电子科技有限公司

甘肃省庆阳市南梁女子消防宣传志愿者服务队

甘肃省兰州市城关区消防救援大队

甘肃省森林消防总队平凉市支队西峰区大队

青海省原子城纪念馆

青海省格尔木市歌舞团

青海省海西州茫崖市消防救援大队

宁夏回族自治区银川市阅海中学

宁夏回族自治区吴忠市青铜峡市裕民街道东街社区居民委员会

宁夏回族自治区王洼煤业有限公司救护中队

宁夏回族自治区宁东能源化工基地消防救援大队

新疆维吾尔自治区乌鲁木齐市青少年综合实践教育中心

新疆维吾尔自治区阿克苏地区阿克苏市依干其乡人民政府

中国石油塔里木油田分公司塔西南专职消防队

新疆维吾尔自治区阿克苏地区库车市消防救援大队

新疆维吾尔自治区森林消防总队乌苏市大队一中队

应急管理部森林消防局机动支队四大队

中国消防救援学院基础部应急救援教研室

附件 2

第五届全国 119 消防先进个人名单

（共 197 名）

李　坚　北京市公安局密云分局城关派出所副所长

李　磊　北京德生密山雕刻有限公司总经理

王宝合　北京合益通工艺品有限公司总经理

许　斌　北京市应急管理局应急事务管理中心副主任兼北京市森林消防综合救援总队副总队长

潘照虎　北京市消防救援总队特勤支队高米店站副站长

王明胜　北京市通州区漷县消防救援站专职站站长

白　俊　天津广播电视台主持人、制片人

宋文琦　应急管理部天津消防研究所团总支书记

于井来　天津市管道工程集团有限公司施工管理部副部长

张　凯　天津滨海高新技术产业开发区物华道消防救援站政治指导员

张杉杉　天津市津南区消防救援支队防火监督科专职消防员

谷子衿　河北省石家庄市一中西山学校学生

赵雪飞　河北广播电视台农民频道栏目主编

文　勇　河北省衡水市阜城县古城镇党委书记

刘晓峰　河北省张家口市应急管理局火灾防治管理科负责人

蔡伟伟　河北省邢台市消防救援支队平安路特勤站四级消防士

杨兴华　河北省石家庄市栾城区栾武路消防救援站专职队长

段洪彬　河北省邯郸市肥乡区团结路消防救援站站长助理

杨红军　河北省秦皇岛市卢龙县护城河街消防救援站专职队长

刘蓉萍　山西省阳泉市广播电视台制片人

麻立峰　山西省吕梁市杏花村汾酒厂股份

有限公司安全保卫中心消防大队大队长
方国一　山西省朔州市应县木塔保护研究所所长
陈念念　山西省晋城市泽州县消防救援大队政治教导员
李政中　山西省晋中市灵石县政府专职消防队专职队长
哈斯其其格　内蒙古自治区西乌珠穆沁旗医药公司职工（已退休）
吴宝音代来　内蒙古自治区兴安盟科尔沁右翼中旗第一中学教师（已退休）
巴特尔　内蒙古自治区呼和浩特市玉泉区南二环路消防救援站站长
张　侠　内蒙古自治区通辽市科尔沁区木里图镇政府专职消防站副站长
齐东旭　内蒙古自治区森林消防总队兴安盟支队乌兰浩特市大队一中队一级消防士
王德朋　内蒙古自治区森林消防总队大兴安岭支队莫尔道嘎大队七中队政治指导员
乔　磊　内蒙古自治区森林消防总队通辽市支队应急通信与车辆勤务中队二级消防士
兰郡泽　辽宁省抚顺市龙兴运输有限公司司机
王桂兰　辽宁省锦州市北镇市正安镇正二村党总支书记
金大鹏　鞍山钢铁集团有限公司消防应急救援中心主任
李　强　辽宁省应急管理厅火灾防治管理处处长
刘本成　辽宁省鞍山市消防救援支队特勤大队副大队长
徐金华　辽宁省大连市甘井子区大连湾消防救援站专职队长
迟海波　吉林省吉林市博物馆副馆长兼党总支副书记
徐　飞　吉林省吉林市高新技术产业开发区消防救援大队大队长
陈　力　吉林省延边朝鲜族自治州珲春市边境经济合作区专职消防队队长
相　清　吉林省森林消防总队延边朝鲜族自治州支队珲春市大队二中队三级消防长
窦满有　黑龙江省黑河市中医医院党办副主任
赵鸿亮　国家税务总局哈尔滨市道外区税务局一级科员
庞　伟　黑龙江广播电视台音频产品中心第三事业部副主任
李树昌　黑龙江省大兴安岭地区应急管理局党委书记、局长兼林业集团公司森林防火办党委书记
付仁伟　黑龙江省佳木斯市抚远市消防救援大队政治教导员
李明植　黑龙江省哈尔滨市香坊区电碳路消防救援站站长
姚方彬　黑龙江省森林消防总队哈尔滨市支队沾河大队三中队一级消防士
崔晓军　黑龙江省森林消防总队牡丹江市支队直属大队一中队中队长
林　涛　黑龙江省森林消防总队大兴安岭地区支队二大队大队长
杜生茂　上海市奉贤区四团镇专职消防队队长
徐　俊　上海市第六人民医院保卫科科长
薛　琛　上海中心大厦建设发展有限公司安全管理总部副总经理
季　刚　上海市长宁区长宁消防救援站站长
倪张辉　上海市奉贤区金汇消防救援站站

长助理

孟建强　江苏省常州市建设摄影协会公益摄影志愿队副队长

缪梅清　江苏省无锡市惠山区洛社镇五秦村电工

李文雷　南京航空航天大学保卫处处长

陈新宽　江苏省淮安市淮安区翔宇消防救援站站长助理

李井泉　江苏省盐城市响水生态化工园区专职消防队队长

杭建平　江苏省常州市武进区雪堰政府专职消防队队长

阮方松　浙江省嘉兴市秀洲区王江泾镇文化站电影放映队队长

陈根生　浙江省湖州市吴兴区埭溪镇消防综合应急救援队队长

胡　杰　浙江省杭州市青少年活动中心职工

怡　藏　浙江省宁波市雪窦山资圣禅寺方丈

程　本　浙江省杭州市消防救援支队特勤大队一站站长

展才华　浙江省绍兴市滨海新城消防救援大队专职消防员

李贝章　浙江省宁波市鄞州区咸祥消防救援站副政治指导员

马本萱　安徽省麦卡出行汽车有限公司劳模创新工作室主任

谷文涛　安徽省阜阳市科学技术协会科普宣讲团讲师

苏　琴　安徽省合肥市蓝天救援队队长

金　诚　安徽省六安市霍山县应急管理局森林消防队队长

周　峰　安徽省马鞍山市花山区红旗桥消防救援站政治指导员

王金国　安徽省宣城市宣州区昭亭路消防救援站专职消防员

廖超超　安徽省淮南市山南新区消防救援大队专职消防员

陈光达　安徽省铜陵市枞阳县横埠专职消防站专职消防员

王东强　福建省南平市建瓯市民政局副局长

张铁铮　福建省广播电视大学鲤城学院办公室主任（已退休）

王思文　福建省漳州卫生职业学院消防科科长

乔巍然　福建省泉州市消防救援支队特勤大队一站三级消防长

陈再雄　福建省厦门市湖里区寨上消防救援站站长

赵东方　福建省森林消防总队特勤大队副政治教导员

谢　海　福建省森林消防总队龙岩市支队漳州市大队副大队长

查代楠　江西省蓝星星火有机硅有限公司安全环保处副处长兼消防队长

李　勇　江西省萍乡市湘东区下埠镇木马村村委会党支部副书记

周康乐　江西省新法制报传媒有限公司编辑

陈同录　江西省上饶市消防救援支队防火监督科科长

严　桢　江西省新余市分宜县杨桥镇政府专职消防队队长

朱良峰　江西省宜春市高安市消防救援大队专职消防员

刘曰兴　山东省滨州市愉悦家纺有限公司董事长

于　峰　山东省济宁市兖矿集团有限公司消防支队支队长

苏浩循　山东省淄博市红狼救援队主任

李全民　山东省应急管理厅火灾防治管理处副处长

刘　森　山东省日照市消防救援支队秦楼特勤站副站长
尹　岩　山东省德州市消防救援支队宣传中心专职消防员
曲志军　山东省威海经济技术开发区桥头消防救援站站长
杨永峰　河南省安阳市林州市红旗渠应急救援中心理事长
李承泽　河南省郑州市第八中学学生
于根艺　河南省歌舞演艺集团曲艺团团长（已退休）
党彦龙　河南省周口市消防救援支队交通路特勤站政治指导员
肖　允　河南省南阳市宛城区长江路消防救援站专职消防员
李　聪　河南省鹤壁市浚县消防救援大队专职消防员
叶文波　湖北日报传媒集团《楚天都市报》编辑部记者
周继明　中国石化股份有限公司湖北荆州石油分公司副经理（已退休）
秦礼刚　湖北省孝感市云梦县梦泽影戏馆馆长
余才伯　湖北省咸宁市通山县森林防灭火指挥部办公室副主任
陈　建　湖北省武汉市消防救援支队特勤一站站长助理
邓　韬　湖北省恩施州利川市清源消防救援站专职消防员
徐普查　湖北省黄冈市消防救援支队专职消防员
李钰龙　湖南省郴州市广播电视台记者
孙中元　湖南省湘西土家族苗族自治州花垣县十八洞村第一书记
陈昌龙　中国石化股份有限公司湖南怀化石油分公司中方油库企业专职消防队队长
徐　艺　湖南省应急管理厅火灾防治管理处副处长
曾杰毅　湖南省郴州市消防救援支队办公室主任
郭伦高　湖南省长沙市望城区书堂山消防救援站政治指导员
孙程成　广东省梅州日报社记者
戴求军　广东省深圳市慧通消安产业科技有限公司董事长
王　勇　广东省东莞市华南设计创新院院长
许灿光　广东省肇庆市应急管理局火灾防治管理科科长
黄小东　广东省消防救援总队特勤大队二站站长
苏金标　广东省广州市黄埔区永和消防救援站专职消防员
黎洪坚　广东省肇庆市端州区城西专职消防队队长
林　松　应急管理部火灾事故调查专家（已退休）
范徽丽　广西壮族自治区北海市机关幼儿园（北海市涠洲岛幼儿园）园长
陆　贤　广西壮族自治区岑溪市水汶镇大卫村村民
陈若邦　广西壮族自治区钦州市浦北县北通镇高林森林消防队队长
张章煌　广西壮族自治区南宁市消防救援支队特勤一站站长
韦向进　广西壮族自治区河池市大化县电都消防救援站专职消防员
唐凤英　海南省海口市社会福利院院长
资西阳　海南省交通工程建设局高级工程师
农国切　海南省洋浦经济开发区新英湾消防救援站分队长

李家任 海南省海口市琼山区红旗镇政府专职消防站站长

罗超乙 重庆市巴南区南泉街道自由村村民委员会综合治理专干

江黎明 重庆市黔江区公安局濯水派出所民警

程庆云 重庆市山水画廊旅游开发有限公司职工

袁建兰 重庆市江北区石马河消防救援站站长助理

杨　肖 重庆市南岸区二塘消防救援站站长助理

张　黎 四川省南充市高坪区图书馆馆长

胡　海 四川省内江市资中县木偶剧团团长

黄　平 中国移动通信集团四川有限公司甘孜分公司总经理

董晓伟 四川省凉山州消防救援支队经久特勤站政治指导员

王义伟 四川省绵阳市科创园区消防筹备组政府专职消防队队长

肖有志 四川省达州市开江县消防救援大队专职消防员

张鹏程 四川省森林消防总队攀枝花市支队仁和区大队一中队二级消防士

李丰宏 四川省森林消防总队阿坝藏族羌族自治州支队马尔康市大队一中队四级消防士

袁长生 四川省森林消防总队甘孜藏族自治州支队康定市中队二级消防士

杨二妹 贵州省六盘水市六枝特区梭戛乡高兴村村民

滚拉旺 贵州省黔东南自治州从江县丙妹镇岜沙村村民

罗福全 贵州省安顺市关岭布依族苗族自治县断桥镇中心小学教师

鲁文贵 贵州省黔南州消防救援支队长安路特勤站一分队分队长

叶　茂 贵州省贵阳市南明区后冲路消防救援站专职消防员

李阿士 云南省玉溪市元江县洼垤乡它才吉村委会坡垤组村民组长

张根发 云南省丽江市古城区大研街道办事处综治维稳专职副书记

陶琼莉 云南省红河州屏边县绣莉丰乡民族工艺制品厂厂长

王东申 云南省保山市龙陵县应急管理局火灾和水旱灾害应急救援管理股股长

友　桑 应急管理部南方航空护林总站丽江站副科长

许建旗 云南省红河州蒙自市复兴路消防救援站三级消防长

岳成明 云南省德宏州盈江县那邦镇政府专职消防队队长

马得智 云南省昆明市盘龙区金瓦路消防救援站专职消防员

窦国辉 云南省森林消防总队特勤大队大队长

杨晓晨 云南省森林消防总队丽江市支队应急通信与车辆勤务中队政治指导员

罗　凯 云南省森林消防总队大理白族自治州支队漾濞彝族自治县中队二级消防士

张泽彬 西藏自治区那曲市消防救援支队浙江东路特勤站站长

扎西桑珠 西藏自治区林芝市察隅县消防救援大队专职消防员

李　亮 西藏自治区森林消防总队昌都市支队副支队长

党婕睿 陕西省延安革命纪念地管理局杨家岭革命旧址管理处副主任

周安东 陕西省陕钢集团汉中钢铁有限责

任公司保卫部部长
姚　丞　陕西省西安曲江大雁塔景区管理服务有限公司大雁塔分公司安保部部长
谢　辉　陕西省应急管理厅火灾防治管理处二级调研员
辛全伍　陕西省延安市宝塔区宝塔消防救援站站长
查长安　陕西省宝鸡市高新区二十路专职消防站站长
郝　伟　甘肃省兰州石化消防支队支队长（已退休）
刘国旺　甘肃省临夏州中医医院后勤保卫科党支部书记
刘玉文　甘肃省天水市武山县应急管理局副局长
杨　玺　甘肃省陇南市徽县消防救援大队副政治教导员
杨永刚　甘肃省定西市岷县岷阳消防救援站专职队长
党　军　甘肃省森林消防总队特勤大队副大队长
李荣茂　青海省海东市民和县青海西部水电有限公司消防专工
边　浩　青海省格尔木市消防救援支队二级助理员
黄毛措　青海省果洛州玛沁县消防救援大队专职消防员
王兰花　宁夏回族自治区吴忠市王兰花热心小组服务站党支部书记（已退休）
谭立升　宁夏回族自治区应急管理厅火灾防治监督处处长
王玉珏　宁夏回族自治区石嘴山市消防救援支队灭火救援指挥部作战训练科副科长
韩晨阳　宁夏回族自治区吴忠市利通区同心街消防救援站专职消防员
居马泰·俄白克　新疆维吾尔自治区伊犁哈萨克自治州特克斯县牧业包扎得尔卫生院党支部书记
杜秉泽　新疆维吾尔自治区乌鲁木齐市第四十一中学学生
毛勇忠　新疆油田公司应急抢险救援中心副主任
杜　凡　新疆维吾尔自治区巴州消防救援支队办公室主任
宋　健　新疆维吾尔自治区昌吉州准东经济技术开发区政府专职消防队队长
白立成　新疆维吾尔自治区森林消防总队阿勒泰地区支队阿勒泰市大队二中队一级消防士
马玉春　应急管理部森林消防局作战训练处处长
包文东　应急管理部森林消防局机动支队副支队长
刘　铭　应急管理部森林消防局机动支队政治部副主任兼组织处处长
兰海亮　应急管理部森林消防局大庆航空救援支队作战训练科一级助理员
张英海　应急管理部森林消防局昆明航空救援支队支队长
纪任鑫　中国消防救援学院基础部应急救援教研室主任
石　洋　中国消防救援学院训练部科研科科长

应急管理部关于表彰国家综合性消防救援队伍抗击新冠肺炎疫情先进个人和先进集体的决定

（应急〔2020〕101号）

中国地震局、国家矿山安全监察局，各省、自治区、直辖市应急管理厅（局），新疆生产建设兵团应急管理局，部消防救援局、森林消防局，部机关各司局，国家安全生产应急救援中心，部所属事业单位：

新冠肺炎疫情是新中国成立以来我国遭遇的传播速度最快、感染范围最广、防控难度最大的一次重大突发公共卫生事件。疫情发生后，国家综合性消防救援队伍坚决贯彻落实习近平总书记重要指示精神和党中央、国务院决策部署，在应急管理部党委和地方各级党委、政府的坚强领导下，忠实践行对党忠诚、纪律严明、赴汤蹈火、竭诚为民“四句话方针”，充分发挥应急救援主力军和国家队作用，全力以赴投入疫情防控人民战争、总体战、阻击战。广大消防救援指战员坚持人民至上、生命至上，自觉把保护人民群众生命安全和身体健康放在第一位，坚决完成涉疫人员、防疫物资、医疗废弃物转运和防疫洗消等高危勤务，切实保障各地定点医院、方舱医院、集中隔离点和防疫物资生产物流企业消防安全，全力护航企业复工复产和经济社会发展，为取得抗击新冠肺炎疫情斗争重大战略成果作出了突出贡献，涌现出一大批事迹感人、催人奋进的先进典型。

为表彰先进，弘扬正气，充分激发全国应急管理系统干部职工和消防救援指战员干事创业的责任感、使命感、荣誉感，广泛凝聚推动应急管理事业改革发展的强大正能量，应急管理部决定，授予雷永利等200名同志“国家综合性消防救援队伍抗击新冠肺炎疫情先进个人”称号、北京市丰台区消防救援支队等60个单位“国家综合性消防救援队伍抗击新冠肺炎疫情先进集体”称号。希望受表彰的个人和集体珍惜荣誉、再接再厉，充分发挥模范表率作用，不断为保护人民群众生命财产安全、维护社会稳定作出新的更大贡献。

当前，统筹推进常态化疫情防控和经济社会发展任务仍然艰巨繁重，做好应急管理各项工作责重如山。全国应急管理系统广大干部职工和消防救援指战员要以习近平新时代中国特色社会主义思想为指导，全面贯彻党的十九大和十九届二中、三中、四中、五中全会精神，以受表彰的先进个人和先进集体为榜样，增强“四个意识”、坚定“四个自信”、做到“两个维护”，更加紧密地团结在以习近平同志为核心的党中央周围，大力弘扬伟大抗疫精神，不忘初心、牢记使命，顽强拼搏、勇担重任，积极推进应急管理体系和能力现代化，全力防范化解重大安全风险，有效应对处置各类灾害事故，坚决履行党和人民赋予的新时代使命任务，为全面建设社会主义现代化国家、实现中华民族伟大复兴的中国梦提供更加有力的安全保障。

附件：1. 国家综合性消防救援队伍抗击新冠肺炎疫情先进个人名单

2. 国家综合性消防救援队伍抗击新冠肺炎疫情先进集体名单

应急管理部

2020 年 12 月 18 日

附件 1

国家综合性消防救援队伍抗击新冠肺炎疫情先进个人名单

（共 200 名）

雷永利 北京市丰台区消防救援支队政治委员

刘　峥 北京市丰台区玉泉营消防救援站二级消防士

赵廉洁 北京市昌平区消防救援支队防火监督一科科长

宋　宏 天津市河西区消防救援支队副政治委员

孙伟华 天津市消防救援总队应急通信与车辆勤务大队一级消防士

李　凯 河北省石家庄市正定县晨光路消防救援站副站长

周　琳 山西省消防救援总队人事处一级督导员

王　冬 内蒙古自治区呼和浩特市新城区消防救援大队中级专业技术职务

李志杰 内蒙古自治区呼伦贝尔市消防救援支队特勤大队二站副站长

刘险峰 内蒙古自治区乌海市消防救援支队光明路特勤站三级消防士

蔡　浩 内蒙古自治区森林消防总队大兴安岭支队莫尔道嘎大队七中队四级消防士

陈世龙 内蒙古自治区森林消防总队大兴安岭支队牙克石市大队二十三中队三级消防士

柳　雄 内蒙古自治区森林消防总队呼伦贝尔市支队海拉尔区大队二中队三级消防士

朱永超 辽宁省消防救援总队后勤装备处二级督导员

刘智阳 辽宁省沈阳市消防救援支队特勤大队二站站长

徐金华 辽宁省大连市甘井子区大连湾消防救援站站长

丁红卫 吉林省长春市消防救援支队政治部副主任兼组织教育处处长

臧乾成 吉林省吉林市船营区黄旗街消防救援站站长

邵长龙 吉林省长白山保护开发区长白山

大街消防救援站二级消防士

杨民堂　吉林省森林消防总队白山市支队财务科一级助理员

喻同阳　吉林省森林消防总队延边朝鲜族自治州支队长白山池北区一大队四中队一级消防士

杜静彬　吉林省森林消防总队作战训练处一级督导员

薛永红　黑龙江省牡丹江市消防救援支队新安街特勤站二级消防长

刘成林　黑龙江省鸡西市消防救援支队后勤装备科科长

李　为　黑龙江省消防救援总队一级督导员

格红强　黑龙江省森林消防总队黑河市支队嫩江市大队六中队三级消防士

韩　强　黑龙江省森林消防总队伊春市支队应急通信与车辆勤务中队二级消防士

张高铭　黑龙江省森林消防总队佳木斯市支队组教科副科长

吴雪松　黑龙江省森林消防总队保障部副部长兼后勤处处长

齐晶晶　黑龙江省森林消防总队后勤处二级助理员

周　钢　上海市黄浦区消防救援支队队务处一级助理员

刘伟伟　上海市宝山区消防救援支队队务督察科一级助理员

罗振华　江苏省宿迁市消防救援支队应急通信与车辆勤务站站长

谢新星　浙江省丽水市消防救援支队财务科二级助理员

王　欣　浙江省消防救援总队后勤装备处一级督导员

李德元　安徽省阜阳市颍州区消防救援大队初级专业技术职务

王小锋　安徽省淮北市消防救援支队灭火救援指挥部副部长兼作战训练科科长

徐海蛟　福建省消防救援总队后勤装备处一级督导员

孙广枪　福建省漳州市消防救援支队战勤保障科一级助理员

彭　彦　福建省南平市浦城县消防救援大队副大队长

高栋梁　福建省森林消防总队后勤处副处长

唐诗林　江西省抚州市资溪县城南大道消防救援站三级消防士

董逵逵　江西省鹰潭市高新技术产业开发区消防救援大队中级专业技术职务

李国良　山东省济南市消防救援支队战勤保障处二级助理员

戚海银　山东省淄博市消防救援支队防火监督科科长

李泽晟　山东省德州市消防救援支队队务督察科二级助理员

杜义才　河南省鹤壁市浚县消防救援大队政治教导员

高习鹏　河南省消防救援总队后勤装备处初级专业技术职务

杨　俭　湖北省武汉市汉阳区七里庙消防救援站一级消防士

王振汉　湖北省武汉市消防救援支队后勤装备处三级助理员

郭　明　湖北省武汉市消防救援支队特勤大队一站三级消防士

舒　涛　湖北省武汉市消防救援支队搜救犬站二级消防士

陈海兵　湖北省武汉市江岸区岔马路消防救援站三级消防士

袁　野　湖北省武汉市江汉区青年路消防

救援站政府专职消防员

许　威　湖北省武汉市江汉区青年路消防救援站三级消防士

姚　健　湖北省武汉市硚口区长丰消防救援站政府专职消防员

程　炼　湖北省武汉市汉阳区墨水湖消防救援站二级消防士

张　云　湖北省武汉市汉阳区七里庙消防救援站政府专职消防员

高春龙　湖北省武汉市武昌区武珞路消防救援站一级消防士

陈木林　湖北省武汉市青山区武丰消防救援站政府专职消防员

皇甫江武　湖北省武汉市洪山区徐东路消防救援站政府专职消防员

钟泽琦　湖北省武汉市洪山区南湖消防救援站副站长

姚声宇　湖北省武汉市江夏区安山消防救援站二级消防士

欧　权　湖北省武汉市黄陂区前川消防救援站一级消防士

刘加华　湖北省武汉市东西湖区常青消防救援站三级消防长

阮　航　湖北省武汉市经济技术开发区沌口消防救援站副站长

肖理木　湖北省武汉市东湖高新技术开发区流芳消防救援站四级消防士

徐　震　湖北省武汉市东湖高新技术开发区流芳消防救援站二级消防士

周　元　湖北省武汉市蔡甸区新农消防救援站二级消防士

潘　成　湖北省武汉市新洲区永安大道消防救援站二级消防士

徐　杨　湖北省武汉市汉南区幸福消防救援站政府专职消防员

郑业弢　湖北省武汉市洪山区八一路消防救援站一级消防士

白少雄　湖北省武汉市化工区消防救援大队初级专业技术职务

江泽华　湖北省武汉市消防救援支队三金潭战勤保障站政府专职消防员

吕建斌　湖北省黄石市西塞山区王家墩消防救援站二级消防长

姜耀月　湖北省黄石市大冶市罗桥消防救援站副站长

涂　超　湖北省黄石市下陆区消防救援大队初级专业技术职务

陈建喜　湖北省黄石市消防救援支队组织干部科三级助理员

罗昌松　湖北省十堰市消防救援支队防火监督科科长

李明磊　湖北省十堰市房县房陵东大道消防救援站副站长

陈　坤　湖北省十堰市郧西县郧西大道消防救援站三级消防长

任　辰　湖北省十堰市郧阳区沿江路消防救援站二级消防士

陈　涛　湖北省宜昌市消防救援支队后勤装备科科长

徐红咏　湖北省宜昌市五峰土家族自治县消防救援大队副大队长

姚　伟　湖北省宜昌市枝江市友谊大道消防救援站政治指导员

张赵旭　湖北省宜昌市枝江市消防救援大队初级专业技术职务

曾　勇　湖北省宜昌市五峰土家族自治县武汉大道消防救援站一级消防士

田　佳　湖北省宜昌市消防救援支队港窑路特勤站三级消防士

赵　宏　湖北省襄阳市消防救援支队特勤大队一站二级消防长

李怀成　湖北省襄阳市南漳县水镜大道消防救援站三级消防士

谢剑丹　湖北省襄阳市消防救援支队法制

科科长

王　雨　湖北省襄阳市消防救援支队特勤大队一站一级消防士

龙晓攀　湖北省襄阳市枣阳市书院东街消防救援站三级消防士

张中文　湖北省襄阳市谷城县园林路消防救援站三级消防士

刘　磊　湖北省鄂州市消防救援支队副支队长

毛　飞　湖北省鄂州市华容区消防救援大队大队长

胡　迪　湖北省鄂州市消防救援支队葛山大道特勤站一级消防士

贺俊华　湖北省荆门市消防救援支队指挥中心主任

刘　寅　湖北省荆门市漳河新区消防救援大队初级专业技术职务

彭文杰　湖北省荆门市掇刀区消防救援大队长坂坡路特勤站三级消防士

王劲峰　湖北省孝感市消防救援支队副支队长

孙发雷　湖北省孝感市大悟县前进大道消防救援站一级消防士

徐飞飞　湖北省孝感市消防救援支队福广路特勤站二级消防士

刘　泽　湖北省孝感市消防救援支队防火监督科科长

李志威　湖北省孝感市孝南区消防救援大队初级专业技术职务

王一龙　湖北省孝感市大悟县前进大道消防救援站政治指导员

钟　鹏　湖北省孝感市消防救援支队福广路特勤站二级消防士

付军军　湖北省孝感市消防救援支队福广路特勤站一级消防士

杨文华　湖北省荆州市消防救援支队副支队长

金　鑫　湖北省荆州市洪湖市长渠路消防救援站二级消防士

王　锐　湖北省荆州市洪湖市长渠路消防救援站三级消防士

周晶磊　湖北省荆州市沙市区江津消防救援站二级消防士

孙海波　湖北省荆州市公安县孱陵大道消防救援站副站长

宋齐继　湖北省荆州市消防救援支队后勤装备科科长

李　俊　湖北省荆州市消防救援支队防火监督科科长

曹远国　湖北省荆州市消防救援支队战勤保障科科长

高　原　湖北省黄冈市团风县消防救援大队初级专业技术职务

刘　沙　湖北省黄冈市消防救援支队作战训练科初级专业技术职务

王　浩　湖北省黄冈市消防救援支队新港大道特勤站三级消防士

张文权　湖北省黄冈市消防救援支队新港大道特勤站三级消防士

孙　攀　湖北省黄冈市浠水县彩虹大道消防救援站二级消防士

黄泽政　湖北省黄冈市红安县金沙大道消防救援站站长

涂　凡　湖北省黄冈市武穴市窝陂塘路消防救援站四级消防士

刘碧碧　湖北省黄冈市消防救援支队应急通信与车辆勤务站二级消防士

周　扬　湖北省黄冈市黄州区体育路消防救援站政治指导员

杨念东　湖北省咸宁市消防救援支队防火监督科中级专业技术职务

杨　睿　湖北省咸宁市咸安区桂乡大队消防救援站一级消防士

李昊学　湖北省咸宁市通城县通城大道消

防救援站一级消防士
王　杰　湖北省咸宁市赤壁市东风路消防救援站四级消防士
李坤城　湖北省随州市消防救援支队作战训练科副科长
吕　震　湖北省随州市消防救援支队队务督察科副科长
吴沛霖　湖北省随州市消防救援支队东城特勤站一级消防士
田恒军　湖北省恩施州宣恩县消防救援大队政治教导员
董世涛　湖北省恩施州恩施市消防救援大队副大队长
田　腾　湖北省恩施州消防救援支队金桂大道特勤站副政治指导员
苏　辉　湖北省恩施州巴东县沿江大道消防救援站副站长
蔡久勇　湖北省消防救援总队汉江支队综合指导科科长
吴　超　湖北省消防救援总队汉江支队组织干部科副科长
赵贵州　湖北省消防救援总队汉江支队天门市竟陵消防救援站一级消防士
晏云培　湖北省消防救援总队训练与战勤保障支队教务科二级督导员
程建新　湖北省消防救援总队训练与战勤保障支队学员管理科一级督导员
陶亚军　湖北省消防救援总队训练与战勤保障支队后勤科副科长
陈亚平　湖北省消防救援总队办公室副主任
杜　超　湖北省消防救援总队纪检督察室二级督导员
徐　辉　湖北省消防救援总队防火监督处处长
李小虎　湖北省消防救援总队法制与社会消防工作处初级专业技术职务
郭光英　湖北省消防救援总队后勤装备处二级督导员
谢　桦　湖北省消防救援总队财务处一级督导员
胡　兴　湖南省长沙市高新技术产业开发区麓谷消防救援站副站长
樊　辉　湖南省郴州市桂阳县龙潭消防救援站二级消防士
李　汕　广东省珠海市消防救援支队支队长
章勇军　广东省中山市黄圃镇消防救援大队政治教导员
杨志兵　广西壮族自治区贺州市消防救援支队机关党委代理专职副书记
丁　臣　广西壮族自治区百色市消防救援支队组织干部科二级助理员
黄森泽　海南省消防救援总队指挥中心副主任
王　侃　重庆市消防救援总队办公室一级助理员
陈祖兴　四川省甘孜州色达县消防救援大队政治教导员
丁　旷　四川省森林消防总队阿坝藏族羌族自治州支队应急通信与车辆勤务中队三级消防士
姜　乾　贵州省贵阳市消防救援支队特勤大队二站三级消防士
王太山　贵州省铜仁市碧江区百花路消防救援站三级消防长
李　磊　贵州省消防救援总队训练与战勤保障支队二级消防士
马利军　云南省消防救援总队后勤装备处一级督导员
郭俊兵　云南省红河州个旧市消防救援大队大队长
李　松　云南省西双版纳州勐腊县消防救援大队副大队长

方文旭　云南省森林消防总队丽江市支队玉龙市大队二中队副中队长

李峻屹　云南省森林消防总队防火监督处初级专业技术职务

贡觉次成　西藏自治区消防救援总队后勤装备处一级助理员

鲁　婕　西藏自治区森林消防总队办公室三级助理员

代程程　西藏自治区森林消防总队林芝市支队察隅县中队三级消防士

刘　坤　陕西省汉中市消防救援支队作战训练科初级专业技术职务

李海华　甘肃省临夏州消防救援支队应急通信与车辆勤务站一级消防士

尹　萍　甘肃省森林消防总队后勤处二级督导员

盛鸿雁　青海省消防救援总队训练与战勤保障支队办公室一级助理员

高　博　宁夏回族自治区银川市永宁县杨和消防救援站站长

陆　琴　新疆维吾尔自治区乌鲁木齐市水磨沟区消防救援大队初级专业技术职务

朱旭明　新疆维吾尔自治区乌鲁木齐市水磨沟区七道湾路消防救援站二级消防士

杜　凡　新疆维吾尔自治区巴音郭楞蒙古自治州消防救援支队办公室主任

杜　焌　新疆维吾尔自治区森林消防总队阿勒泰地区支队富蕴县大队四中队三级消防士

马　准　应急管理部消防救援局天津训练总队灭火救援训练部副部长兼教务处处长

李　秀　应急管理部消防救援局南京训练总队训练七大队一级助理员

柴晓轩　应急管理部消防救援局昆明训练总队训练二大队大队长

舒伟健　应急管理部消防救援局组织教育处二级督导员

司　戈　应急管理部消防救援局法规与社会消防工作处副处长

孙毅军　应急管理部消防救援局新闻宣传处一级督导员

徐晓燕　应急管理部消防救援局门诊部医师

韩元庆　应急管理部消防救援局后勤装备处一级督导员

王　斌　应急管理部消防救援局后勤装备处一级督导员

尹翠良　应急管理部消防救援局后勤装备处二级督导员

李晓东　应急管理部消防救援局应急车辆勤务大队二级消防士

丁　凡　应急管理部森林消防局后勤处一级助理员

贾　东　应急管理部森林消防局机动支队保障部副部长兼后勤处处长

毕可春　应急管理部森林消防局机动支队四大队大队长

王　帅　应急管理部森林消防局机动支队特勤大队二中队二级消防士

李　光　应急管理部森林消防局大庆航空救援支队作战训练科一级助理员

许立满　应急管理部森林消防局昆明航空救援支队特勤大队一中队一级消防士

祖国亮　中国消防救援学院干部培训大队副大队长

王　冬　中国消防救援学院干部培训大队学员六队队长

王新辉　中国消防救援学院训练部办公室秘书

张小河 中国消防救援学院院务部警务装备科科长

莘 华 中国消防救援学院院务部门诊部主任

附件2

国家综合性消防救援队伍抗击新冠肺炎疫情先进集体名单

（共60个）

北京市丰台区消防救援支队

北京市昌平区小汤山消防救援站

内蒙古自治区呼和浩特市新城区消防救援大队

内蒙古自治区呼伦贝尔市满洲里口岸医疗救治医院临时消防救援站

内蒙古自治区森林消防总队大兴安岭支队

辽宁省沈阳市消防救援支队驻市第六人民医院疫情防控执勤点

辽宁省大连市甘井子区大连湾消防救援站

吉林省延边朝鲜族自治州珲春市消防救援大队

吉林省吉林市舒兰市消防救援大队

吉林省森林消防总队吉林市支队桦甸市大队

黑龙江省哈尔滨市南岗区消防救援大队

黑龙江省牡丹江市绥芬河市消防救援大队

黑龙江省森林消防总队牡丹江市支队绥芬河市大队

福建省福州市鼓楼区三坊七巷消防救援站

福建省泉州市鲤城区古城消防救援站

福建省森林消防总队特勤大队

山东省济宁市任城区消防救援大队

山东省消防救援总队训练与战勤保障支队

湖北省武汉市洪山区消防救援大队

湖北省武汉市江岸区消防救援大队

湖北省武汉市武昌区消防救援大队

湖北省武汉市江汉区消防救援大队

湖北省武汉市汉阳区消防救援大队

湖北省武汉市江夏区消防救援大队

湖北省武汉市经济开发区消防救援大队

湖北省黄石市消防救援支队

湖北省十堰市消防救援支队重庆路特勤站

湖北省宜昌市消防救援支队港窑路特勤站

湖北省宜昌市夷陵区消防救援大队

湖北省襄阳市高新技术开发区消防救援大队

湖北省襄阳市樊城区消防救援大队

湖北省鄂州市消防救援支队

湖北省荆门市消防救援支队

湖北省孝感市大悟县消防救援大队

湖北省孝感市高新技术产业开发区消防救援大队

湖北省孝感市消防救援支队福广路特勤站

湖北省荆州市消防救援支队

湖北省荆州市沙市区消防救援大队

湖北省黄冈市消防救援支队新港大道特勤站

湖北省黄冈市罗田县消防救援大队

湖北省黄冈市黄州区西湖三路消防救援站

湖北省咸宁市咸安区消防救援大队

湖北省随州市随县消防救援大队

湖北省恩施州咸丰县消防救援大队

湖北省消防救援总队汉江支队仙桃特勤站

湖北省消防救援总队训练与战勤保障支队

四川省森林消防总队甘孜藏族自治州支队道孚县大队

贵州省贵阳市消防救援支队特勤大队二站

贵州省安顺市西秀区消防救援大队

云南省德宏州瑞丽市消防救援大队

云南省昆明市消防救援支队防火监督处

云南省森林消防总队保山市支队腾冲市中队

西藏自治区森林消防总队昌都市支队卡若区中队

新疆维吾尔自治区乌鲁木齐市经济技术开发区消防救援大队

新疆维吾尔自治区乌鲁木齐市天山区团结路消防救援站

新疆维吾尔自治区森林消防总队特勤大队

应急管理部消防救援局赴鄂工作组

应急管理部消防救援局后勤装备处

应急管理部森林消防局机动支队四大队

中国消防救援学院院务部门诊部

第 五 篇

灭火救援统计情况

第一章　全国灭火救援统计情况

2020 年全国消防救援队伍接警出动情况

2020 年，全国消防救援队伍共接警出动 161. 3 万起，共出动消防救援指战员及其他消防人员 1567. 8 万人次、消防车辆 280. 8 万辆次，共从各类灾害事故中营救遇险被困人员 19 万余人，疏散转移人员近 50 万人，保护财产价值 914 亿元。在灭火救援战斗中，共有 8 名消防救援指战员和 5 名政府专职消防员牺牲，35 名消防人员受伤。

一、出警任务历年来最多

2020 年全国消防救援队伍接警出动起数同比增加 23. 1%，出动人次、辆次同比分别增加 16. 3% 和 18. 0%，是新中国成立以来出警量最多的年份；全年日均出动消防指战员 4. 3 万人次、消防车辆 7692 辆次，各级消防救援队伍圆满完成了应对处置各类突发灾害事故的任务。

二、东部沿海地区经济发达省份接报警情多、任务繁重

从各地警情分布看，广东、山东、江苏、四川、浙江、湖北、河南等人口大省和经济发达省份出警量依次居全国前列，其中，广东、山东、江苏、浙江等 4 个东部沿海地区省份的出警量合计约占全国总量的 30%，任务十分繁重。

三、火灾扑救警情占比高、同比增幅大

全年全国共扑救火灾 67. 7 万起，处置灾害事故 36. 2 万起，参与社会救助 41. 1 万起，参加公务执勤 5. 4 万起，其他类出动 10. 8 万起。其中，火灾扑救警情占全年警情总数的 42. 0%，占比最高，同比增幅达 166. 0%。救援、救助类警情分别占全年警情总数的 22. 5% 和 25. 5%，其中，7 月、8 月救援任务最多，每月都在 4 万起以上，特别是洪涝灾害、台风、泥石流等抢险救援任务较多；7 月、8 月、9 月救助任务最多，占比最大的是清除马蜂窝威胁（超过一半）。

四、火灾扑救投入力量较多

平均每起火灾扑救行动投入消防车 2. 2 辆次、消防救援人员 12. 0 人次，而平均每起抢险救援行动投入消防车 1. 5 辆次、消防救援人员 9. 0 人次，平均每起社会救助行动投入消防车 1. 1 辆次、消防救援人员 6. 4 人次。

五、夏季灾害事故救援任务繁重

从警情的分类看，抢险救援 36. 2 万起、社会救助 41. 1 万起，合计占总数的 48. 0%，且集中在石化、易燃易爆及洪

涝、强降雨、台风、泥石流、滑坡、马蜂窝等事故险情多发的 7 月、8 月、9 月，仅这 3 个月的救援、救助出动就占全年的 41.0%。

六、火灾扑救战斗展开时间进一步减少

从火灾扑救处警数据的变化看，接警到场后的战斗展开时间大于 5 分钟的由 2018 年的 47.6%、2019 年的 47.2%，下降到 2020 年的 46.3%，这一数据的变化既体现了消防救援队伍技战术水平的提升，也表明消防车通道堵塞等对扑救火灾带来的影响正在逐步减小，打通消防“生命通道”等专项整治的效果逐渐显现。

全国消防救援队伍接警出动情况

地区	接警出动起数							参战人员(人次)			出动车辆(辆次)			参战人员伤亡(人)				战斗成果		
	合计	火灾扑救	抢险救援	反恐排爆	公务执勤	社会救助	其他出动	小计	指战员	其他	小计	消防救援队伍	其他	指战员		其他		救出人员(人)	疏散人员(人)	抢救财产价值(万元)
														亡	伤	亡	伤			
合　计	1612728	677313	362297	297	53764	411002	108055	15677976	13859754	1818222	2807729	2472582	335147	8	29	5	6	186260	498693	9141149
北　京	32513	7115	9250	10	1220	6059	8859	373798	370715	3083	68052	67467	585	1	2			2178	2578	29218
天　津	46843	7265	7738	14	3	17398	14425	494859	479759	15100	95812	92977	2835					1598	2440	223014
河　北	71237	44892	9516	7	9	13886	2927	755002	341677	413325	134208	64383	69825	1		1	1	6532	14736	719985
山　西	27683	14615	6486	11	768	3990	1813	257343	230245	27098	45693	40843	4850		2			4064	16454	15880
内蒙古	27181	17880	4933		309	2269	1790	218401	217237	1164	43495	43263	232					3257	4970	105805
辽　宁	34353	22232	4042	1	204	7164	710	268355	250779	17576	55129	51826	3303		2			2360	4207	56244
吉　林	23390	14135	1706	2		3215	4332	198802	188326	10476	41740	39431	2309					2633	4708	40070
黑龙江	27208	15045	3159		5386	2986	632	235835	224422	11413	53750	50994	2756		1			1814	2086	15143
上　海	56963	10535	22021	126	10	12511	11760	710450	710450		91775	91775						4077	5417	556997
江　苏	118263	54034	24753	5	2236	23257	13978	1018204	591453	426751	200637	118712	81925					6967	12232	68476
浙　江	94141	45047	27648	12	174	18777	2483	1135399	1031720	103679	189799	172353	17446		1			8930	9837	825813
安　徽	73371	31959	14401	9	73	24723	2206	682121	646407	35714	120539	114845	5694	2				11495	35323	287103
福　建	50824	22093	13274		280	11742	3435	454360	417622	36738	80606	74350	6256					6615	15114	99302
江　西	43305	17658	11676	2	947	11104	1918	529294	491858	37436	82473	76324	6149			2		20388	65848	293003
山　东	123286	80626	21132	1	453	17722	3352	1441822	1395977	45845	235937	227991	7946		1			13187	21114	739765

全国消防救援队伍接警出动情况（续）

地区	接警出动起数							参战人员(人次)			出动车辆(辆次)			参战人员伤亡(人)				战斗成果		
	合计	火灾扑救	抢险救援	反恐排爆	公务执勤	社会救助	其他出动	小计	指战员	其他	小计	消防救援队伍	其他	指战员		其他		救出人员（人）	疏散人员（人）	抢救财产价值（万元）
														亡	伤	亡	伤			
河　南	76902	39149	19765	17	3209	8584	6178	930891	797783	133108	165734	142528	23206	1	1	1		8988	26538	741962
湖　北	82601	17717	21969	21	5649	35131	2114	660037	652559	7478	124178	122798	1380		1			8386	33430	95059
湖　南	52451	24377	10927	4	273	15109	1761	519593	484923	34670	82786	76856	5930		2			7390	24135	91176
广　东	126883	54709	36681	11	162	29140	6180	1205815	1073342	132473	229854	203300	26554		1		2	12809	22377	2056442
广　西	40243	12972	10720	6	5055	10373	1117	441363	423227	18136	81769	78388	3381		2	1		4251	5123	72306
海　南	11194	4094	1823		475	4466	336	95644	89313	6331	19184	17836	1348					1191	2169	21543
重　庆	62395	11702	11749		13	33451	5480	694582	686974	7608	109850	108320	1530		3		3	5347	19917	11343
四　川	114971	29177	25995	19	309	58175	1296	781621	551555	230066	158834	113244	45590		2			17666	30497	1241709
贵　州	37570	13143	12425	1	351	9710	1940	308617	305833	2784	54369	53868	501					6067	45110	70335
云　南	54376	15523	9062	9	12162	15248	2372	372385	330716	41669	71806	61395	10411		1			6209	20824	169186
西　藏	7037	305	310		6256	166		40324	40316	8	8255	8254	1					455	1560	272149
陕　西	43461	21544	8901	7	707	11159	1143	345263	343270	1993	61872	61565	307		1			4673	27358	53791
甘　肃	15147	9140	3316		40	1209	1442	140351	127369	12982	24901	22679	2222	1	1			2054	6294	12652
青　海	3031	1596	959			358	118	28655	28635	20	5896	5893	3	1	5			627	6224	6541
宁　夏	9431	5544	2174		829	549	335	140325	137844	2481	26462	26020	442					1063	3181	41456
新　疆	24474	11490	3786	2	6202	1371	1623	198465	197448	1017	42334	42104	230	1				2989	6892	107681

全国消防救援队伍分类出警情况

类别		起数	投入力量						参战人员伤亡(人)				战斗成果		
			参战人员(人次)			出动车辆(辆次)			指战员		其他		救出人员(人)	疏散人员(人)	抢救财产价值(万元)
			小计	指战员	其他	小计	消防救援队伍	其他	亡	伤	亡	伤			
合 计		1612728	15677976	13859754	1818222	2807729	2472582	335147	8	29	5	6	186260	498693	9141149
火灾扑救	小计	677313	8144104	7141871	1002233	1482417	1298804	183613	1	12	1	2	14571	246747	5351401
	人员密集场所火灾	194012	2588491	2347866	240625	473221	428384	44837		4	1		7139	110898	1022684
	高层建筑火灾	8999	149166	139962	9204	28239	26550	1689	1	2			1669	17199	46437
	地下建筑火灾	980	14303	13453	850	2711	2561	150					46	1112	3932
	其他重要场所火灾	104522	1216857	1087948	128909	220086	196078	24008		2			833	26070	2270139
	化工火灾	1562	24018	21827	2191	4570	4151	419		3			85	2675	135686
	交通工具火灾	56440	666728	587399	79329	119709	105170	14539					721	20824	289966
	特殊火灾	55269	609468	549026	60442	107538	96297	11241					402	10339	146880
	其他火灾	255529	2875073	2394390	480683	526343	439613	86730		1		2	3676	57630	1435677
灾害事故抢险救援	小计	362297	3264539	2912839	351700	555115	493057	62058	6	14	4	4	162020	225777	2591999
	危险化学品事故	14658	168380	153959	14421	29640	27010	2630		2			366	13121	33902
	建(构)筑物事故	1482	18146	16346	1800	3167	2848	319					1001	2080	5066
	交通事故	85622	862210	742947	119263	148816	127723	21093	1	2	2	3	45547	41679	1709790
	自然灾害	10268	100923	89933	10990	15877	14016	1861					36325	96682	158584
	突发性事件	2286	14490	13941	549	2918	2821	97					139	2708	2726
	救人行动	183836	1490430	1341160	149270	247188	221246	25942	4	5	2	1	72590	56437	600039
	基础设施(备)事故	17942	160526	151464	9062	28146	26475	1671					2357	2871	48113
	森林火灾扑救	6242	50865	44308	6557	8933	7756	1177					7	3543	10447
	草原火灾扑救	1058	8606	7798	808	1513	1376	137	1	5				111	234
	其他抢险救援	38903	389963	350983	38980	68917	61786	7131					3688	6545	23098

全国消防救援队伍分类出警情况（续）

类别		起数	投入力量						参战人员伤亡(人)				战斗成果		
			参战人员(人次)			出动车辆(辆次)			指战员		其他		救出人员(人)	疏散人员(人)	抢救财产价值(万元)
			小计	指战员	其他	小计	消防救援队伍	其他	亡	伤	亡	伤			
反恐排爆		297	2003	1891	112	402	382	20					7	24	30011
公务执勤		53764	324325	281233	43092	65072	55551	9521					66	137	402
社会救助	小计	411002	2620339	2316163	304176	469793	411783	58010	1	3			9193	23609	92897
	开门	53974	383814	351913	31901	65921	60365	5556					4604	1628	2266
	取马蜂窝	231106	1339906	1165171	174735	245802	211136	34666		1			131	12688	13297
	冲马路	2683	19043	15656	3387	3486	2834	652					2	11	90
	送水	5063	22835	18525	4310	5791	4534	1257					3	92	3266
	关水龙头	1369	7836	7647	189	1223	1185	38					4		30062
	高空取物	5930	40055	37519	2536	6973	6540	433					21	424	5373
	抓动物	52838	337116	305727	31389	58835	53048	5787					119	2720	1950
	其他救助行动	58039	469734	414005	55729	81762	72141	9621	1	2			4309	6046	36593
其他出动	虚假警	68728	845920	772039	73881	156240	142401	13839					49	176	2298
	其他	39327	476746	433718	43028	78690	70604	8086					354	2223	1072141

全国消防救援队伍火灾扑救情况

地区	起数	出动情况(次)				参战人员(人次)			出动车辆(辆次)			参战人员伤亡(人)				战斗结果		
		出动次数	中途返回	到场未实施处置	到场实施处置	小计	指战员	其他	小计	消防救援队伍	其他	指战员		其他		抢救人员(人)	疏散人员(人)	抢救财产价值(万元)
												亡	伤	亡	伤			
合　计	677313	715239	234003	175935	305301	8144104	7141871	1002233	1482417	1298804	183613	1	12	1	2	14571	246747	5351402
北　京	7115	8654	753	4848	3053	119827	118550	1277	22898	22655	243	1	2			146	2092	27647
天　津	7265	9352	758	5233	3361	124962	118809	6153	25014	23857	1157					104	2126	18944
河　北	44892	44966	11576	5901	27489	502763	209645	293118	89169	39794	49375					446	9008	595257
山　西	14615	14962	3597	3667	7698	152013	137156	14857	27003	24417	2586					306	9402	12138
内蒙古	17880	17990	5564	3109	9317	148409	147689	720	29755	29620	135					279	2773	89738
辽　宁	22232	22271	3861	4046	14364	190792	178501	12291	39893	37520	2373					272	3164	45897
吉　林	14135	14276	3070	2604	8602	123114	117355	5759	26373	24987	1386					880	3559	25563
黑龙江	15045	15125	3782	3811	7532	155718	145364	10354	36856	34336	2520					215	972	10159
上　海	10535	13424	1854	8371	3199	220231	220231		30339	30339						440	4646	451179
江　苏	54034	55549	16708	22635	16206	539736	320996	218740	109343	66292	43051					1301	8798	61208
浙　江	45047	58960	26586	12994	19380	688792	624424	64368	120168	108667	11501		1			579	5191	801938
安　徽	31959	32501	11034	8691	12776	371949	354567	17382	67545	64610	2935					732	19874	238530
福　建	22093	23419	7309	5667	10443	249118	227632	21486	45278	41532	3746					538	9717	87218
江　西	17658	20211	5205	4770	10236	258584	239038	19546	41130	37850	3280					414	19073	208039

全国消防救援队伍火灾扑救情况（续）

地区	起数	出动情况(次)				参战人员(人次)			出动车辆(辆次)			参战人员伤亡(人)				战斗结果		
		出动次数	中途返回	到场未实施处置	到场实施处置	小计	指战员	其他	小计	消防救援队伍	其他	指战员		其他		抢救人员（人）	疏散人员（人）	抢救财产价值（万元）
												亡	伤	亡	伤			
山东	80626	80744	28811	11971	39962	974773	945595	29178	160738	155601	5137		1			1230	11432	709027
河南	39149	39466	16730	5654	17082	493673	425264	68409	88685	76538	12147					691	17356	401096
湖北	17717	17820	4540	5295	7985	224947	222468	2479	43282	42815	467		1			347	16582	53479
湖南	24377	25712	9577	6154	9981	313078	297378	15700	49621	47003	2618		1			1069	14540	56229
广东	54709	58265	24421	15950	17894	669115	594141	74974	129483	114278	15205				2	1465	14623	1152138
广西	12972	13260	6178	4272	2810	185974	180684	5290	35035	34037	998		2	1		377	2522	38715
海南	4094	4631	683	1293	2655	48830	44787	4043	9821	8968	853					158	1172	18381
重庆	11702	15093	5773	5257	4063	253983	251925	2058	40299	39908	391		2			472	9759	8930
四川	29177	29229	10054	8247	10928	323907	233734	90173	63677	46779	16898		2			659	9353	16687
贵州	13143	13256	6830	2488	3938	140394	138712	1682	24701	24396	305					272	12110	30960
云南	15523	15981	5399	3157	7425	142743	134105	8638	26837	24869	1968					314	9534	21442
西藏	305	345	17	86	242	3638	3638		762	762						2	244	1838
陕西	21544	21694	7575	4734	9385	201660	200424	1236	35817	35628	189					323	15006	37370
甘肃	9140	9257	2379	1508	5370	89704	79911	9793	16163	14475	1688					97	2016	8060
青海	1596	1601	303	361	937	16138	16118	20	3357	3354	3					22	3733	5026
宁夏	5544	5670	831	1175	3664	97620	95538	2082	18766	18393	373					49	1450	26074
新疆	11490	11555	2245	1986	7324	117919	117492	427	24609	24524	85					372	4920	92495

注：出动次数包括同一起接警中的增援出动。

全国消防救援队伍火灾扑救战斗进程情况

起

地区	到场实施处置起数	途中时间				战斗时间					
		≤3分钟	3~10分钟	10~20分钟	≥20分钟	≤10分钟	10~30分钟	30~60分钟	60~90分钟	90~120分钟	≥120分钟
合　计	305300	7494	113096	95038	89672	58795	138744	68000	18769	7820	13172
北　京	3053	36	763	1403	851	883	1097	609	208	87	169
天　津	3361	65	1029	1308	959	912	1015	663	318	127	326
河　北	27489	537	7578	9665	9709	4453	13630	6424	1453	610	918
山　西	7698	118	2072	2988	2520	1388	3553	1850	471	173	263
内蒙古	9317	156	2852	2405	3904	839	4085	3353	548	205	287
辽　宁	14364	276	4748	4156	5184	2094	6188	3875	1106	461	640
吉　林	8602	195	2919	2429	3059	722	3107	2915	980	382	496
黑龙江	7532	209	2667	2237	2419	638	2945	2168	853	378	550
上　海	3199	112	1618	1161	308	851	1045	693	304	111	195
江　苏	16206	343	8083	4982	2798	3408	8010	3042	844	338	564
浙　江	19380	432	8920	6686	3342	5566	8114	3172	986	460	1082
安　徽	12776	472	5229	3233	3842	2537	6659	2528	484	191	377
福　建	10443	295	4210	3659	2279	2585	4426	1795	655	276	706
江　西	10236	371	4434	2775	2656	2914	4340	1796	613	230	343
山　东	39962	811	13073	13678	12400	8209	20037	8572	1877	606	661

全国消防救援队伍火灾扑救战斗进程情况（续）

起

地区	到场实施处置起数	途中时间				战斗时间					
		≤3 分钟	3~10 分钟	10~20 分钟	≥20 分钟	≤10 分钟	10~30 分钟	30~60 分钟	60~90 分钟	90~120 分钟	≥120 分钟
河南	17082	431	6295	5305	5051	3999	8740	2969	669	290	415
湖北	7985	189	3236	2461	2099	2387	3424	1439	370	165	200
湖南	9981	307	4442	2437	2795	1617	4544	2457	622	279	462
广东	17894	725	8575	5206	3388	3343	8157	3808	977	431	1178
广西	2810	85	1319	680	726	384	1308	660	189	75	194
海南	2655	67	966	844	778	606	1071	524	180	83	191
重庆	4063	98	1510	1181	1274	580	1722	1007	340	152	262
四川	10927	338	4851	2702	3036	2154	4992	2225	695	308	554
贵州	3938	79	1301	1168	1390	598	1894	858	265	146	177
云南	7425	219	2461	2408	2337	1271	3111	1717	624	276	426
西藏	242	13	101	66	62	19	75	70	31	19	28
陕西	9385	217	2745	2940	3483	2158	4091	1883	551	258	444
甘肃	5370	140	1380	1413	2437	700	2135	1440	518	213	364
青海	937	18	324	275	320	142	394	234	72	38	57
宁夏	3664	28	781	1192	1663	294	1648	1146	306	130	140
新疆	7324	112	2614	1995	2603	544	3187	2108	660	322	503

注：出动次数包括同一起接警中的增援出动。

全国消防救援队伍抢险救援情况

地区	起数	出动次数	出动人次	出动车辆（辆次）	灾害事故抢险救援（次）								参战人员伤亡（人）				战斗成果		
					危化品事故	建、构筑物事故	交通事故	自然灾害	突发事件	救人	基础设施（备）事故	其他	指战员		其他		救出人员（人）	疏散人员（人）	抢救财产价值（万元）
													亡	伤	亡	伤			
合计	362297	373227	3264539	555115	15437	1699	88482	10589	2345	189389	18146	47140	6	14	4	4	162020	225777	2591998
北京	9250	10220	84269	14620	914	45	1908	55	27	6005	307	959					1924	363	239
天津	7738	8322	70072	12897	975	25	3089	9	31	3318	338	537					1375	239	202461
河北	9516	9531	102879	17967	223	110	5077	47	5	3413	307	349	1		1	1	5615	5038	121320
山西	6486	6586	58137	10079	285	44	2816	59	11	2805	189	377		2			3510	6167	3660
内蒙古	4933	4961	36918	7070	287	43	1822	77	11	2484	98	139					2746	2122	15644
辽宁	4042	4048	31365	6098	342	17	1595	41	5	1747	116	184		2			1945	945	9520
吉林	1706	1723	13425	2805	105	8	800	10	7	718	63	12					1161	454	11835
黑龙江	3159	3161	27329	5647	131	20	917	203	6	1485	103	296		1			1454	1056	4147
上海	22021	24693	217879	25468	1190	85	2785	556	193	14801	1177	3906					3575	702	69473
江苏	24753	25062	201066	37425	1184	91	6222	394	22	16151	346	652					5510	2928	6134
浙江	27648	30710	264754	41154	1564	171	6133	153	24	20197	916	1552					8023	4407	18790
安徽	14401	14481	109237	18145	1069	38	2531	559	28	7369	856	2031	2				10489	12950	48232
福建	13274	13477	102163	17077	230	62	2409	89	3	8205	783	1696					5484	4882	11359
江西	11676	12305	137495	20405	319	74	2812	2904	56	5285	508	347			2		19292	44472	80467

全国消防救援队伍抢险救援情况（续）

地区	起数	出动次数	出动人次	出动车辆（辆次）	灾害事故抢险救援（次）								参战人员伤亡（人）				战斗成果		
					危化品事故	建、构筑物事故	交通事故	自然灾害	突发事件	救人	基础设施（备）事故	其他	指战员		其他		救出人员（人）	疏散人员（人）	抢救财产价值（万元）
													亡	伤	亡	伤			
山东	21132	21214	243351	39899	627	110	8418	456	18	9670	790	1125					11285	8904	19327
河南	19765	19850	245665	43080	408	83	4080	133	11	7791	678	6666	1	1	1		7937	7741	252756
湖北	21969	21993	182996	33087	717	48	2853	492	31	7366	2972	7514					7638	13188	36301
湖南	10927	11063	91907	14063	327	47	2527	169	42	6202	649	1100		1			5778	7948	31567
广东	36681	37318	296101	55142	1067	107	7596	545	46	20289	1494	6174		1			10402	6284	901020
广西	10720	10791	120404	22327	334	48	3147	195	24	4203	1068	1772					3669	2504	33220
海南	1823	1915	15524	3000	105	11	431	17	8	1223	46	74					932	915	2894
重庆	11749	12497	111599	16790	576	41	1660	318	22	7551	900	1429		1		3	4647	9238	2061
四川	25995	26018	173868	33789	965	65	3882	1799	42	12067	1565	5633					16663	20669	223215
贵州	12425	12492	89155	15585	259	110	2806	437	1620	5296	1070	894					5341	30802	38505
云南	9062	9170	67132	11415	162	80	4113	535	15	3363	125	777					5283	9445	146556
西藏	310	356	3147	657	20	7	159	20		109	9	32					439	1315	270248
陕西	8901	8949	70415	11513	490	52	2582	117	23	5332	280	73					4211	10169	15949
甘肃	3316	3350	28954	4883	163	13	1154	98	6	1336	45	535					1780	4158	2801
青海	959	964	8379	1710	35	9	306	26	1	429	30	128	1	5			568	2276	1404
宁夏	2174	2197	27124	5046	135	5	785	35	4	1044	151	38					976	1653	5167
新疆	3786	3810	31830	6272	229	30	1066	41	3	2135	167	139	1				2368	1843	5726

注：出动次数包括同一起接警中的增援出动。

全国消防救援队伍分月抢险救援出警情况

次

地　区	小计	1月	2月	3月	4月	5月	6月	7月	8月	9月	10月	11月	12月
合　计	373227	29373	13269	23238	28065	34955	35810	40543	42778	33093	30688	30022	31393
北　京	10220	1036	433	640	695	994	1085	1001	1019	950	818	765	784
天　津	8322	612	266	424	588	711	750	907	879	797	727	806	855
河　北	9531	702	253	574	783	898	923	962	1081	886	938	741	790
山　西	6586	443	174	410	531	591	605	670	765	646	620	549	582
内蒙古	4961	302	135	263	323	444	467	692	579	467	466	428	395
辽　宁	4048	460	244	318	313	380	338	363	416	349	370	276	221
吉　林	1723	99	39	108	112	140	169	190	194	181	220	134	137
黑龙江	3161	183	82	158	137	194	254	379	399	544	333	264	234
上　海	24693	1962	1020	1308	1776	2086	2203	2499	3170	2168	2047	1997	2457
江　苏	25062	1946	631	1387	1835	2282	2533	2816	2779	2259	2123	2205	2266
浙　江	30710	2061	802	1729	2256	2755	3196	3256	3747	2843	2754	2584	2727
安　徽	14481	951	408	826	1083	1495	1332	1903	1629	1285	1135	1113	1321
福　建	13477	1126	510	763	935	1214	1368	1468	1491	1227	1181	1080	1114
江　西	12305	1057	723	770	999	1045	918	2755	902	766	761	775	834
山　东	21214	1448	671	1453	1596	1921	1949	2281	2870	1953	1856	1715	1501
河　南	19850	1692	581	1289	1532	2076	1804	1847	2022	1937	1667	1697	1706

全国消防救援队伍分月抢险救援出警情况（续）

次

地　区	小计	1 月	2 月	3 月	4 月	5 月	6 月	7 月	8 月	9 月	10 月	11 月	12 月
湖　北	21993	1852	1218	1530	1882	2024	2035	2295	2355	1795	1583	1651	1773
湖　南	11063	932	326	646	917	1087	1103	1181	1276	932	816	843	1004
广　东	37318	3497	1243	2039	2525	3405	4011	3691	3664	3355	3109	3321	3458
广　西	10791	780	305	628	671	1086	1124	1118	994	929	987	1044	1125
海　南	1915	168	31	83	120	211	179	196	190	188	201	175	173
重　庆	12497	974	354	724	879	1281	1187	1391	1699	1149	887	960	1012
四　川	26018	2119	1049	1853	1818	2554	2277	2483	4578	1881	1763	1854	1789
贵　州	12492	803	897	1245	1173	1274	1305	1251	1087	983	835	805	834
云　南	9170	781	365	799	869	895	766	883	943	666	673	698	832
西　藏	356	17	6	17	25	28	38	49	41	31	32	32	40
陕　西	8949	715	241	536	726	831	834	922	1123	885	772	706	658
甘　肃	3350	184	84	322	366	331	273	331	393	321	270	242	233
青　海	964	61	36	66	80	94	93	117	105	99	98	64	51
宁　夏	2197	171	66	120	165	179	218	228	226	233	207	188	196
新　疆	3810	239	76	210	355	449	473	418	162	388	439	310	291

注：出动次数包括同一起接警中的增援出动。

全国消防救援队伍分月社会救助出警情况

次

地　区	小计	1月	2月	3月	4月	5月	6月	7月	8月	9月	10月	11月	12月
合　计	413252	14539	7569	17790	20049	26581	36963	62426	81607	61048	40587	26938	17155
北　京	6146	263	105	208	163	185	167	817	1606	1058	617	486	471
天　津	17544	889	446	916	951	1241	1874	2802	3355	2029	1204	880	957
河　北	13889	1019	436	1095	1226	1080	1225	1546	2289	1453	995	751	774
山　西	3992	103	36	76	127	227	262	678	1161	787	311	119	105
内蒙古	2269	94	63	93	83	120	171	536	450	291	165	110	93
辽　宁	7164	318	211	222	268	443	849	1313	1935	1046	348	116	95
吉　林	3217	120	80	102	115	139	269	484	697	516	216	249	230
黑龙江	2986	123	99	97	120	137	246	547	662	479	176	175	125
上　海	12617	432	69	84	988	816	1476	2179	2360	1391	1267	892	663
江　苏	23288	491	213	652	1411	1532	2375	3523	4916	3380	2261	1564	970
浙　江	19926	700	423	773	1102	1625	2163	2947	3799	2414	1983	1163	834
安　徽	24758	735	390	544	1218	1962	2211	3319	4980	3475	2784	1990	1150
福　建	11805	409	162	364	419	875	1242	1612	2054	1903	1518	816	431
江　西	11262	237	120	243	320	740	1117	1753	2309	1827	1365	773	458
山　东	17724	800	608	1178	1063	1151	1413	1950	3508	2828	1453	914	858
河　南	8589	438	209	319	436	592	610	969	1995	1378	719	465	459

全国消防救援队伍分月社会救助出警情况（续）

次

地　区	小计	1月	2月	3月	4月	5月	6月	7月	8月	9月	10月	11月	12月
湖　北	35133	640	805	5372	2116	1872	3331	5544	6178	3784	2594	1859	1038
湖　南	15123	351	247	335	543	851	1516	2761	3213	2344	1526	993	443
广　东	29200	1588	531	736	960	1914	2546	3910	4339	4497	3843	2802	1534
广　西	10376	227	87	384	637	1025	1103	1481	1505	1537	1077	747	566
海　南	4506	124	62	174	297	399	412	686	667	652	425	379	229
重　庆	33783	1018	492	908	1211	1855	3076	6716	7218	4745	3035	2270	1239
四　川	58175	1889	502	1215	1854	2432	3871	9267	11944	11429	7570	4237	1965
贵　州	9711	296	172	301	338	904	902	1675	2221	1347	780	578	197
云　南	15252	879	738	1095	1517	1755	1633	1694	1746	1452	1035	845	863
西　藏	167	9	6	9	12	4	11	22	26	28	15	11	14
陕　西	11162	176	86	132	380	466	650	1247	3586	2557	1063	580	239
甘　肃	1209	51	29	52	57	75	77	140	373	160	93	58	44
青　海	358	26	23	26	32	33	34	32	49	43	26	14	20
宁　夏	550	33	24	20	15	29	44	74	169	70	34	20	18
新　疆	1371	61	95	65	70	102	87	202	297	148	89	82	73

注：出动次数包括同一起接警中的增援出动。

全国消防救援队伍参战人员死亡情况

人

地区	亡		死亡原因								
	指战员	其他	烧	窒息	摔	砸	炸	中毒	触电	交通事故	其他
合计	8	5		6		1				2	4
北京	1			1							
天津											
河北	1	1		1							1
山西											
内蒙古											
辽宁											
吉林											
黑龙江											
上海											
江苏											
浙江											
安徽	2			2							
福建											
江西		2									2
山东											

全国消防救援队伍参战人员死亡情况（续）

人

地区	亡		死亡原因								
	指战员	其他	烧	窒息	摔	砸	炸	中毒	触电	交通事故	其他
河南	1	1		2							
湖北											
湖南											
广东											
广西		1				1					
海南											
重庆											
四川											
贵州											
云南											
西藏											
陕西											
甘肃	1										1
青海	1									1	
宁夏											
新疆	1									1	

全国消防救援队伍参战人员受伤情况

人

地区	伤		受伤原因									受伤部位			
	指战员	其他	烧	窒息	摔	砸	炸	中毒	触电	交通事故	其他	头颈部	上肢	躯干	下肢
合　计	29	6		4	6	7	1	3		9	5	14	9	5	7
北　京	2			2								2			
天　津															
河　北		1						1				1			
山　西	2							2				2			
内蒙古															
辽　宁	2				2							2			
吉　林															
黑龙江	1					1									1
上　海															
江　苏															
浙　江	1				1										1
安　徽															
福　建															
江　西															
山　东	1						1					1			

全国消防救援队伍参战人员受伤情况（续）

人

地区	伤		受伤原因									受伤部位			
	指战员	其他	烧	窒息	摔	砸	炸	中毒	触电	交通事故	其他	头颈部	上肢	躯干	下肢
河　南	1			1								1			
湖　北	1					1									1
湖　南	2			1							1	1	1		
广　东	1	2			2						1		1	1	1
广　西	2					2							1		1
海　南															
重　庆	3	3			1	1				4		2	2	1	1
四　川	2					2						1			1
贵　州															
云　南	1										1		1		
西　藏															
陕　西	1										1		1		
甘　肃	1										1			1	
青　海	5									5		1	2	2	
宁　夏															
新　疆															

春节期间全国消防救援队伍接警出动情况

地区	出动情况（起）							参战人员（人次）			出动车辆（辆次）			消防人员伤亡（人）			战斗结果		
	起数	火灾扑救	抢险救援	反恐排爆	公务执勤	社会救助	其他出动	小计	指战员	其他	小计	消防救援队伍	其他	小计	亡	伤	救出人员（人）	疏散人员（人）	抢救财产价值（万元）
合　计	28957	18446	3606	4	2471	2207	2223	292215	258286	33929	52633	46438	6195				1499	7107	138329
北　京	548	148	104		66	38	192	5127	5076	51	895	887	8				23	13	9
天　津	684	148	85			128	323	8077	7780	297	1533	1479	54				11	4	57
河　北	1723	1327	77	1	2	240	76	17427	6804	10623	3077	1306	1771				49	213	60757
山　西	351	272	32		3	18	26	3369	2988	381	579	517	62				12	184	164
内蒙古	782	644	36		50	17	35	5940	5894	46	1172	1162	10				16	110	935
辽　宁	2132	1964	58		25	52	33	15145	14366	779	3082	2947	135				49	250	665
吉　林	582	462	16			13	91	5206	4904	302	1114	1039	75				85	183	455
黑龙江	1169	475	21		638	25	10	8766	8207	559	1922	1791	131				36	52	325
上　海	604	127	254		1	24	198	8946	8946		1139	1139					39	95	187
江　苏	1781	1178	208			59	336	15813	9925	5888	3126	1995	1131				52	190	3010
浙　江	1096	751	216		9	92	28	14379	13295	1084	2465	2271	194				62	41	1941
安　徽	955	701	138		4	91	21	9509	9221	288	1703	1656	47				67	460	269
福　建	925	669	140			49	67	9763	9007	756	1770	1641	129				89	299	673
江　西	640	428	115		31	37	29	8528	7899	629	1379	1269	110				46	469	3336
山　东	2774	2250	167		64	208	85	33142	31914	1228	5449	5226	223				74	308	1324
河　南	1412	717	234		301	79	81	15922	13615	2307	2810	2407	403				82	309	50281

春节期间全国消防救援队伍接警出动情况（续）

地区	出动情况（起）							参战人员（人次）			出动车辆（辆次）			消防人员伤亡（人）			战斗结果		
	起数	火灾扑救	抢险救援	反恐排爆	公务执勤	社会救助	其他出动	小计	指战员	其他	小计	消防救援队伍	其他	小计	亡	伤	救出人员（人）	疏散人员（人）	抢救财产价值（万元）
湖北	916	444	228		84	125	35	9669	9581	88	1803	1788	15				55	479	995
湖南	879	716	94		2	41	26	10246	9741	505	1576	1496	80				112	607	4628
广东	2118	1407	383		2	233	93	21289	19379	1910	3979	3598	381				112	306	985
广西	660	396	97		96	43	28	7954	7623	331	1437	1377	60				32	60	191
海南	130	77	26		3	19	5	1383	1326	57	286	273	13				39	64	1183
重庆	669	268	122			144	135	10359	10230	129	1622	1598	24				31	346	174
四川	1378	829	326	3	21	158	41	12749	8962	3787	2450	1754	696				84	447	290
贵州	668	421	125		7	53	62	6663	6525	138	1159	1137	22				60	627	773
云南	1571	587	112		630	149	93	10751	9299	1452	2130	1759	371				64	435	564
西藏	136	4	1		129	2		746	746		169	169							3
陕西	737	538	88		57	34	20	6262	6226	36	1098	1093	5				57	317	3510
甘肃	282	219	30			6	27	2664	2401	263	461	419	42				17	78	179
青海	61	42	10			9		552	552		105	105					4	64	29
宁夏	169	117	27		20	4	1	2898	2883	15	508	505	3				7	25	179
新疆	425	120	36		226	17	26	2971	2971		635	635					33	72	258

注：2020 年春节期间是指 1 月 24—29 日（农历除夕至正月初五）。

第二章　重大灭火救援战例

湖北省消防救援总队参与新冠肺炎疫情处置情况

2020年伊始，湖北省全面暴发新型冠状病毒肺炎疫情，此次疫情是新中国成立以来我国遭遇的传播速度最快、感染范围最广、防控难度最大的一次重大突发公共卫生事件。湖北省消防救援队伍身处疫情中心区和抗疫主战场，认真贯彻落实习近平总书记系列指示精神，坚持把人民生命安全放在首位，历时3个多月，截至4月8日武汉解除交通管制，完成涉疫勤务1.5万起，出动指战员8.1万人次、车辆1.8万辆次，转运涉疫人员1483起、23132人，转运医疗废弃物9574桶、213吨，防疫洗消4059起、面积3009.2万平方米，转运防疫物资2455起、30082吨，涉疫协控勤务2166起，对消防安全重点场所开展推演和演练2062次，驻点执勤769批次、个人救助2758起、涉疫物资监护20起，扑救火灾2749起，其他抢险救援3320起。

一、基本情况

（一）疫情情况

此次新型冠状病毒肺炎疫情迅速发展、蔓延扩散、集中暴发，短时间内大量病患亟待救助。一个月内，全国31个省、自治区、直辖市和香港、澳门特别行政区均发现确诊病例，疫情暴发构成全球性“大流行”。

（二）疫情特点

新型冠状病毒主要以呼吸道飞沫传播和密切接触传播为主，存在气溶胶传播和粪口传播可能性，且人群普遍易感，在极强传染性的同时具备极强隐蔽性，防范要求较高。该病毒为新型病毒，在疫情处置初期，对其源头宿主、传播途径、致病机理、危害性、致命性等还未完全研究清楚，疫情防控难度较大。

（三）社会影响

2020年1月23日，湖北省武汉市新冠肺炎疫情防控指挥部发布通告，全市公交、地铁、轮渡、长途客车暂停运营，无特殊原因市民不能离开武汉，同时机场、火车站等离汉通道暂时关闭。

（四）救援难点

一是勤务种类多、任务重。湖北省消防救援队伍承担涉疫“五类场所”（医疗场所、方舱医院、隔离点、防疫用品生产企业和仓库）安全风险排查、医学观察人员转送、防疫及生活物资运送、重点区域洗消杀毒、医疗废物转运等8类防疫任务，工作量大、任务繁重。二是防疫时间长、易懈怠。从疫情暴发到结束，全省消防指战员持续奋战在抗疫一线，思想压力和工作强度一直处于高位，容易产生麻痹懈怠和厌战情绪。三是处置要求高、技术强。疫情处置专业性强、涉及面广，对消防救援队伍的防疫专业知识、操作水平和防范能力都提出很高要求。四是防护压力大、易感染。新型冠状病毒传染性极强，指战员安全防护稍有不慎，极易在涉疫勤务中发生感染事件。五是管控要求高、风险大。全省消防救援队伍点多线长，参战人多面广，人员安全管控面临前所未有的压力，病毒感染风险大。

二、处置经过

（一）第一阶段：内防输入，外防感染，打好防御战

疫情暴发之初，省消防救援总队先后召开党委会、办公会、视频会等，周密安排部署防疫工作，成立疫情防控领导小组，制定《应对大规模新型冠状病毒感染的肺炎疫情处置预案》。总队、支队、大队三级党委班子成员迅速返岗工作，成立战时指挥部，建立运行实体化专班。实施“每日点名、每日报告、每日调度、每日会商、每灾指导”等战时 5 项机制，先后下达应急处置指令 55 项。对内，实行封站管理，营门岗哨实行干部带班制，严格落实出入登记、体温监测、洗消、隔离等措施，最大限度减少人员流动、防止交叉感染。组建 15 支共 1000 人防疫处置机动队和火神山、雷神山医院小型消防救援站，在全省 168 个消防救援站组建 7~10 人的党员突击队（共 168 支、1344 人），利用战训大讲堂讲解卫生防疫知识和防疫处置经验，在确保自身安全情况下，开展应急处置工作。按照“一场所一预案、一预案一演练”要求，全面摸清辖区定点医院、方舱医院、隔离点和防疫用品生产企业、仓库 1917 家，指导各地制定总体预案 15 份、重点单位预案 1917 份、推演和演练 2062 次。按照清洁、半污染、污染区三级防护要求，制定“一件（套）”“四件（套）”“六件（套）”防护配置标准，总结“涉疫”勤务“六步法”、装具穿脱洗消“八步法”和“二次洗消法”等经验。先后为基层配发口罩、防护服、护目镜、手套等防疫用品 19.6 万件（套），防化服 1771 件（套），酒精、二氧化氯等消毒药剂 22.6 吨。

（二）第二阶段：调整力量，领受任务，打好主动战

实施主动服务疫情防控大局 10 项举措，14 个支队、130 个县（市、区）大队主官进入当地防疫指挥部，主动请缨、拓展职能、领受任务。根据省疫情防控指挥部部署，调整细化分工，拓展疫情防控前沿阵地，组建党员突击大队，适时调度指挥。在前期 15 支 1000 人机动处置队基础上，再次组建 15 支 285 人的党员突击分队，负责急难险重勤务处置工作。在武汉主战场组建 20 支 650 人转送行动队，消防救援局前方工作组将 337 名滞鄂援汉人员（消防救援队伍 256 人，森林消防队伍 81 人）编成 8 个突击分队、26 个班组、10 个社区服务队，充实到武汉、鄂州参与涉疫勤务任务。制定省内“援汉”跨区域增援预案，抽调 13 支机动队、260 名指战员和 937 名新训消防员作为机动力量视情参战。编制 6 类“涉疫”勤务行动要则，规范病人转送、高空救助、排水排涝、防疫洗消、医院临建倒塌处置、方舱医院驻勤等勤务流程。与“涉疫”医院建立勤务联动机制，与当地环保、卫生防疫等部门建立工作协调机制。针对转送病员、防疫洗消、医疗废物输转等勤务编制行动口诀，供一线消防指战员熟知掌握。对防疫处置队伍进行优化组合，建强人员转送行动队、防疫消杀专业队、物资转运机动队、“五类场所”前置执勤队、紧急救助服务队、无人机侦察队、医疗废

物输转队、社区服务队等，广泛开展8类“涉疫”勤务活动。

（三）第三阶段：扩大战果，下沉一线，打好决胜战

发布“119”报警服务台全面受理社会单位和广大人民群众求助通告后，全省“涉疫”勤务量较之前增加7倍，防疫洗消面积增加14倍，转运物资量增加1倍。经过全省防疫洗消队伍共同努力，确保2000余家重点涉疫场所绝对安全，物资转运队解决紧缺防疫物资运送问题，医疗废物输转队确保定点医院、方舱医院等重点场所正常运行，社区服务队为孤寡老人、弱势群体提供生活保障。持续加强“五类场所”“生命线”工程和“最不托底”场所消防安全保障，突出火灾防控主责主业，一手抓好复工复产消防安全保障，一手做好涉疫场所消防安全和涉疫勤务。针对石油化工等重点行业消防安全风险和森林火险增大的特点，坚持强化熟悉演练、强化专业训练、强化保障打赢、强化增援准备，抓紧抓实各项应急准备。

三、主要经验

（一）一线指挥、并肩战斗是打赢疫情阻击战的前提

应急管理部党组书记黄明，消防救援局局长琼色、政委詹寿旺等领导坐镇指挥中心，研判形势，每日视频调度指挥。消防救援局总工程师周天率前方工作组蹲点武汉指导疫情防控工作，每日坚持与总队主官会商、调度、讲评，与指战员并肩作战，结合阶段性工作重点，及时调整决策部署，其间深入全省15个支队和武汉支队22个大队检查指导，送奖到抗疫一线。全省各级消防救援队伍成立党员突击队208支、临时党组织153个，广大指战员严阵以待、斗志昂扬，递交请战书3257份。

（二）专业调度、分区作战是打赢疫情阻击战的关键

采取党员突击队单独驻勤、分区作战的模式，将灭火救援人员与防疫处置行动的人员相对隔离，组建8类专业队伍承担不同勤务处置任务。成立党员突击大队，统一调度指挥208支2451人的党员突击队以及195个前置执勤点，火神山、雷神山小型消防救援站和方舱医院执勤点与医院建立24小时直联直报秒级响应机制。抽调力量组建20支转送行动队和79支防疫洗消专业队，将滞鄂援汉的消防救援人员编成8个突击分队充实到武汉、鄂州战场。

（三）严格防护、科学处置是打赢疫情阻击战的根本

将疫情防控和应对处置各类灾害事故结合起来，研究疫情条件下医学防护与普通防护的区别。在承担定点医院医疗废物转移时，消防勤务指战员在卫生防疫、环保等部门指导下，开展培训，拍摄教学示范片，明确半污染、污染区防护标准、卸装洗消“八步流程”和“二次洗消”方法，确保行动无感染。所有勤务人员落实考核合格后再上岗要求，先后编制三版12类“涉疫”勤务行动要则，归纳清洗消毒、转运医疗废物等行动要诀，规范勤务流程。

（四）内管外控、按需保障是打赢疫情阻击战的保证

在全省消防救援队伍把好人员、车辆、出入等关口，定期核查体温，开展心理疏导。坚持内外结合、按需保障的措施，防疫洗消队、转送病员行动队、医疗废物输转队在执行勤务时，从地方疫情防

控指挥部定量领取防护、洗消物资装具，并接受地方政府提供的交通、食宿、医疗等保障服务；各消防救援站内的防护、洗消、医疗、食宿、隔离等物资由支队按照轻重缓急保障需求实施统一保障。

（五）领导关心、各方支援是打赢疫情阻击战的基础

北京、天津、河北、广东、江苏等相关单位为湖北省消防救援总队捐赠口罩、护目镜、防护服、消毒药剂等物资18.6万份。总队通过持续开展政治发动，落实关心关爱举措，及时传递组织温暖，解决实际困难，坚定消防救援队伍战胜疫情的信心和决心。

重庆渝北“1·1”加州花园小区高层住宅火灾扑救情况

2020年1月1日16时55分，重庆市渝北区加州花园小区高层住宅A4栋某住宅发生火灾。重庆市消防救援总队接警后，迅速调集渝北、特勤、水上、江北、两江、机动6个支队、11个消防救援站，共250名指战员、42辆消防车赶赴现场处置。历时3小时成功扑灭火灾，营救被困群众68人、疏散200余人。

一、基本情况

（一）事故地点情况

起火建筑位于重庆市渝北区金龙路270号加州花园住宅小区，该小区于1997年建成投用，共有19栋建筑，总居住户数3406户。小区地处观音桥商圈和新光天地商场附近，东邻嘉州路、南邻加州实验小学、西邻白鹤林小区、北邻金龙路，周边主干道交通拥堵。

（二）起火建筑情况

起火建筑为该小区A4栋楼，钢混结构，建筑面积约2.9万平方米，地上30层，建筑高度90米，标准层每层8户，共有231家住户。建筑内共有2部疏散楼梯，3部电梯（1部消防电梯、2部普通电梯），每层设有5个室内消火栓，室内消火栓泵流量40升/秒。

（三）周边水源情况

起火建筑周边设有环状市政管网，管径300毫米，压力0.3兆帕，500米范围内有消火栓29个，其中市政消火栓15个、单位室外消火栓14个。

（四）天气情况

当日天气多云，西北风1~2级，气温10℃，湿度73%。

二、事故特点

（一）建筑可燃物多，燃烧蔓延速度快

起火小区建设年代较早，多数住户加装外置防盗网，且在防盗网上堆放大量可燃杂物，火灾荷载大。同时，建筑外墙使用可燃材料搭设雨棚，加之起火部位位于建筑“L”形夹角底部二层阳台，发生火灾后产生烟囱效应，火势沿外窗可燃物和塑料雨棚向上迅速蔓延，仅5分钟就从二层蔓延至顶层，火点达十多处，短时间内在建筑东侧5、6号房外墙形成立体燃烧。

（二）人员居住密集，疏散营救任务重

起火建筑入住率较高，标准层多达8户，部分住户还外租作为公司、餐厅集体宿舍。火灾发生后，火势迅速沿建筑外墙向上蔓延，50余户住宅短时间内起火燃烧，烟气迅速蔓延至室内、走廊和楼梯间，受火势威胁群众数量多，其中包括老人、婴幼儿和高血压患者，人员自救逃生能力差。内攻作战力量需破拆防盗门数量

多、种类多，人员疏散搜救困难。

（三）作战环境受限，战斗展开难度大

起火小区地下停车位仅335个，车位数与住户数的配比不足1∶10，车辆乱停乱放问题严重，消防车通道被占用、堵塞现象突出，导致消防救援车辆无法快速驶抵起火建筑展开战斗，严重影响灭火救援行动效率。着火建筑仅设有2部疏散楼梯，人员疏散和内攻灭火路线形成“对冲”，极大制约火灾扑救效率。

（四）群众关注度高，社会舆论影响大

起火小区地处重庆市中心区域，毗邻新光天地商业综合体、观音桥商圈等繁华地段，周边围观群众多。当日正值元旦，短时间内即在网上引发广泛关注，加之发生因私家车占用消防车道而被焦急群众掀车等情况，导致此起火灾迅速成为热点话题。

三、处置经过

（一）快速控火，控制蔓延，及时营救遇险人员

17时6分，辖区渝北支队冉家坝站5辆消防车、29名指战员到达现场，通过外部观察和现场询情，发现火势已沿建筑东侧外墙蔓延至二十八层，建筑内有大量人员被困，情况十分危急。现场指挥员部署成立2个侦察灭火组，利用消防车车载水炮，并取用室外消火栓出2支水枪，从建筑外部对二层、三层、四层火势进行压制，阻止火势向上蔓延，并取用二层、三层、四层室内消火栓设置水枪阵地，阻止火势向西侧、南侧住户蔓延。同时，成立3个疏散救人组，携带破拆救生器材，分层逐户搜救被困人员，并开启楼层走廊外窗排烟。

17时8分，特勤支队黄山大道站3辆消防车、18名指战员，水上支队黄泥塝站3辆消防车、23名指战员到场，根据辖区指挥员命令，成立2个内攻灭火组，沿2号楼梯间蜿蜒铺设供水干线，破拆火势较大的五层、十六层住户房门进行内攻灭火。成立6个疏散救人组，针对群众反映有人员被困的四层、十层、十六层、十九层、二十四层、二十六层住户进行定点搜救。其间，共排查住户60余户，营救遇险人员46人、疏散人员150余人。

（二）内攻近战，逐层消灭，全力疏散被困群众

17时25分，总队、渝北支队全勤指挥部和江北支队江北城站、特勤支队高层建筑火灾扑救编队等增援力量相继到场，成立现场作战指挥部，根据到场力量情况和现场态势，坚持“以固为主、固移结合”战术原则，灵活采用“内攻近战、内外结合、上下合击、逐层消灭”战术措施，成立内攻救人、外部控火、协调联动、战勤保障等战斗组，由总队党委委员分工负责。一是内攻救人组组织渝北、江北支队和特勤支队高层建筑火灾扑救编队成立6个内攻灭火小组，利用建筑疏散楼梯铺设和延伸供水干线，破拆进入室内搜救被困人员，扑救各楼层阳台明火，阻止火势向建筑内部蔓延。其间，营救遇险人员22人（其中高龄、婴幼儿和高血压患者6人），疏散楼内居民50余人。二是外部控火组组织渝北支队举高作战单元，抵近起火建筑举升出水，堵截控制外围火势。三是协调联动组组织总队、支队防火干部，协调交警疏导交通、维持秩序，为消防车抵近现场创造条件；联系民政部门、街道、物业等对起火建筑住户进行排查造册，并成立人员集结区，确保营救疏散无遗漏。四是战勤保障组做好现场通

信、供气、油料、照明、饮食等各项保障工作，组织后续到场力量成立紧急救助和轮换小组，随时做好人员替换准备。

（三）分区攻坚，逐户清理，安全高效扑救火灾

18时2分，现场火势得到基本控制，指挥部在保持原有作战力量部署基础上，组织两江支队龙头寺站、特勤站和渝北支队台商站增设6个内攻灭火小组，配合渝北支队、特勤支队内攻灭火力量，按照一至八层、九至十六层、十七至二十四层、二十五至三十层4个战斗段，再次深入建筑内部实施攻坚灭火，对过火房间进行逐一清理，确保现场人员全部获救。组织特勤支队成立4个攻坚小组，对街道工作人员反映楼内有行动不便老人和病人的6家住户再次进行搜寻。

20时许，现场明火被扑灭，参战指战员通过现场清理，并与民政部门、街道、物业核对，确认楼内被困人员全部获救后，参战力量陆续归建。

四、主要经验

（一）各级领导靠前指挥是成功扑救火灾的关键所在

火灾发生后，各级领导高度重视，中央政治局委员、重庆市委书记陈敏尔第一时间连线现场调度指挥，就灭火救援工作作出指示批示，市长唐良智等领导亲临现场组织指挥。消防救援总队总队长李俊东、政委王保国率队深入一线、靠前指挥、分工负责，始终战斗在最前沿。

（二）科学合理的决策部署是成功扑救火灾的根本保证

坚持“救人第一、科学施救”指导思想，实施“灭救同步”作战方案，采取“分区攻坚、逐户清理”行动部署，把救人与灭火作为整体措施考虑，根据现场火灾发展态势和力量到场情况，派出搜救小组搜救疏散被困群众，组织内攻小组全力堵截火势，为人员疏散和搜救创造条件、赢得时间，避免群众伤亡事故发生，最大限度降低火灾影响和损失。

（三）扎实有效的灭火准备是成功扑救火灾的坚实基础

近年来，重庆总队深化基础体能、应用技能和指挥能力训练，指战员业务素质和实战能力明显提升。针对重庆高层建筑灭火救援实际，在全市划建6个灭火救援战区和直属机动力量，布点组建12支高层建筑火灾扑救编队，并成立灭火救援指挥专班，初步构建统一高效的指挥、作战、保障体系。制定高层建筑灭火救援“十九项措施”和灭火救援行动“二十个必须”等行动规范，以及多层、高层居住建筑火灾初战展开程序，夯实灭火救援工作基础。

（四）高效顺畅的应急联动是成功扑救火灾的重要保障

第一时间协同应急、公安、供水、供电、供气、医疗救护等联动部门单位到场，协同开展处置。交警对周边2公里区域实行交通管制，并安排骁骑引导消防车辆，确保后续力量及时到场增援。医疗部门调集多辆救护车现场待命，保证伤员能够得到及时救助。辖区派出所和社区人员逐户核实人员信息，实现被困群众定户、定人，确保疏散营救信息收集准确、高效。

福建泉州“3·7”建筑坍塌事故救援情况

2020年3月7日19时14分，福建省

泉州市鲤城区南环路欣佳酒店发生楼体坍塌，造成 71 人被困。接到报警后，福建省消防救援总队迅速调集作战力量，经 112 小时全力救援，搜救出全部被困人员，其中 42 人生还。

一、基本情况

（一）坍塌建筑情况

该坍塌建筑位于鲤城区与南安市交界处，始建于 2013 年，楼高 22 米，原为 4 层钢结构建筑物，后期通过每层中部和顶层加盖钢筋混凝土楼板，改建为 7 层建筑结构，每层约 1100 平方米。建筑一至三层为汽车美容、餐饮、足浴等场所，受新冠肺炎疫情影响暂停营业。四至六层于 2018 年改造成的酒店，共设客房 66 间。七层为员工宿舍。

（二）被困人员情况

1 月 30 日，欣佳酒店被指定为区级新冠肺炎疫情集中医学隔离观察点。被困 71 名人员中，男性 51 人，女性 20 人。其中湖北籍 42 人，福建籍 14 人，其他省籍 15 人，主要是务工、随行人员、散客，酒店及医务工作人员。事发时，六层 18 人、五层 27 人、四层 25 人、一层 1 人。

（三）周边毗邻情况

坍塌建筑所处区域人口较为密集，交通流量大。东面为加油站，西面为居民住宅小区，北面毗邻山坡，南面为南环路。

（四）天气情况

3 月 8 日开始，救援现场持续小雨，气温 13~25℃，东风 4 级。

二、事故特点

（一）被困人数众多，信息掌握困难

欣佳酒店作为区级集中医学隔离观察点，住有多名隔离观察人员，另外还有部分散客、酒店工作人员、疾控工作人员及其他来访人员等，人员成分复杂。由于坍塌建筑经过多次改造，建筑结构复杂，承重性差，楼层用途混乱。坍塌造成大量人员被埋压，加之前期排查核实人员信息、位置难度较大，难以为救援行动提供有效信息支撑。

（二）坍塌情况复杂，现场施救困难

坍塌建筑除顶层及北侧部分空间相对完整外，其余楼层全部坍塌，建筑结构变形扭曲、位移偏差大。南侧底部承重柱失稳弯折，建筑自北向南、自上而下倾斜坍塌，废墟占地面积约 2140 平方米。楼板墙体滑落叠加，建筑构件相互牵拉、交织密集，短时间难以打开救生通道，救援难度极大。

（三）风险隐患叠加，安全保障困难

现场参战部门多、人员多，防疫压力巨大。坍塌建筑跨度大，存在二次坍塌风险。现场多辆车辆被埋压，部分车辆油料泄漏，且建筑东侧毗邻加油站，存在燃烧、爆炸风险。事故现场周边道路人员车辆往来频繁，现场有限的作业面内密集分布各类大型工程机械以及氧炔焰切割机、风镐等设备，大量使用油、火、电、气，救援作业存在诸多安全风险。同时，救援现场环境嘈杂，不利于搜救犬等搜寻作业。

（四）社会高度关注，舆情引导困难

由于坍塌建筑为涉疫场所，且现场大量人员被埋压，加之事故地点地处闹市，短时间内引发社会各级广泛关注，大量媒体记者蜂拥而至。关于疫情防控、建筑合规性、建筑质量和企业经营行为等舆情信息在网络上迅速传播，各级政府、行业部门以及救援人员面临巨大压力。

三、处置经过

（一）第一阶段：闻警即动，及时调集充足力量

泉州市消防救援支队接警后，一次性调集 67 辆消防车、402 名指战员赶赴现场，第一时间抢救人员，在全省首批增援力量到场前，已搜救出 23 名被困人员且全部生还。福建总队接报后，迅速调派福州、厦门、漳州等 10 个支队的重型、轻型搜救队，共 1086 名指战员携 9 条搜救犬、47 套生命探测仪以及 2600 余件（套）破拆、顶撑、起重、洗消等装备赶赴现场增援。

（二）第二阶段：迅速定位，确保救援精准高效

一是挂图作战，加快搜寻“速度”。3 月 7 日 22 时 12 分，总队全勤指挥部到场，立即成立前沿指挥部，并在现场划分核心作业、器材装备、作战指挥、备勤待命、车辆停靠、人装洗消等功能区域。迅速绘制现场平面图、埋压人员预判分布图、建筑位移图、作战力量部署图、救援进度示意图，分析研判被困人员位置。

二是多措并举，提升搜救“精度”。前沿指挥部将核心作业区分为 6 个作业面，各搜救队分片负责，通过现场手机信号定位、搜救犬搜索、生命探测仪器探测等多种方式，相互印证、反复侦察，实现搜索全覆盖，初步判定被困人员方位。在初步定位基础上，采取“大洞套小洞层层破拆、多点位打开观察窗口、蛇眼生命探测仪确定位置”战术方法精准定位，掌握被困人员情况。建立失联人员清单，对前期已搜救出的人员位置、身份逐一核查比对，通过“以房找人、以人找人、以物找人”等方法，逐步缩小范围，确定重点搜救区域。事发后 5 小时内，迅速定位 36 名人员位置。

三是因情施策，提高搜救“准度”。各搜救单位按照“由表及里、先易后难”的顺序，合理实施垂直、斜向破拆，综合使用“凿岩机破拆、气垫顶撑、液压剪扩”等方式破拆大型厚重构件，采取无齿锯及乙炔气焊枪切割、破拆锤凿击、撬棍扩张等方法清理轻薄简易构件，多点作业、逐步推进、有序轮换。由 8 名经验丰富战训干部、高级消防员组成专家团队，指导各个作业区、作业点救援作业，对结构复杂、破拆难度大的作业点进行“会诊”，从选用救援工具、选择破拆角度、现场安全管理等环节着手，集思广益解决复杂情况下人员救援问题。

3 月 8 日 19 时许，现场累计打通 20 余处救援观察窗口、6 条救援通道，在 24 小时内营救出 49 名被困人员，其中 39 人生还。

（三）第三阶段：攻坚克难，持续创造生命奇迹

8 日 21 时，前沿指挥部决定调派 3 台配有抓斗、剪切头的特种钩机及 6 台普通钩机、2 辆渣土车入场协同作业。按照生命探测逐点确认、工程机械逐层安全剥离、机械停工清场全面探测、发现生命迹象人工破拆顺序，循序轮番实施救援作业。通过破拆抓取表层构件、提拉转移作业区外、挖掘机渣土车跟进转运的方式，与人工搜救破拆分队轮流作业，提高搜救效率。按照“1 机 4 人”模式，组织 1 名工程机械操作手配 1 名指挥员和 2 名安全观察员，全程实施精确破拆。

3 月 9 日 7 时 40 分，前沿指挥部跟进救援任务进度，将现场重新划分为东部、中部、西部 3 个作业区、6 个作业

点，每个作业区由 2 ~ 3 个支队“结对”救援，采取重型队班组与轻型队班组相搭配方式，轮流执行重型构件破拆和救援通道清理任务。各作业区域每 3 小时轮换队伍，各作业点每 20 ~ 30 分钟轮换人员，确保救援不断、战斗力不降。通过持续施救，抢抓“72 小时黄金救援时间”，在事发后 52 小时和 66 小时，分别搜救出深埋于四层 405 室母子（第 54 名、第 55 名被困人员）和 403 室男子（第 62 名被困人员），且全部生还。

（四）第四阶段：决战决胜，不放过一丝生的希望

3 月 11 日 12 时 27 分，第 70 名被困遇难人员被救出。

3 月 12 日 11 时 4 分，最后一名（第 71 名）被困遇难人员被救出，救援行动结束。

四、主要经验

（一）坚持统一领导、靠前指挥，确保救援工作始终保持正确方向

党中央、国务院高度重视、亲切关怀，习近平总书记作出重要批示，李克强总理等中央领导同志先后作出指示。应急管理部党组书记黄明第一时间连线现场，部署救援任务。消防救援局局长琼色、政委詹寿旺等领导在部指挥中心进行视频调度指挥。国务院安全生产委员会办公室副主任付建华和消防救援局副局长魏捍东率工作组和救援专家连夜赶到现场。福建省委书记于伟国、省长唐登杰等省领导分别在消防救援总队指挥中心和事故现场研究部署事故处置和救援工作。

（二）快速高效响应、迅速集结，一次性调足力量装备，保证救援工作始终把握主动

接警后，泉州支队立即调动全市 26 个消防救援站力量奔赴现场。福建总队一次性、成建制、模块化增调全省其他 9 个支队以及总队训练与战勤保障支队、应急通信和车辆勤务大队，携带各类型特种救援装备机动驰援。省、市两级政府调集公安、住建、卫健、电力、通信和武警部队等相关力量上千人到场协同救援，调派数十辆大型工程机械车辆、通信抢修车及百余名特种车驾驶员、气焊操作员等地方技术人员提前到场集结待命。24 小时内营救人数占被困者总数 70%。

（三）强化统一指挥、协调并进，分段运用战术战法，确保救援行动科学精准、安全高效

救援前期，通过“以房找人、以人找人、以物找人”等方法迅速定位，第一时间调集精干力量深入坍塌建筑内部，全力搜救被困人员。救援中期，利用百吨级以上重型吊车对坍塌建筑主要梁柱实施钢索牵引稳固，在确保安全条件下，通过工程机械与人工搜救破拆轮流作业，提高搜救行动效率。决战阶段，采取“纵横结合、两侧并进”掘进方法，不遗余力开展地毯式搜寻，确保不留死角、不落一人。

（四）强化通信保障，全时段、全过程、全方位畅通视频，为前后方科学研判决策提供重要支撑

总队、支队两级 12 支应急通信保障队伍携通信保障车和相关装备遂行作战，快速搭建灾害现场指挥部，建立“应急管理部—省委、省政府—灾害现场指挥部”横通纵连的稳定通信网络，实现救援全程视频畅通。组建无人机通信梯队，执行高空拍摄、三维建模、系留照明等任务，为救援行动提供有力通信保障。

（五）严格防疫措施，全员额、全流程严防严控，确保不发生涉疫次生灾害

统一按照“内着医用防护服，外套抢险救援服”的要求着装，并佩戴护目镜、N95 防护口罩和防护头盔。设立四道防疫防线：第一道防线为作业安全线，人员进入作业区必须加强防疫防护，出作业区必须更换防疫防护。第二道防线设在作业安全线外，划定污染区、半污染区、洗消区、清洁区，严禁非救援人员进入。第三道防线为现场警戒线，设立于距离现场约 30 米，巡特警和武警负责定点和轮巡保卫。第四道防线布于 3 公里内所有进出路口，交警等部门负责，禁止一切无关人员和车辆出入。

（六）强化宣传鼓动、舆情引导，政治工作遂行作战，凝聚攻坚克难、英勇奋战的强大力量

多部门协商，统一新闻宣传报道口径，全面、真实、客观报道救援情况，新华社、《人民日报》、央视等主流媒体持续权威发声，主动对救援过程进行全景式直播报道，使社会关注聚焦到事故救援上。启动战时政治工作响应机制，组建 40 余支党员突击队，组织开展战时动员、火线入党，下发嘉奖令，激发斗志。

（七）统筹自保联保，高要求、高标准、高质量战勤保障，确保队伍始终保持旺盛战斗力

迅速调派宿营、淋浴、饮食、洗消和装备抢修等模块到场实施保障，设置装备维修保障点，安排装备厂商、技术人员驻点维修，做好油料保障。充分依托社会化资源保障长时间、高强度救援，为指战员提供足量的换洗衣物及生活用品。

（八）部门联动运转、各司其职，将集中力量办大事的体制优势转化为救援工作强大合力

应急管理部门组织对事故现场 1 公里半径内进行全面安全检查，住建部门发挥熟悉建筑结构、工程机械齐全等优势协助做好破拆、稳固、监测等工作，卫健部门组织医疗队同步救助、合力救治，移动、电信等通信部门快速扩容，保障通信畅通、现场安全。公安部门在现场外围部署 200 余名警力管控人员、车辆、在救援核心区出入口安排 80 名警力设卡封控，在新闻采访区分派 20 余名警力，防止人员随意进入拍摄采访。

黑龙江伊春“3·28”鹿鸣矿业尾矿砂泄漏突发环境事件救援情况

2020 年 3 月 28 日 13 时 40 分，黑龙江伊春鹿鸣矿业钼矿尾矿库 4 号溢流井发生倾斜，大量尾矿砂泄漏，造成河流水体污染，直接威胁下游松花江水域环境安全。险情发生后，黑龙江省消防救援总队先后调集 8 个支队、60 余辆消防车、200 余名指战员赶赴现场参与险情处置。截至 4 月 19 日 20 时，救援力量先后转战 11 个作业点，运送投放药剂 2.9 万吨，排吸砂浆污水 16.9 万立方米，为城市居民点送水 1.5 万吨、持续提供照明供电保障 269 小时。

一、基本情况

（一）单位概况

伊春鹿鸣矿业有限公司位于伊春市铁力林业局鹿鸣林场，南距铁力市区 65 公里，北距伊春市区 75 公里，矿区面积 4.6 平方公里，已探明钼矿石储量约为 8.1 亿吨。设计年采剥总量 3150 万吨，

年矿石处理量 1500 万吨，日矿石处理量 5 万吨以上。

1. 尾矿库情况

尾矿库为山谷型尾矿库，设计最终坝高 198 米，泄漏前尾矿库库存量 5443.7 万立方米、坝高 71 米。

2. 溢流井情况

此次事件因 4 号溢流井发生倾斜并最终倒塌，导致伴有矿砂的污水外泄。4 号溢流井于 2018 年 4 月底启用，内径 3.2 米、壁厚 1.2 米，高 21 米。井底标高为 455 米，倾斜时水位标高为 467.8 米。

3. 钼的特性

钼为银白色难熔稀有金属，密度 10.23 克/厘米^3，摩氏硬度 5～5.5，主要应用于冶金、电气、化工、航天等领域。过量的钼可引发体内能量代谢障碍，导致心肌缺氧、关节痛及畸形、肾脏受损、生长发育迟缓等。

（二）下游水系及受灾情况

此次事件造成约 253 万立方米尾砂污水泄漏，直接导致依吉密河、呼兰河约 340 公里河道水质超标，主要污染物为钼、高化学需氧量污染物、石油类。影响铁力、庆安、望奎、兰西 4 个县（市）水资源安全，依吉密河、呼兰河沿河生态系统遭到不同程度破坏，铁力市部分城市生活用水中断，并直接威胁松花江环境安全。

二、事故特点及救援难点

（一）受灾范围广，社会影响大

此次泄漏事件导致周边多处水域遭到严重污染，引发城市居民用水安全问题，致使大面积耕地被污染，沿河生态系统遭到破坏，流域内农田灌溉受到严重影响，极易产生较大不良社会影响。

（二）作业环境差，安全风险高

事故地点地处小兴安岭南麓边缘，既有山地、丘陵，又有漫岗、平原，地形较复杂。加药点与投药点之间的道路，多为盘山路、田间路、急弯路，路边紧邻深沟和水渠，狭窄曲折、凹凸不平，极易发生车辆安全事故。山区天气昼夜温差大，且连续 3 天遭遇雨夹雪和暴雪天气，路面结冰、泥泞湿滑、视线不佳，远距离运输风险较大。

（三）救援任务重，持续时间长

此次事件处置过程中，救援任务重，作战时间长，救援人员身心处于高度疲惫状态。

（四）参战力量多，协同难度大

现场参与救援人员多达 1 万余人、救援车辆及机械设备达 1511 辆（台），人多、车多、指挥层级多。现场设置 18 道拦截坝、15 个药剂投放点、13 个监测断面，堵漏、筑坝、修路、拌料、投药、运输、清淤，战线延绵 300 余公里，各项任务相互交织、错综复杂。

三、处置经过

（一）闻令即动，筑坝截流，阻截险情发展扩大

3 月 28 日 21 时 56 分，伊春市消防救援支队调派辖区铁力大队 5 辆消防车、24 名消防救援指战员赶赴现场处置，支队灭火救援指挥部及通信保障分队遂行出动。29 日 8 时，伊春支队再次调派伊美、南岔、丰林、友好、嘉荫、乌马河、金林 7 个大队 15 辆消防车、49 名指战员到场增援。在先期处置中，一是利用无人机实施高空侦察，实时拍摄传输全景影像。二是采取“堆石为基、沙袋垒砌、筑坝围堰”的方法，协助地方力量沿依吉密河

修筑 7 号、9 号两处拦截坝。三是利用消防车从桃山林业局等 3 个加水点取水，异地运水保障铁力市居民生活用水。

3 月 30 日 15 时，伊春支队组建 20 人的攻坚小分队，紧急赶往依吉密河曙光大桥，现场人工搅拌聚合氯化铝药剂，边调制、边搅拌、边投放，连续奋战 17 小时，累计向河中投放药液 50 吨。

（二）紧急驰援，导流排污，排除下游溃坝风险

3 月 31 日，依吉密河上游积雪融化，导致河水暴涨，10 号拦截坝随时可能出现溃坝风险。11 时 10 分，黑龙江总队从哈尔滨、大庆、绥化支队调派大型排涝消防车、水罐消防车等 21 辆，指战员 80 名增援。总队成立现场指挥部，在拦截坝上游望山灌溉渠闸口设置阵地，利用挖掘机开辟 3 处作业面，设置 3 台“龙吸水”大型排涝车，铺设 6 条 120 米长的排水线路，快速输转分流砂浆和污水。4 月 1 日 12 时，10 号拦截坝水位开始下降。

（三）昼夜奋战，投送药剂，沉淀降解污染水体

4 月 1 日，污染团前锋抵达绥化市庆安县庆安桥断面。12 时 30 分，总队将伊春、哈尔滨、绥化支队力量重新整合，分成两个编队。第一编队以设在依吉密河农场四队段的 1 号投药点为阵地，从 100 公里外鹿鸣矿业拉运聚丙烯酰胺药液，并向河内投放，对水体中矿砂实施絮凝沉降处理。第二编队以设在依吉密河东兴一队的 2 号投药点为阵地，原地打井取水，现场调和药剂，向河内投放聚合硫酸铁药液，对水体中重金属实施降解净化处理。同时，继续利用消防车向 13 处临时供水点不间断运水，保障铁力市居民生活用水。

（四）分段布防，多级削峰，全面攻坚控污降害

4 月 2 日，省应急指挥部决定在铁力、庆安、北林、望奎、兰西 5 个区（县）境内，沿依吉密河、呼兰河连续设置 8 处药剂投放点。

4 月 3 日 11 时 6 分，黑龙江总队再次增派齐齐哈尔、大庆、牡丹江、佳木斯、鹤岗支队 25 辆消防车、94 名消防救援指战员到场。4 月 4 日 8 时，1 号、2 号投药点任务结束，消防救援力量转场至下游继续投药。总队现场指挥部将伊春、哈尔滨等 7 个支队力量调整至设在依吉密河东兴渠首的 3 号投药点，负责远程运输和投放聚丙烯酰胺药液。绥化支队转场至属地庆安、北林、望奎、兰西境内，依托呼兰河段的水闸、桥梁设置 5 处阵地，负责投放聚合硫酸铁药液。至 4 月 11 日 3 时，呼兰河干流全线污染物钼浓度达标；18 日，呼兰河干流全线水体基本复清；19 日 20 时，参战力量撤离归建。

（五）服务百姓，送水到家，传递党委、政府温暖

3 月 29 日起，伊春支队调派 19 辆消防车、48 名消防指战员，担负 13 处供水点的日常生活用水供应任务。累计出动车辆 1097 辆次、指战员 3117 人次，供水 1.5 万吨。

四、主要经验

（一）领导高度重视、综合统筹力量是根本保证

事件发生后，党和国家领导人高度重视，作出重要批示指示。应急管理部党委书记黄明，消防救援局局长琼色等领导作出具体部署。省消防救援总队主要领导赴一线指挥作战。省政府启动环境应急二级

响应机制，生态环境部专家团队现场指导，现场上万人、千余辆车、几十个任务点同时实施抢险作业，各司其职、密切协同、联勤联战，为圆满完成各项处置任务奠定了基础。

（二）发挥专业优势、主动担当重任是打赢基础

险情发生后，消防救援队伍紧急集结60余辆消防车、200余名指战员连夜驰援一线。战斗中，消防救援队伍充分发挥纪律严明、装备精良、素质过硬、执行力强等优势，抢排污水16.9万立方米，行车10.2万公里，投送药剂2.9万吨，辗转13个居民点送水1.5万吨。为省应急指挥部架设集实时画面、卫星信号、无人机图像等信息的临时会议室，为环境专家提供无人机航拍测绘资料，为作业点提供持续照明供电保障，在大兵团、多力量联合救援中充分发挥了消防救援队伍国家队、主力军作用。

（三）科学指挥决策、精准布控截防是制胜关键

成立前后方指挥部，下设指挥、外联、通信、政宣、保障等7个功能组，根据任务确立“按支队编队、按任务分工、按指标投药，AB班交替轮换，不间断循环作业，全过程保证安全”的救援指导思想，制定“主驾+副驾+安全员，三人一车、两车一组、十车一队，越野车前导、两三车后备”的作战编成，采取上游排污导流、下游筑坝拦截、分段絮凝沉降、多点削峰净化等系列战术措施，研判任务变化，科学运用战术，精准布设力量，因情灵活施策，保证整个救援行动有条不紊。

（四）安全贯穿始终、全程靠前保障是必要支撑

成立安全督导专班，设立随车安全员、路况侦察员、安全提示员、车辆检修员，在狭窄路段安排交警管控。两级战勤保障力量遂行作战，调拨供水、宿营、装备抢修等模块以及洗漱用品、食品、衣物等物资，餐饮企业、汽修厂、加油站以及消防装备厂技术员到场保障，设置补给点、加油点、检修点、防疫点等，当地政府紧急采购并配发消防车21辆，为救援行动提供有力保障。

（五）狠抓思想引领、党员模范带头是士气保障

启动遂行重大任务政治工作机制，成立临时党支部，参战单位以车组为单元成立临时党小组，建立党员突击队。各参战队伍结合灾情处置任务需要，见缝插针开展车前动员、车上党课等活动。全体参战指战员舍小家、顾大家，主动请缨奔赴一线，用实际行动诠释消防救援队伍对党和人民的赤胆忠心。

湖南永兴“3·30”旅客列车脱轨侧翻事故救援情况

2020年3月30日，T179次特快列车途经湖南省郴州市永兴县时，因山体塌方发生列车脱轨事件，并有车厢起火。接到报警后，湖南省消防救援总队迅速行动，先后调集48辆消防车、225名指战员携5条搜救犬到场处置。

一、基本情况

（一）列车及事故基本情况

事故列车为济南开往广州T179次特快列车，属广铁集团25G型老旧旅客列车，采用电力机车牵引，从铁路25千伏高压电网取电运行。该列车共有车体20

节，含旅客车厢 18 节，当日载客量为 691 人。

（二）事故地点周边情况

铁路沿线两侧各有一条宽 4 米的乡村公路，均与 107 国道相通，由一座铁路桥相连，仅能供人通行。西侧公路为消防车主要进入通道，但因路况原因消防车仅能到达事故列车尾部。事故地点两侧均有滑坡危险。事故现场西侧约 620 米处有灌溉沟渠，可供机动泵取水。

（三）起火及人员被困情况

起火部位位于 19 号发电车厢，内有 2 台柴油发电机组，3 个柴油储罐，储存柴油约 4 吨。事发后，火势蔓延至车头和 18 号车厢前部。被困人员位于 12—18 号侧翻车厢内。

（四）灾情特点

事故地点位于京广铁路大动脉，列车运行密集，被困人员多，社会关注度高。参与救援人员复杂，协同作战要求高。车体变形严重，破拆难度大。火灾负荷大，蔓延与爆炸风险并存，灭火剂需求量大。事故地点偏、地势高、道路窄，救援车辆通行困难。

（五）天气情况

3 月 30 日 11 时至 4 月 1 日 0 时，多云，北风 2 级，平均气温 7 ℃。

二、处置经过

（一）接警调度

3 月 30 日 11 时 43 分，永兴县沙子江消防救援站接警后，立即出动 6 辆消防车、30 名消防指战员赶赴现场处置。永州市消防救援支队指挥中心调派特勤、苏仙、高新等 7 个消防救援站，以及战勤保障、应急通信分队，共 32 辆消防车、134 名指战员赶赴现场增援，郴州市消防救援支队全勤指挥部遂行出动。郴州市政府启动《重大灾害事故救援预案》，调集公安、交通、卫生等部门赶赴现场处置，并通知铁路部门停运线路，切断区间高压电网，防止二次事故发生。湖南省消防救援总队调派长沙支队搜救犬分队、衡阳支队共 16 辆消防车及相关战斗编成赶往现场增援，总队全勤指挥部赶赴现场。

（二）搜救初控

12 时 15 分，首战力量到达距事故列车尾部 100 米处位置。经初步侦察，现场逃生乘客与救援群众交织于狭长的铁路线上，两侧公路均有大量人员穿梭，车头位置火焰高达十余米。现场指挥员命令 2 个灭火组远距离铺设水带出两支泡沫枪阻止火势蔓延，成立 4 个搜救组分段开展搜救，派出 1 个安全警戒组实施安全警戒并引导疏散，1 个供水组寻找水源做好供水准备。救援组分 4 个点展开对向搜救，首轮搜救发现，12 至 18 号车厢仍有人员被困，救援人员采取破拆救人的方式营救被困群众 25 名。随即以车厢、厕所、餐厅及车厢连接处为重点展开二次搜救，在 14 号车厢发现 1 名被困者，救援人员采用扩张器、撑顶器、起重气垫等破拆器材开展救援，但因作业环境复杂，救援空间小，破拆难度大，救援效果不理想。与此同时，灭火组在起火的发电车厢两侧架设 2 支泡沫枪，扑灭地面流淌火，并对毗邻的车头和 18 号车厢前部冷却控火，防止蔓延。对油箱进行冷却，防止发生爆炸。火势得到控制后，将东侧水枪调整至 18 号车厢顶部，通过发电车厢侧翻窗口向内喷射泡沫灭火。安全警戒组派出 3 名安全员，在铁路桥、西侧山坡和东侧公路边各设置 1 处安全监测点，重点监控救援作业面两侧山体稳固情况。供水组在 620 米外沟渠确立取水点，利用机动泵取水与消防车采取接力供水方式，保障不间断供水，并联系后方及时运送泡沫灭火剂。

（三）灭火救人

13时20分，郴州支队全勤指挥部及特勤、苏仙大队等增援力量先后到场。指挥部根据现场情况和到场力量调整战斗部署，一是特勤和永兴大队组成破拆救人组，继续对14号车厢被困人员进行营救，设立安全员，架设一个水枪阵地掩护救援。二是苏仙、特勤、永兴大队成立3个搜救组，对所有车厢进行第三轮搜救，重点对车厢内变形严重区域和侧翻车厢底部进行搜救，确保不留死角。三是增设1个水枪阵地协同灭火，火车站、苏仙、桂阳消防救援站负责火场供水，安仁、高新消防救援站为预备队，承担后方警戒及战斗人员轮换任务。四是应急、公安、卫健等力量通知铁路部门调派大型工程机械到场协助处置。五是应急保障分队利用卫星通信指挥车搭建现场救援指挥部，通过4G单兵、4G布控球、无人机、卫星便携站等通信设备向应急管理部和省消防救援总队上传现场图像。六是严格落实防疫要求，减少现场不必要作业人员。

15时30分起，总队全勤指挥部、衡阳支队增援力量、长沙支队搜救犬分队陆续到场。

15时35分，14号车厢被困者被成功救出。

15时50分，火势被扑灭，救援人员继续对发电车厢进行冷却降温。同时，利用搜救犬以侧翻列车底部为重点展开第四轮搜救。

（四）监护排险

灭火救人行动结束后，铁路部门大型破拆设备相继进场，全面开展排险抢通工作。郴州支队调集6套移动照明设备和1辆照明车到现场，进行照明保障。永兴、特勤、战保等单位12辆消防车45名指战员留守协助广铁集团排险处置，长沙、衡阳等支队增援力量归建。

3月31日9时30分，铁路抢修工作基本完成。

4月1日0时39分，救援人员完成清理收尾工作，救援工作结束。

三、主要经验

（一）领导重视，协同有力

事故发生后，中央和省、市各级领导先后作出批示，应急管理部副部长孙华山率工作组迅速赶往现场。省政府副省长陈飞，省应急厅厅长李大剑，郴州市相关领导相继赶赴事故现场指导抢险救援工作，消防救援总队、支队两级全勤指挥部遂行出动，全程参与指挥处置。广铁集团牵头成立“事故应急处置指挥部”，下设综合组、现场抢险组、医疗救援组、交通保障组、社会维稳组、宣传舆情组、事故调查配合组，确保救援工作高效开展。

（二）调度合理，力量充足

永兴大队接警后，快速反应、全员出动。总队、支队两级先后调集48辆各类消防车、225名指战员、5条搜救犬到场处置。市政府调集应急、公安、卫生、通信、武警等600余人及各类车辆70余辆赶赴现场。广铁集团调集大型轨道起重、破拆、挖掘、救护等装备及近千名职工到场参与救援，为救援行动提供了有力支撑。

（三）疏散有力，搜救及时

初战力量到场后，坚持第一时间疏散救人的原则，采取喊话、安抚等措施，稳定被困群众情绪，引导被困乘客迅速有序疏散，多轮次、全方位开展人员搜救，为解救被困人员赢得了时间，避免了二次事故发生。

（四）突出重点，层次分明

整个救援过程采取“前期控火救人、中期全面搜救、后期排险保畅”的战术措施，严格落实作战安全管控措施，组织指挥科学，救援行动高效，事故发生后 22 小时内实现了京广铁路全线恢复。救援前期，重心放在救人控火上，初战力量到场后，使用泡沫压制火势，分组开展人员搜救。救援中期，重心放在全面搜索和解救 14 号车厢被困人员上。救援后期，重点放在排险保畅上，由广铁集团负责组织，消防和其他救援力量协同配合。整个救援过程，消防应急通信保障分队全程不间断传输现场图像至各级指挥中心，为领导决策指挥提供有力信息支持。

安徽省抗洪抢险救援情况

2020 年汛期，安徽省长江、淮河、新安江流域发生历史罕见洪涝灾情，梅雨期之长、暴雨日数之多、累计雨量之大、覆盖范围之广、降雨强度之高，均为历史第一位。灾情发生后，应急管理部认真贯彻落实习近平总书记防汛救灾重要讲话指示精神和李克强总理批示要求，部党委书记黄明第一时间作出决策部署，消防救援局局长琼色、政委詹寿旺统筹谋划，派出副局长罗永强带领相关处室负责同志赶赴一线，组建前方指挥部、担任总指挥，调集上海、浙江、山东、河南消防救援总队和南京训练总队的 5 支共 2000 余人的增援队伍，与安徽消防救援总队并肩作战 28 天，坚持“人民至上、生命至上”，闻“汛”而动、齐心抗洪，有力保障了人民群众生命财产和重要工程设施防洪安全，赢得了各级党委、政府和人民群众的广泛赞誉。此次抗洪抢险是消防救援队伍转制以来投入力量最多、作战区域最广、持续时间最长的应急救援任务，全体参战人员众志成城、合力攻坚，实现了“有战果、有声誉、有组织、有纪律、有实战收获，无事故、无违纪、无舆情、无疫情、无肠道传染病”的“五有五无”目标，夺取了防汛救灾工作重大胜利。

一、基本情况

（一）地理位置

安徽省地处华东腹地，位于长江三角洲地区，地跨淮河、长江、新安江三大水系。长江和淮河自西向东横贯全境，将全省分为淮北、江淮、江南三大自然区。淮河以北地势平坦辽阔，中部江淮之间，山地岗丘曲折，长江两岸和巢湖周围地势低平。

（二）灾情介绍

6 月 2 日入梅至 8 月 1 日出梅，梅雨带在安徽省南北摆动，先后出现 10 次强降雨，长江（巢湖）、淮河、新安江流域发生大洪水，遭受严重洪涝灾害。一是梅期超长、雨量大、雨势强。梅雨期长达 60 天，全省平均梅雨量 856 毫米，是常年同期 401 毫米的 2.1 倍，为历史同期最多。大别山区、皖南山区为全国强降雨中心，全国超过 1200 毫米的 16 个国家气象站中安徽省占 12 个。梅雨期间 600 毫米、800 毫米、1000 毫米降雨覆盖面积分别占全省面积的 76%、56%、28%。二是长江、淮河、新安江发生全域洪水，历史罕见。全省共有 54 条河湖超警、30 条河湖超保，滁河、菜子湖等 16 条河湖发生超历史洪水，共有 13 座大型、88 座中型、

1000多座小型水库超汛限水位；长江干流芜湖站、马鞍山站比1998年最高洪水位高0.15~0.21米，沿江湖泊及支流水位长期居高不下。淮河上游洪水来量大、水位上涨快、汛情来势猛，王家坝站最高水位达29.76米，为历史第二高水位；新安江支流练江渔梁站最高水位118.31米，居历史第三位。三是受灾范围广、险情多、灾情重。全省16个市95县（市、区）不同程度受灾，受灾人数达1046.5万人，累计紧急转移安置132.9万人，农作物受灾面积1815.6万亩，因灾倒塌损毁房屋19.6万间，直接经济损失624.3亿元。各地累计发生险情2325处、漫溢破圩口538处（80处为主动进洪），其中万亩以上圩口26处。

（三）救援特点

一是任务多样，处置难度大。此次抗洪抢险涉及营救人员、转移群众、抢救财产、运送物资、清淤除障、排水排涝、助民解困、筑堤固坝、巡堤排险、除草防涌等任务，现场作战对象频繁切换，所用车辆装备、处置措施、战术战法不尽相同，应急救援难度大。二是环境复杂，安全风险高。抗洪抢险是在高温酷暑、蚊虫叮咬、水质恶劣、溃堤塌陷、急速水流、涌动暗流等复杂环境下开展，风险隐患多，突发情况多，次生灾害多，安全风险高。三是连续作战，保障要求高。救援时间跨度长，转战阵地多，作战区域广，装备物资需求量大，人、车、装使用频次高，指战员体力消耗大，加之是新冠肺炎疫情发生后的第一次大规模跨区域应急救援，保障要求高。

二、消防救援局组织跨区域增援情况

按照应急管理部党委的统一部署和部党委书记黄明的命令，7月19日，消防救援局派出了以副局长罗永强为总指挥的前方指挥部赶赴灾区，带领5个总队抽调水域救援业务骨干组成的增援队伍，驾驶救援车辆、携行装备舟艇和保障物资星夜驰援，与安徽总队多点布防、协同作战、历时28天，先后参加抗洪抢险2580起、出动人员25563人次、车辆2256台次、舟艇2182艘次，营救遇险群众1480人，转移疏散群众3170人，助民解困13550人次，加固堤坝约17247米、巡堤查险约2305.4公里，受到了安徽省委、省政府和地方各级党委、政府的高度评价，赢得了人民群众的广泛赞誉。

（一）发挥专业优势，全力营救遇险群众

出发前，前方指挥部对增援力量的作战行动进行了安排部署，构建了“一部六组”指挥体系，明确责任分工，健全指挥机制。罗永强副局长率前方指挥部抵达灾区后，第一时间与安徽省常务副省长邓向阳，副省长、省防汛抗旱指挥部常务副总指挥张曙光会面，传达应急管理部党委书记黄明的指示要求，介绍消防救援局的安排部署和增援情况，主动请战，统筹指挥各增援力量开展抗洪抢险行动。7月20日凌晨，先期到达的河南、山东总队增援队伍放下背包就战斗，在六安、滁州两个灾情最严重地区的6个乡镇连夜搜索、疏散和转移营救被洪水围困群众，其他增援队伍到达后根据省防汛抗旱指挥部要求赶赴淮南、芜湖、铜陵等7个重点任务区，充分发挥力量优势和专业技术优势，迅速开展搜救人员、转运物资、巡堤固坝、排涝查险等救援工作。前方指挥部注重力量统筹，开展联合救援，形成战斗合力。在执行颍上固坝排险任务时，建立临时指挥机构，对河南、山东总队增援力量和 150 名森林消防指战员进行力量融合，统一指挥调派、统一会商研判、统一保障供给。在庐江县水上搜救时，来自安徽、浙江、上海 3 个总队的消防救援力量密切协同、优势互补，充分利用无人机、舟艇、声呐等救援装备开展立体搜救，探索了多支专业力量联合作战的指挥模式。同时，在驻勤期间，与部队官兵、民兵、志愿者联合开展巡堤查险、堤坝加固的工作，提升处置效率。

（二）紧跟汛情发展，精准调动救援力量

坚决落实“力量跟着汛情走、处置抢在成灾前”的总体要求，抗洪抢险伊始，为实现“队伍”与“任务”有效对接，前方指挥部研究制定了“双派驻”“两直通”的措施，由当地政府和消防部门向增援队伍派驻专员，增援队伍指定一名领导加入当地指挥部，协调“119”“110”指挥平台直接调派增援队伍，确保哪里有灾情、队伍就战斗在哪里，使灾区群众第一时间看到“火焰蓝”，得到安全保障。7 月 22 日，六安市固镇汛情告急，前方指挥部果断将南京训练总队 70 名指战员调往增援，与河南总队驻勤力量并肩奋战 3 个昼夜，将遇险群众全部转移到安全区域。7 月 26 日，阜阳市颍上县戴家湖淮河大坝发生闸口漏水重大险情后，整建制调动山东、河南增援力量冒雨连夜驰援，以最快速度投入到抢险固坝战斗中，得到颍上县政府高度评价。7 月 30 日，巢湖全线告急，前方指挥部马上成建制调派上海总队 169 名指战员，急行军 160 余公里前置巢湖大坝，随时迎战可能发生的险情。

（三）坚持训战一体，切实保证作战安全

坚持边战边训、以战促训，注重在实战中总结提升，将课堂搬上战场，组织各增援队伍深入开展抗洪抢险战例研讨复盘，总结实战经验，查找短板不足，编写了水上救援的实操教程，创新了 18 项抗洪抢险新战法、新技术，如无人机影像对比侦察、前突预警领航、红外巡堤侦察管涌，舟梯联用营救高层被困人员，水域救援手语、旗语、光语、哨语等战术战法，在实战中发挥了突出功效。有针对性地举办了战训大讲堂和战勤保障经验交流会，消防救援局副局长罗永强亲自授课，对练兵工作进行统筹部署，各增援队伍通过实战练兵，有效提升了专业技术水平。同时，紧盯水域救援安全风险，针对安徽复杂特殊的水域水情，制定了水域救援六项安全措施，明确了“4 人 1 舟、2 舟 1 组、2 组 1 区”的舟艇编队搜救方法，开展了救生衣规范穿着和舟艇规范操作“两个专项整治”，逐人考核、逐人过关。随着汛情的缓解和任务转段，针对队伍内部管理风险，及时安排部署“五比五看”和“三防四抓”活动，从管理、训练、作风、保障、爱民五个方面开展全方位的比拼竞赛，各增援队伍之间下“挑战书”、结“互助对子”，形成了“比学赶帮超”的浓厚氛围。聚焦“防麻痹大意、防松懈松弛、防失控漏管”，将车辆安全驾驶、营区安全管理、重点人员管控作为重点，落实管理责任，把安全的篱笆扎紧扎实。

（四）加强政治动员，深入开展爱民实践

高度重视战地党建工作，第一时间成立前方指挥部临时党委和各级临时党组织，充分发挥党组织示范引领作用和党员干部模范带头作用，涌现出了以陈陆同志为代表的一批英雄模范和先进典型。加强遂行政治鼓动，通过重温训词誓词、组织火线入党等活动，坚定指战员驻守一线、建功立业的信念，始终保持高昂的战斗热情。组织开展“学三卷、重实践”和“学英模、比奉献”主题教育活动，举办视频交流会，学习宣传陈陆英雄事迹，3次召开临时党委会，深入学习《习近平谈治国理政》第三卷，锤炼党性、筑牢忠魂。同时，各增援队伍指战员恪守初心使命，积极投身爱民助民便民实践，与驻地党委、政府建立援助联系机制，在营区门口显著位置公布救助电话，在驻地设立多个救助点，通过“110”和“119”接受人民群众援助请求，结合驻地复产复工和恢复生活秩序的需要，发挥技术专长，开展物资转运、清淤除障、环境消杀、送医送药、防火安全巡查检查，帮助驻地消防部门处理因抗洪抢险积压的非紧急类警情。其间，共排水排涝 35.4 万吨，转运物资 334 吨，清淤除障 1.6 万立方米，检查灾民安置点和重点单位 1520 个，防疫消杀近 80 万平方米，保护财产价值 4437 万元，并利用无人机三维成像技术，拍摄灾情对比图，为受灾群众回迁提供帮助。一系列暖心举动，得到了人民群众的爱戴拥护，展现了消防救援队伍“竭诚为民”的良好形象。

（五）紧贴实战需要，提升遂行保障能力

发挥战勤保障功效，强化阵地营地“两个意识”，做到旗帜鲜明、分区明显、高效遂行、应保尽保。结合高温潮湿天气下的保障需要，提出“三防一保”的保障要求和“四个三”的保障标准。救援期间，各增援队伍围绕物资保障、生活保障、卫勤保障和装备技术保障，调集 11 个种类 113 辆战勤保障车辆，为一线提供装备物资 8.4 万件（套），被装 3 万件（套），保障饮食 12.3 万人次，保障宿营 4.8 万人次，保障淋浴 4.1 万人次，为 1978 名指战员提供诊疗服务，检修维护装备 4406 件套，有效保障了队伍战斗力的持续生成。加强通信保障，累计开展无人机侦察测绘 1304 次，单兵及布控球保障时长 1722 小时，拍摄视频 1627 个，制作各类作战指挥图 776 张，为决策指挥提供重要依据和有力支撑。

三、安徽省消防救援队伍抗洪抢险情况

按照消防救援局的统一部署，安徽省消防救援队伍建立了“点上能攻坚、线上成规模、面上全覆盖”的力量格局，共接处抗洪抢险警情 1899 起，出动指战员近 2 万人次，车辆 2858 辆次，舟艇 2330 艘次，营救疏散被困群众 2.5 万余人，巡查堤坝 793 公里、加固长度 10061 米，填装搬运沙土 5.5 万袋，保护财产价值 1.9 亿元，为夺取抗洪抢险全面胜利作出了重大贡献。

（一）科学谋划部署

总队先后 2 次召开专题党委会研究部署抗洪抢险救援工作，定期召开全省视频调度会强调部署工作；成立前后方指挥部和 6 个工作专班，分别由一名党委班子成员负责统筹协调，建立“领导包干、逐级督导、责任捆绑”机制。对内密切关注预警信息发布平台和气象服务系统，明确专人收集整理信息，实时掌握气象预警和灾害预判，落实每日会商、每日研判、每日调度工作机制，及时向队伍发布预警提示提醒；对外健全完善行业部门会商、

信息通报、资源共享机制，与省防汛抗旱指挥部、省减灾救灾委员会每周会商研判汛情发展趋势，主动加强与气象、水利、交通、地质、民政等部门的协调沟通，实时掌握全省雨情水情汛情，着力下好“先手棋”、打好“主动仗”。

（二）精准力量前置

一是实施“规模化调度、分散化作业”，在入汛前期，针对沿江地区救援任务重、救援力量薄弱等实际，分散化前置力量到各救援点，充分发挥小股力量机动灵活、快速高效的专业优势；二是始终将优势兵力前置在最严峻、最复杂、最需要的关键部位，根据汛情形势，结合队伍实力和分布情况，遴选 1696 人的水域救援精干力量组建了省级、支队级、站级抗洪抢险专业队 199 支，并按照消防救援局部署要求，在沿江、沿淮、巢湖地区以及超警、超保的河、湖、库、圩等重点地段设置 79 处前置备勤点，前置备勤 1000 人、各类车辆 207 台、舟艇 126 艘，救援装备 1 万余件（套）。

（三）高效组织救援

在新安江流域的黄山地区，采取“划分区域、分组作业”的方式，对参战力量进行统一编组、统一指挥、统一调度，面对孤岛救援、群众转移、清淤排障、护桥护坝、堰塞湖排险和灾后重建等任务，实施轮换作业，始终保持作战人员精力充沛；执行县城排水排涝任务时，运用“疏堵配合、固移结合、先车后泵”等方法，有效提升了排涝效率；执行城区内涝转移群众任务时，采取舟艇组合搜救方法，狭窄巷道内，橡皮艇机动灵活、精准施救，转移群众方面，冲锋舟乘载量大、巡航速度快，精准救援与高效转移相结合，大大提升了救援转移效率。在长江流域沿线的芜湖、安庆、铜陵、池州地区，在陌生水域和道路情况不明的水域采用无人机映像与卫星地图对比，采集目标任务区域无人机影像，对比灾前高清卫星地图，提前了解地形地貌和道路水情，供一线指战员参考；创新使用“激流中双艇联用、多艇编队搜救、舟艇联用营救”战法，划分“救人疏散、排涝抢险、巡堤固坝”3 个阶段，采取橡皮艇运送、指战员背负、安全绳牵引等方式，保障安全的同时有效提高救援效率；针对出口淹没的多层、高层建筑救援任务，规避人员下潜入水寻路风险，采取破拆任务建筑二楼或三楼外窗，创建水上救援通道，再利用绳索、梯子等装备辅助人员物资转移至舟艇。在环巢湖流域的合肥地区，针对水域广、水流快、积水深等情况，坚持“先评估、再施救”原则，研判“被困人员处境、外界救援环境、力量辐射边境”等情况，同时利用无人机进行前突预警领航，探索“空地”协同作战，通过图传影像实时侦察预警，大大拓展了舟艇侦察视野，有效提高搜救效率；在大面积淹没区水域内执行任务时利用卫星导航定位，实时掌握舟艇所处位置，确保队伍不偏离行进、转移航道路线，避免迷失方向。在淮河流域的淮南、阜阳地区，强化大局意识，全力响应国家防总部署，在王家坝泄洪前快速反应、全员出动、星夜救援，转移下游蓄洪区内群众，对泄洪周边地区重点部位分兵布防，确保淮河泄洪工作按时开闸；改进创新“无人机总体巡览、舟艇快速确认、人工详细排查”巡堤查险等新战术战法，提升救援行动的针对性、精准性和安全性；在处置管涌渗透点时，临水面抢堵，填充大量砂石、黏土，背水面抢护，围井填料，在反滤围井内按三层反滤要求分铺垫砂石、黏土、瓜子片石料，再铺设两层滤水布，形成滤料和滤水布的五层防涌措施。

四、主要工作体会

（一）坚决贯彻党中央和部党委决策部署是打赢这场硬仗的动力源泉

在全国防汛救灾的紧要时期，习近平总书记多次对防汛救灾作出重要指示并亲临安徽视察指导防汛救灾，为全力做好抗洪抢险救援指明了方向。国务委员王勇、应急管理部党委书记黄明深入一线慰问消防救援队伍。消防救援局党委把贯彻落实习近平总书记关于防汛救灾的重要指示精神贯穿于抗洪抢险全过程，遵照部党委的安排部署，有力有序开展救援工作，在实战中不断激发全体指战员敢打必胜的信心决心，为圆满完成任务提供了政治驱动力。

（二）应急管理体制和消防救援队伍改革的成功实践是打赢这场硬仗的制度保证

2018 年国务院机构改革，将 11 个部门 13 项职能进行整合，组建应急管理部，标志着我国应急管理体制建设实现了新发展。2018 年 11 月 9 日，习近平总书记向国家综合性消防救援队伍授旗并致训词，中国消防从此迈入新时代。改革两年来，各级应急管理部门担负起“全灾种、大应急”的新职能，消防救援队伍成为应急救援的“主力军、国家队”，为保卫人民生命财产安全、护航经济社会发展发挥了重要作用。此次抗洪抢险，充分证明了党中央改革决策的英明，实战检验了改革成效。

（三）精准研判和科学指挥是打赢这场硬仗的必要前提

前方指挥部以应急管理部党委书记黄明每日在部指挥中心调度时作出的部署要求为行动指针，与后方实时沟通、科学排布，协同一致、合力推动。严格执行“每日调度小结、每周研判会商、转段总结点评”制度，共召开视频调度会 25 次，转段总结会 2 次，先后赶赴 9 个地市、20 个驻勤点进行检查指导和看望慰问，总行程 6000 余公里。采取扁平化的指挥机制，将总队、支队指挥层级合二为一，使指挥直达一线。深度运用融合通信、无人机建模测绘等现代通信技术，大大提高了指挥效力。

（四）科学高效的战术战法是打赢这场硬仗的有力支撑

各参战队伍结合救援实际，探索创新战术战法，取得了良好成效。在执行人员搜救任务中，创新了“空中无人机网格化搜寻，水面舟艇巡回搜寻浮标标记，水下声呐对疑似物扫描核实”的战术战法；在执行巡堤查险任务中，创新了无人机红外热成像设备和探地雷达“空地一体化”探测的战术战法；规范了“八个一”舟艇器材配备，为今后抗洪抢险提供了有益经验。

（五）始终将安全放在首位是打赢这场硬仗的重要保证

各参战队伍认真贯彻落实前方指挥部关于将安全作为第一要务的部署要求，采取了一系列紧急措施，组织开展专项整治，及时规范救生衣穿着和舟艇操作。在任务转段的关键期，组织开展“三防四抓”活动，派出专人实地检查督导，杜绝了各类安全事故的发生。归建命令下达后，两次召开调度会研究部署安全工作，确保了指战员安全归建、万无一失。

（六）扎实有效的战勤保障是打赢这

场硬仗的坚强后盾

战勤保障工作在此次跨区域、长时间的抗洪抢险中发挥了重要作用，各参战队伍立足于自我保障，不给党委政府添麻烦、不占用当地资源。精准、高效、充足的战勤保障确保了指战员全程吃热饭、喝净水、洗热水澡、换干衣服、及时诊疗。实践再次证明，灭火救援战斗，拼的是装备、靠的是保障，战勤保障越来越成为一线指战员的有力依靠。

山东威海“6·4”化学品运输船泄漏事故处置情况

2020年6月4日9时57分，山东省威海市海事部门接到报警，深圳籍“光汇616”运输船（简称“光汇616”轮）由江苏省如皋港驶往山东省东营港航行途中，在山东威海荣成市石岛港外距离岸边4.3海里处发生船载化学品泄漏事故，造成16名船员遇险。山东省消防救援总队协同受理警情后，先后调集20辆消防车、150名指战员会同海事等部门共同处置。连续奋战16昼夜，经堵漏、转运、充氮等处理，圆满完成泄漏事故处置，共从泵舱及污油水柜抽取泄漏液货182立方米（含污油水），成功保护了整艘船舶及所载5000余吨危险化学品，开创了山东消防史上处置海上船舶运载化学品泄漏事故的先河。

一、基本情况

（一）船舶情况

发生泄漏事故的化学品运输船舶为深圳籍“光汇616”轮，IMO号9661364，船舶所有人为中航国际租赁有限公司，船舶经营人为深圳光汇石油海运集团有限公司。该船于2013年3月建造，船体长93米，宽17.5米，上下共5层，其中主甲板以上的4层为驾驶舱及船员宿舍，主甲板下1层，左侧为机舱、重油舱，右侧为泵房和11个货油舱，日常主要用于汽油、柴油运输。事故发生时，该船违规装载1500吨混合芳烃（1S、3P、3S）和3500吨甲基叔丁基醚（汽油添加剂），由江苏省如皋港驶往山东省东营港。

（二）事故情况

6月2日12时30分许，由于船舶管理和维护保养不善，货油管系阀门密封效果不良，右货油泵左后机械密封失效，致使货舱液货泄漏入泵舱。二号辅机海水泵前段的穿墙管密封失效，泵舱内液货达到一定液位后通过穿墙管处渗漏入机舱，产生大量混合油气。该船自行处置未果后，于6月4日上午9时57分向荣成市海上搜救中心报告船舶液货泄漏情况。

（三）气象水文情况

事发海域地处东亚季风区，气候倾向于海洋性，夏季多东南风，年平均雾日数67.8天，6月雾日最多。救援初期天气高温，气温达30℃以上，中后期有持续降雨、大雾，并伴有5级以上大风。潮汐性质为不规则半日潮，平均潮差1.7米。

二、事故特点

（一）船载危险化学品数量大，危险性较高

该船舶载运混合芳烃和甲基叔丁基醚，具有易挥发、高度易燃特性，容易形成油气混合物，具有爆炸危险。若发生燃烧爆炸，可能造成人员伤亡、环境污染等严重后果，并可能产生不良社会舆论影响。同时上述化学品具有毒性，对人体有一定伤害。

（二）船只存在功能先天缺陷，处置条件差

该船舶日常运输以汽油和柴油为主，不属于运载危险化学品的专业船只。因此，船内结构和功能无法满足装载危险化学品的条件，潜在风险隐患多，增加现场输转、舱体惰化、拖带作业、接驳救助、清洗堵漏等各个处置环节难度。

（三）事故现场环境复杂多样，次生灾害风险大

一是事发水域为船舶交通主航道，在现场预警、管制隔离、调整船舶航线、避让事故水域等方面压力较大。二是参与救援的接驳船、拖船等必须靠泊作业，但救援过程中海上风向、风力多变，并多次产生高涌浪，稍有不慎，可能导致泄漏、燃爆等事故发生。三是事发水域属二类近海海域环境功能区，船载危险化学品一旦发生外泄，将对海洋生态环境带来不可修复的损害，可能导致特别重大海洋环境污染事故。

（四）国内没有成功经验参考，处置难度高

国内处置的轮船内泄漏险情，大多为汽油、原油类泄漏，非危险化学品船只违规载运危险化学品泄漏的案例几乎未曾发生。参与险情处置的专家和救援队伍缺乏相关处置经验和成功战例参考，救援难度高、容错率极低，稍有疏忽大意，将造成不可估量的损失。几乎每个环节都需要反复侦察、反复推敲，几乎所有战术措施都需要反复思考、反复试探。

（五）灾害时间地点均较敏感，舆情压力大

从泄漏事故时间节点看，其发生在新冠肺炎疫情在国内基本被管控期间，易造成民众担忧；从泄漏事故地点因素看，其与发生事故的“福岛核电站”同属西北太平洋、同样可能造成海洋污染，更易引起社会关注，甚至造成负面国际影响。险情发生后，交通运输部、生态环境部、应急管理部等国家部委领导多次过问，山东省委、省政府领导专门作出批示。救援期间，受气象和水文等客观条件影响，加之欠缺此类救援经验，救援工作多次陷入停滞状态，导致各级领导、各类舆情持续关注，引起较大社会影响。

三、处置经过

（一）接报反应

荣成市海上搜救中心接到报警后，指导事故船只关闭动力、电力、阀门等设施，并派出1只拖船将事故船只上16名船员转移送医。

6月4日11时45分，威海市消防救援支队接到情况通报后，立即启动特殊灾害事故处置预案，派出全勤指挥部、先期处置力量赶往现场处置，并向山东省消防救援总队指挥中心报告。随后，山东总队启动灭火救援专家跨区域增援响应机制，选派全省精干力量到场参与处置。威海支队陆续调集12辆消防车、70余名指战员赶赴现场待命，组成3个攻坚小组，做好登船侦检、堵漏作业准备；调集轻型、重型防化服、堵漏工具、无火花工具等195件（套）装备器材和泡沫灭火剂。

17时42分，消防救援局副局长魏捍东与一线消防救援力量进行现场连线，提出积极搜集现场信息、做好力量集结及专业装备器材调集备用、做好安全防护、及时上报情况等具体工作要求。

（二）成立指挥机构

18时30分，现场成立指挥部，并设

立以省应急管理厅厅长赵豪志为组长、省消防救援总队副总队长吴福军等为副组长的工作指挥组，同时成立消防、海事、气象、船舶、危险化学品、船级社等各领域专家为成员的专家组，结合救援装备、船舶状态、周边环境、泄漏程度等情况进行论证评估，研究处置方案。

20 时 40 分，专家组召开会议，综合分析现场情况，从侦察检测、现场输转、现场堵漏、警戒范围、气象支持和物资保障等 6 个方面初步确定泄漏事故处置方案。

6 月 5 日 0 时 30 分，指挥部召开联席会议，下达救援处置意见。一是部署救援人员穿戴防护装备，携带检测仪器等设备，登船进行实地侦察，查明现场情况。二是部署输转倒罐，由救援人员登船对泄漏至泵舱的甲基叔丁基醚进行输转作业。三是组织现场堵漏，利用专业堵漏工具对泵舱泄漏部位进行封堵。

（三）海上处置阶段

1. 登船侦察

6 月 5 日 13 时，经过专家组反复会商研判，制定侦检方案并报现场指挥部同意后，14 时 20 分，由消防救援人员、地方专家、海事人员组成侦察组，着消防防化服、佩戴正压式消防空气呼吸器，携带测氧仪、测爆仪、测温仪等侦检设备，按照先机舱后泵舱的顺序进行侦检。侦检开始前，在拖轮与事故船甲板设置观察哨，采用防爆手持电台和旗语、灯光联络，明确紧急撤离信号和作业完成后的撤离信号。

根据现场侦检情况，发现泵舱泄漏量较大，如不尽快处置，存在海上危险化学品外溢重大风险。

2. 现场输转

6 月 5 日 21 时，指挥部在充分研究专家组意见后，决定启动现场输转作业。现场划定 200 米为作业警戒区，现场输转人员 3 人一组，每半小时轮换一次，着防静电内衣、消防防化服、佩带正压式消防空气呼吸器，每组配备 1 把脉冲气压喷雾水枪以应对处置紧急情况。

作业中，拖轮搭载消防战斗班，在事故船只上风方向停靠并保持安全距离，将空气隔膜泵放至在事故船只泵舱门边甲板处，同时，在拖轮侧预设消防浮挺泵、船头预设开花水枪阵地。

专家组成员分为两班，分别由省消防救援总队和海事局外聘专家领班指挥值守，随时为现场工作人员提供技术支持、向担负警戒任务的消防指战员和拖船上消防战斗组下达作战指令。

6 日 0 时，正式启泵从污油舱输转泄漏液体，每小时输转量约 7 立方米。截至 6 日 15 时，泵舱液面下降 80 厘米，生态环境部门对周边大气和水环境质量进行监测，数据显示无异常。

指挥部分析现场存液量、污染指数、气象水文指数等情况后，决定加大输转功率，抓住天气转变前的战机，继续扩大战果。为保障处置工作顺利进行，消防救援队伍进一步调集 400 余件（套）侦检测爆、个人防护、供气照明等器材装备保障前线，并利用卫星便携站、4G 单兵图传设备、无人机等设备，架设起集视频、语音信号为主的通信网络，直通应急管理部和省相关部门。调集移动指挥中心 4 车编组、供气照明车、防化洗消车等功能车辆辅助战斗。同时，调拨 50 吨泡沫灭火剂、消防舟艇等装备物资临近待命，做好突发情况下应急处置准备工作。

3. 充氮准备

6 月 7 日 7 时许，“宁化 411”接驳船到达石岛码头停靠，由东营胜利油田调拨的制氮设备到达现场，制氮设备、液压泵及发电机组放置于码头。

13时，消防救援人员与油田工作人员组织将氮气充气管与“宁化411”船通气管相连接，向货舱内进行充氮。同时，利用化学侦检设备、激光测距仪等装备，抵近侦察检测，及时发现并汇报船舱充氮操作憋压、流动不畅的情况，并按照指挥部指令，调试呼吸阀、加强废气利用，进一步降低船舱含氧量，至6月8日7时，“宁化411”船充氮完成。

（四）岸基备战阶段

6月8日下午，气象水文出现较大变化，海面出现高涌浪。由于海上接驳作业安全流程复杂，对海上风力、海雾、涌浪等要求十分严格，指挥部研究决定，暂停输转作业，利用拖船将事故船拖曳至海岸边避风处，由海上处置改为岸基处置。

岸基处置期间，消防救援力量牵头负责整体外围管控。根据现场情况，增调远程供水系统1套、拖车炮1门、遥控炮6门。制定《“光汇616”轮泄漏消防处置方案》，成立前线消防指挥部，负责调度指挥消防救援力量。按照既定方案，对码头无关的人员、设施进行转移，在“光汇616”轮靠泊处划定半径200米的核心警戒区、700米的外围警戒区。选派3名灭火救援经验丰富的指挥员为现场安全员，明确参战队伍声、光、旗语等紧急撤离信号。

在核心警戒区，部署1套远程供水系统，车辆停靠新港码头外围警戒线处，负责为前方重型泡沫消防车供水。部署2辆26吨重型泡沫消防车停靠距事故船只停靠点200米处码头，铺设水带干线连接2门遥控泡沫炮做好灭火、冷却、覆盖等射击准备，同时铺设水幕水带保护制氮设备。

为现场海事、气象、船舶、危险化学品、船级社等相关作业和工作人员提供个人防护、应急照明等器材装备200余件（套）。同时为确保周边安全，调集20门遥控炮、10辆重型泡沫车、110名指战员部署在港区周边居民区、小型油库、学校、医院等区域驻勤布防，确保现场及周边的安全。

（五）后期处置阶段

6月9日9时许，“光汇616”轮被两艘拖船拖到石岛码头。随后，消防救援人员等按计划实施泄漏液货输转、对机舱和泵舱充氮惰化作业。用堵漏工具、棉被等包裹机舱、泵舱门、通道，在高位留通气口，提高充气效率。随后，由机舱舷窗接入氮气充气管，开展充氮惰化作业，并派出3名指战员组成的监护组，轮班监护、实时监测。至6月15日夜间，泄漏液货输转和货物接驳工作结束，至6月17日11时许，充氮惰化作业完成，顺利实施过驳作业。

17日15时，消防救援人员铺设供水干线，采取冲洗、中和等措施，与海事力量共同开展清污、洗舱等处置，全程加强监测，历时约48小时，于6月19日15时许，完成清污洗舱作业。

随即，派出1个堵漏小组、1个侦检小组，携带金属堵漏套管、无火花工具组，对泵舱11处泄漏点进行泄漏点探测、堵漏，利用可燃气体探测仪等侦察并全程检测，至6月20日彻底完成堵漏处置。

堵漏完成后，经全方位排查，现场险情全部排除，事故处置风险已经消除，消防救援人员将现场移交给海事部门，撤离归建。

四、主要经验

（一）各级高度重视、快速反应，为成功处置险情提供有力保证

险情发生后，应急管理部党委书记黄明，消防救援局局长琼色、政委詹寿旺、副局长魏捍东等先后作出指示，并通过视频连线指导处置。省委书记刘家义，省委副书记、代省长李干杰要求充分考虑施救过程中可能出现的各种情况，将人员安全放在首要位置，严防次生灾害，最大限度避免环境污染，密切关注舆情，主动回应社会关切。省应急厅、消防救援总队相关领导率专家连夜赶赴现场，成立集中高效的事故处置工作组，指导协调救援处置、整合各行业部门优势资源，确保救援工作高效有序开展。

（二）专家全程参与、科学指导，为成功处置险情提供有效支撑

建立进展动态评估和行动方案论证机制，在整个应急处置过程中的登船检测、泵舱泄漏液体输转、船舱惰化处理、接驳地点确定、接驳与清舱作业操作、作业现场应急消防力量布防布控等关键环节，全部经过专家组讨论，由指挥部作出决策。指挥部先后协调国家、省、市级19名专家开展内部评估31次，提出优化建议6份、39条。

（三）各方通力协作、密切配合，为成功处置险情奠定重要基础

全面分析研判可能发生的各类危害，迅速组织协调现场应急处置力量，成立前线消防指挥部，做好应急处置准备工作。海事、应急、环保、海洋、卫健、宣传等部门紧密联动，地方专业应急救援力量积极参与，在较短时间内形成“海陆一体、内外联动、上下结合”的高效专业救援体系，夯实险情妥善处置的坚实基础。

（四）抓住关键环节、整合优势，为成功处置险情提供重要保障

消防救援队伍紧盯“全灾种、大应急”职能拓展要求，克服海上救援无经验、无参考的不利因素，充分发挥自身优势特点，以“防火防爆”为此次救援工作的切入点和着力点，调集足够装备、跟进全程防护。在装备上，为参战的各方力量提供防化服、化学侦检设备、激光测距仪、高效通信网、大功率照明灯等，瞬间形成良好的救援优势。在战术上，采取“贴身防、近身防、全面防”的3级战术模式，构建远、中、近3级防护体系，实施精、强、优3级战力布防。在预防上，注重全程防护，设立安全员、安全岗，作业前，安排专人收缴人员手机、打火机，配发防静电服装及防爆通信、照明等工具，最大限度将安全工作想细、做实，现场多家行业系统相关负责同志组织人员前来学习“消防模式”“消防纪律”“消防作风”。

浙江台州沈海高速“6·13”液化石油气槽罐车爆炸事故救援情况

2020年6月13日16时46分，G15沈海高速浙江温岭大溪段一辆装有液化石油气（简称LPG）的槽罐车发生爆炸。事故发生后，浙江省消防救援总队迅速响应、全力救援，鏖战30多小时，共搜救出24名被困人员，避免了更大人员伤亡。

一、基本情况

此次事故是一起液化石油气槽罐车爆炸失控导致的区域灾难性事故。爆炸波及

范围约 3.5 万平方米，共造成 192 人伤亡，其中亡 20 人，重伤 24 人，600 余间民房严重受损。

（一）爆炸车辆情况

爆炸车辆为 LPG 运输半挂车，罐容 61.9 立方米，车辆隶属于温州瑞安市瑞阳危险品运输有限公司。事故当日，该车共充装液化石油气 25.3 吨，其中丙烷 15.2 吨、丁烷 10.1 吨，罐体压力 1.2 兆帕。该车行驶至 G15 沈海高速浙江温岭西出口下匝道时发生侧翻泄漏，罐体撕裂解体，形成混合性爆炸蒸气云，遇火源后，发生二次间歇性爆炸。

（二）事故现场情况

爆炸点位于 G15 沈海高速浙江温岭西出口下匝道处，西侧约 80 米处为良山工业区和良山村，东侧约 350 米处为收费站，南北两侧均为农田。爆炸造成 3.5 万平方米范围内建筑受损，受损民房 1811 间，其中严重受损民房 600 余间。造成甲乙机电有限公司厂房（主体结构 2 层，局部 3 层，总建筑面积约 10000 平方米）、雄溪机电有限公司厂房（主体结构 1 层，局部 2 层，总建筑面积约 800 平方米）不同程度倒塌。

（三）周边救援力量情况

爆炸点距大溪镇政府专职消防队约 7 公里，距温岭城西消防救援站约 17 公里，距温岭万昌中路消防救援站约 19 公里，距温岭城东消防救援站约 20 公里。

（四）天气情况

6 月 13—15 日，救援现场平均温度为 27~34 ℃，持续多云，15 日阴转小雨，偏南风 4~5 级。

二、事故特点

（一）爆炸威力大，波及范围广

此次事故是新中国成立以来最严重的 LPG 槽罐车爆炸事故。罐体发生物理爆炸后，撕裂部件最远抛至约 340 米处，物理爆炸冲击波范围大、风险高。罐体撕裂后，大量液化石油气汽化扩散，与空气充分混合，形成大面积爆炸性混合物，快速向低洼地区流动和积聚。视频显示，约 1 分 46 秒后发生二次爆炸，冲击波造成多辆在高速公路、匝道和周边国道上行驶的汽车、货车以及 3.5 万平方米范围内的建筑受损，350 米外的高速收费站也受到较大影响，燃烧波覆盖面积广，造成大量人员伤亡。

（二）次生灾害叠加，救援难度大

事故现场各类火灾（建筑、车辆等火灾形式）、二次坍塌、二次爆炸等次生灾害叠加，烟气威胁被埋压人员的安全，给救援工作造成严重阻碍。坍塌厂房为钢混结构，支撑框架被整体破坏，建筑平面结构存在大面积位移，其中雄溪机电为粉碎性坍塌。受损居民建筑多数为砖混结构，救援环境复杂，被困群众埋压位置等信息难以确定。同时，灾害现场发生二次垮塌可能性极大，给灾情侦察、内部搜寻、破拆救援等行动带来诸多困难。

（三）信息零碎杂乱，社会关注度高

由于灾情突发且迅速大面积失控，导致各级政府部门、消防救援指挥中心无法第一时间获取准确信息，初期救援过程中，信息呈现碎片化、重复化，同时，海量的信息数据导致有效信息难以甄别。此外，事故现场发生数次爆炸，巨大的“蘑菇云”在周边数公里范围内清晰可见，引发社会广泛关注，微博、微信等网络平台相关舆情呈爆发式增长，加之现场有大量群众和媒体围观，信息传播与灾情发布的速度明显不对称，群众出现恐慌，社会负面情绪蔓延，给救援人员带来较大精神压力。

三、处置经过

6 月 13 日 16 时 46 分，台州市消防救援支队指挥中心接到报警后，迅速启动应急救援三级响应，按照建筑坍塌、危险化学品槽罐车叠加灾情处置要求，一次性调集 1 支重型搜救队、3 支轻型搜救队、1 支化工灭火救援轻型编队及 4 支灭火救援分队，共 43 辆消防车、226 名指战员赶赴现场进行处置。市政府启动《重特大灾害事故应急处置预案》，台州、温岭两级政府调集公安、自然资源、卫健、交通、住建、供电、武警等联动单位第一时间响应，同步调集重型机械、应急照明、通信保障等设备迅速到场。

省消防救援总队指挥中心接警后，发挥大数据平台优势，综合分析应急、公安、高速等联动单位的警情资讯及互联网上即时视频信息，第一时间启动《重大灾害事故跨区域增援预案》，一次性调集杭州、宁波、温州、绍兴、金华、机动支队 6 支重型搜救队、1 支轻型搜救队，共 57 辆消防车、321 名指战员（携 6 条搜救犬）赶赴现场增援。同步调派宁波支队侦检、灭火、洗消 3 个专业作战单元，携带侦检、防护等器材到场配合处置。

（一）第一阶段：力量饱和响应，初战处置高效

13 日 17 时 15 分，台州支队温岭大队和乡镇消防队（1 支轻型搜救队、4 支灭火救援分队）23 辆消防车、88 名指战员陆续到场。经侦察确认，爆炸冲击波大范围波及周边，多栋建筑坍塌，多处车辆和建筑起火燃烧，大量群众受伤被困。

现场指挥员制定“外围控火、人员疏散”同步展开的战术措施，部署 5 个搜救小组对爆炸范围内倒塌建筑、受损车辆按照“先易后难、由浅入深”的顺序施救。部署 4 个灭火小组对高速公路沿线东西两侧着火汽车、厂房、民房实施灭火。指派 1 名指挥员对接镇村、辖区派出所和高速交警，共享掌握灾情及人员伤亡情况，并牵头疏散 2 公里范围内群众。至 17 时 35 分，从倒塌建筑外围和浅层成功搜救出 10 名被困群众。

（二）第二阶段：科学精准部署，救援安全有序

18 时 10 分，台州支队全勤指挥部抵达现场，迅速设立搜救攻坚、政工宣传、战勤保障、通信保障、信息收集 5 个工作组。组织力量对现场再次进行全方位侦察，制定“救援为先、灭火同步、安全管控”的战术措施，集中力量打通救援通道，将现场划分为 3 个作战区域，重点搜救甲乙机电、雄溪机电厂房和受损民房被埋压群众。一是部署 4 个搜救小组联合民间救援队对甲乙机电厂房开展搜救，2 个搜救小组联合民间救援队对雄溪机电厂房开展搜救，2 个搜救小组联合民间救援队对民房开展搜救。二是部署 2 个灭火小组负责扑救建筑火灾。三是落实安全管控机制，由 4 名建筑结构专家和 8 名安全员，对现场开展实时监护和安全评估，并统一撤离信号。四是精准定位槽罐车爆炸残骸，核查车辆信息，确认爆炸物质，部署力量实时监控保护，同步排查高速道路上是否还有危险化学品车辆。五是落实专人对接登记社会联动力量、民间救援队，实行统一指挥管理，并协同武警、公安、高速交警实施现场警戒和交通管制。六是指派 2 名指挥员组织基层干部、企业负责人、知情群众，调查摸排被困群众位置

信息。

19 时 15 分，浙南战区指挥长以及战区增援的重型搜救队 12 辆消防车、55 名指战员到达现场，与台州支队会商后，负责南片作战区甲乙机电厂房搜救工作。

至 21 时 10 分，现场救援力量在甲乙机电厂房内搜救出 3 名被困群众、雄溪机电厂房内搜救出 1 名被困群众、民房内搜救出 2 名被困群众。

（三）第三阶段：区域联动迅速，发挥专业优势

21 时 20 分，浙江总队全勤指挥部抵达现场，研究采取前后方区域层级负责制，再次组织力量深入一线实地勘验，确定了“以房找人、以物找人、以人找人”的救援思路，制定“用搜救犬和生命探测仪交叉搜寻定位、工程机械逐层剥离表层构件”的战术措施，落实现场安全管控，同时加强对爆炸罐体残骸的稀释保护。

22 时 43 分，机动、宁波、金华、绍兴、杭州支队 5 支重型、1 支轻型搜救队及搜救犬分队相继到达现场。现场总指挥部及时调整作战部署，将现场划分为以坍塌厂房、受损居民区为中心的 2 个南北救援区和槽罐撕裂抛洒的抑爆区，统筹使用好 4 个网格作战单元和 3 支轮战备勤力量。一是命令台州、温州支队组成 5 个搜救小组对甲乙机电厂房进行搜救，配属 2 台工程机械、3 条搜救犬辅助作业。二是命令绍兴支队组成 3 个搜救小组对雄溪机电厂房进行搜救，配属 2 台工程机械、3 条搜救犬辅助作业。三是命令台州、宁波支队组成 4 个搜救小组对受损民居区进行搜救，配属 2 台工程机械。四是命令台州、宁波支队组建 1 个稀释小组、1 个侦检观察组对 340 米处槽罐残骸进行稀释保护。五是命令杭州、金华、机动支队增援力量全装待命，随时做好紧急情况处置和轮战准备。

22 时 46 分，台州支队利用登高车和挖掘机协同配合，从楼房顶部开辟空间，搜救出 2 名被困群众。

6 月 14 日 2 时 22 分，温州支队在甲乙机电厂房内搜救出 2 名被困群众。3 时 12 分，台州支队在民房内搜救出 2 名被困群众。4 时 47 分，温州支队在甲乙机电厂房内搜救出 1 名被困群众。

至 14 日 6 时，经全体指战员近 12 个小时的连续作战，共从倒塌建筑中搜救出 23 名被困群众。经公安和政府最终核实确认，还有 1 名厂方工作人员失联。

（四）第四阶段：驻守力量监护，全面清理现场

14 日 7 时，根据救援进展，现场总指挥部命令各增援支队在完成防疫消杀作业后，陆续撤离归建，现场交由台州支队处置。台州支队对留守力量进行任务调整，明确重点搜救甲乙机电厂房东南面及附近水渠；战勤保障组负责在温岭西收费站出口处设置洗消点，开展归建前消杀作业。同时，采取搜救小组配合大型机械全面开展清理作业的措施，扩大搜索范围，加快救援进度。

6 月 15 日 2 时 30 分，搜救出最后 1 名失联人员。至此，槽罐车爆炸事故消防救援工作全部结束。

四、主要经验

（一）领导重视、靠前指挥，并肩作战鼓舞士气

事故发生后，应急管理部党委书记黄明，时任省委书记车俊全程视频指挥调度，消防救援局局长琼色多次电话指导救

援工作。应急管理部副部长孙华山，浙江省袁家军、冯飞、王双全等省政府和相关厅局领导到现场指挥。消防救援局副局长魏捍东、作战训练处处长王治安及浙江总队蔡卫国总队长负责统筹一线救援指挥工作。参战领导坚守一线，与广大指战员并肩作战，极大鼓舞了士气。

（二）全面侦察、准确评估，精准定位指导救援

通过电话询情、网络视频信息分析、多部门联合排查等方式，及时查询车辆、爆炸物等信息，为救援行动提供信息支撑。救援过程中，针对失联人数确定难、人员深度埋压定位难的实际，公安、企业负责人全方位搜集受灾区域人口户籍、手机信号、人物特征、亲属关联等相关数据，利用“大数据”手段进行分析，确定被困群众人数和被埋压区域，为实现精准定位、精确搜救提供有力支撑。

（三）编成调派、因情施救，救援行动快速高效

省、市两级消防救援队伍一次性调足重型、轻型搜救编队，化工灾害事故处置编队、专业作战单元和灭火救援力量，模块化调集侦检、破拆等装备 5600 余件（套）到场。前期救援过程中，按照灭火与救援同步开展的原则，沿高速公路东西两侧部署救援力量，按照“先易后难、由浅入深”的救援顺序，集中力量打通救援通道，成功搜救外围和浅层埋压群众。后期营救深度埋压人员时，按照“1+1+4”模式（1 台工程机械、1 名观察员和 4 名救援人员）编配 8 个救援小组，扁平化指挥，为确保救援效率和作战持续性，通过“机械不停、人员轮班”的方式抢时间、抓战机，昼夜不歇，对快速搜救 10 名深度埋压群众起到至关重要的作用。

（四）决策到位、科学指挥，救援行动措施得当

消防救援力量面对现场参战人数多、成分复杂的实际情况，主动担当，在省委、省政府统一领导下设立联合指挥部，统筹协调各参战力量，强化协同配合。调取现场卫星图，绘制现场平面图、作战部署图，实施挂图作战。明确“1+2+X”（1 名总指挥+2 名片区指挥+若干个战斗组指挥员）的指挥体系，最大化减少指挥层级、压缩指挥流程，为实施快速、高效救援起到关键作用。

（五）规范处置、严格管控，救援行动安全有序

救援行动始终贯彻“安全第一”的作战原则，严格落实现场安全管控机制，统一调配安全员和建筑结构专家。实施无人机高空巡航监控，每个作战片区按照“安全官（员）+建筑专家”的模式实施安全管控。部署力量冷却监测槽罐车爆炸源头，并对高速、省道实施全封闭。同时，根据现场灾情，严格控制各作业点救援人数，严格执行安全操作规程和作战纪律，落实各项安全防护措施，确保救援行动安全有序，指战员零伤亡。

（六）全面及时、联勤联战，救援行动保障有力

立足于“大应急、大救援”的理念，积极整合内外优势资源，联动社会力量到场协同配合，3 小时内共调度武警部队 118 人，19 支民间救援队伍 681 人、36 辆救护车、30 多台强臂破拆车及挖掘机等大型机械设备、151 辆保障车辆到场配合作战，实施统一登记管理、统一指挥调度、统一轮换保障。调派全省消防救援队

伍9辆保障车辆以及装备、物（药）品实施战勤保障。同时，调集14支通信保障分队共10辆通信指挥车、50名通信保障人员、200余件（套）通信装备到场，全程高效保障视频连线调度，为远程指挥、扁平指挥提供科学可靠信息支撑。

江西环鄱阳湖流域洪涝灾害救援情况

2020年7月，受长江高潮位顶托和持续强降雨影响，江西省环鄱阳湖流域发生大规模洪涝灾害。灾害发生后，江西省消防救援总队先后调集11个支队、1500名指战员、172辆消防车、275艘冲锋舟艇，经过25昼夜连续奋战，累计完成1826起抗洪抢险救援任务，出动指战员2.7万人次，车辆3451辆次，舟艇4272艘次，营救被困群众1.5万人、转移疏散群众3.7万人。

一、基本情况

5月29日至7月24日，江西省先后经历7轮持续强降雨，平均降雨量达678毫米，致使鄱阳湖五大河流暴涨，鄱阳湖水位持续攀升，水域面积最大增至4794平方公里。受汛情影响，全省10个设区市和赣江新区共99个县（市、区，含功能区）746.3万人受灾，紧急转移安置70.1万人，农作物受灾面积734.9千公顷，损坏房屋2.3万户3.3万间，造成直接财产损失234.9亿元。

二、灾情特点

（一）水位突破历史极值

汛情期间，鄱阳湖标志性水文站星子站水位突破1998年历史极值22.52米，达到22.63米，超警戒水位3.63米。

（二）险情类型复杂多样

全省10座水库超汛限，34条河流77个站点发生超警以上洪水，其中鄱阳湖流域集中爆发13次编号洪水，湖区46座重点圩堤中有20座面临中高以上防汛风险，问桂道圩、中洲圩、三角联圩等77处堤段出现泡泉、管涌、溃坝等险情。

（三）救援任务点多面广

此次洪灾预警时间短、洪水体量大，来势迅猛、发展迅速，导致大量村庄被淹、道路浸没、码头损毁、供电中断、通信失联。在上饶、九江、南昌等地区，42个乡镇、253个村庄需大规模疏散营救，抗洪抢险战线分布1200余公里。

（四）风险隐患叠加交织

救援期间，正值新冠肺炎疫情防控常态化，高考、中考等敏感节点叠加，各类风险隐患交织。加之夏季闷热潮湿、蛇虫鼠患等现实不利条件，给救援行动带来困难。

（五）社会舆论广泛关注

习近平总书记多次就防汛救灾作出重要指示批示，社会各界对抗洪抢险行动高度关注，新闻媒体全程密集报道消防救援队伍行动进展，人民群众广泛关注。

三、处置经过

汛情成灾前，江西省消防救援总队提前研判、及早谋划，制定完善抗洪抢险应急预案，成立抗洪抢险总指挥部，调集11个支队在上饶、九江、景德镇三市九县（区）前置备勤。在上饶市鄱阳县设立前方指挥部，统筹指挥抗洪救灾行动。消防救援局紧急调度浙江、安徽、福建、湖北、湖南五省消防救援总队1200余名专业力量及保障编队赶赴江西增援。

7 月 7 日，总队前方指挥部在接到洪峰过境预警后，迅速调集上饶支队抗洪抢险专业队 90 名指战员，成立 2 个救援分队分进至响水滩乡、谢家滩镇实施救援，营救群众 154 人，疏散转移群众 479 人。

7 月 8 日 12 时，鄱阳县石门街镇东山村有大量群众因洪水滞留。上饶支队石门街镇前置备勤力量采用“向导引路、徒步涉水、舟艇协同”的方法，成功营救被困群众 77 人，疏散转移群众 213 人。

8 日 13 时，鄱阳县油墩街镇西河圩堤出现 3 处决口，多个村庄被洪水淹没，大量群众滞留。江西总队迅速调派上饶、鹰潭、赣州 3 支抗洪抢险专业队，会同上饶支队油墩街镇前置备勤力量开展救援。救援人员采取“橡皮艇勘探路线、冲锋舟跟进救援、机动艇后方接应”的战术逐片搜索、逐户排查，经过 5 昼夜连续奋战，累计营救被困人员 2951 人，疏散转移群众 4924 人。

8 日 20 时，鄱阳镇问桂道圩堤发生大面积决口，江西总队调派抚州支队鄱阳镇前置备勤点 52 名指战员、7 辆消防车、10 艘舟艇，赶赴位于圩堤下游的邓家村和桂湖村救援。7 月 9 日 16 时，增派赣州支队抗洪抢险专业队 55 名指战员、5 辆消防车、8 艘舟艇，对圩堤周边的桂中村、桂湾村开展救援。救援人员对舟艇号员进行精简，对舟艇编组实施扩容，按照“四人一舟（指挥员、安全员、战斗员、驾驶员）、三舟一组、三组一村、一组一向导”的作战编成，连续搜救 70 余小时，累计营救被困人员 582 人，转移疏散群众 1024 人。

9 日凌晨，上饶鄱阳县古县渡镇鸳鸯村、郑家村圩堤出现 2 处管涌险情。吉安支队在省防汛抗旱指挥部专家指导下，采取在背水坡出水处采集滤导的方式，成功处置 4 处渗水孔。10 日 8 时，古县渡镇古北社区 1 处堤坝决堤。江西总队调派新余支队抗洪抢险专业队赶赴现场，采取“投石封口、固脚缓流、拦网堵截”的战术战法，经过近 10 小时奋战，决口被成功封堵。

9 日 21 时，鄱阳县昌洲乡中洲圩枫树湾段出现 188 米漫决，堤内 15 个行政村、2.2 万亩耕地、3 万余人受灾。江西总队先后调派上饶、新余、鹰潭、萍乡、吉安、赣州 6 支抗洪抢险专业队、319 名指战员、42 辆消防车、43 艘舟艇前往救援。参战力量分为两个梯队，经过四天四夜艰苦奋战，累计营救被困人员 2033 人，疏散转移群众 4099 人。

12 日 19 时，九江市永修县三角联圩发生溃堤，江西总队调派九江、南昌 2 支抗洪抢险专业队，共 117 名指战员、12 辆消防车、25 艘舟艇前往救援。救援人员在当地村干部、知情人的配合下，采取“以房找人、以人找人、逐户清点、逐个销案”的方式，对三角乡 14 个行政村逐村逐户排查搜救。经过近 20 小时的持续摸排，4477 名滞留人员全部被安全疏散转移。

7 月 24 日，应急管理部从福建、山东总队紧急抽调 22 台大功率排涝设备进驻九江市永修县三角圩堤。经过一个月的持续作业，累计排水 2602.6 万立方米。

四、主要经验

（一）各级高度重视，消防救援队伍枕戈待旦、严阵以待

4 月，江西总队提前制定抗洪抢险预案，组建 124 支抗洪抢险专业队伍，在鄱

阳湖开放水域开展全省跨区域抗洪抢险实战拉动演练。主汛期以来，总队及时启动抗洪抢险应急预案，成立总队抗洪抢险指挥部，调集11个支队1500名指战员前置备勤，为前期救援创造条件。灾害发生后，应急管理部第一时间派出指导组赶赴一线指导救灾，消防救援局多次就江西总队抗洪救灾工作作出指示批示，局总工程师周天率领专班现场指导。各增援力量采取“大编队（7~8辆车）、小编组（2~3辆车）”力量投送模式，快速抵达驻防点，为打赢抗洪持久战奠定了坚实基础。

（二）信息动态研判，力量调度可分可拢、求实求变

消防救援队伍各级抗洪抢险预案纳入政府防汛工作总体预案，制度化参与政府防汛抗旱指挥部联合值班，常态化建立会商研判机制，动态掌握汛情、实时预警险情。先后27次更换力量前置点，平均每日设置17个作业点，最高峰达36个作业点。救援人员以驻防点为中心，以分队前置乡镇，将增援力量布防在4个市10个区（县），先后组织3次大规模移防换防，为抗洪抢险作战提供有力支撑。

（三）发挥专精优势，现场救援科学规范、安全高效

针对水域情况不明、被困人员较多，舟艇行进无路可循、无标可定等复杂情况，救援人员采取“无人机侦察喊话，先遣队探路巡航，微信群定位回传，营救组区块救援”等战术战法，迅速确定被困群众关键信息，编组实施精准救援。在鄱阳县中洲圩、问桂道圩、西河东联圩等多起堤坝抢险行动中，救援人员采用“无人机总体巡览、冲锋舟快速确认、作业组详细排查”等战术措施，形成了“水陆空一体”的巡堤排险新战法，整个抗洪救灾行动安全有序。

（四）紧贴实战需求，保障工作全链遂行、持续可靠

立足“科技、数据、信息、传递”四大关键要素，以静中通、无人机、布控球、图传设备、卫星电话为节点终端，搭建“五级贯通”的扁平化指挥调度体系。通过测算滞留人数、作业船只数、舟艇运载量，合理评估救援进度和救援时间。创新“聚合路由加单兵、公网加语音中继”等战法操法，利用无人机搭配倾斜摄影相机，沿堤坝和作业点巡视，生成二维正摄影像、三维实景模型，有效辅助航道标定和圩堤风险评估。设立综合协调小组，组建装备、卫勤、饮食和物资分队“一组四队”工作机构，采取“自主+属地”保障方式，依托本级资源开辟医疗就诊“绿色通道”。组织装备技师和企业技术人员，深入一线维保装备2000余件(套)。消防救援局紧急调拨55艘冲锋舟、400套水域救援服及应急食品、被装等抗洪抢险物资3.1万件，从广东、重庆等总队抽调医护人员遂行救援行动，从湖南总队调集新型砂石装袋机和大流量供排水抢险车，有力保障了救援工作的顺利开展。

贵州安顺“7·7”公交车坠湖事件救援情况

2020年7月7日12时12分，贵州省安顺市西秀区一辆载37人的公交车行驶过程中撞毁护栏冲入水库，造成大量人员伤亡，引发社会各界高度关注。事件发生后，贵州省消防救援总队迅速投入救援工作，连续搜救近96小时，累计开展水面搜索5万余平方米、潜水搜索2000余平方米，共营救和搜寻出37人、打捞物证

45件。

一、基本情况

（一）事件发生经过

7月7日12时12分，权属安顺市公交公司的一辆公交车（贵G02086D）途经西秀区虹山湖水库大坝中段时，先降低车速，躲避来往车辆，后突然转向加速，横穿5个车道，撞毁虹山湖水库护栏，冲入水库。后经公安机关认定，此次事件为针对不特定人群实施的危害公共安全个人极端犯罪行为。

（二）现场基本情况

虹山湖水库位于安顺市西秀区虹山湖路，地处安顺市中心城区，依湖建有国家4A级旅游景区虹山湖公园，区域总面积83.1万平方米，其中陆地面积32.7万平方米，水域面积50.4万平方米，湖底呈锅底状。事件发生时，水库实时库容为253万立方米。公交车坠湖后呈倾斜状态，车头朝前位于水下约8.5米处，车尾朝后位于水下约4.8米处，车尾距离岸堤约10米。

二、事件特点

（一）社会关注度高，救援压力大

事件发生地点位于安顺市中心城区，人员密集，现场围观群众多。事件发生时，正值2020年高考第一天，公交车载有高考考生的情况被各大主流媒体转载，社会影响大，整个救援行动在直播下开展，给现场救援行动带来极大压力。

（二）逃生黄金时间短，人员伤亡大

人员溺水后通常在2~3分钟内心脏骤停，4~6分钟后出现脑死亡，通常溺水后的黄金救援时间为4~6分钟。公交车坠湖后因车内外压强差，车门车窗难以开启，加之车上人员密集、车内障碍物较多，人员难以开展自救逃生，易造成群死群伤。

（三）水下能见度低，救援难度大

公交车坠湖后，激起大量水下淤泥，致使水下能见度低，淤泥厚度30~80厘米不等。潜水员作业时，无论是水下搜救破拆，还是水下固定牵引，只能徒手摸索，加之车辆内部作业空间狭小，长时间水下作业风险高，救援难度大。

（四）被困人数不明，救援时间长

因公交车所载人员流动性大，道路监控视频清晰度低，加之因车辆落水难以第一时间破解黑匣子，在核准乘车人员数量方面存在较大困难。乘员人数不明，致使救援作战任务搜救面大幅扩大、搜救时间大幅延长，长时间作战极度考验参战指战员意志力。

三、处置经过

（一）反应迅速、同步联动，第一时间调集充足力量

7月7日12时15分，安顺市消防救援支队指挥中心接警后，一次性调集21辆消防车、85名指战员（含9名潜水员），携带12艘橡皮艇，前往现场处置。同时，召回在毕节市织金县前置备勤的抗洪抢险专业队（6车6艇25人）增援，共调集27辆消防车、110名指战员、携带18艘橡皮艇、26套潜水装具、794件（套）水域救援装备参与救援，联动森宏盛源吊装公司2辆大型起吊车辆到场处置。贵州省消防救援总队指挥中心接报后，立即派出总队全勤指挥部赶赴现场指挥，同时调集贵阳支队16人、训练与战勤保障支队4人共20名指战员（含10名潜水员）、4辆消防车、3艘橡皮艇、10

套潜水装具、1 台水下机器人赶赴现场增援。省应急管理厅同步调集蓝天救援队、弘剑救援队、阳光救援队以及省防汛抗旱应急抢险队等社会救援力量（含 16 名潜水员）到场。

（二）侦察定位、立体搜救，争分夺秒抢抓救援时间

12 时 21 分，塔山东路消防救援站作为首战力量到达现场，立即实施侦察和营救，营救落水人员 16 人。12 时 30 分，安顺支队全勤指挥部及相关增援力量到场，根据现场情况，立即制定“侦察定位、立体搜救、警戒疏散”作战方案。一是组织潜水员开展水下侦察，寻找公交车位置，同步进行水下破拆搜救。二是现场救援人员按照水上、水下两个战斗分区，开展立体式搜索。三是协调应急、公安、卫健、水务等应急联动单位按照各自任务分工开展工作。公安对现场实施警戒，疏散无关人员，并对道路实施管制，确保后续增援力量道路畅通。卫健部门做好现场急救准备，水务部门提供虹山湖水库相关水文资料，辅助现场救援指挥部指挥决策。

（三）协同配合、起吊救生，精准发力处置科学高效

13 时 3 分，森宏盛源吊装公司 2 辆大型起吊车辆（分别为 100 吨级和 70 吨级）到达现场。现场救援指挥部指令，一是组织潜水员在水下利用绳索制作公交车吊升支点，二是利用大型起吊设备将公交车尾部吊升浮出水面，三是水面救援人员对车辆玻璃进行破拆，进入车辆内部搜救被困人员。13 时 54 分，潜水员完成车辆水下固定任务。14 时 29 分，将公交车尾部拖吊出水面，水面救援人员破拆进入车内开展搜救。15 时 10 分，因车内作业空间狭小，潜水搜救作业受阻，再次对公交车进行起吊，直至整车浮出水面。至 15 时 39 分，2 小时内共搜寻出被困人员 18 名。

（四）全域排查、地毯搜救，连续作战确保不漏一人

16 时 9 分，整车吊出水面，移交公安部门进行现场取证。同时利用声波多普勒剖面流速仪、水下机器人对湖底情况进行探测。组织现场 35 名潜水员对现场水域开展地毯式搜救，16 时 41 分搜寻出 3 名遇难人员。人工搜索持续到 23 时，水下机器人夜间继续开展搜救作业，并留守救援人员不间断巡护现场。

7 月 8 日 6 时 30 分，救援任务重心从集中对落水点搜救转为大面积搜寻水下被困人员，明确“网格搜索、网钩打捞、拉网排查”救援方案。一是利用定位浮标、漂浮绳、配重块，将核心救援水域划分为 8 个板块，组织潜水员从板块中心实施螺旋式扩散搜索。二是现场自制网钩，组织水面救援力量利用机动橡皮艇对作业水域开展往返打捞。三是在核心水域外抛洒渔网扩大搜索范围。通过近 12 小时的反复排查搜索，基本确定涉事水域无被困人员，共搜寻人员 37 人。经后期破解车载黑匣子，核查确定该车所载人员为 37 人。

（五）多措并举、全力搜证，不遗余力打捞现场物证

7 月 9 日，为配合公安机关采集现场物证，水下打捞任务由人员搜救调整为物证打捞。先后调集黔西南支队 7 名重潜队员，贵安支队 2 名 3 星潜水员参与物证打捞，同时协调交通运输部广州打捞局、南海打捞局到场增援。一是采用机动橡皮艇，通过绳索捆绑强力磁铁沉水的方式，

在水底淤泥处进行拖拽，通过强磁吸附手机等金属物证。二是重新对打捞水域进行网格划分，利用壶铃、定位浮标、静力绳、钢管建立水下打捞导轨，潜水员分组轮流作业，不间断对重点区域进行搜索。三是搭建水面操作平台，利用排沙泵或空气泵进行抽淤，潜水员水下配合控制抽淤管，过滤冲洗淤泥查找物证。四是采取开闸放水的方式，使水库水位降至 1～2 米处，同时辅以水泵抽水，使河床裸露，随后利用大型机械对河床淤泥进行作业搜索。至 11 日 12 时，共打捞车辆附件、护栏碎片、手机、银行卡、身份证等物件 45 件。

四、主要经验

（一）领导重视是高效救援的重要保证

事件发生后，李克强总理等党和国家领导人以及贵州省委、省政府主要领导分别作出指示批示。应急管理部接报后，立即作出抢救人员、打捞物品、查明原因等工作部署。消防救援局组织专家力量视频连线进行指挥调度。贵州省消防救援总队派全勤指挥部赶赴现场、调集全省精锐力量参与救援工作，安顺市委、市政府主要领导迅速到达事故现场组织救援工作，调集大批社会资源和相关救援物资。

（二）专业培训是高效救援的重要前提

自 2017 年起，贵州总队连续 4 年开展水域救援专业培训，仅安顺支队便有 41 人通过国际搜救教练联盟（IRIA）急流救援 R1、R2 操作认证，17 人取得 R3 急流救援教练员资格，20 人通过国际橡皮艇救援特种驾驶（IRB）资质认证，10 人通过开放水域初级潜水员（OW）和开放水域进阶潜水员（AOW）国际潜水作业资质认证。贵州总队于 2018 年在安顺支队率先组建省级水域救援专业队，探索建立水域救援专业队作战编成，设置水面舟艇、技术潜水、急流救援和战勤保障 4 个分队。在救援中，水域救援专业队分工协作，配合有力，在事发后 4 小时内，将 37 名落水人员全部搜出。

（三）科技运用是高效救援的重要支撑

在救援中，先后调集动中通、静中通、卫星站便携站、无人机、声呐探测仪、声波多普勒剖面流速仪、水下机器人、全封闭重型潜水装具等高精尖装备，先后开展无人机空中侦察 30 余架次，水面声呐探测 40 余次，水下机器人搜索及金属探测 50 余次，第一时间掌握了现场水文信息，为现场指挥部指挥决策提供科技支撑。

（四）遂行保障是高效救援的重要基础

救援采取自我、协同、联勤“三位一体”模式。一是先后调集卫星通信指挥车，模块化器材运输车，装备抢修车，供气、宿营、淋浴等战勤保障车辆第一时间实施自我保障。二是协同应急、供电、卫健等单位做好救援现场饮食、物资、照明及医疗保障。三是采取联勤联保方式，从器材装备厂家紧急调运定位浮标、水下机器人等器材装备和技术人员到场参与救援。救援期间，累计出动保障人员 80 人次，战勤保障车辆 37 辆次，保障物资 2000 余件，保障油料约 1000 升。

（五）过硬作风是高效救援的重要保障

事件发生时，正值 2020 年高考第一天，在整个作战过程中，全体指战员牢固树立“人民至上，生命至上”救援理念，面对水下作业环境复杂、能见度低、舆论压力大、救援时间长等不利因素，发扬不畏艰险，冲锋在前的战斗作风，始终不忘“国家队、主力军”职责使命，连续奋战

96小时，充分展现消防指战员的职业素养和技战术水平。

湖北黄冈“7·8”山体滑坡灾害抢险救援情况

2020年7月8日4时许，湖北省黄冈市黄梅县大河镇袁山村三组发生山体滑坡。灾害发生后，湖北省消防救援总队启动重大地质灾害事故救援处置预案，一次性调派黄冈重型地震救援队、武汉搜救犬队、黄石轻型地震救援队共21辆消防车、120名指战员，携5条搜救犬及侦检、破拆、通信、供电、照明、保障等1100件（套）器材装备赶赴现场处置。历经30小时奋战，搜寻出被埋压人员10名，其中1人生还。

一、基本情况

灾害地点距黄梅县城20公里，海拔350米，滑坡面积约1万平方米，崩塌土方体量约3万立方米，最宽处跨度200米，滑坡冲击距离260米。灾害造成5栋房屋被埋压、2栋房屋被冲塌、10人失联。

二、救援特点

（一）队伍挺进难

由于连日暴雨，黄梅县境内多处道路桥梁被冲毁，进入事故现场的主要交通路线积水，最深处达2.1米。救援力量只能通过涉水徒步、小型车辆“摆渡”人员装备、绕行坡陡弯急盘山公路3种方式进入现场。

（二）风险防范难

现场滑坡区域树木倒塌、黄土裸露，处于不稳定状态，随时有二次滑坡风险。救援区域错综复杂，建筑构件层层叠压，支撑结构极不稳定。现场通道为临时开辟，中心区域救援人员安全撤离路线长、难度大。

（三）救援行动难

灾害发生在山谷地带，上下落差大，平面狭小，滑落土石达3万立方米，最深处8米，最大单体岩石约300吨重。滑坡产生的巨大冲击力造成被埋房屋、人员位移大，失联人员定位搜索探测难度高。滑坡造成的土石方覆盖面积广，与雨水混合后泥土松软黏稠，极易导致人员陷入，致使指战员行动作业困难、体能消耗快。

（四）综合保障难

战勤保障方面，各类救援人员、车辆装备短时间内向现场聚集，乡道交通通行能力急剧下降，造成作战所需装备、生活、医疗等物资供应困难。通信保障方面，事故发生在山谷内，通信网络信号弱，大量通信信号接入导致传输带宽不足，通信保障困难较大。联动保障方面，滑坡冲毁现场4根10千伏、1根0.4千伏电线杆，社会供电中断，夜间救援难度大。

三、救援经过

（一）有效调度，科学指挥，第一时间成立指挥体系统筹各方力量

7月8日5时2分，黄梅县消防救援大队接到报警后，立即调派2辆消防车、8名指战员赶赴大河镇袁山村山体滑坡现场处置，并于6时2分抵达现场。首战力量在开展现场侦察和表面搜救时，同步将有关情况报告黄冈市消防救援支队指挥中心，并请求增援。

10时5分起，黄冈支队全勤指挥部

和增援力量陆续到达现场。黄冈市政府现场指挥部建立以消防救援队伍为主导、其他力量协同配合的救援指挥体系，综合调集协同作战单位，科学设置监测点，设立警戒区域，科学调配进入作业区救援力量。

10 时 30 分，在现场指挥部统一调度下，应急、自然资源、气象等单位技术人员在滑坡山体两侧设置 3 处安全观察哨和监测点，实时监测降雨情况和受灾区域周边地质灾害隐患，全方位监测现场动态，统一撤退信号。

11 时 35 分，现场指挥部将警戒区域扩展至 300 米范围，由公安特警把守，对警戒区域内的住户及围观群众进行疏散转移。

11 时 50 分，救援人员采取走访询问村民、住户信息采集、现场航拍比对、公安人员信息比对等手段收集失联人员信息，通过“知情人、家属、现场”三方面数据相结合，分析研判被埋压房屋分布、住户密度、滑坡土方走向、房屋位移情况以及被困人员数量和区域等信息，绘制现场平面图、现场还原图，对 9 名失联群众被困位置进行初步定位，实施网格侦察、精准指挥。

11 时 55 分，公安、武警、应急、自然资源、气象、卫健、民政、安能集团、蓝天救援队等 15 支联动力量相继到场。

（二）跟踪研判，重点突破，第一时间调整作战部署

12 时 10 分，指挥部部署工程机械车辆将事故区域南北两侧无人员被困路段封堵，实施清淤，拓宽救援通道。对周边电网进行全面清理断电，事故现场及周边设置 3 处安全观察哨，统一撤退信号。

现场救援力量按照作战部署图，结合 9 人被困部位，分 5 个区域，14 支作战分队（6 个救援攻坚分队、人工侦察分队、搜救犬分队、仪器侦察分队、安全监测分队、机械作战分队、夜间照明分队、器材保障分队、通信宣传分队）进行网格分区作战。现场指挥部针对被困群众点多、面广、深埋的问题，采取“知情人向导指引、指战员表层搜索、搜救犬方向定位、生命探测仪精准定位”方法，建立重点区域被困人员信息台账。

13 时 20 分，仪器侦察分队利用生命探测仪探测到生命迹象点，14 时 35 分在山体滑坡上游冲击区发现生命迹象，通过生命探测仪精准定位后，5 名救援攻坚分队队员采取坑道救援战术，建立支撑点，迅速展开救援。

15 时 34 分至 18 时 48 分，先后搜救出 5 名失联人员，其中 1 人救出时有生命体征。

20 时 15 分，指挥部在汇总 3 支侦察探测分队信息后，结合现场无生命迹象的实际，决定采取机械与人工同步施救措施，每个作业区域设立观察哨。按照“屋要见底、房要见床”的救援思路，对掩埋较深、人工搜救难度大且反复搜索探测无生命迹象区域，开展大型工程机械搜救。对已搜救区域进行标识，避免重复搜救，提升救援效率。

20 时 55 分至 23 时 35 分，先后搜寻出 3 名失联人员。

7 月 9 日 2 时，根据救援进展情况，各增援队伍归建，由黄冈支队负责对第 9 名被困者实施搜救。

7 时，现场指挥部根据机械搜索难点，部署对压住房屋的 3 块巨石实施定向爆破，于 10 时爆破完成。

14 时 30 分，在巨石形成的缝隙中，

搜寻到最后一名失联人员。

（三）清理移交，洗消归建，第一时间恢复备战，启动心理干预措施

9日15时，黄冈支队组织对救援指挥部、器材集结点、人员轮换区所占用房屋进行全面清理，向当地政府进行移交，参战消防指战员和装备进行现场洗消后归建。

四、主要经验

（一）靠前指挥，实施精准搜救

第一时间通过走访询问村民、公安住户信息采集、现场航拍比对等方式，初步确定被埋压房屋基本位置及失联人员大致范围。采取“化整为零、逐个突破”战术，通过知情人指引、人工表层搜索、搜救犬方向定位、生命探测仪精准定位、关联人员推断等方法展开搜寻。灾害现场混杂大量巨石，现场指挥部调整部署，采取以人工为主、炸药爆破为辅的方式推进。

（二）作风顽强，展现队伍形象

所有参战指战员按照“救援不停、轮换作业”指导思想，克服现场风险大、行动强度大、救援难度高、身心压力大、作业条件差、战斗时间长等困难险阻，以坚定意志、过硬本领、严明纪律、顽强作风，不畏艰险、攻坚克难，赢得人民群众信赖。

（三）多方协同，强化综合保障

通过战时宣誓、火线记功、动员讲评等方式，做足思想鼓动，穿插心理干预，强化正面激励，提振队伍士气。第一时间调集总队机关和黄冈支队应急通信保障分队到场，搭建通信指挥所，保证现场有效联络、画面实时传送。联动公安、电力、通信、重型机械到场协助处置，保障参战力量作战需求。

福建龙岩“7·12”卓越新能源股份有限公司爆炸火灾事故处置情况

2020年7月12日10时7分，福建省龙岩市新罗区铁山镇卓越新能源股份有限公司东宝厂区储罐爆炸起火，造成2人死亡、3人受伤。接警后，福建省消防救援总队立即调派龙岩、厦门、漳州、泉州消防救援支队赶赴处置。经21小时连续奋战，现场明火被扑灭，扑灭池火1300平方米、着火罐体61个，全程将火势控制于罐区和西北面厂房局部。

一、基本情况

（一）单位基本情况

龙岩卓越新能源股份有限公司成立于2001年，是一家专业利用地沟油、酸化油等废油脂从事生物柴油、工业甘油等研发、生产和销售企业。爆炸起火的东宝厂区初建于2009年，原为粗甘油精制厂，2015年改扩建后，转产生物柴油燃料，年产量8万吨。过火区域主要为储罐区，防护堤内实际面积5900平方米，大小储罐48个，设计储量26390立方米，均为固定顶罐。事发时储存各类物料3000吨，其中成品生物柴油1207吨、粗甲酯145吨、粗甘油310吨、甲醇40吨。另在停用的压滤车间储存固态氢氧化钠27吨、磺酸9.5吨，导热油4吨。园区无企业专职队，距离最近消防救援站6.7公里。东宝厂区主要生产2#、3#生物柴油（碳链为12~18的脂肪酸甲酯），副产4#生物柴油（碳链为18~22的脂肪酸甲酯）和粗甘油。厂区设有纯化、酯化、蒸馏、锅炉4个车间。工艺主要涉及的原料、中间物

料和产品有地沟油（废动植物油脂）、甲醇、粗甲酯、生物柴油、粗甘油、氢氧化钠、磺酸。

（二）周边毗邻和地势情况

东宝厂区位于龙岩市龙洲工业园东宝工业集中区，西北面为山坡，距山下铁山佳苑住宅小区、溪南小学直线距离300米；东北面为福建中农牧生物药业有限公司、环创特种车制造有限公司等5家企业，其中福建中农牧生物药业有限公司有危险化学品仓库1个，福建蔚嘉生物医药有限公司有液化天然气储罐1个（10立方米）；东南面为山坡道路；西南面为鸿源木业有限公司等3家企业。

着火罐区位于厂区东部，地势较高，与厂区基准面落差3.5米。罐区西北面为纯化车间厂房和污水处理区，车间内堆放大量桶装地沟油，停放5辆原料运输车，污水处理区建有3个容积为60立方米的沼气储罐。其东北面、东南面紧邻山坡，西南面为酯化和蒸馏装置区。

（三）事故现场情况

罐区未设置喷淋冷却系统、泡沫灭火系统等固定、半固定消防设施。环形道路和回车场不规范，在罐区约100米×70米的狭小不规则空间内，密集布置各类储罐48个，不分区、无间隔，相邻最小罐间距不足1米，最大罐间距仅5米，设计储量达26390立方米，防护堤总容量仅4000立方米。大部分储罐为细长圆柱体式非标罐体，高度与直径比在0.94~1.5之间，罐身稳定性较差，罐组内部物料不统一、无规律。相同物料罐体间管线相通，主要阀门只能手动开闭。罐区无火炬紧急排放系统，厂区无DCS系统，生产调度室未进行防爆处理，在爆炸后断电失效，不具备远程侦察监控、关阀断料功能。

爆炸发生时，12号储罐底部崩开，罐内油料瞬间灌入储罐区，直接进入池火阶段，不具备进入防护堤内关阀倒罐等工艺处置条件。起火3分钟后，邻近罐相继发生连锁爆炸燃烧，形成“罐火+池火”失控灾情。辖区消防救援力量到场时，罐区近三分之二的面积已处于猛烈燃烧状态，沿纯化车间厂房布置的8个联排罐体和上方管廊已倒塌，连带压垮部分防护堤，引燃纯化车间周边油水分离器装置组、1辆25吨桶装原料平板拖车和1辆32吨原料罐车。燃烧数小时后，罐区内多个空罐、低液位罐因高温、爆炸失稳变形，牵扯拉断周边物料管线，造成油液、油气大量泄漏，出现管线流淌火、喷射火。

现场仅1条道路通往厂区，平均宽度8.9米，且弯多坡陡，车辆装备物资到场困难，尤其不利于远程供水线路铺设。罐区环形道路狭窄，堆放大量报废闲置装置，和罐体间距过小，难以设立阵地。罐区外围东北面、东南面山坡均密集种植桉树等高大乔木，遮挡水炮射流。西北面通道夹于厂房和罐区高平台之间，宽度不足4米，且被倒塌储罐、管廊封堵。西南面和罐区出入坡道相接，直面漫堤流淌火风险。罐区内大多数为低液位罐，高温烘烤后油气积聚，多次发生爆炸、爆燃。

（四）周边水源情况

厂区及周边其他企业有消火栓25个，均通过1个500立方米高位水箱供水，无增压消防泵。最近的市政管网消火栓位于1.4公里外。周围天然水源为直线距离800米的雁石溪（厂区生活污水、处理达标的生产污水排放点），最近取水点道路距离4公里，每秒平均流量47.7立方米，无取水码头，取水条件较差。实际作战中，龙岩、厦门支队取水点深度不足 0.5 米，漳州、泉州支队取水点高度超过 20 米。

（五）天气情况

7 月 12—13 日，龙岩市新罗区天气晴间多云，气温 25～37 ℃，白天地表最高温度 40 ℃，西北风 2～4 级，湿度 41%～43%。

二、处置过程

（一）第一阶段：疏散救人，重点保护

10 时 30 分至 51 分，莲东消防救援站、龙岩支队全勤指挥部、化工轻型编队和市区各消防救援站增援力量相继到场。根据现场情况，指挥部迅速组织侦察搜救，全力疏散厂区人员，转移 3 辆原料罐车，疏散周边 500 米范围内居民和企业员工。龙岩支队化工编队灭火冷却单元在西南角酯化车间附近设置阵地，使用移动水炮和机器人堵截西面火势，保持甲醇罐体稳定燃烧，保护酯化装置和纯化车间。举高喷射单元在东南侧山坡道路展开，对南面中间产品罐区及周边实施重点保护。远程供水单元沿雁石溪设立取水点。特勤站 1 个攻坚组配合厂家技术人员深入各装置区关阀断料。同时，龙岩市委、市政府部署力量搬运 3000 个沙袋，在西南面构建临时防护堤，防止流淌火蔓延。

11 时 30 分至 14 时 21 分，龙岩支队 6 个县大队增援力量及支队预置点指战员陆续到达。指挥部将增援力量四面部署于西北面纯化车间及其后方污水处理池沼气罐、南面未着火罐组、西南面酯化车间、东北面邻近企业厂房，对直接受火势威胁的周边储罐、装置和厂房实施重点保护。

14 时 50 分，龙岩支队远程供水系统开始供水，罐区东南、西南面救援力量供水压力得到缓解。

（二）第二阶段：全面堵截，稳定火势

15 时 45 分，福建总队全勤指挥部到达现场，通过询问技术人员，对照厂区平面图和无人机影像，进一步核查地沟油、生物柴油、甲醇等罐组分布和储量，研究制定“筑堤导流、加强监测、冷却抑爆、全面控制”的战术原则。部署封堵罐区防护堤原有缺口，在西南面道路上增设 2 道围堤，防止流淌火蔓延；在生产、生活区排污管路下水方向挖掘 7 个集污池，导流拦蓄油污和消防废水，避免环境污染，防止最不利情况下流淌火失控向山下蔓延；明确各阵地紧急撤离路线，设置 10 处安全哨，实时观察灾情发展态势，不间断监测火场温度、罐体结构变化和防护堤液位，及时发出预警信号。

15 时 54 分至 17 时 48 分，漳州、厦门、泉州支队化工编队增援力量相继到达。指挥部根据作业面条件设立东北、东南、西南 3 个战斗阵地，泉州支队作为机动力量，根据火势发展轮换和加强各阵地力量。协调森林消防队伍砍伐清理东北面、东南面山坡树林，开辟作业面。各阵地综合使用机器人、移动炮、车载炮和高喷车等装备，以“全泡沫”战术，逐步扑灭外围火点和罐区池火。后方区域安排专人调度到场车辆，统一组织重型水罐消防车、供液消防车有序向火场供水、供液，引导增援支队 3 个远程供水单元沿雁石溪设立取水点，向前方供水。

（三）第三阶段：主动进攻，逐个击破

20 时 17 分，增援支队 3 个远程供水单元相继完成铺设，供水流量达 1000 升/秒。后方先后调集 568 吨泡沫、3 辆供液消防车、1 台叉车、2 辆油罐车。在长时间冷却控制后，防护堤内液位处于高位。指挥部预判后续灭火用水、泡沫液量加大，泄漏物料易漫过防护堤形成流淌火，遂命令在防护堤掘口导流，将废水引入集污池，降低防护堤内液位。

现场指挥部综合考虑火场态势，命令实施“泡沫灌注、射流切封”战法，自西南向东北发动多轮进攻。各阵地以高喷车、大跨度多节臂车和工业泡沫车车载炮为主力，对着火罐进行逐个集中射流。对敞开燃烧罐体，实施高强度泡沫灌注，直至罐内火势熄灭，形成稳定泡沫层。对于罐顶喷射火，集中射流强行切封压制，冲击窒息、消灭火点。4 小时内，连续扑灭 60 个着火罐。

13 日 6 时许，现场火势基本控制，仅有东北角 46 号生物柴油罐仍泄漏燃烧。指挥部根据现场情况，采取控制稳定燃烧，持续加大对其余罐体冷却强度的战术。各参战力量分批休整，补充灭火药剂和油料，做好强攻准备。

（四）第四阶段：消灭残火，冷却监护

13 日 7 时 10 分，厦门、泉州、龙岩支队 3 个作战单元，使用泡沫射流从 3 个方向对最后一处罐体着火点进行对冲夹击，20 分钟后残火被扑灭。各阵地继续保持罐区冷却力度，确保不复燃。

10 时许，火场温度明显降低，指挥部组织成立 8 个攻坚组，着防化服，在泡沫枪掩护下深入储罐区，“拉网式”排查、消除零星火点。罐区温度逐渐冷却至接近室温、现场无复燃危险后，各增援力量分批归建。留守看护现场的指战员将防护堤内液体导流排出，使用火钩等工具清理现场，全面搜寻失踪人员。工程技术人员进入罐区，封堵仍在泄漏的阀门、管线。

14 日，现场搜寻到 2 名失踪人员遗体。

18 日 16 时 40 分，罐区次生灾害隐患消除，现场监护力量撤离归建。

三、主要经验

（一）指挥决策有力有序、专家指导及时科学是先决条件

应急管理部、消防救援局主要领导会同业务骨干和灭火救援专家组全程远程指导。灭火救援专家全程视频在线辅助决策指挥，通过观测现场图像、分析有限情报资料，结合理论研究和实践经验，准确评估和预判灾情形势，及时提出掌握关键生产要素、调集适用主战车辆装备、核查危险化学品存储、关闭雨排、筑堤设防、控制燃烧等十余条对策措施，对科学安全处置起到关键作用。福建总队主要领导分率前后方两个指挥部，分工协作、统筹全局，指挥灭火救援行动取得最终胜利。

（二）战术运用高效合理、指挥作战沉着勇敢是根本保证

面对“罐火+池火”猛烈燃烧、罐体爆燃频发、水源严重匮乏的不利态势，现场指挥部有序部署力量阵地，稳妥组织供水、供液，精准实施立体冷却灭火。根据灾情阶段变化，先后会商确定“救人第一、疏散转移、侦控协同、关阀断料、重点保护”“筑堤导流、冷却抑爆、全面控制”“集中力量、分割围歼、逐罐消灭”“攻坚灭火、持续冷却、拉网排查”等战术部署，贯彻“全泡沫立体冷却灭火”理念，运用“泡沫灌注、射流切封、对冲夹击”战法。全体参战指战员舍生忘死、英勇顽强，坚决落实各项战术战法和决策部署，充分彰显英勇善战、敢打必胜的血性担当。

（三）队伍编成专业精干、车辆装备先进适用是关键所在

福建总队着眼灭火救援任务实际，先后组建4支重型、6支轻型化工灾害事故处置编队，全面配备远程供水系统、工业泡沫车、供液消防车、大跨度多折臂高喷车、机器人系统等“高精尖”主战装备。成立3个战勤保障协作区和5个泡沫液储备点，省委、省政府出资囤储泡沫液1050吨。连续3年承办全国危险化学品事故处置技术培训，连续5年举办全省培训班，攻坚研究38套战术、战法，队伍实战打赢能力得到质的提升。

（四）信息化技术深度运用、战勤保障实时全面是强大支撑

充分运用技术优势，快速搭建灾害现场指挥部，架设数字转信台，三级通信网络全场全程清晰畅通。“一本通”全平台指挥系统实战效能突出，每名指战员均可回传本人视角、接收其他终端画面，多角度实时查看现场火情状况、接受上级精准定位指挥，为决策提供强大技术支撑。现场利用“无人机+一本通”热感侦察技术，全程监测火场及周边，每半小时汇报现场温度变化。各战勤保障力量遂行作战，累计调集泡沫液568吨，第一时间调集车辆、装备和泡沫液厂家技术人员到场协助处置。组建联合保障队，巡回维护车辆装备、调试泡沫液比例，提供现场照明，有力保障主战装备连续作战，最大限度发挥装备和灭火剂作战效能。

（五）政府主导应急联动、各单位部门精诚协作是重要基础

省、市两级政府立即启动应急预案和联动机制，森林消防、应急、环保、水利、公安和社会企业等联动单位迅速响应。消防救援队伍与森林消防队伍密切协作、相互配合。生态环保部门调集大型工程机械，在生产区、生活区排污管路下水方向开挖7个集污池，层层导流拦截外溢油污和消防废水，对拦蓄油污连同污泥做无害化处理。水利部门及时控制取水河道上下游水闸，开源节流，抬升取水点水位，保障远程供水、取水需要。公安交警部门分级管控火场周边道路，确保道路交通顺畅。福建侨龙公司主动提供2套“龙吸水”系统，现场攻关“龙吸水+远程供水系统”联用课题，破解远程供水系统浮艇泵作业水深限制。宣传部门主动正面回应社会关切，确保网络舆情平稳可控。

山东东营“7·15”坤德商贸有限责任公司停车场火灾扑救情况

2020年7月15日15时31分，山东省东营港坤德商贸有限责任公司停车场一辆油罐车发生爆燃，并引发连锁爆炸、爆燃。事故发生后，山东省消防救援总队先后调派6个支队、127辆消防车、533名指战员赶赴现场处置，同步调集胜利油田、齐鲁石化等救援队伍共20辆消防车、122名专职队员协同处置。经过近7小时的连续奋战，成功扑灭火灾，保护了停车场内剩余240辆油罐车和邻近加气站及周边多家企业。此次事故未造成人员伤亡和次生灾害。

一、基本情况

（一）单位基本情况

该停车场位于山东省东营港化工园区，隶属于东营市坤德商贸有限责任公司，于2018年8月投入使用，占地面积

42875平方米，设计停车位380个。事故发生时，共停靠危险化学品运输车277辆，小型轿车15辆，车辆由东向西停放在4个停车区内，中间2个停车区车辆双排停靠，车头朝外、罐体尾部间距不足2米，东西两侧停车区车辆单排停靠。同一停车区内车辆停靠间距不足2米。

（二）毗邻情况

该停车场东临山东亿隆机械设备有限公司，西临东营港经济开发区公安分局，南侧为空地，北侧为港城路。

（三）消防设施及周边水源情况

该停车场内部无消防设施。北侧港城路2公里范围内有市政消火栓6个，环状管网管径200毫米。西侧1公里、东北侧3公里各有1处天然水源，可供远程供水系统取水。

（四）天气情况

当日天气晴，气温23～32 ℃，处置前期为西风1～2级，后期转为东风、东南风2级。

二、事故特点

（一）危化品量大，车辆停靠间距小

停车场内停放277辆危险化学品运输车，且运载丙烯腈、汽油、柴油、甲醇等易燃易爆物质。丙烯腈燃烧会产生有毒气体，其本身为可疑人类致癌物。同一停车区内车辆停放间距不足2米，火焰蔓延迅速，极易造成连锁殉爆等事故。

（二）燃烧热值高，车辆疏散转移难

燃烧介质多为轻质油品，燃烧热值高，火势处于猛烈燃烧阶段时，火焰高度达数十米，强烈热辐射使得救援人员难以抵近控火。大部分危险化学品运输车驾驶员由于心理恐惧未能第一时间转移车辆。同时，需要冷却保护的部位点多面广，力量部署难度大。

（三）爆炸频次高，撤离时机难把握

热辐射导致救援现场先后发生十余次爆炸、爆燃，参战指战员心理压力大，在一定程度上影响灭火救援行动效率。同时，由于爆炸征兆不明显且时间极短，指战员对爆炸发生时间和撤离时机难以把握判断，爆炸使火势迅速扩大，一旦处置不当，火势极有可能蔓延扩大。

三、处置经过

（一）冷却疏散结合，降低火场潜在风险

15时40分，首战消防力量到达现场，第一时间开展火情侦察和人员搜救。此时，停车场东侧中部有5辆油罐车处于猛烈燃烧阶段，严重威胁周围罐车安全；在停车场外部发现3名烧伤群众。现场指挥员立即组织搜寻和抢救受伤人员，命令在北门设置2个移动炮阵地，对邻近周边罐车进行冷却，堵截火势蔓延，并向东营支队指挥中心报告现场情况，请求增援。

辖区政府、企业专职消防队增援力量等陆续到达现场后，指挥部部署在隔壁公安分局院内设置2个车载炮阵地，冷却西侧罐车，采取运水供水方式对2个车载炮阵地进行供水，掩护配合挖掘机破拆停车场西侧护栏，开辟进攻通道。同时调派辖区远程供水系统保障作战车辆供水，其他车辆占据周边市政消火栓运水供水。在南侧空地设立2个高喷车阵地，堵截火势向南侧蔓延。

（二）全力堵截火势，防止扩大蔓延

16时55分起，东营支队全勤指挥部，以及10个消防救援站和胜利应急救援中心2套远程供水系统、16台消防机器人陆续到达现场。

指挥部根据现场情况确定“划定区域冷却抑爆、重点防护防止扩大、寻找水源确保供水、疏散转移开辟阵地”的作战方针，于火场东侧邻近建筑顶层、北门附近地势较高处分别设立安全观察哨。利用无人机进行侦察，进一步甄别停车场内油罐车罐型。同时，将现场划分为西、北、南3个作战区域，设置8个水炮阵地，重点对着火罐车和西侧、南侧罐车进行冷却降温，防止火势扩大蔓延。西侧阵地设置1门车载炮、1辆高喷车实施冷却。北侧阵地设置4台灭火机器人，冷却着火罐车、保护西侧受火势威胁的罐车。南侧阵地设置2门遥控炮实施冷却。增设1套远程供水系统占据西侧1公里处水源，在西北侧设置供水阵地保障现场供水。其余车辆负责运水供水。

18时35分，现场发生爆炸，由于观测有效、避险及时，参战力量安全应对，但爆炸冲击波造成北侧阵地内2台灭火机器人损坏。随即，风向由西风转为东南风，火势直接威胁西侧车辆，部分车辆驾驶室已经开始燃烧。现场指挥部指挥在西北侧迅速增设1门车载炮，冷却保护西侧车辆，防止火势向西侧蔓延扩大。

19时许，火势趋于稳定，现场指挥将北侧机器人和南侧车载炮阵地向前推进，利用泡沫管枪压制火势。部署2辆泡沫输转车保障作战车辆泡沫液供给。西侧阵地设置1门遥控炮代替车载炮和高喷车继续冷却保护。

（三）四面合围夹击，实施总攻灭火

19时50分，山东总队全勤指挥部和滨州支队增援力量相继到达，现场指挥部命令东营支队保留北侧阵地4台灭火机器人和1门车载炮，并在东侧增设1门车载炮。滨州支队在西侧阵地设置3门大流量车载炮，增设一套远程供水系统占据北侧3公里处水源保障现场供水；南侧阵地由胜利应急救援中心设置2门遥控炮。部署3辆照明车在北侧、南侧及西侧实施火场照明。

21时50分，指挥部下达总攻灭火命令。22时15分，明火被彻底扑灭，现场继续实施冷却。

23时10分，指挥部命令东营支队留守监护，并组织对过火车辆及邻近车辆逐一排查，防止复燃，其他参战力量收整归建。

四、主要经验

（一）作战力量调集充足

坚持“快速调集、就近调集、集中调集、优势调集”原则，在最短时间内集中兵力于火场。接警后，东营支队一次性调集1个重型化工灭火编队、1个轻型化工灭火编队、2个灭火冷却单元赶赴现场处置。山东总队接报增援请求后，一键式调派8个化工灭火编队携210吨泡沫液赶赴现场增援。同时将胜利油田、齐鲁石化应急救援中心以及企业专职队伍统一纳入指挥作战体系，公安、电力、环保、医疗等社会联动单位积极配合，为灾害事故的成功处置奠定坚实基础。

（二）战术措施科学制定

此次火灾事故需要冷却保护、疏散转移车辆多，加之无法确定罐车运载介质和数量，如何制定有效战术措施，一度成为灭火行动的瓶颈。现场指挥员坚持冷却抑爆与疏散转移相结合，抢先转移了7辆丙烯腈罐车。特别是在未完全掌握现场情况之前，并没有贸然部署力量抵近灭火，而是采取远距离冷却抑爆的战术措施，确保指战员作战安全。加之设置的观察哨多，利用测温、红外、热感等设备加强现场罐体的检测，成功预测并组织躲避十余次爆炸，有效避免指战员伤亡。

（三）特种装备有效应用

此次火灾事故燃烧速度快、热辐射强，易造成扑救人员受伤。现场指挥部发挥消防灭火机器人、大功率车载炮远程打击优势，减少一线作战人员。同时，现场利用2架无人机多角度、全方位、全过程侦察监控火场情况，利用布控球、图传等通信设备将图像稳定的传输到指挥部，为指挥决策提供重要平台和技术支撑。

上海浦东国际机场“7·22”货机火灾扑救情况

2020年7月22日15时15分，上海市浦东国际机场306号停机位上一架埃塞俄比亚航空公司的货机发生火灾。事故发生后，上海市消防救援总队先后调派总队、浦东支队、特勤支队全勤指挥部以及川沙、祝桥、申江、川展、金桥、龙阳等20个消防救援站38辆消防车、200余名指战员赶赴现场处置。17时1分，明火被扑灭，成功保住飞机驾驶舱、引擎、油箱以及下货舱货物，火灾未造成人员伤亡。

一、基本情况

（一）飞机情况

起火飞机为波音777-200F双发货机，隶属于埃塞俄比亚航空公司，航班号ET3739，机龄5年，货机价值约2亿美元。机身总长度63.7米，总高度18.8米，翼展64.8米，最大商载重量约103吨，满载航油约140吨，事发时装载25吨航油。机舱容积约650立方米，分为上、下两个货仓，主舱地板高度5.1米，下货舱地板高度3.1米。主舱设27个货板（货板尺寸为2米×3米），下货仓设10个货板，附带17立方米散货空间。该航班有5名机组人员，拟经停重庆后飞往埃塞俄比亚首都亚的斯亚贝巴。

（二）燃烧部位情况

燃烧部位为货舱，装载59吨货物，主要为口罩、手套、防护服、检测工具及仪器等医疗物资和丝巾、衣物等服饰。其中，尾部装载货物主要为口罩、手套、衣物等。前部装载货物主要为内置14500毫安锂电池的网孔式雾化器。火势由尾部蔓延至前部，上层货舱大部分过火。

（三）区域周边情况

机场306号停机位位于浦东机场北侧，距离机场海天五路出入口600米，距离机场消防特勤大队800米。机位东侧为机场货运中心仓库，南侧为停机位，西侧为跑道，北侧为机场内部道路。

（四）消防设施及水源情况

机场306号停机位周边有地下消火栓10个，与市政管网直接连通，管网直径400毫米，压力0.25兆帕，均可正常使用。西侧200米有1条水渠。

（五）天气情况

当日天气多云，温度36℃，机场地区风向东风，风力3~4级。

二、处置难点

（一）信息不对称，情况掌握难

起火飞机为外籍货机，起火后对起火物、装载物描述不清，难以提供关于货物品类、数量和部位的准确信息。机场内部管理条线分工多，关于货机及货物等信息分散在应急、货运、仓储、飞控等部门，突发状态下各类信息难以快速整合并准确传递。外方机组人员与中方人员存在语言表达障碍，在货仓开启时机以及主要燃烧物质等重要信息传递方面受到影响，前期处置掣肘较多。

（二）荷载密度大，火势发展快

货舱内密集堆放 59 吨医用物资和口罩、手套以及服饰等可燃物，货机上、下仓容积 650 立方米，货物火灾荷载密度概算约 370 千克/平方米，为一般住宅火灾荷载密度的 6～9 倍。机场消防力量到场约 8 分钟后，火势即进入快速发展阶段，短时间内突破外壳猛烈燃烧。

（三）作战空间小，进攻通道少

货机机体结构封闭，货仓无舷窗，上货舱仅有前舱门和后货舱门两条通道，货物堆垛顶部距离机舱顶部不足 1 米，上舱地面离停机位地面高度超过 5 米，登高进入难度大。下货仓两个开口分别位于机身右侧前后两端，货物堆放到顶，下舱地面距离停机位地面高度 3 米。火灾发生后，货仓前部隔门开启宽度 0. 5 米，且舱内堆垛高度超过 1. 5 米，人员在穿戴防护装备的情况下进入难度大。后侧货舱门虽相对宽敞，但内部堆垛密集，人员行动不便。

（四）对象特殊性，衍生风险多

飞机两侧机翼油箱内装载航油 25 吨，尾部设置有氧气瓶等压力容器，一旦火势失控，易引发航油泄漏燃烧、压力容器爆炸等后果。大量射水可能导致飞机超载造成起落架断裂、机翼折断造成航油外泄进而形成流淌火。由于涉及外籍飞机和人员，疫情防控风险大，涉外事故处置不当易引发外事纠纷，造成不良国际影响。

三、处置经过

（一）初战布控，重点设防

15 时 56 分，上海总队作战指挥中心接警后，一次性调派总队、浦东支队全勤指挥部以及川沙、祝桥、川展、金桥、龙阳 5 个消防救援站、22 辆消防车赶赴现场处置。

16 时 12 分，辖区消防救援站作战力量到场，经侦察发现，起火飞机右侧前、后舱门开启，机头前舱门有大量浓烟，机尾顶部有明火窜出，火势呈现向机头前部蔓延趋势。机场消防力量已在外部出水冷却、灭火，辖区消防救援站配合机场消防力量布置 1 门移动炮、1 支水枪对右侧机翼油箱实施冷却；布置 2 支水枪在前舱门地面实施射水堵截，要求机场专职消防队调整力量重点冷却左侧机翼油箱。祝桥镇、川展路等消防救援站力量到场后，辖区消防救援站指挥员部署增援力量配合实施控火堵截，命令祝桥镇消防救援站架设 2 支水枪协同机场消防力量加强对左侧油箱冷却，架设 2 门移动炮通过开启舱门打击后货舱尾部火势；命令川展路消防救援站架设 2 支水枪协同冷却右侧机翼油箱。同时，要求以消防救援站为作战单元，保证独立供水不间断。

（二）开辟通道，调整布控

16 时 26 分，浦东支队全勤指挥部到场。此时机舱尾部已全面燃烧，且火势蔓延至机身中部造成局部穿顶，前舱门有大量黑烟。浦东支队联合机场消防力量在火场东北侧设立现场联合指挥部，并根据现场情况，作出系列作战调整：协调机场尽快核实飞机装载货物情况，查明锂电池型号、数量和位置；调用 1 辆登机车和 1 辆专用消防平台车分别停靠前、后舱门，开辟抵近侦察进攻通道；命令川沙消防救援站通过登机车在前舱门过道架设 1 门移动炮阻止火势蔓延至驾驶舱；命令祝桥镇消防救援站通过平台车在后货舱门架设 1 门移动炮、2支水枪打击尾部火势；命令后续增援力量继续加强对机翼油箱的冷却；命令利用机场快速反应消防车穿刺水炮穿刺前部机体射水控火。

（三）强攻灭火，清理收残

16时55分，总队全勤指挥部到场。机体后舱入口火势已被扑灭，尾部左侧形成直径约2米的开口，机体中、前侧顶部局部烧损开口，内部堆垛处于燃烧状态，局部明火较大。指挥部决定采取“内外协同，攻排结合”的战术措施，外部联合机场消防力量继续加大对机翼以及机体中、下部冷却，并组织专业人员开启下货仓确认过火及进水情况；由1名总队指挥员带队，组织特勤支队金桥消防救援站攻坚组架设2支水枪由后部机舱内攻推进，前机舱水枪主要实施排烟，阻止烟气向驾驶舱蔓延为。安排2名指挥员在前后舱入口处指挥，有序组织人员进入、撤出，落实安全措施。同时，组织现场其余参战力量撤至指定区域待命，保证现场秩序。派出内攻小组按照“纵深穿插、遇火则停”的命令，在15分钟内由机尾向前爬行推进50米，扑灭堆垛表面明火。

17时20分，现场明火扑灭。由于物资堆放密集，指挥部决定划分前后两个区域，继续组织力量利用穿刺水枪实施收残灭火，扑灭阴燃火势。

22时1分，现场除保留少量留守力量，其余参战力量陆续归队。

四、主要经验

（一）协同处置，有序应对

消防救援队伍与机场消防力量第一时间建立联合指挥部，加强灭火救援行动协调，维护灭火期间机场运行秩序。现场组织指挥整体由消防救援总队负责，明确对策和任务；机场急救保障部辅助指挥，主要研提专业处置意见。在任务分工上，消防救援队伍负责机体内部灭火行动，机场消防力量发挥专业优势负责冷却油箱等重点部位，提供登机平台车搭建内攻通道。在具体处置行动上，消防救援队伍承担技战术制定和攻坚灭火，机场专职消防力量发挥对飞机熟悉度高的优势，重点做好局部区域管控、飞机灾害应急流程控制、专业设备应用以及民航系统协调工作。

（二）堵控到位，确保重点

起火对象特殊，现场救援力量始终贯彻“全面冷却、重点保护”处置方针，坚持以“保油箱、保结构、保驾驶舱、保发动机”为重点，外部以大流量开花射流对机翼、机腹实施全覆盖冷却，内部在舱内过道设置喷雾水枪阻止烟气向驾驶舱蔓延，利用机场快速反应消防车举高穿刺水炮沿机体上部水平方向间歇开孔射水，减小火势燃烧强度，避免货仓机体龙骨、蒙皮在高温下受损破坏。

（三）攻排结合，有效内攻

在火势基本控制后，指挥部及时组织人员登机深入货舱实施侦察，初步掌握主要起火物质、货板堆放形式以及起火区域位置，并综合内部对流和燃烧情况，实施“排烟散热、攻排结合”灭火战术，选择正压进攻途径，采取“分段推进、梯次掩护”“先灭火、后清理”等措施，利用热成像仪观测，沿货物堆垛顶部进攻，短时间内有效扑灭火势，为全面清理、消灭阴燃以及转入事故调查夯实基础。

广西钦州“8·4”油轮石脑油泄漏燃爆事故救援情况

2020年8月4日3时30分，中国

（广西）自贸试验区钦州港片区（简称钦州港区）一艘装载880吨石脑油的3000吨级油轮在装载作业期间，泵舱内油泵过滤器处油品发生大量泄漏，导致机舱燃爆，直接威胁码头沿线及整个港区石化（仓储）企业和航道安全。广西壮族自治区消防救援总队接到报警后，联合海事、应急等多个部门联合处置，历经12昼夜连续奋战，于8月15日23时27分成功排除险情。未发生再次爆燃事故，未造成人员伤亡，未造成油品外泄污染。

一、基本情况

（一）事故情况

8月3日5时许，“中匀7”轮停泊在钦州港区广明码头进行装载石脑油作业。3日17时许，工作人员发现泵舱内一台卸载油泵（左舷）过滤器法兰连接处出现喷射状泄漏，虽经抢修但仍呈流水状泄漏。4日3时30分许，机舱发生闪爆，先后发生3次起火冒烟。

（二）码头和船舶基本情况

“中匀7”轮停泊的广明码头位于钦州港区鹰岭作业区，周边分布大量石化企业及石化仓储企业，紧邻钦州港区石化产业园。码头1公里范围内分布6家石化仓储、转运企业，储存各类油气产品210余万吨，整个港区储存量达870余万吨。“中匀7”轮船体总长87.9米，型宽13.5米，桅高23米，满载吃水深度5.2米，满载排水量4576吨，参考载货量3350吨，结构为纵横混合骨架式，货舱盖型式为钢质转动式油舱盖。该船设置10个储油舱（编号为1~5号舱，左舷右舷各5个，分别为左1和右1），每个1号舱约253立方米、2~5号舱为464~490立方米不等。船尾甲板以上共3层，分别为驾驶室、船员舱和生活舱，底舱为机舱，机舱和货舱之间为泵舱。实际装载石脑油约882吨，另船上机舱约装载120号燃料油50吨、轻柴油15吨、润滑油2吨。泄漏部位为泵舱下部滤网桶。

（三）石脑油理化性质

石脑油又称粗汽油、轻汽油、化工轻油，是一种无色或浅黄色易燃液体，有特殊气味，闪点<−23 ℃，燃点为260 ℃，相对密度（水=1）为0.63~0.76，不溶于水，溶于多数有机溶剂，主要成分为烷烃的C4~C6成分。其蒸气与空气混合，能形成爆炸性混合物，相对蒸气密度（空气=1）>2.5，沿地面扩散并易积存于低洼处，遇火源会着火回燃。石脑油蒸气可引起眼及上呼吸道刺激症状，如浓度过高，几分钟即可引起呼吸困难、紫绀等缺氧症状。

（四）天气情况

8月4—15日天气以晴天和多云为主，平均气温26~34 ℃，东南风或西南风3~5级，期间有短时大风和雷暴天气。

二、事故特点

（一）危险程度高，易造成严重后果

“中匀7”轮泵舱内泄漏点持续泄漏，泵舱、机舱内油蒸气与空气混合，长时间保持在爆炸极限范围，一旦发生爆炸，极易引发码头沿线和周边石化（仓储）企业连锁反应，造成不可估量的损失和影响。靠泊后的船舶经过2次拖带，2条锚链均已弃锚，一旦处置失当，将会因随机漂泊、随时爆炸而造成更坏局面。

（二）现场情况复杂，救援处置难度大

事故油轮内部结构复杂，舱室环境密闭、空间狭小，连日高温天气进一步加快油品蒸发，爆炸性混合物弥漫泵舱和机舱，同时聚集一氧化碳、二氧化碳等气体，给一线作战人员造成威胁。船舶失去动力和锚系装置，处置点距离岸线 400 米，陆地消防力量无法有效投送。作战人员对船体结构、管线分布等不熟悉。供油轮靠泊处置的泊位是正在修建的散货码头，没有固定喷淋和岸防灭火系统，没有供水、照明、氮气管线等设施。事发时是台风高发期，据天气预测，8 月 13 日后将可能形成台风天气，救援窗口期短。事故处置结束后第三天（8 月 19 日），第 7 号台风“海高斯”即在广东登陆。

（三）现场处置力量多，协同作战难度大

事发地点位于“鹰岭—果子山—金鼓江港口航运区”海洋功能区划内，涉及中办信息室、交通运输部、自然资源管理部、生态环境部等部门的管理。此次作战先后调集海事、消防、应急、公安、气象、卫生健康、民政、渔政、港口管理、自贸区管委、生态环境、海洋监测、农业农村等 20 多个部门（局）单位，以及中石油、中石化、钦州华西船务、钦州市桂通船舶、北海汉立特种设备等公司 1650 人、130 余辆各类车辆、36 艘各类船艇参与协同处置，涉及各级地方政府部门多、专业领域广、处置人员多、时间跨度长，且监测、注氮、过驳、清污等处置环节复杂，协同作战难度大。

三、处置经过

整个处置过程，历时 12 昼夜，分为 6 个阶段。

（一）初期研判，拖带转移（8 月 4 日）

8 月 4 日 7 时，钦州支队首批救援力量到达现场，机舱内明火已经熄灭，泵舱内油泵法兰连接处石脑油泄漏，舱内可燃气体浓度为 35%。经与海事部门研究，决定将船舶拖带远离危险化学品集中区域。8 月 4 日 20 时 10 分，“中匀 7”轮被拖带至大榄坪 12、13 号泊位港池抛锚停泊。由于船舶失去动力，拖带前弃锚 1 根。

（二）制定方案，测试论证（8 月 5—8 日）

8 月 4 日晚，消防、海事部门连夜召集相关部门召开救援协调会议，研究制定抑爆、靠泊、驳油、清舱整体处置对策。钦州市政府应急救援指挥部指令由钦州支队制定实施排爆抑爆方案，组织对干粉消防车、移动氮气瓶、应急注氮系统和定制钢管、PVC 硬管、PVC 软管、消防水带等释放管道进行注氮测试，对高倍数泡沫进行发泡和封舱效果测试。对预靠泊码头进行熟悉，确定车辆停放、灭火进攻路线、人员撤离路线。对事故轮船体结构进行现场勘查熟悉，注水扶正船体。利用远程供水系统、供液消防车、移动炮、消防机器人、水幕发生器进行泡沫喷射和水幕测试，确定岸防力量部署。调集 2 套远程供水系统、16 辆消防车，遥控炮、灭火机器人、应急注氮装置、泡沫、干粉灭火剂等器材装备到兴港消防救援站前置执勤点前置集结。

（三）海上注氮，排爆抑爆（8 月 9—10 日）

8 月 9 日，各项应急准备物资、人员全部到位，完成岸防措施和阵地设置，并吊装液氮瓶和注氮设备到“华海拖 3 号”拖轮，到事故轮进行注氮管道预设。

8 月 10 日 1 时 8 分开始对泵舱开展注氮作业。4 时 25 分，对泵舱惰化并封舱完毕。4 时 48 分，开始对机舱开展注氮作业。16 时 30 分，经检测，舱内氧气和可燃气体浓度符合安全靠泊要求。16时40分停止海上注氮。

（四）岸防保护，拖带靠泊（8月10日）

8月10日17时56分，在岸防系统保护下，“中匀7”轮顺利靠泊码头。22时30分，继续对“中匀7”轮泵舱、机舱开展注氮作业。同时，将岸防阵地由防御型转换为进攻型阵地，消防机器人、移动水炮等改接泡沫供液。

（五）油品过驳，消除隐患（8月11—13日）

8月11—13日，历经54小时，“中匀7”轮货舱油品过驳完成。过驳过程中，持续对机舱、泵舱等部位舱注氮惰化和检测。调整岸防力量部署，加强对驳油管线静电消除保护。联合海事、应急部门设立安全员小组，对现场工作人员进行安全撤离培训，统一撤离信号、撤离路线、联络方式。增设12人应急处置小组，应对码头突发紧急情况。

（六）船舱清理，全面排险（8月14—15日）

预设6支泡沫钩管，4条钢制应急注氮灭火管线，2个高倍数泡沫发生器阵地，做好驳油后清舱应急处置准备。8月15日0时25分，泵舱机舱余油全部抽吸完毕。9时47分开始强制通风作业，经3次测爆合格后，险情解除，救援行动于8月15日23时30分结束。现场消防力量留守9车20人协助监护和相关清洗工作。

四、主要经验

（一）各级领导重视，科学决策是前提条件

“中匀7”轮险情处置过程中，各级党委、政府高度重视，成立应急救援指挥部，设置10个职能组，统一指挥、统一调度，确保指挥层级分明、指挥顺畅。各级领导多次亲临一线，坐镇指挥部署，凝聚共识、提升士气，为事故成功处置奠定了基础。

（二）力量调集充分，协同配合是有力支撑

广西总队一次性调集充足救援力量和灭火药剂，调配针对性特种车辆和装备器材，不间断保障现场供水、供液，为打好初战、遏制灾情赢得主动权。设立1000米、2000米、3000米3道警戒线，设置长250米岸防阵地和应急灭火阵地，随时做好应对突发燃爆险情准备。组成检测小组不间断检测30余次，一线消防力量24小时在前沿阵地值守。钦州支队参战力量划分3个战区，组建市级跨区域增援力量和前置力量集结区，形成10分钟、30分钟、60分钟集结增援圈，确保迅速响应、精准救援。

（三）尊重科学，评估专业精准是关键所在

第一时间邀请自治区内外专家到现场会商研判，提前评估可能出现的次生灾害，多次测试论证作战装备，反复推敲作战环节，演练作战流程。依托远程遥控移动装备部署岸防力量，提前预设阵地，最大限度减少近距离操作，确保作战安全。“全程评估研判，全程注氮抑爆，全程侦检分析，全程安全监控，全程应急准备”的战术是事故成功处置的核心所在。

（四）血性传承，队伍敢打必胜是根本保证

由党员干部组成的登轮注氮和检测小组，面对随时可能发生爆炸的危险，圆满完成任务，保证了安全作战基础，为指挥决策提供精准信息，为全体参战人员作出表率。全体参战人员克服天气炎热、睡眠不足、体力透支等不利因素，全程带装作业，展现出坚强毅力和顽强斗志。广西总队启动战时政工机制，开展战前动员，确保宣传发动到一线，纪律执行到一线，火线入党到一线，极大鼓舞指战员士气。

山西襄汾“8·29”民房坍塌事故救援情况

2020年8月29日9时46分，山西省临汾市襄汾县陶寺乡陈庄村聚仙饭店发生坍塌事故，数十名群众被埋压。事故发生后，山西省消防救援总队先后调派临汾、运城消防救援支队21辆消防车、212名消防指战员携8条搜救犬赶赴现场处置。临汾市政府启动应急响应机制，调集武警、公安、应急以及天龙、蓝天、晋煤等社会联动力量共22辆救援车辆、751人参与救援辅助工作。历时18小时搜救处置，至30日3时47分，共搜救出群众57人，其中亡29人，受伤28人（7人重伤、21人轻伤）。

一、基本情况

（一）地理信息情况

襄汾县，隶属于山西省临汾市，位于山西省中南部，行政区域面积1034平方公里，下辖7镇6乡，常住人口50万。陶寺乡，位于襄汾县城东北10公里，全乡行政区域面积66平方公里。陈庄村，位于陶寺乡东侧约2公里处，该村行政区域面积1.3平方公里，居民350余户，常住人口1100余人。

（二）坍塌建筑情况

聚仙饭店建于20世纪80年代，后经多次改建、扩建，共分为前、中、后3个部分。南面为饭店前厅，中间为宴会厅，北面为包间和露天后院，整体呈南高北低。坍塌的宴会厅为单层砖混结构，高度约5米，建筑物地基低于地面2米，屋顶为预制板，预制板上加盖一层混凝土并搭建钢架顶棚。建筑总面积约400平方米，坍塌面积约168平方米。整个坍塌过程一瞬间发生，巨大下坠力导致毗邻楼体墙体产生裂缝，宴会厅屋顶粉碎性垮塌，建筑结构完全损毁。

（三）被困人员情况

事故发生时，该宴会厅内正在举办寿宴，有大量群众聚集，不仅有本村居民，还有邻村前来贺寿的群众，被困人员的数量、位置难以确定。宴会厅坍塌后，自行逃离人员较少，被困人员信息获取困难，为搜救带来极大难度。

二、救援难点

（一）特殊建筑布局增大救援难度

由于坍塌建筑位于半地下，低于地平面2米，开辟救援通道难，大量断裂的建筑构件将被困人员埋压，救援人员只能进入狭小空间开展搜救，器材装备操作受限，影响救援效率。

（二）特殊建筑结构增大救援风险

该饭店为20世纪80年代农村自建房，后经多次改建、扩建，建筑质量低，稳定性差。坍塌事故发生后，周边连带建筑产生裂缝，随时有二次坍塌风险。现场覆盖物互堆互砌、交织叠加，结构极不稳定。救援过程中，破拆作业时产生共振，极易引起松动构件发生再次坍塌，救援风险高。

（三）特殊人员关系影响救援进展

此次事故中，被困人员多为参加寿宴的本村与邻村居民，与当地村民有着直接或间接的亲缘关系。现场大量群众营救亲属朋友心切，不愿听从救援人员的劝说，现场警戒、安全管控困难，部分群众情绪激动、盲目施救，一定程度上影响了救援行动正常进展。

三、处置经过

（一）第一阶段：迅速出动，抢占先机，积极抢救被困人员

8月29日9时50分许，临汾支队接到报警后，迅速启动《临汾市消防救援支队建（构）筑物坍塌事故应急预案》，调派7个消防救援站14辆消防车、130名消防指战员赶赴现场处置，支队全勤指挥部遂行出动，并向山西省消防救援总队指挥中心请求增援。山西总队迅速调派7辆消防车、82名消防指战员携8条搜救犬和侦检类、搜救类、破拆类等各类装备共500余件（套）赶赴现场增援，总队全勤指挥部遂行出动。与此同时，临汾市调集武警、公安、应急、卫健等部门以及蓝天、天龙、晋煤等救援队共22辆救援车辆、751名人员参与救援辅助工作。

10时2分，辖区消防救援力量到达现场，此时聚仙饭店成整体坍塌，有大量群众正在自救互救。现场指挥员立即部署2名安全员对现场进行安全评估并随时监测现场情况，明确公安人员对现场及周边进行管控。组织现场群众配合消防指战员开展救援。

10时50分，平阳街消防救援站、开发区河汾路消防救援站力量到达现场，立即展开救援并先后救出6名被困人员。

10时58分，临汾支队全勤指挥部到达现场，成立前方指挥部，下设作战、通信、信息、管控等9个小组全面展开救援行动，调集5名建筑结构专家到达现场开展评估及论证工作。指挥部将救援现场划分为西北角、南侧、东侧3个作业区域开展救援。

11时，临浮路特勤消防救援站力量到达现场，成立2个攻坚组，进入建筑坍塌北侧开展人员搜救。至11时58分，救出1名被困人员。

13时15分，侯马市浍滨路消防救援站、洪洞县涧桥路消防救援站和乡宁县消防救援大队力量，轮班接替前方参战队员。

13时27分，前方指挥部结合收集的被困人员数量、位置和个人信息，吸收结构专家对现场情况二次研判，集合所有参战力量，在原有作战、通信、信息、管控等9个小组的基础上，按照“一人一方案、一人一对策”的要求，对救援力量重新部署。一是成立3个搜救组，对现场进行不间断搜索。二是成立9个4人攻坚小组，按照“一主一备一休息”的原则，分为3个救援组，进入坍塌区域的东南侧、西侧和北侧3个作业面分批次开展人员搜救。三是加强现场警戒。四是在各作业面共分别设立3名安全员，在东侧便于观察现场的位置另设1名安全员对周围建筑进行实时监测。

至15时25分，消防指战员共救出41名被困人员，其中13人遇难，4人重伤。

（二）第二阶段：指挥有力，明确分工，科学实施人员搜救

15时25分，总队全勤指挥部、运城市消防救援支队增援力量相继到场，成立现场总指挥部，通过现场侦察、灾情会商、分析研判，确定五项工作任务。一是统筹事故现场各方救援力量，以消防救援队伍为主，其他救援力量为辅，按照

“一主一备一休息”的要求成立12个攻坚组分批次开展救援行动。二是全面管控现场救援秩序，划定救援队伍、车辆、器材集结区，扩大警戒范围，严格管理进出入人员。三是清理救援现场无关人员，保持静默环境，分区域、分层次利用雷达、音视频等生命探测设备配合搜救犬进行生命迹象搜索。四是派出专人回访知情人，复原坍塌前建筑内部情况，结合公安部门对失联人员的比对信息，进一步确定失联人员数量及位置。五是调集铲车、挖掘机、吊车等大型工程机械到场，根据时机配合救援行动。

救援人员根据现场灾情侦察情况，按照“人工搜寻、搜救犬探测、仪器确认”的程序，边探测、边破拆，交替进行、协同配合、轮流作业。16时45分，成功在西北角救出1名生还者。

至19时30分，共营救出45名被困人员，其中17人遇难，7名重伤、21名轻伤。

（三）第三阶段：科学研判，精确分析，加快推进事故处置

19时40分，现场总指挥部在多方评估判断的基础上，下达人工与机械配合作业、逐层剥离坍塌构件、多点设置观察人员、全力开展救援攻坚行动的战斗命令。将现场救援力量分成3组，第一组配合工程机械采用“1+5”（机械作业时配备5名消防指战员，其中3人负责地面巡查，紧盯作业区域下方，及时发现被困人员；2人负责周边安全观测，应对各类突发情况）捆绑救援模式进行被困人员搜索。第二组由2个攻坚组组成，携带破拆工具随时待命，发现被困人员及时开展救援。第三组由2个搜救组携带生命探测仪及搜救犬，在剥离一层建筑构件后，再重新进入废墟进行探测和搜索。

8月30日3时47分，搜寻到最后一名被困者。

5时30分，现场坍塌废墟全部清理完毕，现场消防力量除临汾支队襄汾大队留守外，其余返回归建。

四、主要经验

（一）各级领导高度重视，靠前指挥是前提

灾情发生后，各级领导高度重视，应急管理部党委书记黄明第一时间对现场进行视频调度，对救援作出重要指示，并派工作组赶赴现场指导救援工作；消防救援局局长琼色、政委詹寿旺、副局长魏捍东等领导远程指导救援行动的开展。山西省委书记楼阳生、省长林武全程关注救援进展，作出具体批示要求；省委常委、常务副省长胡玉亭，副省长贺天才，应急管理厅厅长薛军正率队到现场指导救援。山西总队、临汾支队全勤指挥部迅速赶往一线靠前指挥，各级领导身先士卒精准决策，在战斗过程中给予了消防指战员极大鼓舞。

（二）消防队伍响应迅速，紧急救人是关键

襄汾大队接警后，全员出动迅速赶赴现场，并立即上报支队指挥中心。支队快速反应，按照预案实施等级调派，一次性调集6个消防救援站紧急驰援。总队指挥中心接报后，及时调派运城支队特种灾害处置专业队跨区域进行增援，总队全勤指挥部紧急出动，靠前指挥。各级指战员始终把抢救人员生命作为首要任务，突出重点、把握战机、科学施救，以最快的速度、最有效的方法，竭尽全力营救被困群众。

（三）现场保护措施有力，安全有序是保障

首战力量到场后，迅速对现场实施安全管控，及时劝离危险区域群众，及时加固有二次坍塌风险的区域，及时部署现场安全员多点监测，及时要求相关部门对建筑安全情况进行评估。为切实做好救援中的安全保护，创新利用工程机械支撑救援区域上方不易清理的断裂梁柱，确保了现场救援人员的绝对安全。

（四）救援方案科学高效，精准实施是保证

前方指挥部始终坚守一线，分阶段、分区域、分人员制定针对性救援方案。救援初期，浅层被困人员较多，采用集中优势兵力，由浅到深、由易到难的救援措施，在最短的时间抢救人员生命。救援中期，多次利用搜救犬、生命探测仪加人工搜索的方式，加大现场管控力度，保持现场静默，充分发挥3种搜索方式功效，成功发现多名有生命迹象的被困人员。救援后期，通过走访知情人、复原灾害发生前现场原貌，采取人工与机械配合作业、逐层剥离坍塌构件、多点设置观察人员，采用“1+5”捆绑救援模式，按照“一人一方案”实施精准救援。

（五）多方力量联动高效，协同作战是基础

事故发生后，临汾市委、市政府迅速启动应急联动机制，调集公安、武警、住建、通信、医疗等多方力量到场救援。及时组织实行交通管制，维护现场秩序；组建建筑结构专家组，实时提供现场技术指导；蓝天、天龙、晋煤救援队等多个社会力量辅助救援，为抢抓救援和持续作战提供人员、技术和装备的保障。

吉林德惠“9·13”饮马河溃堤抗洪抢险救援情况

2020年9月13日16时40分，吉林省德惠市达家沟镇五家子村饮马河防洪堤发生溃堤。灾情发生后，吉林省消防救援总队迅速响应，先后调集全省720名指战员参战，天津、河北和山东省消防救援总队跨省赶赴增援，在消防救援局前方指挥部统一指挥下，经过12天连续奋战，协助政府疏散、转移、安置群众2800余人，营救被困群众73人，成功封堵33米宽的溃堤，圆满完成抗洪抢险救援和救灾各项任务。

一、基本情况

（一）饮马河概况

饮马河为松花江支流，全长386.8公里，流域面积1.6万平方公里，全年最大径流16亿立方米。干流上最大水利工程为石头口门水库，正常蓄水湖面66.5平方公里，最大洪水湖面162平方公里，总库容12.6亿立方米。

（二）受灾区域概况

重灾区五家子村位于德惠市东北29公里处，距长春市区105公里，下辖9个社，村民750余户、2400余人。

发生险情的堤坝为土堤，未达到防洪设施建设标准。堤坝溃口位于五家子村4社附近，该堤段前后500米为沙基，距上游石头口门水库80公里。防洪堤与哈大铁路、杏山回水堤、京哈高速形成一个封闭的梯形地带，区域内面积约25平方公里，除排灌站外无排水排涝途径。

堤坝溃口约33米，最大泄洪量为66.7立方米/秒，截至溃口封堵前，累计泄洪量约 1800 万立方米，被淹面积约 13 平方公里，致使达家沟镇五家子、獾子洞和达家沟村等村屯 1400 余户村民受灾。其中，五家子村受灾最为严重，除大片耕地被淹外，所有 9 个社全部进水。獾子洞村和达家沟村仅耕地被淹。

（三）灾害原因

自 8 月 27 日起，吉林省连续遭遇 8 号台风“巴威”、9 号台风“美莎克”和 10 号台风“海神”，3 次台风叠加效应导致吉林省连续强降雨。上游石头口门水库持续泄洪，下游松花江干流也始终处于高水位，导致江水倒灌，饮马河汇流受阻、水位暴涨，堤坝长时间受超警戒水位浸泡，发生垮塌。

（四）力量调派情况

9 月 13 日 17 时 41 分，吉林省消防救援总队接到警情报告后，立即调派长春支队 307 名指战员携 21 艘舟艇、1 套远程供水系统和 31 台手抬机动泵、浮艇泵，以及总队通信保障分队和训练与战勤保障支队 9 辆保障车辆、30 名指战员到场救援。

9 月 14 日 8 时，根据现场抢修五家子村排灌站泵组的任务需要，调集吉林和通化支队 2 套远程供水系统、75 名指战员增援。

9 月 18 日 7 时 30 分，根据灾区水位消退和进村入户排涝、清淤、消杀任务需要，再次调集四平和松原支队 14 台手抬机动泵和浮艇泵、36 名指战员到场增援。其间，根据任务需要，省总队适时增派长春支队力量，现场参战力量最多时达到 720 人。

消防救援局在接报警情后，第一时间调集前置在吉林和黑龙江省的天津、河北、山东总队 646 名指战员、122 辆消防车赶赴灾区增援，于 9 月 14 日晚全部抵达灾区参战。

二、事故特点

（一）灾情范围大，疏散转移群众多

溃堤导致达家沟镇受灾面积达到 13 平方公里，1400 余户村民受灾，在险情发生后的近 7 小时内，累计转移、疏散、营救群众近 2900 人。

（二）救灾任务重，参战力量多

溃堤导致达家沟镇 1000 余公顷农田被淹，700 余户民房进水，累计泄洪量达 1800 万立方米，给村民的生产生活造成严重影响，救灾任务异常繁重。除消防救援队伍外，应急、水利、交通、气象、卫生、市政、公安、民政、供电、粮食等政府部门参与救灾行动，现场各方救援力量最多时超过 5000 人。

（三）客观环境差，安全风险多

溃堤导致大量道路桥梁被淹，且乡村土路狭窄、坑洼不平、沟壑纵横，最深处超过 1.5 米，涉水行车易侧翻、被淹，存在溺亡风险。险情发生在傍晚，被淹村屯全部断电，无照明，水情复杂难辨，逐村逐户搜救时极易造成救援船只倾覆。堤坝防洪标准低，在溃口作业随时面临再次塌方风险。坝顶路面狭窄，车辆行进和停靠困难，车辆存在压垮堤坝护坡、侧翻的风险。

（四）作战时间长，保障任务重

此次救援行动前后历时 12 天，最高峰值时，仅消防救援队伍参战人员就超过 1300 人，作战车辆超过 200 辆，油料、食宿、卫勤、保暖物资、作战物资和车辆装备抢修等战勤保障任务繁重。

三、处置经过

（一）第一时间调派专业力量挺进灾区，全力疏散营救被困群众

9月13日17时41分，接到警情报告后，吉林总队一次性调派长春支队280名指战员、35辆消防车、19艘舟艇迅速赶赴灾区集结，并命令吉林和通化支队抗洪抢险救援专业队集结待命。总队全勤指挥部、应急通信保障分队、训练与战勤保障支队第一时间赶往灾区，组建现场作战指挥部靠前指挥。德惠大队27名指战员携2艘舟艇和水域救援装备，第一时间挺进灾区，协助政府疏散、转移、安置受灾群众2800余人，并在五家子村5社营救出73名未及时转移的被困群众。

22时许，现场作战指挥部再次派出4组救援力量乘坐橡皮艇、冲锋舟到受溃堤影响严重的3个村屯内，采取分片搜救、编队行进、逐户排查、无人机喊话等措施，展开拉网式搜救。

24时许，逐户排查行动结束，经与政府统计情况核实，确认受洪水威胁的村民全部安全转移。

（二）科学处置堤坝溃口险情，最大限度控制灾情发展

9月13日17时许，溃堤发生不久，正在修筑哈大高速的施工队伍即投入抢险作业。但由于事发地段坝顶路面狭窄、道路泥泞，溃口北侧仅容中型载重车辆单向通过，南侧因道路被洪水淹没，车辆难以通行，且水流湍急，封堵工作未取得实质效果。

21时许，省委常委、长春市委书记王凯到场组织成立现场总指挥部。经现场分析研判，确定了“巩固坝基、拓宽道路、备足石料、视机封堵”的作战决策。巩固坝基、拓宽道路工作持续到9月14日20时许。其间，吉林总队调派150名指战员实施填装沙袋作业，调派9套照明灯组为大型工程机械作业提供夜间照明辅助，并组织力量进行不间断巡堤查险，利用无人机侦察水情。

9月14日20时，作战行动转入封堵溃口阶段。在采取北侧单向投放石料和钢混构件封堵溃口的措施时，南侧堤坝因水流速加快，不断坍塌，封堵效果不明显。后经多次研判会商，最终确定溃口北侧采取车辆坠水封堵、大型工程机械抛投砂石物料填堵，溃口南侧采取打木桩、投放石笼和沙袋的方式封堵。吉林总队承担任务艰巨的溃口南侧封堵任务。由于堤坝作业面不足，参战力量只能继续在高速公路上填装沙袋，转运到距离溃口1000米处的临时码头，再由水路将沙袋运送到溃口南侧，转运任务繁重。在溃口南侧，150名指战员在洪水中打地桩连成铁网，并运送沙袋填充。指战员克服风急浪险、体力消耗大等困难，采取手抬肩扛等方式，累计填装、转运6万余个沙袋，伐木打桩500余根，制作、投放石笼434个。

9月16日16时20分，经过近72小时连续奋战，各方参战力量完成溃堤合龙任务，防止受灾面积进一步扩大。

（三）调整作战重心，抢修排灌站排水设施

溃堤初期，五家子村排灌站的排灌泵和变电柜全部被水淹没停止工作，排灌站水深近2米。

9月14日下午，吉林总队现场作战指挥部在评估作战实力后，提出“封堵涵洞、集中全力排涝、抢修排灌站”的作战计划，制定排涝工作方案。五家子村排灌站一旦抢修成功，可保持24小时不停机，每天将增加50万立方米的排水能力，一定程度缓解排涝压力。

9月14日23时许，现场作战转入排涝抢修泵站实质阶段。天津、河北、山东

总队增援力量和吉林总队的 4 台电驱动排涝设备、2 台“龙吸水”设备和 6 套远程供水系统在排灌站任务区满负荷排涝，天津和山东总队的 4 套“龙吸水”排涝车组在五家子村 7 社实施排涝。同时，出动照明车辆，配合政府部门连夜在京哈高速排水涵洞东侧挖开回水堤，形成一个 12 米宽的泄洪口，利用被淹村屯和杏山回水堤的水位差加速排水，并调派长春和吉林支队的远程供水系统协助排水。

9 月 21 日 11 时，排灌站首批 2 台机组启动排涝；22 时，剩余 2 台机组全部维修完毕恢复工作状态，排灌站任务区水位快速下降。京哈高速路基下的涵洞全部打开放水，23 台排涝车设备全部满负荷投入排水作业。

（四）以村民返家为第一要务，全面进村排涝、清淤、消杀

溃堤封堵完成后，现场消防救援队伍全力实施大面积排水作业的同时，做好进村入户排涝、清淤、消杀工作准备。

9 月 18 日凌晨，五家子村 2 社、3 社、4 社部分区域水位消退，具备了进村入户排涝条件。吉林总队调派 55 名指战员，携 20 台手抬机动泵和浮艇泵，以及消杀药剂和器械、清淤工具进村作业。后根据水位持续下降情况，吉林、天津、河北和山东总队消防力量展开逐村逐户排涝、清淤、消杀，同时政府部门组织力量开展自救。据统计，现场消防救援队伍完成排涝近 400 户、消杀 27 万余平方米、清淤 1200 余立方米。

9 月 22 日 18 时，除五家子村 8 社外，所有村屯的村民全部返家。消防救援局前方指挥部和天津、河北、山东总队增援力量撤离归建。

9 月 24 日 12 时，五家子村 90% 以上的民宅排涝、清淤、消杀完毕，剩余任务由地方政府接替，现场除长春支队远程供水系统力量编组实施低洼地势排水任务外，其余消防救援力量全部归建。

9 月 27 日 15 时，长春支队远程供水系统力量编组完成任务归建。

四、主要经验

（一）力量前置是抗洪抢险救援行动速战速决的根本

提前预判，科学研判，预先在吉林和黑龙江两省前置增援力量。灾情发生后，消防救援局前方指挥部率领跨省增援力量在 12 小时内完成向灾区集结，确保在最短的时间内汇聚最优势的救援力量，保障排灌站抢修、攻坚排涝等作战任务的及早完成。

（二）“一部六组”的高效指挥是抗洪抢险救援行动决胜的核心

在此次行动中，通信、政工、保障、信息和宣传等 5 个专班围绕着作战需求协同配合，作战指挥组发挥统领作用较好，坚持每天总结工作、研判需求、列表推进，各参战支队派出联络员进入指挥组，精准掌控救援进程，为科学决策奠定基础。

（三）专家精准研判和群众实践经验是抗洪抢险救援实现攻坚克难的关键

水利专家通过评估石头口门水库的承载能力，提出“关闸断流 12 小时”的建议，在确保水库安全的前提下，利用“断头水”的间隙为封堵溃口创造条件。当地村民根据多年抗洪实践经验，提出“双层打桩、钢丝加固、外层保护、内层护坡”合理建议，并参与筑堤作业，有效防止溃口南侧堤坝的继续垮塌。

（四）专业长效的准备是抗洪抢险救援行动快速有力响应的前提

吉林总队持续加强抗洪抢险救援专业队建设，开展“水域救援演练月”专项活动，强化潜水员、冲锋舟驾驶员和绳索救援技术等专项培训，针对3次台风和多起汛情实施力量前置，队伍的抗洪抢险救援能力和应急响应水平得到全面锻炼。险情发生后，各地队伍能够快速响应、急速增援、攻坚克难、连续奋战。

（五）顺畅的联勤联动机制是抗洪抢险救援行动决胜的重要保障

此次行动中，在地方党委、政府的统筹下和各部门通力合作下，在救援人员、装备、物资、技术等方面，给予充分保障，为参战消防救援力量执行封堵溃堤、搜救群众、保障排灌站抢修和攻坚排涝等关键任务提供了有效支援。

（六）有力的通信技术保障是抗洪抢险救援行动科学决策的重要支撑

此次行动中，吉林总队调派37名通信人员和300余套通信装备投入战斗，依托总队方舱指挥车，为应急管理部和省、市领导指挥决策提供连续的通信和会议保障。创新无人机“查、拍、测、比”新战法，拍摄大量全景图、正射影像图，每日制作排涝成效对比图和作战力量部署图，协调获取每日最新卫星遥感图，为所有参战无人机规划飞行空域，实现无人机全天候不间断飞行侦察，为新闻宣传报道提供大量影像资料，用200余小时的超长守护，为现场作战指挥提供技术和信息支撑。

湖南怀化“10·25”沪昆高速雪峰山隧道车辆火灾事故救援情况

2020年10月25日1时53分，湖南省怀化市沪昆高速雪峰山隧道K1376+600处一辆装载电动自行车的货车起火，隧道内浓烟聚集，30余辆车辆滞留隧道并先后起火，大量人员被困。湖南省消防救援总队接警后，先后调派怀化、邵阳、娄底、长沙、湘西、永州6个消防救援支队、56辆消防车、238名指战员赶赴现场处置。经近17小时奋战，25日18时23分，火灾被扑灭。26日23时15分，现场处置完毕，24时起，雪峰山隧道往邵阳方向逐步恢复通行。

一、基本情况

（一）隧道基本情况

雪峰山隧道位于沪昆高速邵阳市与怀化市交界处雪峰山脉，为双洞双车道隧道，左线非事故隧道长7023米，右线事故隧道长7039米，是湖南省最长的公路隧道。隧道宽9.8米，高5米，内设16个紧急停车带，8个车行横洞（长41米、宽4.8米，两端分别设置钢制防火卷帘，事故时防火分隔设施处于半开状态），18个人行横洞（长36米、宽2.3米，两端分别设置双开甲级防火门）。隧道内有紧急电话72部，变电所4座。隧道双洞均设射流风机，左洞16台，右洞26台，共42台。左洞纵向为3段排烟，K1375+100设1个排烟送风竖井，K1372+100处设2个斜井（1送1排）；右洞纵向为2段排烟，K1372+100设1排1送并通过左洞1号、2号斜井排出，排风口与送风口相距约90米，排烟方向与车行方向一致。隧道监控中心位于隧道出口邵阳侧。

（二）消防水源情况

隧道内共有277个消防柜，每隔50米设置1个，柜内设水成膜泡沫灭火装置1套、8千克干粉灭火器3具，设双卡口式室内消火栓1个，配备65毫米口径卡口水带 2 盘、直流水枪 2 把。消火栓管网直径为 200 毫米，隧道之间通过 150 毫米横向管道连成环状。隧道东西两侧分别有 2 座容量为 300 立方米的高位水池和 2 座 300 立方米的低位水池，高位水池通过 2 根直径为 200 毫米的管道分别与隧道左右两洞消火栓管网相连，室内消火栓管网为环状；低位水池通过 2 个流量为 10 升/秒的消防泵（1 用 1 备）向高位水池补水，并从相对高差 20 米的拦水坝取水。

（三）消防救援站情况

隧道两侧出口距离最近的消防救援站分别为怀化支队洪江大队安江消防救援站和邵阳支队洞口大队雪峰消防救援站，距离分别为 34 公里和 26 公里。

（四）天气情况

事故发生时，多云，气温 13~23 ℃，东北风 1~2 级。

二、事故特点

（一）报警时间晚，控制难度大

31 辆被烧毁车辆中，22 辆为货车、9 辆为小型客车。最早起火车辆为运送电动自行车的半挂式货车，起火后仅 4 分钟就开始猛烈燃烧，其余 21 辆货车运载货物数量大，油箱储油多，轮胎数量多，且车辆停放位置相对集中，燃烧热值高，烟热聚集，加之油箱连锁爆炸，火势迅速蔓延扩大。隧道两端消防救援站距离远，加之报警时间为事故发生 20 分钟后，消防救援力量到场后隧道内火势已处于猛烈燃烧状态，控制难度大。

（二）被困车辆多，疏散难度大

沪昆高速是湖南省境内贯穿东西的主要交通要道，车流量大，事故发生后拥堵车辆多，其中还有 2 辆大客车，载客总人数约 160 人。消防救援队伍到场后，迅速侦察中在右洞 1373 公里处发现并疏散 63 名滞留群众。事故点距离上风方向邵阳侧出口 6 公里，被困车辆处于浓烟环境，内攻逐车搜索时，纵深距离长，视线不清晰，热成像仪不能有效透过车窗玻璃成像，摸排难度大。距离下风方向怀化侧出口虽仅有 1 公里，但高温烟气聚集，人员疏散时容易中毒。

（三）烟气蔓延快，内攻近战难

隧道内发生多次爆炸后，事故点周边 7 号、8 号车行横洞和 16 号、17 号、18 号人行横洞防火分隔设施和隧道内电力线路被炸毁，其余横洞防火卷帘、防火门处于半开状态，事故点周边射流风机和轴流风机损坏无法启动，高温有毒烟气迅速在隧道双洞蔓延。内攻灭火时，烟雾浓度大，车辆容易熄火，着火区域温度高，顶部不时有混凝土块掉落；室内消火栓流量不足，内攻行进路线长，需反复更换空气呼吸器，内攻近战困难。

（四）到场力量多，统一指挥难

事故发生后，应急管理部党委书记黄明，省委书记杜家毫、省长许达哲，消防救援局局长琼色、政委詹寿旺等领导先后作出批示，应急管理厅李大剑厅长等领导亲临一线指挥作战。消防、公安、交通、应急等相关单位负责人到场指挥，相关专业救援队伍到场处置，但分散在事故隧道两侧，且由于缺少统一指挥通信手段，协调指挥难度大。隧道内部通道长，消防救援队伍时有通信设备不能实现洞内通信信号全覆盖，前方指挥部与隧道内部救援人员不能有效互通，前后方指挥协调难度大。

三、处置经过

（一）接处警与力量调派

10 月 25 日 2 时 13 分，怀化支队洪江大队安江消防救援站接到报警，在该消防救援站同时处置另一起火灾事故的情况下，果断调派1个抢险救援编队、10名指战员赶赴现场处置，并向怀化支队请求增援。

2时15分，邵阳支队洞口大队雪峰消防救援站接到报警，立即出动1个供水编队、1个抢险救援编队和1辆指挥车，共5车、28名指战员赶赴现场。

省消防救援总队指挥中心接到报告后，一次性调派娄底、永州、长沙、湘西支队共49辆消防车、6台消防机器人、187名指战员赶赴增援。同时，向消防救援局指挥中心、省应急管理厅指挥中心和省政府值班室报告。

（二）初期处置

2时48分，安江消防救援站到达隧道怀化出口侧，侦察发现事故隧道有大量浓烟向外涌出，非事故隧道有人员向外撤离。2时55分，雪峰消防救援站到达隧道邵阳侧出口。两个消防救援站迅速与现场高速交警、隧道管理所人员一起，在隧道入口设置安全员，疏散隧道滞留车辆，组织人员分别进入事故隧道和非事故隧道侦察。此时，隧道内应急广播和部分照明系统能够正常工作，但射流风机和轴流风机均未启动。

安江消防救援站救援力量从非事故隧道进入50米后，发现2名被困人员并立即组织疏散。雪峰消防救援站救援力量从事故隧道进入，抵到K1373处时，发现停留的61名司乘人员，遂组织开展疏散；前行至K1375+500米处时，仍未发现被困人员，加之烟雾浓度过大，遂在进行标记后往回撤离。

3时35分，安江消防救援站在8号车行横洞口设置水枪阵地阻止火势蔓延。

3时43分，事故隧道发生爆炸，15号、16号、17号、18号人行横洞防火门和7号、8号车行横洞防火卷帘严重破坏，高温烟气迅速向非事故隧道蔓延。

（三）支队到场指挥

3时50分、4时30分，怀化、邵阳支队全勤指挥部相继到达隧道两侧出口，均与当地高速交警、隧道管理方联系会商，确认隧道内滞留车辆和被困人员数量、有无危险化学品、排烟设施运行等情况。邵阳支队安排人员到隧道控制中心，侦察掌握隧道内部监控、消防设施运行情况，部署2个攻坚组从事故隧道和非事故隧道进入内部，再次搜索隧道内有无其他被困人员，同时确定着火点位置。

9时5分，非事故隧道攻坚小组在K1375+900处穿过人行横洞进行侦察，通过热成像仪发现第16号人行横洞处温度高达146℃，无法进入事故隧道内部侦察，随即撤离至非事故隧道安全地带。此时，隧道怀化侧出口有高温浓烟蹿出，不时传出爆炸声，怀化支队随即扩大警戒范围至隧道出口300米。

（四）总队到场指挥

9时38分，湖南总队全勤指挥部到达隧道邵阳侧出口并成立前方指挥部，统一指挥调度怀化、邵阳支队，安排人员接应后续增援队伍，加强同省公安厅、应急厅、交通厅、高速公路管理集团等单位的沟通协调，并研究确立迅速搜救失联人员、快速排烟降热、打开进攻通道、内攻近战灭火的战术思想。随后，前方指挥部作战指挥组带领邵阳、娄底支队攻坚组从事故隧道进入内部，组织力量排烟，营救被困人员；怀化支队从非事故隧道进入内部搜索失联人员，从8号车行横洞和17号、18号人行横洞出水灭火。

9 时 54 分，娄底支队排烟车进入事故隧道向怀化方向送风排烟。

12 时 28 分，怀化支队侦察力量在 17 号人行横洞至 8 号车行横洞之间位置发现着火点。

12 时 40 分，非事故隧道射流风机开启。

13 时 10 分，怀化支队利用非事故隧道消火栓出 2 支水枪在 17 号人行横洞内攻灭火。

13 时 25 分，前方指挥部部署作战指挥组、娄底、邵阳支队 1 辆排烟车、2 辆水罐消防车和 1 辆指挥车进入事故隧道内部排烟，同时搜救失联人员。

15 时 42 分，长沙支队排烟车到达现场，长沙和娄底支队排烟车各占一个车道依次交替正压送风排烟。

16 时 28 分，总队作战指挥组带领长沙、娄底支队排烟车和邵阳支队水罐消防车推进至 K1376 处发现第一起火点，指挥部迅速组织力量灭火。邵阳支队利用隧道内室内消火栓出 2 支水枪，同时组织水罐消防车出 1 条干线 2 支水枪直接灭火。长沙支队出 1 支泡沫枪扑灭货车车厢内残火。

18 时 23 分，隧道内火势被扑灭，娄底、长沙支队排烟车继续送风排烟，永州、长沙支队等增援力量返回。

21 时 45 分，现场高温烟气减小，前方指挥部命令湘西支队排烟车在事故隧道口进行负压排烟，怀化支队组织力量在 17 号、18 号人行横洞各出 2 支水枪降温，在 17 号人行横洞架设 1 门水炮降温，同时，邵阳与怀化支队轮流作业射水降温。

26 日 9 时，组织隧道管理方恢复内部受损电力，制作封堵车行横洞和人行横洞的石棉布。

10 时 20 分，怀化支队在事故隧道 K1376+660 处搜寻到 2 具遇难者遗体。

12 时 10 分，制作封堵车行横洞和人行横洞的石棉布安装在 8 号车行横洞和 17 号、18 号人行横洞上，阻隔部分通往非事故隧道的高温烟气。

12 时 36 分，前方指挥部命令怀化、邵阳支队在隧道内部增设水枪水炮数量降温排热。怀化支队在 8 号车行横洞、17 号人行横洞设置 15 支水枪冷却降温。邵阳支队利用 7 台机动泵、4 辆消防车串联供水，出 4 支水枪、1 个移动炮降温。

19 时 50 分，前方指挥部命令从事故隧道怀化侧进入内部投放冰块，同时，怀化市政公司洒水车进入隧道内部喷雾洒水，全面实施降温。

21 时 20 分，事故隧道内温度降至 46 ℃。

23 时 15 分，现场处置完毕，怀化支队安排 1 辆水罐消防车、1 辆照明车继续留守现场，其他参战力量返回。

24 时，雪峰山隧道恢复往邵阳方向单向通行。

28 日 8 时 35 分，留守力量全部撤离现场。

四、主要经验

（一）力量调派及时高效

接警后，省消防救援总队迅速按照雪峰山隧道灭火救援预案，一次性调派邵阳、长沙、娄底、湘西、永州 5 个支队增援，针对隧道火灾烟热聚集、能见度低、供水困难等特点，调派 4 辆排烟消防车部署在隧道两侧，调派 7 台灭火机器人部署在上风向入口处，调派 16 台机动泵为现场持续供水。湖南总队总队长高宁宇率总队全勤指挥部和通信保障分队赶赴现场指挥，政委李浩在指挥中心全程跟踪调度，备勤人员主动补位，前后方配合紧密。

（二）侦察评估研判到位

始终把侦察评估贯穿灭火救援全过程，在隧道内部温度不断升高、能见度降低、不时传出爆炸声等情况下，没有贸然组织内攻。总队、支队指挥员及时联合高速交警、隧道管理、货运公司等单位，利用视频监控对燃烧物质、滞留车辆和驾驶员逐一核查比对，摸清有无被困人员和危险化学品运输车辆，以及事故具体位置、燃烧车辆、内部消防设施等情况。

（三）战术措施运用合理

因事故停电，前期隧道内固定排烟设施无法启动，在隧道上风向部署2辆排烟消防车前后交替实施正压送风排烟，在下风向部署1辆排烟消防车进行负压排烟。同时，组织力量抢修电力，及时启动隧道固定射流风机和轴流风机进行机械排烟，为实施内攻创造有利条件。深入内部梯次推进，分段实施灭火作业。明火扑灭后，向隧道内高温区域投放冰块，利用洒水车在隧道内洒水降温，加快排烟散热，为打通道路争取时间。

（四）部门联动有力有序

事故发生后，省、市两级政府和相关联动部门快速响应，应急管理部门牵头组织救援力量科学施救；公安部门迅速查清人员伤亡和车辆受损情况，并在隧道两端实施交通疏导和警戒；高速集团积极配合抢修启动隧道固定消防设施，提供相关图表资料，宣传部门做好舆情管控和引导，形成强大救援合力。

（五）安全管控严格有力

将隧道内部监控系统接入通信指挥车，实时观察指挥；现场组建紧急救援小组，专门安排车辆用于紧急撤离；设置2道安全警戒线，由安全员登记清点出入人员；设置装备集结区和人员替换点，定期组织人员轮换。明确在情况不明、防护装备不到位、不具备内攻条件情况下，决不贸然内攻。

浙江衢州“11·9”中天东方氟硅材料有限公司火灾事故处置情况

2020年11月9日11时17分，浙江省衢州市智造新城高新技术园区浙江中天氟硅材料有限公司发生泄漏燃烧事故。接到报警后，浙江省消防救援总队先后调集4个支队77辆消防车、275名指战员到场处置。经过28小时奋战，于10日15时成功扑灭火灾，共疏散群众9000余人，有效遏制灾情扩大升级，确保事故单位主要生产装置、毗邻企业、化工园区和人民群众安全。

一、基本情况

（一）单位情况

中天东方氟硅材料有限公司位于衢州市高新技术园区华荫北路20号，占地面积20万平方米，建筑总面积近2.5万平方米。东面毗邻衢州环新氟材料有限公司和浙江诚业有机硅有限公司，南面毗邻浙江蓝苏氟化有限公司（简称蓝氟化），西面毗邻中宁硅业有限公司（简称中宁硅化）、园区管委会、黄家村和特勤消防救援站，北面毗邻衢州康鹏化学有限公司。该公司主要从事有机硅单体、环体及相关产品的研发、生产和销售，氟硅材料的研发、生产和销售。设有60千吨/年有机硅单体装置、10千吨/年107胶装置、20千吨/年高温胶装置、10千吨/年硅酮密封胶装置及氯甲烷合成车间、水裂解车间、硅粉加工、储罐区等，主要生产八甲基环四硅氧烷（D4）、混合甲基环硅氧烷（DMC）、一甲基三氯硅烷、107 硅橡胶、110 硅橡胶、硅酮密封胶等产品。

（二）厂区危化品情况

该单位涉及主要危险化学品有原料甲醇、氢气、盐酸、硫酸、液碱、氢氧化钾、溶剂油、氯化钙、磷酸等，中间体氯甲烷、甲基氯硅烷混合单体、八甲基环四硅氧烷（D4）、混合甲基环硅氧烷（DMC）、一甲基三氯硅烷（M1）、三甲基一氯硅烷（M3）、一甲基二氯氢硅烷（MH），副产物高沸物、共沸物、低沸物等。

（三）消防设施及水源情况

该单位环状供水管网，管道直径 200 毫米，室外消火栓 58 个（含泡沫消火栓 8 个），固定水炮 25 组。内设固定泡沫灭火系统、自动水喷淋喷雾系统。消防泵房位于东北角，设有消防主泵 4 台（三开一备）、稳压泵 2 台（一开一备）。厂区设有消防水池、循环水池及吸水池，累计储量 6100 立方米。周边 500 米范围内有市政消火栓 34 个，北面约 900 米处有天然水源一处（巨化集团排水渠，可供消防车、远程供水系统取水）。

（四）厂区功能分区情况

企业分两期工程建设。一期工程主要位于企业北区，分为办公、公用工程、生产装置、储罐、装卸 5 个区域。其中，办公区由综合楼、食堂、浴室、研发中心等组成；公用工程区由 1400#脱盐水站、1200#制冷站、空压制氮站、导热油站、循环水站、污水预处理站等组成；生产装置区由 100#氯甲烷合成、200#单体合成、210#氯甲烷压缩、300#单体精馏、500#裂解及环体蒸馏、700#高沸物裂解、800#硅粉加工、4400#二甲水解装置等组成；储罐区由 940#氯甲烷罐组、920#酸碱贮罐区、930#原料成品贮罐区、960#单体贮罐区、950#甲醇储罐等组成；装卸区由原料及产品运输车辆回车场、970#装卸车载台、消防回车场等组成。二期工程主要位于企业南区，新增生产区为含氢硅油装置、副产物综合利用厂房、中试厂房、有机硅单体制粉装置节能技改、包装厂房硅橡胶厂房、硅酮胶厂房、固废车间等；储罐区为戊类储罐、甲类储罐、产品堆场、硅酮胶成品仓库、甲类仓库等。

（五）天气情况

当日多云，气温 10～20 ℃，东北风 3～7 级。

（六）原因分析

经调查，企业员工在西南角露天堆场使用熟石灰处理泄漏出来的高沸物，并将中和后的物料装入塑料编织袋。熟石灰与高沸物继续反应放出热量，导致混合物料与编织袋燃烧，并引燃邻近塑料吨桶，造成大量物料泄漏形成流淌火，引发露天堆场高沸物大范围着火，火势蔓延至邻近三甲氧工段、含氢硅油工段等化工装置和硅酮胶厂房、固废车间，引起各车间装置内物料泄漏着火。

二、事故特点

（一）处置难度高

现场主要燃烧物为高沸物，主要成分为甲基氯硅烷聚合物，具有易燃、遇水和碱性物质剧烈反应放热的危险特性，2000 吨高沸物在方圆几公里范围内，受热连锁分解，难以选用有效灭火药剂进行处置。固废残渣车间硅铜混合物造成蓝色、绿色等火焰混杂，不断发生爆燃，辐射热强，直接威胁邻近甲类仓库。

（二）救援风险大

此次事故是典型精细化工失控灾情，涵盖生产车间、危险化学品仓储、储罐、开放式堆棚等区域，事故区域管线拉断、堆棚坍塌，大量化工物料流淌、不明气体弥漫，现场水体、土壤被各种危险化学品浸入污染，过火面积 9000 余平方米，室外流淌火燃烧波及范围高达 4 万余平方米，地势、风向、装置、罐区、开放式堆棚、库区情况复杂，综合研判难度大，灭火救援风险大。此外，流淌火蔓延快、毒害区不断扩大，严重威胁下风向 18 家企业和 4 个行政村群众。

（三）信息不对称

在事故处置过程中，厂方未能准确及时提供灾情信息，尤其对固废残渣车间硅铜混合物、开放式堆棚吨桶高沸物超设计储存实际，以及车间内部放置处于泄漏状态吨桶高沸物和 3 个 6 吨易燃物料罐等信息均未告知，影响救援人员安全。

三、处置经过

此次事故处置中，省、市两级政府启动重特大灾害事故应急处置预案，消防、公安、应急、医疗、环保、供电、巨化集团等部门单位和专业力量迅速到场协助处置。整体处置行动分为 5 个阶段。

（一）第一阶段：快速响应，全力展开初战控火

11 月 9 日 11 时 29 分，柯山大队在营区内发现中天氟硅厂区有大量浓烟冒出，立即出动侦察，并向支队指挥中心报告。衢州支队指挥中心（接警同时已通过高空瞭望发现现场火势猛烈、浓烟滚滚以及大面积流淌火）按照四级警情预案，调集 12 个消防救援站、1 个战勤保障分队、1 个通信保障分队、2 个企业消防队共 39 辆消防车、173 名指战员携 126.6 吨泡沫赶赴现场救援，支队主官率全勤指挥部遂行出动并逐级上报灾情。总队接报后，迅速调集杭州、宁波、温州、金华支队 4 个化工灭火救援重型编队增援。

11 时 31 分，首战力量到场，此时整个厂区南侧已形成大面积流淌火，从东向西形成一条长长的火线贯穿厂区，燃烧产生的浓烟已覆盖整个堆棚和下风向的蓝苏氟化、中宁硅业等公司；含氢硅油装置已开始大面积燃烧，硅油顺着地面形成流淌火，并顺着雨排向周围蔓延，2 个戊类酸罐、硅酮胶二号仓库、硅酮胶厂房以及六号固废仓库（威胁甲类仓库）也被引燃。现场指战员联合厂方技术人员，立即组织疏散企业员工，要求厂方采取全厂紧急停车等工艺措施；布置防御阵地，利用高喷车和移动水炮对甲类仓库实施保护；利用泡沫发生器扑救含氢硅油装置流淌火，并对装置进行冷却。全勤指挥部在出动途中，联动公安、巡特警、街道等工作人员，通过不同方式对下风方向企业员工、社区居民进行紧急疏散。

（二）第二阶段：确定重点，全力保护甲类仓储

11 时 55 分起，衢州支队全勤指挥部和增援力量相继到场，迅速成立现场指挥部，形成前后方协调指挥体系，派出侦察组深入 DCS 控制室和着火区域开展侦察，确定 4 个重点：一是含氢硅油装置区 2 个原料储罐、相邻 6 个甲基三氯硅烷储罐和 2 个氢气缓冲罐受火势威胁；二是位于中间部位的包装车间已开始大面积燃烧，相邻五号硅酮胶车间火势正在蔓延扩大，对 2 个白油罐和 2 个硅油罐产生威胁；三是甲类仓库被火势炙烤；四是位于下风向的中宁硅业厂区安全风险提升。

现场指挥部迅速制定“冷却抑爆、梯次进攻、沙土筑堤、逐片消灭”战斗措施，划分 3 个战斗区域，指挥长负责作战指挥和安全管控。一是迅速组织 10 个冷却抑爆组和 1 个灭火机器人编队对重要危险区域内 14 个甲类罐和甲类仓库进行设防保护。二是成立专家技术组开展工艺处置，采取紧急停车和关阀断料等工艺措施，切断上下游工艺段物料管道连接线，重点关注氢气和氧气管道，并向管网充氮保护，确认事故工厂及下风向企业全部停产。三是联合公安等力量扩大警戒区域，组织疏散下风向居民和工厂人员，并根据现场风力、风向变化，及时调整警戒区域。四是组织 12 个灭火攻坚组和 1 个机器人编队，加大对流淌火扑救力度，对含氢硅油车间生产线、白炭黑生产线和硅酮胶生产线内 6 处火势进行围剿，扑救中宁硅业草坪火。五是组织企业利用铲车和沙土围堰，控制硅油流淌火在废料堆场范围并覆盖灭火。六是采取远程供水、管网加压、消防车和手抬泵转运等形式，全力确保火场供水不间断，采取外吸泡沫、泡沫车输转等形式，保障现场泡沫供给不间断。七是全力做好现场安全管控，开展洗消作业，全程督导指战员做好个人防护，确保灭火救援安全。

（三）第三阶段：分割包围，逐片消灭外围火势

13 时 30 分，含氢硅油车间生产线火势被有效控制，流淌火被沙土覆盖堵截，盐酸罐仍持续燃烧，硅酮胶生产线火势被有效控制，白炭黑仓库、五号仓库、六号仓库和固废堆场仍猛烈燃烧，指挥部调整力量部署，组织对硅酮胶车间和露天堆垛火势展开分割包围。

14 时 7 分，金华支队化工灭火救援重型编队到场，负责铺设远程供水系统保障火场供水，并派出 4 个攻坚组对六号仓库和硅酮胶仓库设防，阻止火势向甲类仓库蔓延。

14 时 35 分，总队全勤指挥部到场，全面听取现场情况汇报并开展侦察后，确立“安全防护、重点突破、冷却抑爆、梯次进攻、筑堤堵流、逐片消灭”的作战原则，将火场划分为两个战斗段，一是以甲类仓库为重点保护中心，集中力量消灭六号固废仓库和二号堆场火灾。二是以白炭黑包装仓库为中心，集中力量纵深消灭一号临时堆场火灾，并根据现场力量整合成侦检警戒、泡沫覆盖、冷却保护、筑堤防护、纵深围剿、转移隔离、战勤保障和通信联络等作战单元。

16 时 50 分，含氢硅油车间生产线火势逐渐得到控制，流淌火被沙土覆盖熄灭，成功阻止火势向厂区北侧乙类新硅粉加工厂房、储罐区、导热油站、交电所等蔓延。随后，杭州支队增援力量到场，在六号仓库南侧部署防御进攻阵地，并组建力量轮换体系。

（四）第四阶段：转移隔离，消除甲类仓库爆炸危险

18 时 25 分，盐酸罐火灾被有效控制，硅酮胶仓库火势被扑灭，六号仓库和固废堆场火灾仍猛烈燃烧，现场指挥部集中力量打击六号车间和露天堆垛火势，防止向甲类仓库蔓延。一是衢州支队柯山、柯城大队组织攻坚组采取事故池导流和碱液中和方式控制盐酸储罐灾情，加强对相邻 6 个甲基三氯硅烷储罐和 2 个氢气缓冲罐冷却保护。二是衢州、金华支队利用耦合供液方式加强泡沫持续供给，攻坚组纵深进入堆场分割包围，配合铲车进行沙土覆盖灭火。三是杭州支队部署防御阵地控

制六号车间火势，对甲类仓库进行水幕分隔防护，配合转移甲类仓库甲基氯硅烷等危险品。四是衢州支队利用沙土封堵隔离方式，控制六号仓库内燃烧高沸物废渣，部署力量冷却墙体和烟气流通管道，防止火势突破防线。五是派出监护组配合技术人员利用 DCS 中央控制室全程监控氯甲烷、甲基氯硅烷粗单体、三甲基氯硅烷、DMC 等生产单元，实地监测紧急停车后装置压力、温度变化。六是加强同社会应急联动单位沟通协调，统一指挥、共同处置。

20 时 25 分，甲类仓库内 20 吨 207 桶甲基氯硅烷等甲类危险品被安全转移，落实安全警戒和专人看管。

（五）第五阶段：筑堤保护，控制高沸物安全燃烧

21 时 43 分，消防救援局总工程师周天率队到场，局长琼色与现场指挥部连线并提出工作要求。此时，固废堆场还有 2 处火点，盐酸储罐硅油火势得到有效控制，六号车间处于受控燃烧状态，固体颗粒废渣燃烧猛烈，发出蓝色、绿色火光。现场指挥部在前期既定战术基础上，持续增高加厚六号车间沙土堤坝，组织铲车转运车间内原辅料、助剂等易燃易爆物料，降低风险；组织衢州支队柯城大队等相关力量监控盐酸事故罐区。

10 日 8 时，现场仅余六号车间燃烧，现场指挥部组织挖掘机翻垛灭火，至 15 时火势被彻底扑灭。

四、主要经验

（一）高度重视形成合力

事故发生后，省、市两级党委、政府高度重视，浙江省委书记袁家军、省长郑栅洁等领导分别作出指示。应急管理部党委书记黄明，消防救援局局长琼色视频全程调度指挥，消防救援局总工程师周天带领部工作组现场指挥救援工作和事故处置；浙江总队总队长蔡卫国等领导率全勤指挥部遂行响应，政委崔勇在总队指挥中心做好力量调度指挥，形成工作合力。

（二）充分调集救援力量

接到事故报警后，衢州支队科学处置，把握初战先机，浙江总队快速响应，启动跨区域增援预案，针对硅烷化工行业火灾的特殊复杂性，总队、支队充分调集救援力量，共调集 5 个化工灭火救援重型编队、5 个战勤保障编队和 6 个应急通信前突分队，携带 6 套远程供水泵组、29 台消防机器人、400 吨泡沫以及通信、侦检、洗消等器材到场增援，力量调集科学精准。

（三）充分发动社会力量

整合公安、应急、医疗、环保、供电、巨化集团等部门单位和专业力量，成功转移下风向 18 家企业和 4 个行政村的 9000 余名员工和群众。设立固定、移动监测站，实时监测空气质量，由巨化集团负责回收处置现场污水，防止造成次生灾害。调集叉车、运沙车等车辆协助扑救。衢州支队对上风向毗邻杭氧气体有限公司是否关停、高铁线路是否停运等特殊情况进行综合评估论证，确定不停车、不停运，避免大批企业停产和更大社会舆情。

（四）采取高效救援策略

现场落实层级负责指挥体系制，构建总指挥、副总指挥、指挥助理金字塔型现场指挥部，坚持工艺措施与消防技战术相结合原则，部署任务、划分区段，建立现场安全管控体系。注重发挥重型机械作用，采取沙土掩埋、筑堤堵流、泡沫覆盖，梯次布防等有效措施，累计调用运沙车 69 车次，运送水渣、砂土 2840 吨，缩短处置时间，降低对环境影响。

第 六 篇

火 灾 统 计 情 况

第一章　全年火灾情况

2020年全国火灾情况

2020年，全国消防部门共接报火灾68.1万起（不含新疆生产建设兵团、森林、草原、铁路、港航、军队、矿井地下部分及港澳台地区火灾，下同），亡2088人，伤1792人，直接财产损失52.5亿元，因统计口径变化，与往年数据不可比。全年发生较大火灾75起（含10起放火），与上年持平；发生重大火灾1起，与上年持平，是新中国成立以来较少的年份之一。

一、西部地区的火灾亡人率、大火率相对较高

火灾与经济社会发展紧密关联，西部地区地域面积广、城乡差别大，但近年来经济发展速度较快，火灾防控压力越来越大。从火灾亡人看，全国的10万人口火灾死亡率为“0.148”，东部、中部及东北地区分别为“0.148”、“0.137”和“0.132”，而西部地区则为“0.163”，比全国高出10.4%。从较大火灾的分布看，西部发生较大火灾28起，占总数的37.3%，高于其他片区，尤其是贵州、四川分别发生8起、5起（含1起放火），且“三合一”、自建房等场所占比较大。

二、农村地区火灾比重偏大、大火概率偏高

自2008年农村人口所占比重首次低于城镇人口后，农村人口比重逐年下降，但由于农村地域面积大、建筑耐火等级低、消防基础设施薄弱，加之青壮年人口外流，农村火灾仍是防控难点。从城乡火灾的分布看，全年农村地区共发生火灾36.1万起，占总起数的53%，比城镇高出12.4个百分点，造成损失25.5亿元，占总损失的48.7%，比城镇高出12.2个百分点；特别是农村地区共发生较大火灾43起，占总数的57%，比城镇高出近19个百分点。从火灾亡人的节点看，农村地区在火灾现场当场身亡的人员占亡人总数的60%，该比重比城市高出23个百分点。农村地区火灾比重偏大，大火概率偏高，与农村居民逃生自救互救能力低、消防基础设施和救援力量相对薄弱有关。

三、居民住宅火灾防范将长期面临严峻挑战

我国有14亿人口、3亿多个家庭，家庭是社会的最小单元，家庭日常所处的居民住宅也是受火灾影响最大的场所。从火灾亡人的场所分布看，全年共发生居民住宅火灾23.5万起，占火灾总数的34.4%，造成1549人死亡、1051人受伤，分别占总数的74.2%和58.6%，特别是发生较大火灾42起，占总数的56%，多数为一家老小在火灾中伤亡，成为影响火

灾整体形势的重要部分。从住宅的亡人情况看，1549名亡人中，18岁以下的未成年人有188人，60岁以上的老年人有796人，分别占总数的12.1%和51.4%。另外，占48.2%的亡人为残疾、瘫痪、精神病人等弱势群体。从住宅火灾的建筑分类看，地下、单层、多层及高层建筑类火灾在住宅火灾中的比重与2019年基本保持一致，其中发生在高层建筑的住宅火灾（占高层建筑火灾总数的80.1%）共1.3万起。

四、工商文娱场所火灾荷载高、大火时有发生

工商文娱场所人员聚集、生产经营设施集中、用电用油用气负荷大、成品原材料堆积，一旦发生火灾极易蔓延扩大，造成伤亡损失。从火灾的总数看，生产企业（含“三合一”、石油化工）共发生火灾1.4万起，占总数的2.1%，是除住宅火灾外占比较大的一类火灾；此外，商业场所发生火灾1.1万起，文娱宾馆饭店发生火灾1万起，仓储场所发生火灾5501起，建筑工地发生火灾3005起，合计占总数的4.4%，亡人占总数的6.5%、损失占总数的23.4%，往往造成较大社会影响。从大火的分布看，这几类场所的火灾只占总数的6.5%，但其中过火面积在1000平方米以上的火灾占总数的21.2%；较大以上火灾26起（其中生产企业11起、商业场所6起、仓储场所4起、建筑工地3起、文娱宾馆饭店2起），占总数的34.2%，特别是全年唯一的1起重大火灾就发生在娱乐场所。

五、电气类原因继续影响火灾走势

从电气火灾的占比看，全年因违反电气安装使用规定引发的火灾共21.7万起，占全年火灾总数的31.8%，其中，较大火灾43起，占全年较大火灾总数的57.3%。从电气火灾的分类看，因短路、过负荷、接触不良等线路问题引发的占电气火灾总数的67.2%，因电器设备故障、使用不当引发的占电气火灾总数的29%，其他电气原因引发的占3.8%；其中，电动自行车引发的火灾不容忽视，特别是43起电气引发的较大火灾中，有11起已查明系电动自行车引起，占电气引发较大火灾总数的25.6%。此外，新能源车方兴未艾，全社会保有量逼近500万辆，随着车体线路、电池组、充电站（桩）等的频繁使用和逐渐老化，由此带来的火灾风险将持续增大。

六、重要节点、重点时段火灾防控工作还需加强

从火灾的月季分布看，受疫情影响，1月下旬至3月中旬各地经济社会活动停滞，火灾风险降低，火灾起数明显减少，与春节前的迅速爬坡形成鲜明对照。3月中下旬随着疫情逐步得到控制、全面复产复工复学复市的推进，火灾随之显著反弹，国庆节当天的山西太原冰雕馆重大火灾也与此相关。从火灾的时段分布看，夜间是全天火灾低谷，但由于发现晚、报警晚、处置晚，往往易造成伤亡，尤其0时至6时的火灾，只占全天火灾起数的10.6%，但亡人数占37.5%，较大火灾数则占54.7%，应强化夜间联防联勤，加强夜间调度指挥和第一出动力量，在居民住宅等场所推广安装火灾探测报警设施，做到夜间火灾早发现、早报警、早处置、早救人，不断降低火灾危害。

分地区火灾综合情况

地区	火灾概况						较大火灾				重大火灾				特别重大火灾			
	起数	亡（人）	伤（人）	损失			起数	亡（人）	伤（人）	直接损失（万元）	起数	亡（人）	伤（人）	直接损失（万元）	起数	亡（人）	伤（人）	直接损失（万元）
				直接损失（万元）	烧毁建筑（平方米）	受灾户数												
合计	681498	2088	1792	524595.3	27206303	214558	75	278	42	22920.2	1	13	15	151.2				
北京	7113	43	46	5972.4	28751	2843												
天津	7251	34	16	8572.3	1233142	517	2	4		4022.6								
河北	45485	142	34	30034.4	4905380	6561	2	6		1.8								
山西	14748	56	27	11490.1	1641401	1407	2	7	1	52.4	1	13	15	151.2				
内蒙古	17937	82	68	15697.8	740280	2627	1	4		95.5								
辽宁	22228	57	24	10344.9	734562	5751												
吉林	14075	35	9	8240.5	483152	10245	1	4	2	80.0								
黑龙江	15063	38	37	8821.1	444796	10430	1	3	4	83.5								
上海	10508	62	54	6545.8	41915	1153	3	12	3	131.1								
江苏	54065	90	63	36206.8	737665	17445	6	23	4	1219.6								
浙江	45112	78	74	43720.8	536599	8965	2	6	1	1.1								
安徽	31959	106	36	25718.4	822279	8110	4	13	1	4606.2								
福建	22092	71	54	23219.0	383862	5641	2	11		122.7								
江西	17669	43	45	27761.0	237984	9664	2	6	2	31.0								
山东	80977	187	215	41162.8	1850402	22346	1	4		50.0								
河南	39297	128	111	15066.7	839129	11031	4	14		94.4								
湖北	17758	78	24	15803.1	166553	7901	3	7		4636.1								
湖南	24514	88	216	19536.7	315153	8047	4	16	2	1029.7								
广东	54711	117	107	56006.6	1217685	6311	8	29	1	4152.4								
广西	13630	56	95	10928.5	586310	6428	4	22	4	2112.9								
海南	4682	10	20	5007.2	5556695	861												
重庆	11703	64	46	11277.6	113665	7517	1	3	1	5.7								
四川	29174	104	70	20919.5	319197	10069	5	16		49.2								
贵州	13327	58	136	12988.0	183109	4865	8	38	13	190.6								
云南	16716	96	72	10980.1	685727	9619	3	9		49.1								
西藏	307	3		757.8	17007	99	1	3		2.0								
陕西	21582	72	53	16922.6	445173	14893	1	3	2	30.0								
甘肃	9176	31	2	5389.6	386988	2612	1	4	1	9.2								
青海	1597	12	3	2482.0	328861	469	1	4		40.0								
宁夏	5585	16	20	6725.5	455131	5179												
新疆	11457	31	15	10295.7	767750	4952	2	7		21.3								

分起火场所

项目		火灾概况						较大火灾				重大	
		起数	亡（人）	伤（人）	直接损失（万元）	烧毁建筑（平方米）	受灾户数	起数	亡（人）	伤（人）	直接损失（万元）	起数	亡（人）
合计		681498	2088	1792	524595.6	27206303	196405	75	278	42	22920.2	1	13
住宅		234608	1549	1051	105010	2586384.8	112246	42	153	24	841.3		
宿舍		25469	125	99	10698.9	350878.3	7985	6	23	5	233.4		
办公场所		3445	8	22	5580.1	65376.1	1075						
学校		1448	1		487.7	10152.9	393						
商业场所	小计	11333	59	64	33181.2	228894.7	4724	6	20	2	5056.2		
	商场	1447	2	3	10769.7	35324.9	627	1			4600		
	超市	1702	13	14	4192.2	30907	776	1	3		26		
	室内市场	889	1	10	3319.2	33742.2	467						
	室外集贸市场	1566		3	4570.7	32299.9	738						
	其他	5729	43	34	10329.3	96620.7	2116	4	17	2	430.2		
文博馆		82			23.5	622.2	29						
宾馆、招待所		1198	4	8	954.2	10426.3	395						
餐饮场所		8384	18	107	5307.3	86087	3511	1	5		2.5		
医院		610	2	2	309.7	4067.6	182						
养老院		79	5	9	39.2	632.5	21						
公共娱乐场所		665	15	26	784.6	9825.1	240					1	13
体育场馆		91			660.8	3352.3	29						
金融交易场所		94			22.1	546.5	30						
交通枢纽站		1174			695.7	6984.3	231						
科研试验场所		38			225.7	849.5	11						
广播电视中心		18			2.5	89	5						
邮电通信场所		569			399.8	4334.8	168						
文物古建筑		44			60.5	636.1	9						

火灾情况

火灾		特别重大火灾				起火原因（起）										
伤（人）	直接损失（万元）	起数	亡（人）	伤（人）	直接损失（万元）	放火	电气	生产作业	用火不慎	吸烟	玩火	自燃	雷击	静电	不明确原因	其他
15	151.2					5929	216735	16636	145173	80873	12247	42189	437	837	18047	142395
						1955	110354	2091	71986	12267	2840	5103	100	188	4311	23413
						483	11523	286	5669	1455	276	693	19	11	835	4219
						30	2218	119	300	194	10	92	4	9	64	405
						8	737	36	254	92	25	76		4	26	190
						120	6457	316	1812	542	89	373	5	23	253	1343
						10	838	56	193	80	10	43		2	31	184
						16	1175	28	195	64	16	29	1	2	29	147
						8	542	17	144	40	6	26			23	83
						19	805	39	200	126	14	89		6	37	231
						67	3097	176	1080	232	43	186	4	13	133	698
						2	34	4	12	11	1	4			3	11
						16	676	39	166	84	7	32	1	1	24	152
						26	2755	176	4640	104	10	77	2	7	82	505
						5	352	16	57	65	2	25	2	2	9	75
						1	34	2	22	10		2			1	7
15	151.2					9	396	32	79	44	3	19			12	71
						2	39	4	3	9	1	5			2	26
						5	60	1	6	4		2				16
						25	487	43	66	113	7	143	1	5	38	246
							22	8	3			1			1	3
							13			1	1					3
						4	452	15	16	6	1	18	3	2	8	44
						1	11	1	12	6	1	3			2	7

分起火场所

项目	火灾概况						较大火灾				重大	
	起数	亡（人）	伤（人）	直接损失（万元）	烧毁建筑（平方米）	受灾户数	起数	亡（人）	伤（人）	直接损失（万元）	起数	亡（人）
宗教场所	376	2	2	469.9	6446.3	132						
会议展览中心	16			29.6	442	4						
物资仓储场所	5501	25	30	75476.6	708223.4	2757	4	12		10202.1		
厂房	13436	58	131	103879.9	1210488.1	4879	2	11		117.7		
加油加气站	196	2	4	299.8	1789.6	47						
汽车库	1153	3	1	3274.3	19283.4	475						
农副业场所	54555	31	16	22838.8	11124072	15817						
石油化工企业	315	22	19	4878.6	20951.9	74	3	14	6	2208.3		
露天框架	13636	4	9	3826.9	324117.2	3102						
交通工具 小计	55880	40	85	96812.3	350924.5	16432						
交通工具 机动车	48459	35	78	91568.4	317900.4	14501						
交通工具 铁路列车	17			13.9	1163.6	3						
交通工具 船舶	453	3	1	1652.1	5977.4	90						
交通工具 航空（天）器	2			0.1	1							
交通工具 城市轨道交通工具	108			28.1	433.8	37						
交通工具 其他	6841	2	6	3549.7	25448.3	1801						
建筑工地	3005	14	3	6441.8	72237.5	824	3	9	1	3968.1		
垃圾及废弃物	110823	8	34	6295.4	1687086.4	13774						
公园	5648			969.2	290017.5	746						
“三合一、多合一”场所	553	32	10	3183.5	74494.1	227	6	25	2	248.8		
动拆迁工地	1801	3	4	429.9	23825.8	408						
其他	125255	58	56	31045.6	7921763	5423	2	6	2	41.7		

火灾情况（续）

火灾		特别重大火灾				起火原因（起）										
伤（人）	直接损失（万元）	起数	亡（人）	伤（人）	直接损失（万元）	放火	电气	生产作业	用火不慎	吸烟	玩火	自燃	雷击	静电	不明确原因	其他
						8	77	5	208	4	1	8	1		4	60
							3	3		1		5			1	3
						51	2372	682	539	311	92	390	5	21	198	840
						102	5941	3604	906	362	50	738	26	98	297	1312
						2	76	12	19	11		19		4	7	46
						10	615	56	72	75	13	145	1	3	39	124
						632	3985	576	18478	9300	2329	3211	42	25	1672	14305
						1	73	149	23	7		12	1	6	12	31
						70	7694	425	1201	1327	161	869	30	47	301	1511
						502	22901	5032	796	1442	237	15494	8	162	1583	7723
						436	19094	4689	597	1234	197	13970	7	150	1418	6667
							2	4	2			4				5
						3	156	77	55	18	2	30	1	2	18	91
							1					1				0
						2	40	9	2	5	1	30			8	11
						61	3608	253	140	185	37	1459	0	10	139	949
						27	812	754	201	388	27	138	1	2	86	569
						988	2638	469	17471	35324	2995	7485	35	48	3298	40072
						42	790	15	485	1719	195	416	16	16	389	1565
						7	309	29	84	25	4	10			22	63
						19	370	234	193	290	25	103	2		49	516
						776	31459	1402	19394	15280	2844	6478	132	153	4418	42919

分行业类别

项目		火灾概况						较大火灾				重大	
		起数	亡（人）	伤（人）	损失			起数	亡（人）	伤（人）	直接损失（万元）	起数	亡（人）
					直接损失（万元）	烧毁建筑（平方米）	受灾户数						
合计		129106	289	458	272649	14341550	44117	20	78	10	17758.7	1	13
第一产业	小计	65210	40	24	33059	11928029	19616						
	农业	47485	25	15	17400.6	8243441	15025						
	林业	10999	6	2	3894.7	3067333	1899						
	畜牧业	3739	5	3	8204	469082.8	1624						
	渔业	191	1		388.4	8073.8	72						
	农、林、牧、渔服务业	2796	3	4	3171.3	140098.6	996						
第二产业	小计	25432	93	165	117209.1	1360021.6	7987	6	30	6	3126		
	采矿业	254			668.6	16364.4	80						
	制造业	14136	81	146	107608.8	1241325	4980	5	23	4	1096.7		
	电力、燃气及水的生产和供应业	8736	10	11	4477.4	52733.9	2247	1	7	2	2029.3		
	建筑业	2306	2	8	4454.3	49598.3	680						
第三产业	小计	38464	156	269	122380.9	1053499.2	16514	14	48	4	14632.7	1	13
	交通运输	5450	10	25	15285.1	54803.2	2754						
	邮政业	155	2		284.7	2866.9	50						
	仓储业	3169	18	11	51057.8	465949.4	1714	3	7		9402.1		
	信息传输、计算机服务和软件业	300			478.9	5051.5	93						

火灾情况

火灾		特别重大火灾				起火原因（起）										
伤（人）	直接损失（万元）	起数	亡（人）	伤（人）	直接损失（万元）	放火	电气	生产作业	用火不慎	吸烟	玩火	自燃	雷击	静电	不明确原因	其他
15	151.2					1186	36545	7159	30461	15132	3137	7392	125	270	3353	24346
						726	5283	876	21086	11660	2717	3781	52	34	2002	16993
						515	2981	573	16209	9053	2231	2238	24	23	1373	12265
						152	253	61	3246	1813	242	1248	22	3	452	3507
						23	1610	153	850	257	160	135	3	4	83	461
						3	69	3	37	7	2	10	1	1	9	49
						33	370	86	744	530	82	150	2	3	85	711
						157	14398	4316	1315	797	89	1448	54	151	542	2165
						2	90	50	18	18	3	27	1		12	33
						63	6100	3791	899	476	51	884	27	111	345	1389
						24	7459	165	125	64	2	443	26	37	105	286
						68	749	310	273	239	33	94		3	80	457
15	151.2					303	16864	1967	8060	2675	331	2163	19	85	809	5188
						53	2234	684	117	304	26	1099	1	18	146	768
						1	95	2	12	13	1	7			2	22
						35	1349	352	278	232	58	237	3	11	104	510
						4	212	10	20	7	2	9		5	4	27

分行业类别

项目		火灾概况						较大火灾				重大	
		起数	亡（人）	伤（人）	损失			起数	亡（人）	伤（人）	直接损失（万元）	起数	亡（人）
					直接损失（万元）	烧毁建筑（平方米）	受灾户数						
第三产业	批发和零售业	7139	54	34	35893.9	243481.1	3474	8	28		4898.1		
第三产业	住宿和餐饮业	11394	29	123	8398.5	117489.8	4612	2	10	2	302.5		
第三产业	金融保险业	184			58.3	1152.2	70						
第三产业	房地产业	591	1	1	408.4	7997.8	251						
第三产业	商务服务业	1809	9	18	2746	30117.2	694						
第三产业	科学研究、技术服务和地质勘查业	56			260.8	721	17						
第三产业	水利、环境和公共设施管理业	1474			463.4	27437	375						
第三产业	社会服务业	3773	22	45	5010.6	66597.8	1481					1	13
第三产业	教育 小计	938	1		405.4	7494.7	276						
第三产业	教育 高等教育	171			76.6	869.3	49						
第三产业	教育 初中等教育	423	1		176.4	4228	109						
第三产业	教育 学前教育	267			116.1	1956.5	88						
第三产业	教育 职业业余教育	77			36.3	440.9	30						
第三产业	卫生、社会保障和社会福利业	896	5	3	430.2	8240.8	297						
第三产业	文化、体育和娱乐业	829	4	2	1011.9	8869.5	241	1	3	2	30		
第三产业	机关团体	299	1	7	186.6	5196.3	115						
第三产业	国际组织	8			0.3	33							

火灾情况（续）

火灾		特别重大火灾				起火原因（起）										
伤（人）	直接损失（万元）	起数	亡（人）	伤（人）	直接损失（万元）	放火	电气	生产作业	用火不慎	吸烟	玩火	自燃	雷击	静电	不明确原因	其他
						76	4313	237	892	362	66	194	4	13	168	814
						48	4223	276	5331	305	36	166	1	16	142	850
						4	120	6	11	11		5		1	1	25
						4	221	46	90	66	14	19			20	111
						19	1003	88	255	95	15	55	2	6	37	234
							30	11	3	1	1	2				8
						11	282	22	175	383	24	97	4	5	39	432
15	151.2					31	1393	147	479	564	45	119		4	78	913
						5	471	28	166	59	16	44		1	18	130
						1	82	6	27	15	2	4			4	30
						2	214	14	81	24	6	23			9	50
						1	142	6	48	12	7	12			4	35
						1	33	2	10	8	1	5		1	1	15
						6	354	24	85	166	6	49	2	2	19	183
						5	404	30	100	79	17	51		2	19	122
						1	160	4	45	26	4	10	2	1	12	34
									1	2						5

起火原因情况

项目		火灾概况						较大火灾				重大火灾				特别重大火灾			
		起数	亡（人）	伤（人）	直接损失（万元）	烧毁建筑（平方米）	受灾户数	起数	亡（人）	伤（人）	直接损失（万元）	起数	亡（人）	伤（人）	直接损失（万元）	起数	亡（人）	伤（人）	直接损失（万元）
合计		681498	2088	1792	524595.6	27206305	214558	75	278	42	22920.2	1	13	15	151.2				
电气	小计	216788	738	674	240480.1	5447925.5	94509	43	162	28	5496.1	1	13	15	151.2				
	电气线路故障	145722	487	440	176962.8	3390125.1	70108	26	92	21	5048.6	1	13	15	151.2				
	电器设备故障	54755	132	161	45693.4	748740.4	18683	9	37	5	194.6								
	电加热器具火灾	8086	79	34	7129.2	127956.9	3413	4	18	1	177.5								
	其他	8225	40	39	10694.7	1181103.1	2305	4	15	1	75.4								
生产作业	小计	16640	102	166	75206.2	2057730.7	6239	8	35	9	6373.8								
	焊割	4672	54	41	31060.4	521692.3	2096	5	25	5	6184.8								
	烘烤	2098	6	19	3040.3	63736.6	844												
	熬炼	266		2	899.9	13319.7	77												
	化工火灾	358	20	55	7090.9	39008.3	132	2	6	4	93.5								
	机械设备类故障	7061	6	29	22726.7	148673.4	2384												
	其他	2185	16	20	10388	1271300.4	706	1	4		95.5								
用火不慎	小计	145191	416	442	40847.2	5231833.8	53856	5	16	1	48.5								
	余火复燃	9316	23	16	4117	224400.6	3574												
	照明不慎	3416	8	7	1531.9	49327.4	946												
	烘烤不慎	12232	112	39	5569.5	172001.8	5800												
	敬神祭祖	5003	11	9	2523.4	338506.1	1537	1	3	1	5.7								
	油锅起火	28155	15	53	3707.3	104319.7	11653												
	燃气炉具故障及使用不当	18008	28	203	4100.2	101061.9	7769	1	3		0.8								
	燃油炉具故障及使用不当	1778	3	5	815.3	19335	582												
	其他炉具故障及使用不当	3388	37	22	1842.8	70518.6	1552	1	3		11.7								

起火原因情况(续)

项目		火灾概况						较大火灾				重大火灾				特别重大火灾			
		起数	亡(人)	伤(人)	直接损失(万元)	烧毁建筑(平方米)	受灾户数	起数	亡(人)	伤(人)	直接损失(万元)	起数	亡(人)	伤(人)	直接损失(万元)	起数	亡(人)	伤(人)	直接损失(万元)
用火不慎	烟道过热蹿火、飞火等	6728	31	13	3498.9	161661.8	3555	1	3		0.3								
	烧荒、野外生火不慎	40221	30	10	5967.9	3444347.2	10507	1	4		30								
	使用蚊香不慎	2465	27	7	1042.8	21762.6	1221												
	其他	14481	91	58	6130.1	524591.1	5160												
吸烟	小计	80888	235	56	12938.7	3299094.1	18362	1	7		993.8								
	违章吸烟	2019	18	4	2845.7	44352.5	309	1	7		993.8								
	卧床吸烟	2205	164	26	881.8	18844	1104												
	乱扔烟头、火柴等	74579	37	23	8295.3	3193195.6	16440												
	其他	2085	16	3	915.9	42702	509												
玩火	小计	12248	45	44	5156	335624	4430	3	9		29.5								
	小孩玩火	7973	31	21	2567.6	195476.1	3112	2	6		19.5								
	燃放烟花爆竹	3579	5	19	1650.8	90790.9	1172	1	3		10								
	其他	696	9	4	937.6	49357	146												
自燃		42197	18	43	43888.4	1446757.7	9213												
雷击		437			625.5	14987.9	146												
静电		837	7	10	2894.1	26531.6	190	1	5		800								
不明确原因		18054	38	46	20588	714592.2	3387	1	4		50								
放火		5930	274	74	21619.7	797740.8	1856	10	29	4	8988.3								
其他	小计	142288	215	237	60351.7	7833486.5	22370	3	11	0	140.1								
	遗留火种	79923	72	55	18642.7	2505586.7	12983	1	3		2.7								
	其他	62365	143	182	41709	5327899.8	9387	2	8	0	137.4								

分地区火灾基本情况

地区	火灾概况				起火原因										
					放火		电气		生产作业		用火不慎		吸烟		
	起数	亡（人）	伤（人）	直接损失（万元）	起数	直接损失（万元）	起数	直接损失（万元）	起数	直接损失（万元）	起数	直接损失（万元）	起数	直接损失（万元）	
合计	681498	2088	1792	524595.3	5929	21614.7	216735	239812.3	16636	75203.9	145174	40846.2	80873	12935	
北京	7113	43	46	5972.4	79	116.8	1929	4182.0	127	756.0	649	170.0	630	88.2	
天津	7251	34	16	8572.3	54	4127.0	1039	2087.1	87	255.5	1578	273.0	390	40.6	
河北	45485	142	34	30034.4	189	847.5	12018	16837.8	942	3515.5	7881	2458.9	8346	1061.8	
山西	14748	56	27	11490.1	118	261.3	3315	4283.2	383	1839.8	2103	698.5	1650	132.7	
内蒙古	17937	82	68	15697.8	93	209.9	4205	7260.1	526	1938.8	4606	1967.8	1563	290.8	
辽宁	22228	57	24	10344.9	532	461.4	2533	2346.2	323	1153.0	5928	2086.5	3298	603.2	
吉林	14075	35	9	8240.5	85	152.9	4478	4743.8	271	479.2	4529	1059.2	1748	279.5	
黑龙江	15063	38	37	8821.1	86	131.5	5492	4213.0	411	1865.0	3979	1339.8	2905	531.0	
上海	10508	62	54	6545.8	45	92.6	3681	3242.1	213	1868.1	2385	464.4	1219	145.8	
江苏	54065	90	63	36206.8	811	503.9	16641	16389.1	1116	4378.9	10062	2429.9	5632	569.6	
浙江	45112	78	74	43720.8	566	521.0	14496	17517.1	2326	9905.0	10550	4060.2	4343	1124.7	
安徽	31959	106	36	25718.4	183	1081.1	9995	13912.8	516	2614.6	4897	725.3	3248	1288.1	
福建	22092	71	54	23219.0	100	318.9	6336	11728.8	407	1908.3	3897	866.0	1410	144.4	
江西	17669	43	45	27761.0	107	392.7	7841	11560.0	601	5425.6	3461	2668.1	899	515.2	
山东	80977	187	215	41162.8	386	1156.9	24724	19413.4	1378	6167.2	14899	3927.2	19326	1456.8	

地区	起火原因											
	玩火		自燃		雷击		静电		不明确原因		其他	
	起数	直接损失（万元）	起数	直接损失（万元）	起数	直接损失（万元）	起数	直接损失（万元）	起数	直接损失（万元）	起数	直接损失（万元）
合计	12247	5155.9	42189	43872.9	437	625.4	837	2894.5	18047	20587.3	142394	61047.2
北京	26	9.7	114	42.3			3	4.0	43	9.8	3513	593.6
天津	11	15.7	64	126.5	4	14.9	5	2.8	92	0.2	3927	1629.0
河北	552	215.2	515	700.8	8	52.7	19	78.0	874	968.3	14141	3298.2
山西	158	214.9	921	579.1	4	3.3	11	44.7	405	344.5	5680	3088.1
内蒙古	453	155.7	1046	1130.9	7	1.5	14	83.8	1517	1064.4	3907	1594.3
辽宁	952	330.7	1929	1322.9	18	2.5	42	26.4	1340	460.7	5333	1551.3
吉林	258	81.2	788	666.6	9	2.1	19	63.1	209	144.9	1681	568.2
黑龙江	226	114.8	173	124.3	16	33.2	6	0.4	2	0.1	1767	468.0
上海	25	8.5	124	117.9	9	31.7	3	10.3	64	10.1	2740	554.1
江苏	680	339.9	3310	3626.5	28	11.6	49	997.1	1562	2519.3	14174	4441.0
浙江	311	192.0	6463	6705.1	53	33.3	200	119.3	771	1432.0	5033	2111.0
安徽	607	127.5	720	702.5	22	3.1	8	355.8	516	937.9	11247	3969.6
福建	281	243.4	1683	1961.7	21	9.4	20	83.8	443	718.4	7494	5235.9
江西	184	247.8	1147	3143.5	35	54.5	16	123.4	353	424.4	3025	3205.7
山东	1320	202.9	5921	4742.7	44	40.4	72	49.4	3452	1936.6	9455	2069.4

分地区火灾基本情况（续）

地区	火灾概况				起火原因																					
					放火		电气		生产作业		用火不慎		吸烟		玩火		自燃		雷击		静电		不明确原因		其他	
	起数	亡（人）	伤（人）	直接损失（万元）	起数	直接损失（万元）	起数	直接损失（万元）	起数	直接损失（万元）	起数	直接损失（万元）	起数	直接损失（万元）	起数	直接损失（万元）	起数	直接损失（万元）	起数	直接损失（万元）	起数	直接损失（万元）	起数	直接损失（万元）	起数	直接损失（万元）
河南	39297	128	111	15066.7	310	533.8	14964	7604.1	916	1751.8	5573	891.4	5288	444.9	1336	145.9	1062	841.4	6	9.3	20	148.8	710	204.7	9112	2490.5
湖北	17758	78	24	15803.1	187	4741.4	6308	5673.5	363	2418.5	3556	655.6	1165	105.8	124	19.6	1053	692.7	14	7.0	11	4.3	354	195.2	4623	1289.6
湖南	24514	88	216	19536.7	125	266.0	12060	10815.2	441	1374.7	5256	1528.2	1279	1165.7	217	66.0	1506	1004.9	13	9.3	27	7.2	988	736.2	2602	2563.5
广东	54711	117	107	56006.6	816	1037.0	15837	22110.6	1541	11959.5	12317	2870.5	2556	281.5	481	678.5	6795	8497.5	33	29.1	195	272.9	2038	2581.7	12102	5687.8
广西	13630	56	95	10928.5	126	602.7	7478	5653.8	237	2632.0	3544	667.1	718	92.2	135	120.3	426	332.9	16	7.0	6	83.8	77	253.7	867	483.0
海南	4682	10	20	5007.2	34	138.1	1204	1775.0	95	993.2	914	354.9	116	67.1	37	27.4	394	468.7	5	38.0	1	0	253	574.0	1629	566.8
重庆	11703	64	46	11277.6	75	118.1	5199	5847.9	269	947.8	3608	1289.3	754	292.4	88	65.6	403	424.1	5	24.0	3	49.1	68	479.4	1231	1739.9
四川	29174	104	70	20919.5	172	326.4	11418	13876.5	668	1206.3	9158	737.7	2485	259.0	426	173.0	1913	1559.4	17	3.3	24	37.1	500	1038.3	2393	1702.5
贵州	13327	58	136	12988.0	130	1591.8	7329	6415.8	288	729.0	2553	871.6	442	139.0	204	308.8	560	313.3	6	1.6	14	3.1	120	662.9	1681	1951.2
云南	16716	96	72	10980.1	198	758.7	3553	4169.3	506	614.2	4599	1783.5	2419	231.6	604	208.9	1014	369.8	19	104.6	12	71.8	290	1384.6	3502	1283.2
西藏	307	3		757.8	2	0.6	92	142.7	16	20.8	77	43.2	12	47.4	18	26.7	34	46.2	4	0	1	9.0	7	5.0	44	416.2
陕西	21582	72	53	16922.6	138	209.6	6461	7661.2	569	2720.7	3968	1534.1	4041	950.0	502	131.5	1249	1348.6	8	1.1	20	60.5	467	207.7	4159	2097.8
甘肃	9176	31	2	5389.6	104	63.9	1827	2002.4	220	750.6	2763	809.3	680	73.5	437	42.4	262	253.1	2	0.3	6	39.5	442	413.8	2433	940.8
青海	1597	12	3	2482.0	16	51.6	403	913.1	73	504.6	521	280.8	203	67.4	161	30.3	93	353.9	3	94.1	1	50.0	6	28.3	117	107.7
宁夏	5585	16	20	6725.5	38	315.9	650	960.5	214	1153.2	2467	635.6	983	233.6	823	307.7	193	1029.5	2	0.6	2	1.1	68	797.6	145	1290.1
新疆	11457	31	15	10295.7	24	483.6	3229	4470.2	593	1356.9	2896	698.6	1125	211.5	610	303.4	314	643.6	6	1.9	7	14.0	16	52.6	2637	2059.2

分经济类型火灾情况

项目		火灾概况						较大火灾				重大火灾				特别重大火灾				起火原因（起）										
		起数	亡（人）	伤（人）	直接损失（万元）	烧毁建筑（平方米）	受灾户数	起数	亡（人）	伤（人）	直接损失（万元）	起数	亡（人）	伤（人）	直接损失（万元）	起数	亡（人）	伤（人）	直接损失（万元）	放火	电气	生产作业	用火不慎	吸烟	玩火	自燃	雷击	静电	不明确原因	其他
合计		128234	287	455	271268	14344976	44057	20	78	10	17758.7	1	13	15	151.2					1179	35915	7097	30320	15258	3137	7327	123	264	3303	24311
公有经济	小计	24111	25	35	27895.7	2317296	5443	3	7	2	10651.3									295	8572	618	3778	3405	343	1554	44	56	753	4693
	国有经济	9003	14	14	11176	657676	2304	2	7	2	6051.3									48	4929	251	811	1092	71	534	22	28	188	1029
	集体经济	5413	4	14	11520.4	706649	1521	1			4600									39	1406	181	1174	1034	110	281	11	14	113	1050
	其他	9695	7	7	5199.3	952971	1618													208	2237	186	1793	1279	162	739	11	14	452	2614
非公有经济	小计	104123	262	420	243372.2	12027680	38614	17	71	8	7107.4	1	13	15	151.2					884	27343	6479	26542	11853	2794	5773	79	208	2550	19618
	私有经济	72799	213	368	215191.0	8862469	30964	16	66	8	7104.8									580	22020	5585	18759	8004	2049	3573	66	172	1581	10410
	港澳台经济	33			246.7	1025	11														14	11	1			1		3	1	2
	外商经济	58	2		802.8	2812	16														19	20	3	2		6		1		7
	其他	31233	47	52	27131.7	3161375	7623	1	5		2.5	1	13	15	151.2					304	5290	863	7779	3847	745	2193	13	32	968	9199

分区域火灾情况

区域	火灾概况								较大火灾				重大火灾				特别重大火灾				起火原因（起）										
	起数	扑救起数	所占比例（%）	亡（人）	伤（人）	损失 直接损失（万元）	损失 烧毁建筑（平方米）	损失 受灾户数	起数	亡（人）	伤（人）	直接损失（万元）	起数	亡（人）	伤（人）	直接损失（万元）	起数	亡（人）	伤（人）	直接损失（万元）	放火	电气	生产作业	用火不慎	吸烟	玩火	自燃	雷击	静电	不明确原因	其他
合计	681498	676861	99.3	2088	1792	524595.8	27206305	214558	75	278	42	22920.2	1	13	15	151.2					5929	216735	16636	145174	80873	12247	42189	437	837	18047	142394
城市市区	165828	164991	99.5	505	560	107558.7	1767925	48510	12	37	3	4602.1	1	13	15	151.2					1352	61513	3036	32164	19226	1818	7716	71	197	3614	35121
县城城区	110498	110043	99.6	275	293	83743.1	1571640	37028	17	64	17	5910.7									1113	44300	2511	22158	11052	1865	6410	71	154	2720	18144
集镇镇区	106477	105974	99.5	333	317	103621.6	2028487	26994	22	89	15	1147.0									951	35561	3213	20788	11013	1505	8256	86	192	2762	22150
农村	254626	252031	99	924	552	151833.5	16654853	92409	21	78	5	7214.4									2073	65248	4593	65833	35183	6677	12875	181	177	7458	54328
开发区旅游区	12923	12854	99.5	31	39	25443.8	481123	3449	2	7	2	100.5									93	3534	863	2036	1620	193	957	14	32	376	3205
其他	31146	30968	99.4	20	31	52395.1	4702276	6168	1	3		3945.4									347	6579	2420	2195	2779	189	5975	14	85	1117	9446

分月季火灾

项目		火灾概况										较大火灾			
		起数	所占比例（%）	亡（人）	所占比例（%）	伤（人）	所占比例（%）	直接损失（万元）	所占比例（%）	烧毁建筑（平方米）	受灾户数	起数	亡（人）	伤（人）	直接损失（万元）
合计		681498	100	2088	100	1792	100	524595.8	100	27206305	214558	75	278	42	22920.2
一季度	小计	190284	27.9	625	29.9	376	21	112658.4	21.5	7107745	52296	19	67	4	4336.7
	1月	71666	10.5	257	12.3	160	8.9	42973.2	8.2	1414162	20966	9	29	3	83.7
	2月	46985	6.9	162	7.8	84	4.7	21223.0	4	1462304	12279	2	7		122.8
	3月	71633	10.5	206	9.9	132	7.4	48462.2	9.2	4231278	19051	8	31	1	4130.1
二季度	小计	191973	28.2	478	22.9	515	28.7	147070.4	28	12892819	70132	20	75	6	6898.9
	4月	74159	10.9	207	9.9	188	10.5	54149.4	10.3	3104049	22015	5	18		912.9
	5月	65082	9.5	139	6.7	173	9.7	53248.6	10.2	2331533	31672	9	31	5	4886.8
	6月	52732	7.7	132	6.3	154	8.6	39672.5	7.6	7457237	16445	6	26	1	1099.2
三季度	小计	132967	19.5	313	15	457	25.5	127694.0	24.3	2466437	41336	15	63	14	8806.4
	7月	45014	6.6	98	4.7	168	9.4	43501.2	8.3	1175285	13907	4	20		174.7
	8月	46687	6.9	107	5.1	169	9.4	43485.6	8.3	581165	14478	9	35	13	4643.2
	9月	41266	6.1	108	5.2	120	6.7	40707.2	7.8	709988	12951	2	8	1	3988.5
四季度	小计	166274	24.4	672	32.2	444	24.8	137173.0	26.1	4739304	50794	21	73	18	2878.1
	10月	48913	7.2	160	7.7	138	7.7	40998.5	7.8	986989	14839	5	17	7	384.3
	11月	56138	8.2	205	9.8	171	9.5	51007.8	9.7	1402546	16598	7	27	4	2245.6
	12月	61223	9	307	14.7	135	7.5	45166.6	8.6	2349769	19357	9	29	7	248.3

基本情况

重大火灾				特别重大火灾				起火原因（起）										
起数	亡（人）	伤（人）	直接损失（万元）	起数	亡（人）	伤（人）	直接损失（万元）	放火	电气	生产作业	用火不慎	吸烟	玩火	自燃	雷击	静电	不明确原因	其他
1	13	15	151.2					5930	216766	16637	145184	80875	12247	42192	437	837	18054	142339
								1876	51721	3049	43280	25077	5731	10240	75	173	5785	43277
								699	22973	1176	16215	7510	2777	4023	21	54	1914	14304
								510	12148	562	10632	6528	1520	2432	26	50	1423	11154
								667	16600	1311	16433	11039	1434	3785	28	69	2448	17819
								1565	56806	4674	40653	25622	3242	11637	170	236	5273	42095
								659	18598	1736	17605	10906	1285	4144	26	86	2171	16943
								522	19601	1590	12829	8480	1267	4059	70	75	1786	14803
								384	18607	1348	10219	6236	690	3434	74	75	1316	10349
								1000	52667	3928	26529	11429	1186	9432	154	237	3033	23372
								349	17771	1278	9153	3822	440	3221	54	68	1074	7784
								355	19308	1290	9209	3717	349	3404	63	70	1001	7921
								296	15588	1360	8167	3890	397	2807	37	99	958	7667
1	13	15	151.2					1489	55572	4986	34722	18747	2088	10883	38	191	3963	33595
1	13	15	151.2					482	16261	1603	10126	5273	626	3295	11	55	1190	9991
								459	17642	1603	11888	6805	728	3705	12	60	1359	11877
								548	21669	1780	12708	6669	734	3883	15	76	1414	11727

消防监督分级管理单位火灾基本情况

项目	火灾概况						较大火灾				重大火灾				特别重大火灾				起火原因（起）										
	起数	亡（人）	伤（人）	直接损失（万元）	烧毁建筑（平方米）	受灾户数	起数	亡（人）	伤（人）	直接损失（万元）	起数	亡（人）	伤（人）	直接损失（万元）	起数	亡（人）	伤（人）	直接损失（万元）	放火	电气	生产作业	用火不慎	吸烟	玩火	自燃	雷击	静电	不明确原因	其他
合计	681498	2088	1792	524595.8	27206305	214558	75	278	42	22920.2	1	13	15	151.2					5929	216735	16636	145174	80873	12247	42189	437	837	18047	142394
一级管理单位	28540	77	·115	25787.6	3502699	6566	2	10	2	2034.3									329	9439	711	5333	4386	358	2268	22	151	1459	4084
二级管理单位	45036	140	133	67221.7	971350	12459	7	23	4	12846.7									301	16530	1456	9091	4224	525	3413	33	60	1158	8245
派出所列管单位（场所）	239225	843	696	188566.1	7963922	82170	28	104	21	6454.6									1593	80225	5701	56024	33394	4647	13948	143	230	6007	37313
其他	368697	1028	848	243020.3	14768335	113363	38	141	15	1584.6	1	13	15	151.2					3706	110541	8768	74726	38869	6717	22560	239	396	9423	92752

注：“一级管理单位”指直辖市消防救援总队或地（市）消防救援支队直接监督管理的单位（也称一级重点单位），“二级管理单位”指大、中城市的区消防处（科）或县（市）消防救援大队监督管理的单位，“派出所管理单位（场所）”指公安派出所监督管理的单位。

分引火源火灾情况

项目	火灾概况						较大火灾				重大火灾				特别重大火灾				起火原因（起）										
	起数	亡（人）	伤（人）	直接损失（万元）	烧毁建筑（平方米）	受灾户数	起数	亡（人）	伤（人）	直接损失（万元）	起数	亡（人）	伤（人）	直接损失（万元）	起数	亡（人）	伤（人）	直接损失（万元）	放火	电气	生产作业	用火不慎	吸烟	玩火	自燃	雷击	静电	不明确原因	其他
合计	681498	2088	1792	524595.8	27206305	214558	75	278	42	22920.2	1	13	15	151.2					5929	216735	16636	145174	80873	12247	42189	437	837	18047	142394
建筑构件、材料	48522	272	167	58324.4	1496199	21439	13	41	8	8610.7									1365	23672	1958	11621	1934	569	1078	57	42	1711	4515
家具、设备及竹、木等制品	229378	1113	801	189825.2	2924382	99820	40	156	12	1971.8									1282	142590	4394	49552	7066	1596	7779	132	240	3363	11384
轻工业品、纺织品	53923	291	161	96864.5	1371639	18885	8	35	3	5374.5									657	11082	3430	7971	12752	1406	4238	22	114	1054	11197
易燃、易爆物品	27607	138	374	44898.4	374359	11852	7	26	6	2249.9									186	2893	2458	16493	757	153	2464	8	152	350	1693
农副产品	18090	29	25	13277.4	4486737	7522	1	4		30.0									160	1166	429	7957	2939	819	876	8	10	524	3202
山林野外（露天）	187808	43	37	23368.1	14405858	30500													1445	10693	1115	40573	47217	6381	13965	159	140	7031	59089
其他	116170	202	227	98037.7	2147132	24540	6	16	13	4683.2	1	13	15	151.2					834	24639	2852	11007	8208	1323	11789	51	139	4014	51314

分建筑类别火灾情况

项目	火灾概况						较大火灾				重大火灾				特别重大火灾				起火原因（起）										
	起数	亡(人)	伤(人)	直接损失(万元)	烧毁建筑(平方米)	受灾户数	起数	亡(人)	伤(人)	直接损失(万元)	起数	亡(人)	伤(人)	直接损失(万元)	起数	亡(人)	伤(人)	直接损失(万元)	放火	电气	生产作业	用火不慎	吸烟	玩火	自燃	雷击	静电	不明确原因	其他
合计	319544	1950	1591	364951.7	5827392	144408	72	269	41	18952.0	1	13	15	151.2					2943	149474	8192	88516	16657	3606	8386	182	393	6483	34712
高层	16450	137	107	16681.9	117591	8152	6	25	1	1263.2									230	6584	290	5247	1385	250	278	1	9	235	1941
多层	161338	964	916	148442.3	1745096	63562	52	199	35	9014.9									1346	74776	3252	47726	8548	1678	3878	69	212	2799	17054
单层	140696	846	568	198415.3	3948656	72339	14	45	5	8673.9	1	13	15	151.2					1338	67680	4618	35450	6638	1660	4115	112	170	3416	15499
地下	1060	3		1412.2	16049	355													29	434	32	93	86	18	115		2	33	218

火灾损失、亡人分段情况

项目		起数	亡（人）	伤（人）	直接损失（万元）
损失分段	合计	681498	2088	1792	524595.8
	0.1 万元以下	447881	188	321	9725.8
	0.1 万～1 万元	183174	682	564	50353.9
	1 万～5 万元	35323	549	332	68085.4
	5 万～10 万元	7864	194	200	50733.3
	10 万～20 万元	3329	149	117	42021.4
	20 万～30 万元	1537	86	61	35702.6
	30 万～100 万元	1864	138	93	85270.5
	100 万～1000 万元	521	92	102	163719.8
	1000 万元以上	5	10	2	18983
亡人分段	合计	681498	2088	1792	524595.8
	无	679810		1500	497526.9
	1 人	1433	1433	132	10332.8
	2 人	182	364	103	6673.1
	3 人	41	123	31	4687.5
	4～5 人	24	105	9	1926.1
	6～9 人	7	50	2	3298.3
	10～29 人	1	13	15	151.2
	30 人以上				

注：损失金额含下限(左)不含上限(右)。

每日火灾情况

日期	1月					2月					3月					4月					5月					6月				
	星期	起数	亡(人)	伤(人)	直接损失(万元)	星期	起数	亡(人)	伤(人)	直接损失(万元)	星期	起数	亡(人)	伤(人)	直接损失(万元)	星期	起数	亡(人)	伤(人)	直接损失(万元)	星期	起数	亡(人)	伤(人)	直接损失(万元)	星期	起数	亡(人)	伤(人)	直接损失(万元)
合计		71666	257	160	42973.2		46985	162	84	21223		71633	206	132	48462.2		74159	207	188	54149.4		65082	139	173	53248.6		52732	132	154	39672.5
1	三	2377	9	1	1518.8	六	2434	13	4	669.4	日	1269	5	2	1144.4	三	2437	5	15	2227.3	五	2582	5	8	2382.4	一	1935	4	2	1120.8
2	四	2092	8	7	1308.8	日	1840	5	4	957.9	一	1529	5	5	1498.6	四	2510	13	2	2265.5	六	2693	5	6	1467.4	二	1854	5	4	1275.8
3	五	2028	4	2	1771.9	一	1728	9	2	469.0	二	1687	4	7	866.7	五	3517	4	7	2169.2	日	2909	11	7	1474.7	三	2275	8	13	811.1
4	六	2028	5	3	1357.5	二	1613	3		420.8	三	1655	8	2	693.3	六	4124	5	13	1733.6	一	2319	3	6	1780.6	四	2207	5	3	1141.2
5	日	1787	9	4	827.9	三	1574	5	2	1251.9	四	1915	2	1	720.8	日	2590	4	4	1913.5	二	2070		6	1240.7	五	2092		2	1323.2
6	一	1771	16	10	1027.8	四	1227	2		349.3	五	1662	4	9	1257.6	一	2594	5	10	2074.1	三	2132	7	4	1185.3	六	2267	8	3	1045.4
7	二	1754	11	3	1768.9	五	1112	11	1	412.3	六	1615	3	3	1098.2	二	2620	5	4	1013.2	四	1865	4	6	1295.0	日	2676	4	10	1546.3
8	三	1816	8		1733.8	六	2185	5	2	837.6	日	1605	13	4	972.8	三	2457	7	9	1119.8	五	1617	2	9	2062.1	一	2522	5	3	1506.8
9	四	1904	10	2	2122.6	日	1642	11	8	675.6	一	1239	7	5	1397.9	四	2166	9	4	1303.3	六	1542	7	10	1562.2	二	1639	4	8	2615.7
10	五	1856	10	6	1130.9	一	1858	1	6	384.0	二	1642	10	4	1021.8	五	2155	5	15	1617.7	日	2127	8	4	6286.2	三	1623	7	7	1318.5
11	六	1785	11	7	1738.9	二	1588	4	7	602.7	三	2185	4	2	1628.9	六	2216	7	5	1146.8	一	2290	3	7	1543.3	四	1556	2	4	1015.7
12	日	1899	7	6	1284.2	三	1438	6	3	500.2	四	2067	10	4	1028.0	日	2828	12	10	1548.6	二	2502	3	7	1248.8	五	1680	5	8	1088.5
13	一	1971	9	4	1654.0	四	1528	4	5	724.1	五	1958	2	4	859.9	一	2830	11	2	2184.4	三	2700	4	10	1395.1	六	1746	12	2	1522.5
14	二	1974	8		1555.1	五	1128	1	1	952.3	六	2636	8	1	5510.7	二	2686	9	4	3253.9	四	1940	3	2	1511.8	日	2044	3	5	833.6
15	三	2038	8	2	1803.3	六	1122	4	1	342.9	日	3109	11	4	1391.7	三	2753	7	8	2822.4	五	1794	4	4	895.7	一	1735	4	7	1119.7

每日火灾情况(续一)

日期	1月					2月					3月					4月					5月					6月				
	星期	起数	亡(人)	伤(人)	直接损失(万元)	星期	起数	亡(人)	伤(人)	直接损失(万元)	星期	起数	亡(人)	伤(人)	直接损失(万元)	星期	起数	亡(人)	伤(人)	直接损失(万元)	星期	起数	亡(人)	伤(人)	直接损失(万元)	星期	起数	亡(人)	伤(人)	直接损失(万元)
16	四	1938	5	3	854.7	日	1178	8		454.9	一	2505	11	6	1681.9	四	2298	4	7	1310.8	六	1963	11	3	1220.9	二	1561		1	1049.9
17	五	2051	10	3	1297.4	一	1470	6	5	492.1	二	2903	9	3	1161.7	五	2205	5	2	1253.9	日	2325	7	6	2682.4	三	1512	10	3	1833.7
18	六	2194	12	5	1116.8	二	1780	9	1	938.5	三	4985	14	4	3485.6	六	1988	5	6	977.4	一	2179	4	9	1247.6	四	1442	7	6	1555.6
19	日	2386	4	8	1120.2	三	1581	3		815.8	四	3657	9	6	2419.7	日	1653	4	1	906.5	二	2319	4	10	2419.4	五	1579	2	9	1587.2
20	一	2839	9	6	1601.9	四	1734	5	5	1414.4	五	3356	7	10	2675.5	一	1774	13	5	1210.4	三	2132	4	5	1004.9	六	1693	5	6	1107.9
21	二	2393	8	6	940.4	五	1528	9	3	782.7	六	2886	4	2	1078.6	二	1904	8	3	1665.7	四	2060	7	3	1180.0	日	1688	7	3	1310.6
22	三	2485	9	12	1500.0	六	2177	5	6	767.7	日	2852	8	4	1346.0	三	1855	6	5	1112.5	五	1899	4	8	845.3	一	1582	5	9	1579.1
23	四	2936	7	6	2887	日	2427	11	2	823.6	一	2701	14	10	1308.1	四	2089	6	5	1528.7	六	2196	4	5	1705.6	二	1384		6	1019.0
24	五	6272	6	4	1828.9	一	1990	6	1	1490.6	二	2786	2	5	1737.3	五	2679	10	5	2011.2	日	2080	2	3	1682.7	三	1640	1	3	1071.4
25	六	4466	11	8	2128.3	二	1612	2	3	657.0	三	2435	4	4	1711.5	六	2484	4	7	2741.0	一	1807	1	1	993.4	四	1662	6	6	1619.4
26	日	2090	13	20	866.5	三	1495	3	1	912.8	四	1752	2	2	1058.0	日	2329	5	4	1562.4	二	1671	4	2	1056.3	五	1463	2	4	689.1
27	一	1840	6	4	674.1	四	1532	5	1	625.3	五	2086	3	3	1341.1	一	2555	5	10	1167.8	三	1872	4	2	2088.9	六	1382	1	2	643.2
28	二	1798	6	9	544.0	五	1251	4	1	753.1	六	2240	5	2	875.0	二	2618	12	10	3158.4	四	2215	6	2	1798.9	日	1458	2	6	1671.8
29	三	2095	10	3	926.7	六	1213	2	9	744.6	日	2497	7	5	2316.0	三	2543	3	2	2501.2	五	1899	4	7	1732.5	一	1398	6	7	1951.0
30	四	2374	2	2	1491.6						一	2182	7	6	1305.1	四	2702	9	4	2648.1	六	1713	2	2	2190.3	二	1437	2	2	1698.7
31	五	2429	6	4	590.4						二	2037	4	3	1869.9						日	1670	2	9	2068.6					

每日火灾情况（续二）

日期	7月					8月					9月					10月					11月					12月				
	星期	起数	亡(人)	伤(人)	直接损失(万元)	星期	起数	亡(人)	伤(人)	直接损失(万元)	星期	起数	亡(人)	伤(人)	直接损失(万元)	星期	起数	亡(人)	伤(人)	直接损失(万元)	星期	起数	亡(人)	伤(人)	直接损失(万元)	星期	起数	亡(人)	伤(人)	直接损失(万元)
合计		45014	98	168	43501.2		46687	107	169	43485.6		41266	108	120	40707.2		48913	160	138	40998.5		56138	205	171	51007.8		61223	307	135	45166.6
1	三	1412	3	3	1665.5	六	1587	2	10	1574.1	二	1707	6	2	1278.3	四	1714	16	24	1081.7	日	1858	2	6	1100.4	二	1615	4	1	1315.7
2	四	1388	7	2	1459.8	日	1563	5	9	1076.3	三	1931	1	1	1888.5	五	1397	5	2	543.4	一	1818	10	5	2998.6	三	1484	6	1	1124.3
3	五	1307	4	1	1301.0	一	1686	3	1	782.2	四	1742	6	9	2209.8	六	1395	2	4	706.6	二	1952	10	5	1405.3	四	1735	8	4	1933.4
4	六	1380	2	3	927.7	二	1619	3	4	694.7	五	1647	4	11	922.3	日	1505	4		935.1	三	2114	1	7	1493.5	五	1771	15	11	1099.0
5	日	1394	5	4	1219.4	三	1597	14	3	1401.6	六	1563	1	3	1276.5	一	1438	1	1	1107.4	四	1842	3		1168.8	六	1900	9	1	1773.0
6	一	1465	6	4	1890.4	四	1512	2	5	1462.9	日	1645	1	2	1419.4	二	1434	2		1102.1	五	1997	8	8	1458.6	日	1855	14	2	1753.4
7	二	1567	4	1	1379.8	五	1444	4	6	936.8	一	1619	4	4	1593.8	三	1490	3	1	1055.1	六	2636	9	17	1552.6	一	1738	7	12	1775.1
8	三	1527	10	11	2034.3	六	1504	12	4	1083.7	二	1534	2	4	1357.4	四	1525	7	3	983.0	日	2615	6	4	2252.2	二	1654	4	2	1236.0
9	四	1460	3	5	715.9	日	1491	2	7	1361.7	三	1475	2	4	1068.5	五	1384	1	3	1904.8	一	2337	7	4	2168.9	三	1608	7	6	876.6
10	五	1364	1	7	762.8	一	1478	6	2	815.2	四	1337	5	2	2102.9	六	1369	3	4	938.4	二	2202	1	1	1622.3	四	1553	5	2	1113.3
11	六	1450	3	8	1051.9	二	1403	1	5	935.7	五	1194	4	6	1204.7	日	1450	2	1	1708.5	三	2373	6	7	1541.9	五	1573	10	4	1760.9
12	日	1431	5	13	1896.3	三	1448	2	9	1487.5	六	1302	1	1	860.0	一	1566	3	1	1094.9	四	2291	6	9	1942.8	六	1682	8	3	933.8
13	一	1393	1	7	952.3	四	1555	5	5	1186.0	日	1238	1	1	442.7	二	1543	3	1	1273.5	五	2186	8	9	1408.5	日	1918	8	5	1171.7
14	二	1407	4	12	1617.0	五	1508		2	1512.9	一	1168	1	1	643.3	三	1499	5	5	979.4	六	2397	7	3	1538.4	一	1933	19	8	1406.9
15	三	1413	3	12	3087.0	六	1506	2	12	5841.3	二	1142	4	3	901.2	四	1369	3	13	1353.8	日	2573	12	7	1183.5	二	2084	17	3	1618.4

每日火灾情况(续三)

日期	7月					8月					9月					10月					11月					12月				
	星期	起数	亡(人)	伤(人)	直接损失(万元)	星期	起数	亡(人)	伤(人)	直接损失(万元)	星期	起数	亡(人)	伤(人)	直接损失(万元)	星期	起数	亡(人)	伤(人)	直接损失(万元)	星期	起数	亡(人)	伤(人)	直接损失(万元)	星期	起数	亡(人)	伤(人)	直接损失(万元)
16	四	1422	2	7	1451.7	日	1627		1	834.8	三	1227	3	1	875.3	五	1341	11	3	883.6	一	1821	6	4	2341.3	三	2033	10	7	2321.5
17	五	1418	3	9	1371.6	一	1614	3	1	2035.8	四	1360	3	1	892.6	六	1651	3	4	2052.8	二	1572	9	8	1406.1	四	1976	10	2	1638.5
18	六	1475			1113.8	二	1594		3	868.5	五	1393	5	3	1200.6	日	1579	6	3	2245.4	三	1548	7	36	922.9	五	2002	11	1	1305.3
19	日	1409	3	4	1068.5	三	1606	3	3	1497.6	六	1480	5	4	815.7	一	1521		2	1098.3	四	1447	8	1	970.8	六	2301	14	7	1413.7
20	一	1465	4	1	736.0	四	1524	3	2	1044.7	日	1316	5	7	821.3	二	1725	8	1	1128.4	五	1385	3	2	741.0	日	2566	14	7	1718.7
21	二	1518	1	4	1071.5	五	1427	3	8	1013.8	一	1202	6		764.5	三	1622	8	7	2291.3	六	1379	10	4	1789.3	一	2460	18	2	1255.1
22	三	1540		6	3647.5	六	1392	1	5	1177.1	二	1133	10	19	1932.8	四	1687	6	4	961.9	日	1393	3		1275.4	二	2097	14	5	1671.7
23	四	1581	3	8	1880.3	日	1432	5	11	820.3	三	1148	2	1	1203.8	五	1885	7	2	2383.9	一	1530	6	1	2323.3	三	1986	7	2	1360.7
24	五	1605		2	885.0	一	1449	2	10	1550.6	四	1125	5	6	671.6	六	2080	6	7	2309.3	二	1406	9	5	1673.6	四	2068	5	4	1381.5
25	六	1500	2	3	1228.5	二	1534	2	10	2240.0	五	1251	4	3	4749.5	日	1999	12	16	1691.6	三	1420	6	2	1503.4	五	2103	5	4	944.0
26	日	1502	1	3	805.2	三	1364	3	3	780.3	六	1355	3	2	1889.6	一	1639	1	2	1167.2	四	1418	8	5	2227.6	六	2033	7	3	1508.3
27	一	1381	7	2	1546.5	四	1282	4	2	749.1	日	1212	4	6	1169.0	二	1626	7	8	1235.8	五	1517	7	2	1594.0	日	1913	12	8	1343.9
28	二	1395	3	5	895.2	五	1371	3	2	659.2	一	1209	3	7	1228.2	三	1654	13	2	1745.7	六	1607	8	3	3373.0	一	1965	11	4	1754.8
29	三	1527	1	2	839.0	六	1452	2	4	1548.1	二	1206	2	2	697.7	四	1534	5	6	1399.3	日	1808	6	2	2379.4	二	2178	9	4	1392.7
30	四	1481	6	10	2169.3	日	1541	1	3	1468.2	三	1405	5	4	2625.7	五	1577	5	2	887.7	一	1696	13	4	1650.5	三	2676	10	8	1658.6
31	五	1437	1	9	830.5	一	1577	9	17	3044.8						六	1715	2	6	748.7						四	2763	9	2	1605.9

火灾 24 小时分布情况

时间（时）	火灾概况						较大火灾				重大火灾				特别重大火灾				起火原因（起）										
	起数	亡（人）	伤（人）	直接损失（万元）	烧毁建筑（平方米）	受灾户数	起数	亡（人）	伤（人）	直接损失（万元）	起数	亡（人）	伤（人）	直接损失（万元）	起数	亡（人）	伤（人）	直接损失（万元）	放火	电气	生产作业	用火不慎	吸烟	玩火	自燃	雷击	静电	不明确原因	其他
合计	681498	2088	1792	524595.8	27206305	214558	75	278	42	22920.2	1	13	15	151.2					5930	216766	16637	145184	80875	12247	42192	437	837	18054	142339
0—2	30330	278	141	42742	676890	10035	14	51	7	734.8									450	12080	767	4844	2920	455	2077	23	44	768	5902
2—4	21898	259	134	46448.9	513420	8280	15	48	19	4371.4									373	9437	668	3391	1783	195	1516	27	28	588	3892
4—6	20118	246	141	38558.7	468200	7241	12	51	3	338.7									283	8770	607	3149	1560	153	1563	22	39	530	3442
6—8	29344	167	115	30401.8	510526	10002	5	24	2	109.6									218	11861	903	5872	2497	252	2032	18	39	712	4940
8—10	53207	143	187	36431.1	1113923	16782	4	18	2	1179.3									411	18609	1699	11981	5334	659	3197	18	66	1277	9956
10—12	75722	167	165	48261.4	3308873	23014	5	21	3	2895.8									539	22340	2160	19016	8854	1268	4322	24	93	1982	15124
12—14	80131	147	181	53005.1	5726334	23364	5	14		4427.1	1	13	15	151.2					595	21540	1815	19298	10518	1583	4792	29	84	2288	17589
14—16	88926	152	190	56442.4	7089544	24832	5	20	4	4088.8									685	22928	2333	19909	12396	2025	5464	49	87	2566	20484
16—18	84138	137	154	47200.2	2537145	23645	1	3		17.5									691	23550	2051	19120	10633	1919	5145	54	107	2270	18598
18—20	85985	124	135	41852.6	2878536	34919	2	7	1	9.3									668	25486	1562	18822	10823	1788	5134	70	107	2270	19255
20—22	66861	116	123	39596.4	1387104	18946	1	3		37.5									562	23278	1168	12411	8383	1116	4056	58	86	1640	14103
22—24	44838	152	126	43655.1	995810	13498	6	18	1	4710.4									455	16887	904	7371	5174	834	2894	45	57	1163	9054

注：时间含上限（左）不含下限（右）。

人员死亡火灾分地区情况

地区	火灾概况				一次死亡1~2人				一次死亡3~9人				一次死亡10~29人				一次死亡30人以上			
	起数	亡（人）	伤（人）	直接损失（万元）	起数	亡（人）	伤（人）	直接损失（万元）	起数	亡（人）	伤（人）	直接损失（万元）	起数	亡（人）	伤（人）	直接损失（万元）	起数	亡（人）	伤（人）	直接损失（万元）
合计	1688	2088	292	27068.9	1615	1797	235	17005.9	72	278	42	9911.9	1	13	15	151.2				
北京	37	43	8	155.6	37	43	8	155.6												
天津	27	34	1	352.7	26	30	1	352.1	1	4		0.6								
河北	128	142	4	330.9	126	136	4	329.1	2	6		1.8								
山西	36	56	18	289.6	33	36	2	86.0	2	7	1	52.4	1	13	15	151.2				
内蒙古	75	82	3	273.7	74	78	3	178.2	1	4		95.5								
辽宁	49	57	1	174.8	49	57	1	174.8												
吉林	30	35	7	136.9	29	31	5	56.9	1	4	2	80.0								
黑龙江	29	38	19	197.3	28	35	15	113.8	1	3	4	83.5								
上海	48	62	14	1280.1	45	50	11	1149.0	3	12	3	131.1								
江苏	64	90	14	1611	58	67	10	391.5	6	23	4	1219.6								
浙江	65	78	13	1449.4	63	72	12	1448.3	2	6	1	1.1								
安徽	91	106	3	685.0	88	93	2	465.2	3	13	1	219.9								
福建	56	71	9	2762.4	54	60	9	2639.8	2	11		122.7								
江西	35	43	10	1112.1	33	37	8	1081.1	2	6	2	31.0								
山东	171	187	29	780.4	170	183	29	730.4	1	4		50.0								

人员死亡火灾分地区情况（续）

地区	火灾概况				一次死亡 1~2 人				一次死亡 3~9 人				一次死亡 10~29 人				一次死亡 30 人以上			
	起数	亡（人）	伤（人）	直接损失（万元）	起数	亡（人）	伤（人）	直接损失（万元）	起数	亡（人）	伤（人）	直接损失（万元）	起数	亡（人）	伤（人）	直接损失（万元）	起数	亡（人）	伤（人）	直接损失（万元）
河南	107	128	14	494.9	103	114	14	400.5	4	14		94.4								
湖北	69	78	9	225.6	67	71	9	189.4	2	7		36.1								
湖南	66	88	7	1550.6	62	72	5	520.9	4	16	2	1029.7								
广东	81	117	19	6952.7	73	88	18	2800.2	8	29	1	4152.4								
广西	33	56	15	2242.1	29	34	11	129.1	4	22	4	2113.0								
海南	8	10	14	41.0	8	10	14	41.0												
重庆	53	64	7	297.7	52	61	6	292	1	3	1	5.7								
四川	83	104	14	1326.7	78	88	14	1277.5	5	16		49.2								
贵州	25	58	17	820.1	17	20	4	629.5	8	38	13	190.6								
云南	85	96	10	534.0	82	87	10	484.9	3	9		49.1								
西藏	1	3		2.0					1	3		2.0								
陕西	63	72	10	474.6	62	69	8	444.6	1	3	2	30.0								
甘肃	26	31	1	30.8	25	27		21.6	1	4	1	9.2								
青海	8	12	1	94.3	7	8	1	54.3	1	4		40.0								
宁夏	13	16	1	58.8	13	16	1	58.8												
新疆	26	31		331.1	24	24		309.8	2	7		21.3								

死亡1~2人火灾分地区情况

地区	起数	亡(人)	伤(人)	直接损失(万元)	起火原因																					
					放火		电气		生产作业		用火不慎		吸烟		玩火		自燃		雷击		静电		不明确原因		其他	
					起数	直接损失(万元)	起数	直接损失(万元)	起数	直接损失(万元)	起数	直接损失(万元)	起数	直接损失(万元)	起数	直接损失(万元)	起数	直接损失(万元)	起数	直接损失(万元)	起数	直接损失(万元)	起数	直接损失(万元)	起数	直接损失(万元)
合计	1615	1797	235	17005.9	217	791.2	488	5855.4	49	3776.8	376	990.1	221	538.7	28	54.5	16	1333.2			2	29.8	34	196.9	184	3439.3
北京	37	43	8	155.6	12	28.6	14	100.7			4	3.1	2	3.0	1	1									4	19.2
天津	26	30	1	352.1	5	2.9	5	209.8			5	13.3	4	9.7											7	116.2
河北	126	136	4	329.1	10	26.2	53	145.4	2	0.3	26	18.4	20	108.6	1	0.9							6	11.8	8	17.5
山西	33	36	2	86.0	7	3.5	8	34.7		0	3	14.2	9	22.9									1	2.0	5	8.7
内蒙古	74	78	3	178.2	10	34.6	16	73.9	2	3.5	15	23.0	13	15.3	3	1.3	1	0.5					1	2.2	13	23.9
辽宁	49	57	1	174.8	8	9.5	17	93.4	1	5.0	6	11.9	9	7.1									1	18.0	7	29.9
吉林	29	31	5	56.9	4	5.7	12	20.4			5	5.9	3	6.2			1	16.0					1	1.8	3	0.8
黑龙江	28	35	15	113.8	4	0.2	6	10.2	1	15.4	8	79.2	5	5.8	1	1.9									3	1.2
上海	45	50	11	1149.0	3	4.3	13	102.9	4	935.9	7	29.3	9	32.1	2	6.2									7	38.3
江苏	58	67	10	391.5	7	5.6	19	70.2	2	230.0	11	48.2	9	2.6	1	0.3					2	29.8	1	0.5	6	4.4
浙江	63	72	12	1448.3	8	82.3	22	193.1	5	616.1	12	23.8	3	18.8									2	49.0	11	465.1
安徽	88	93	2	465.2	6	2.1	24	335.0			24	36.1	20	7.3	1	0.8							1	2.7	12	81.2
福建	54	60	9	2639.8	8	7.1	23	877.7	1	57.0	10	13.7	6	22.6	1	5.0									5	1656.5
江西	33	37	8	1081.1	5	5.3	6	49.1	2	165.5	4	87.7	6	102.8			2	605.0					1	0.5	7	65.2
山东	170	183	29	730.4	7	72.8	75	249.4	5	273.2	47	62.8	24	17.3			3	29.2					4	9.3	5	16.5

死亡 1~2 人火灾分地区情况（续）

地区	起数	亡(人)	伤(人)	直接损失(万元)	起火原因																					
					放火		电气		生产作业		用火不慎		吸烟		玩火		自燃		雷击		静电		不明确原因		其他	
					起数	直接损失(万元)	起数	直接损失(万元)	起数	直接损失(万元)	起数	直接损失(万元)	起数	直接损失(万元)	起数	直接损失(万元)	起数	直接损失(万元)	起数	直接损失(万元)	起数	直接损失(万元)	起数	直接损失(万元)	起数	直接损失(万元)
河南	103	114	14	400.5	10	74.3	30	55.9	3	1.2	33	19.4	10	13.4	1	0.1									16	236.2
湖北	67	71	9	189.4	8	1.8	14	111.6			27	42.0	4	2.5			2	0.1					1	0.5	11	31
湖南	62	72	5	520.9	12	74.5	18	299.9	3	12.5	14	73.1	4	11.0	2	3.1	1	3.0					1	7.5	7	36.4
广东	73	88	18	2800.2	21	150.4	20	354.9	5	1071.8	12	40.3	1	5.0	4	22.4	2	678.6					1	3.3	7	473.5
广西	29	34	11	129.1	4	19.6	11	105.2			6	0.9	1	0	1	1.4	2	0.4					1	0.1	3	1.6
海南	8	10	14	41.0	2	6.6	1	20.0			1	0	2	3.4											2	11.0
重庆	52	61	6	292.0	10	15.3	16	187.3	1	5.5	10	37.9	6	4.2	2	3.3							3	29.0	4	9.5
四川	78	88	14	1277.5	11	21.1	23	1170.1	1	0	21	52.7	14	21.0	1	0.7	2	0.3					3	3.4	2	8.1
贵州	17	20	4	629.5	3	3.0	7	549.5	2	26.7	2	26.0	1	0.7											2	23.6
云南	82	87	10	484.9	17	69.4	16	171.8	2	23.6	24	116.8	9	7.6									3	55.0	11	40.8
西藏																										
陕西	62	69	8	444.6	6	25.8	8	13.8	4	275.0	22	84.6	12	28.0	2	3.3							1	0	7	14.1
甘肃	25	27		21.6	3	5.5	5	7.8	1	0.5	7	6.3	5	0.3	1	0.1							1	0.3	2	1.0
青海	7	8	1	54.3	1	0.2	1	0.2			3	12.2	2	41.7												
宁夏	13	16	1	58.8	3	32.0	1	0.5	1	20.0	2	1.9	1	0.8	3	3.0									2	0.6
新疆	24	24		309.8	2	1.1	4	241.1	1	38.0	5	5.4	7	17.1											5	7.1

死亡1~2人火灾分月季情况

项目		火灾概况						较大火灾				重大火灾				特别重大火灾				起火原因（起）										
		起数	亡（人）	伤（人）	直接损失（万元）	烧毁建筑（平方米）	受灾户数	起数	亡（人）	伤（人）	直接损失（万元）	起数	亡（人）	伤（人）	直接损失（万元）	起数	亡（人）	伤（人）	直接损失（万元）	放火	电气	生产作业	用火不慎	吸烟	玩火	自燃	雷击	静电	不明确原因	其他
合计		1615	1797	235	17005.9	151650	1679													217	489	49	376	222	28	16		2	34	182
一季度	小计	502	558	65	3659.7	55840	505													76	148	8	127	68	11	5		1	12	46
	1月	203	228	28	1300.2	20413	217													27	73	2	48	24	4	1			6	18
	2月	141	155	10	347.5	19776	134													24	28	1	48	25	1				4	10
	3月	158	175	27	2011.9	15652	154													25	47	5	31	19	6	4		1	2	18
二季度	小计	358	403	56	5325.1	41954	363													59	101	15	66	50	6	6			11	44
	4月	171	189	20	3312.2	12755	196													30	42	6	27	32	2	3			5	24
	5月	98	108	17	1319.5	26928	80													15	37	6	18	7	2	1			2	10
	6月	89	106	19	693.3	2271	87													14	22	3	21	11	2	2			4	10

死亡1~2人火灾分月季情况（续）

项目		火灾概况						较大火灾				重大火灾				特别重大火灾				起火原因（起）										
		起数	亡（人）	伤（人）	直接损失（万元）	烧毁建筑（平方米）	受灾户数	起数	亡（人）	伤（人）	直接损失（万元）	起数	亡（人）	伤（人）	直接损失（万元）	起数	亡（人）	伤（人）	直接损失（万元）	放火	电气	生产作业	用火不慎	吸烟	玩火	自燃	雷击	静电	不明确原因	其他
三季度	小计	219	250	57	3897.5	27836	296													30	66	19	42	25	6	1			2	28
	7月	70	78	18	1643.5	18582	102													13	14	4	12	9	3				2	13
	8月	60	72	28	1326.3	5078	89													6	23	9	12	4	1					5
	9月	89	100	11	927.6	4176	105													11	29	6	18	12	2	1				10
四季度	小计	536	586	57	4123.7	26021	515													52	174	7	141	79	5	4		1	9	64
	10月	118	130	13	1846.4	6405	109													16	37	2	25	24	3	1			1	9
	11月	162	178	15	1179.1	7631	162													17	53	2	41	23	2				3	21
	12月	256	278	29	1098.2	11985	244													19	84	3	75	32		3		1	5	34

死亡3~9人火灾分地区情况

地区	火灾概况				起火原因																					
					放火		电气		生产作业		用火不慎		吸烟		玩火		自燃		雷击		静电		不明确原因		其他	
	起数	亡(人)	伤(人)	直接损失(万元)	起数	直接损失(万元)	起数	直接损失(万元)	起数	直接损失(万元)	起数	直接损失(万元)	起数	直接损失(万元)	起数	直接损失(万元)	起数	直接损失(万元)	起数	直接损失(万元)	起数	直接损失(万元)	起数	直接损失(万元)	起数	直接损失(万元)
合计	72	278	42	9911.9	8	366.3	41	1099.8	8	6373.8	5	48.5	1	993.8	3	29.5					1	800.0	1	50.0	4	150.1
北京																										
天津	1	4		0.6	1	0.6																				
河北	2	6		1.8			1	1.5			1	0.3														
山西	2	7	1	52.4					1	22.4	1	30.0														
内蒙古	1	4		95.5					1	95.5																
辽宁																										
吉林	1	4	2	80.0					1	80.0																
黑龙江	1	3	4	83.5					1	83.5																
上海	3	12	3	131.1			3	131.1																		
江苏	6	23	4	1219.6	1	300.0	3	116.8													1	800.0			1	2.7
浙江	2	6	1	1.1			1	0.8																	1	0.3
安徽	3	13	1	219.9			2	82.7																	1	137.1
福建	2	11		122.7	1	15.0			1	107.7																
江西	2	6	2	31.0	1	5.0	1	26.0																		
山东	1	4		50.0																			1	50.0		

死亡 3~9 人火灾分地区情况（续）

地区	火灾概况				起火原因																					
	起数	亡（人）	伤（人）	直接损失（万元）	放火		电气		生产作业		用火不慎		吸烟		玩火		自燃		雷击		静电		不明确原因		其他	
					起数	直接损失（万元）	起数	直接损失（万元）	起数	直接损失（万元）	起数	直接损失（万元）	起数	直接损失（万元）	起数	直接损失（万元）	起数	直接损失（万元）	起数	直接损失（万元）	起数	直接损失（万元）	起数	直接损失（万元）	起数	直接损失（万元）
河　南	4	14		94.4			4	94.4																		
湖　北	2	7		36.1			2	36.1																		
湖　南	4	16	2	1029.7			3	35.9					1	993.8												
广　东	8	29	1	4152.4	1	5.0	5	192.0	2	3955.4																
广　西	4	22	4	2113.0			3	83.7	1	2029.3																
海　南																										
重　庆	1	3	1	5.7							1	5.7														
四　川	5	16		49.2	1	0.2	2	29.0							1	10.0									1	10.0
贵　州	8	38	13	190.6			6	161.4			1	11.7			1	17.5										
云　南	3	9		49.1	1	0.5	2	48.6																		
西　藏	1	3		2.0											1	2.0										
陕　西	1	3	2	30.0			1	30.0																		
甘　肃	1	4	1	9.2			1	9.2																		
青　海	1	4		40.0	1	40.0																				
宁　夏																										
新　疆	2	7		21.3			1	20.5			1	0.8														

死亡3~9人火灾分月季情况

项目		火灾概况						较大火灾				重大火灾				特别重大火灾				起火原因（起）										
		起数	亡（人）	伤（人）	直接损失（万元）	烧毁建筑（平方米）	受灾户数	起数	亡（人）	伤（人）	直接损失（万元）	起数	亡（人）	伤（人）	直接损失（万元）	起数	亡（人）	伤（人）	直接损失（万元）	放火	电气	生产作业	用火不慎	吸烟	玩火	自燃	雷击	静电	不明确原因	其他
合计		72	278	42	9911.9	20763	142	72	273	42	9911.9									8	42	8	5	1	3			1	1	3
一季度	小计	18	67	4	314.7	1256	22	18	67	4	314.7									2	10		2		3					1
	1月	9	29	3	83.7	762	12	9	29	3	83.7									1	3		2		2					1
	2月	2	7		122.8	60	1	2	7		122.8									1	1									
	3月	7	31	1	108.1	434	9	7	31	1	108.1										6				1					
二季度	小计	19	75	6	2298.9	4670	45	19	75	6	2298.9									1	12	1	2	1				1		1
	4月	5	18		912.9	3246	4	5	18		912.9										2	1	1					1		
	5月	8	31	5	286.8	736	6	8	31	5	286.8									1	5		1							1
	6月	6	26	1	1099.2	688	35	6	26	1	1099.2										5			1						

死亡 3~9 人火灾分月季情况（续）

项目		火灾概况						较大火灾				重大火灾				特别重大火灾				起火原因（起）										
		起数	亡（人）	伤（人）	直接损失（万元）	烧毁建筑（平方米）	受灾户数	起数	亡（人）	伤（人）	直接损失（万元）	起数	亡（人）	伤（人）	直接损失（万元）	起数	亡（人）	伤（人）	直接损失（万元）	放火	电气	生产作业	用火不慎	吸烟	玩火	自燃	雷击	静电	不明确原因	其他
三季度	小计	14	63	14	4420.1	6661	24	14	63	14	4420.1									1	11	2								
	7月	4	20		174.7	548	1	4	20		174.7										4									
	8月	8	35	13	256.9	1713	22	8	35	13	256.9									1	6	1								
	9月	2	8	1	3988.5	4400	1	2	8	1	3988.5										1	1								
四季度	小计	21	73	18	2878.1	8176	51	21	73	18	2878.1									4	9	5	1						1	1
	10月	5	17	7	384.3	2573	26	5	17	7	384.3									2	2	1								
	11月	7	27	4	2245.6	2725	4	7	27	4	2245.6									2	1	3								1
	12月	9	29	7	248.3	2879	21	9	29	7	248.3										6	1	1						1	

死亡10~29人火灾分地区情况

地区	火灾概况				起火原因																					
	起数	亡(人)	伤(人)	直接损失(万元)	放火		电气		生产作业		用火不慎		吸烟		玩火		自燃		雷击		静电		不明确原因		其他	
					起数	直接损失(万元)	起数	直接损失(万元)	起数	直接损失(万元)	起数	直接损失(万元)	起数	直接损失(万元)	起数	直接损失(万元)	起数	直接损失(万元)	起数	直接损失(万元)	起数	直接损失(万元)	起数	直接损失(万元)	起数	直接损失(万元)
合计	1	13	15	151.2			1	151.2																		
北京																										
天津																										
河北																										
山西	1	13	15	151.2			1	151.2																		
内蒙古																										
辽宁																										
吉林																										
黑龙江																										
上海																										
江苏																										
浙江																										
安徽																										
福建																										
江西																										
山东																										

死亡10~29人火灾分地区情况（续）

地区	火灾概况				起火原因																					
	起数	亡（人）	伤（人）	直接损失（万元）	放火		电气		生产作业		用火不慎		吸烟		玩火		自燃		雷击		静电		不明确原因		其他	
					起数	直接损失（万元）	起数	直接损失（万元）	起数	直接损失（万元）	起数	直接损失（万元）	起数	直接损失（万元）	起数	直接损失（万元）	起数	直接损失（万元）	起数	直接损失（万元）	起数	直接损失（万元）	起数	直接损失（万元）	起数	直接损失（万元）
河南																										
湖北																										
湖南																										
广东																										
广西																										
海南																										
重庆																										
四川																										
贵州																										
云南																										
西藏																										
陕西																										
甘肃																										
青海																										
宁夏																										
新疆																										

死亡10~29人火灾分月季情况

项目		火灾概况						较大火灾				重大火灾				特别重大火灾				起火原因（起）										
		起数	亡（人）	伤（人）	直接损失（万元）	烧毁建筑（平方米）	受灾户数	起数	亡（人）	伤（人）	直接损失（万元）	起数	亡（人）	伤（人）	直接损失（万元）	起数	亡（人）	伤（人）	直接损失（万元）	放火	电气	生产作业	用火不慎	吸烟	玩火	自燃	雷击	静电	不明确原因	其他
合计		1	13	15	151.2	2258						1	13	15	151.2						1									
一季度	小计																													
	1月																													
	2月																													
	3月																													
二季度	小计																													
	4月																													
	5月																													
	6月																													

死亡 10～29 人火灾分月季情况（续）

项目		火灾概况						较大火灾				重大火灾				特别重大火灾				起火原因（起）										
		起数	亡（人）	伤（人）	直接损失（万元）	烧毁建筑（平方米）	受灾户数	起数	亡（人）	伤（人）	直接损失（万元）	起数	亡（人）	伤（人）	直接损失（万元）	起数	亡（人）	伤（人）	直接损失（万元）	放火	电气	生产作业	用火不慎	吸烟	玩火	自燃	雷击	静电	不明确原因	其他
三季度	小计																													
	7月																													
	8月																													
	9月																													
四季度	小计	1	13	15	151.2	2258						1	13	15	151.2						1									
	10月	1	13	15	151.2	2258						1	13	15	151.2						1									
	11月																													
	12月																													

分场所火灾死亡人员基本情况

人

场所	亡	性别		年龄段(岁)			健康情况					来源						受教育程度				职业									
								不健康				常住人口			流动人口								有职业								
		男	女	0~18	19~59	≥60	健康	残疾	精神病	瘫痪	其他	国内	国外	港澳台地区	国内	国外	港澳台地区	高等	中等	初等	未受教育	无业	党政组织、事业单位负责人	专业技术人员	办事人员和有关人员	商业和服务人员	农林牧渔水利业	生产、运输设备操作人员及有关人员	军人	不便分类的其他人员	学生
合计	2088	1410	678	260	900	928	1234	143	116	233	362	1916	1	1	169		1	92	346	946	704	1196	1	22	30	120	88	95	1	417	118
住宅	1549	1006	543	188	565	796	802	122	103	213	309	1459	1	1	87		1	48	214	707	580	993		6	16	54	66	14	1	306	93
宿舍	125	96	29	11	56	58	80	5	5	14	21	112			13			6	29	48	42	68	1	4	5	7	4	6		28	2
办公场所	8	7	1		8		8					7			1			4	2	2				1	1	3	2	1			
学校	1	1			1		1					1								1		1									
商业场所	59	33	26	20	35	4	53	2	1		3	50			9			9	6	31	13	17		1	1	21	1	1		10	7
文博馆																															
宾馆、招待所	4	2	2	1	3		4					3			1				1	2	1					1				2	1
餐饮场所	18	10	8	5	13		17				1	16			2				4	12	2	4				6				5	3
医院	2		2		1	1			1	1		2								1	1	2									
养老院	5	5				5				1	4	5						1	1	2	1	5									
公共娱乐场所	15	8	7	6	8	1	15					7			8			1	6	6	2					7				4	4
体育场馆																															
金融交易场所																															
交通枢纽站																															
科研试验场所																															
广播电视中心																															
邮电通信场所																															

分场所火灾死亡人员基本情况（续）

人

场所	亡	性别		年龄段(岁)			健康情况					来源						受教育程度				职业									
								不健康				常住人口			流动人口								有职业								
		男	女	0~18	19~59	≥60	健康	残疾	精神病	癫痪	其他	国内	国外	港澳台地区	国内	国外	港澳台地区	高等	中等	初等	未受教育	无业	党政组织、事业单位负责人	专业技术人员	办事人员和有关人员	商业和服务人员	农林牧渔水利业	生产、运输设备操作人员及有关人员	军人	不便分类的其他人员	学生
文物古建筑场所																															
宗教场所	2	1	1		1	1	1				1	2									2									2	
会议、展览中心																															
物资仓储场所	25	15	10	1	21	3	24	1				20			5				11	13	1	3			2	7	2	8		3	
厂房	58	52	6	2	55	1	54	1	1		2	37			21			4	19	33	2	5		1	2		1	38		11	
加油加气站	2	2			2		2					2								2								1		1	
汽车库	3		3	1		2	3					3								2	1	3									
农副业场所	31	24	7	3	7	21	20		1		10	31							3	14	14	19					6			6	
建筑工地	14	14		1	11	2	12				2	11			3			1	11		2	1		3	1			3		6	
石油化工企业	22	22			21	1	22					15			7			10	7	5				5	2	2		12		1	
露天框架	4	4			4		4					3			1				3	1		1				1		1		1	
交通工具	40	36	4	4	36		36	1	1		2	36			4				16	20	4	19		1		2	2	7		9	
垃圾及废弃物	8	7	1	2	1	5	5	1			2	7			1			1		3	4	5								1	2
公园																															
“三合一、多合一”场所	32	18	14	11	21		32					29			3			7	7	12	6	13				6		3		5	5
动拆迁工地	3	3			3		3					2			1					2	1	1				1				1	
其他	58	44	14	4	27	27	36	10	3	4	5	56			2				6	27	25	36				2	4			15	1

人员密集场所火灾分类别情况

项目	火灾概况				较大火灾				重大火灾				特别重大火灾			
	起数	亡（人）	伤（人）	直接损失（万元）	起数	亡（人）	伤（人）	直接损失（万元）	起数	亡（人）	伤（人）	直接损失（万元）	起数	亡（人）	伤（人）	直接损失（万元）
合计	28957	114	240	48582.7	7	25	2	5058.7	1	13	15	151.2				
商场市场	11333	59	64	33181.2	6	20	2	5056.2								
办公场所	3445	8	22	5580.1												
宾馆、招待所	1198	4	8	954.2												
餐饮场所	8384	18	107	5307.3	1	5		2.5								
娱乐场所	665	15	26	784.6					1	13	15	151.2				
学校	1448	1		487.7												
医院	610	2	2	309.7												
交通枢纽	1174			695.7												
其他	700	7	11	1282.0												

注：学校含幼儿园，娱乐场所含歌厅舞厅及其他休闲娱乐场所，其他指养老院、文博馆、体育场馆、金融交易场所、宗教场所、会议展览中心等人员密集场所。

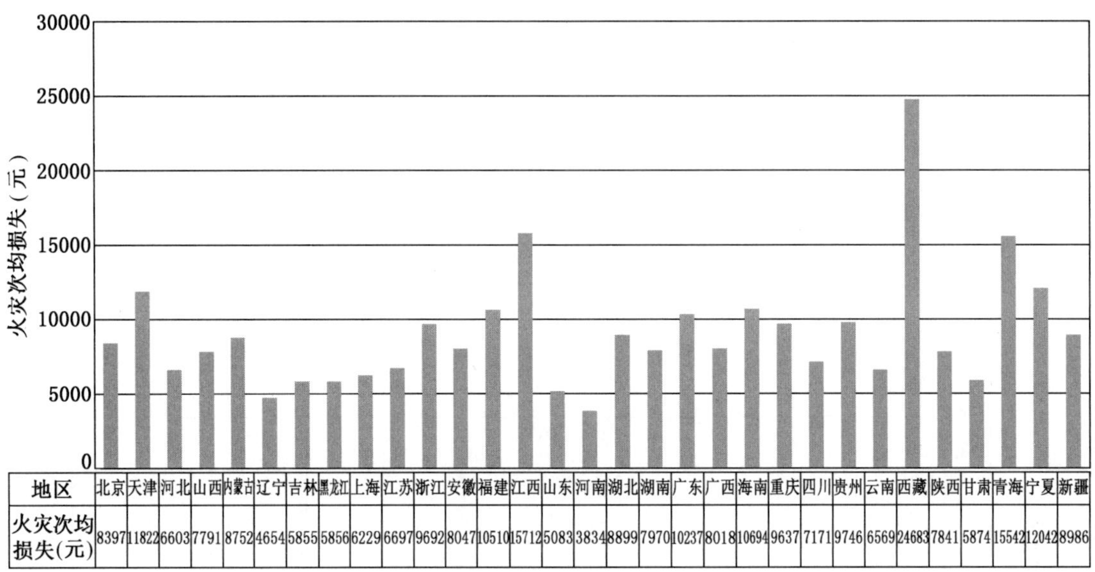

地区	北京	天津	河北	山西	内蒙古	辽宁	吉林	黑龙江	上海	江苏	浙江	安徽	福建	江西	山东	河南	湖北	湖南	广东	广西	海南	重庆	四川	贵州	云南	西藏	陕西	甘肃	青海	宁夏	新疆
火灾次均损失(元)	8397	1182	6603	7791	8752	4654	5855	5856	6229	6697	9692	8047	10510	15712	5083	3834	8899	7970	10237	8018	10694	9637	7171	9746	6569	24683	7841	5874	15542	12042	8986

分地区火灾次均损失图

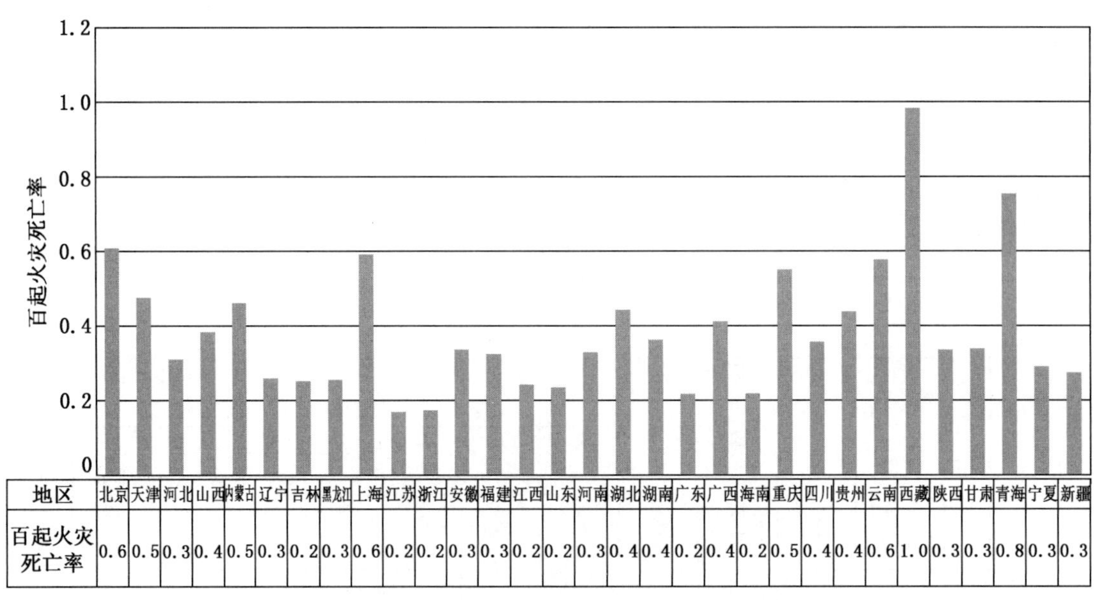

地区	北京	天津	河北	山西	内蒙古	辽宁	吉林	黑龙江	上海	江苏	浙江	安徽	福建	江西	山东	河南	湖北	湖南	广东	广西	海南	重庆	四川	贵州	云南	西藏	陕西	甘肃	青海	宁夏	新疆
百起火灾死亡率	0.6	0.5	0.3	0.4	0.5	0.3	0.2	0.3	0.6	0.2	0.2	0.3	0.3	0.2	0.2	0.3	0.4	0.4	0.2	0.4	0.2	0.5	0.4	0.4	0.6	1.0	0.3	0.3	0.8	0.3	0.3

分地区百起火灾亡人率图

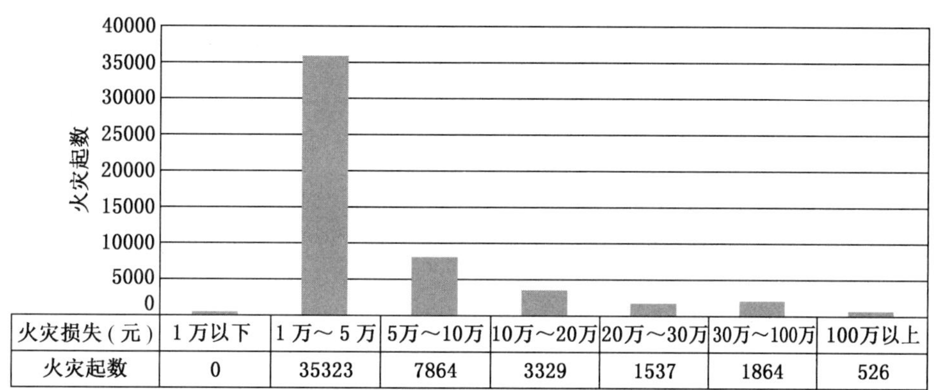

火灾损失(元)	1万以下	1万～5万	5万～10万	10万～20万	20万～30万	30万～100万	100万以上
火灾起数	0	35323	7864	3329	1537	1864	526

火灾损失分段情况图

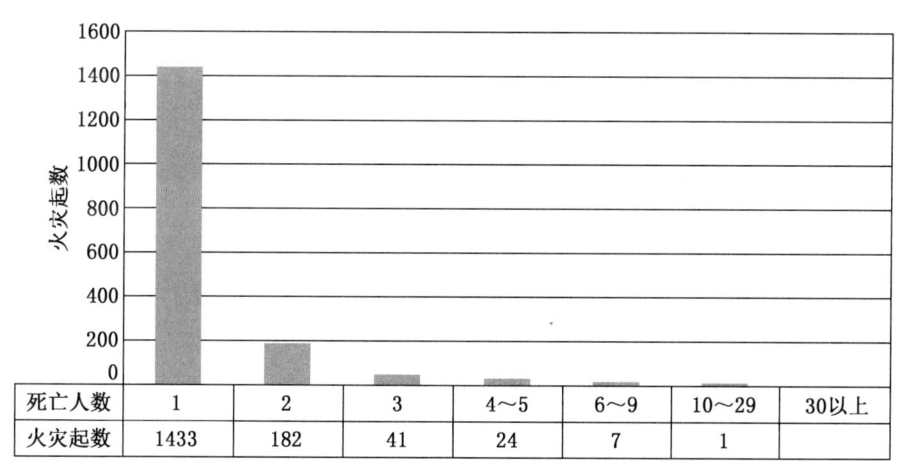

死亡人数	1	2	3	4～5	6～9	10～29	30以上
火灾起数	1433	182	41	24	7	1	

火灾死亡人数分段情况图

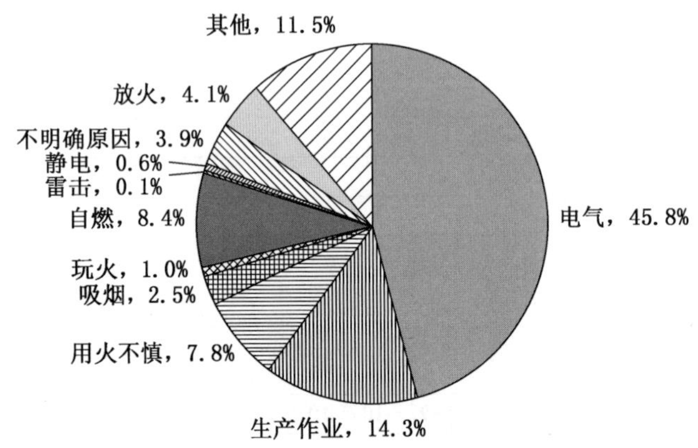

起火原因损失比例图

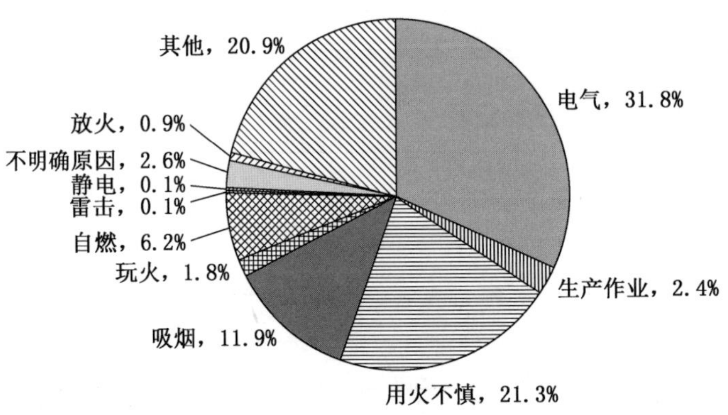

起火原因起数比例图

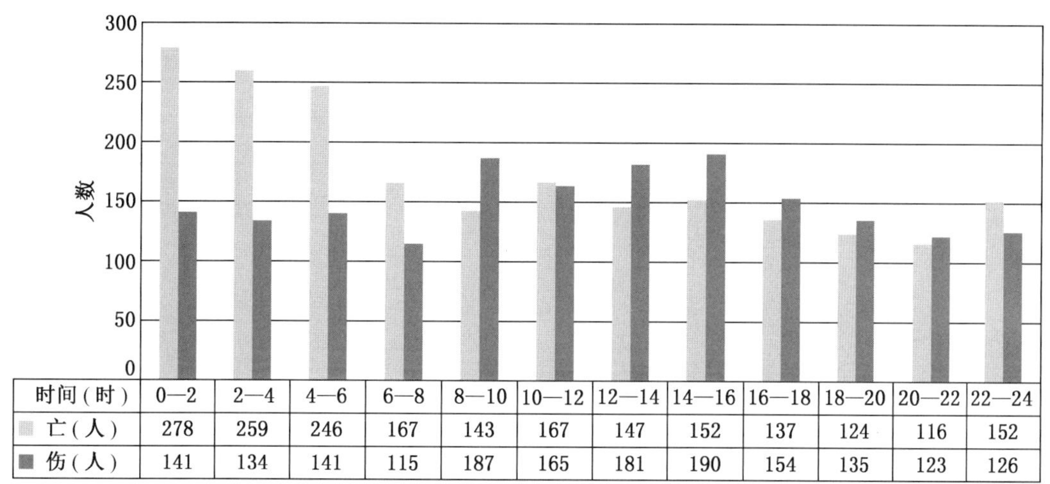

时间（时）	0—2	2—4	4—6	6—8	8—10	10—12	12—14	14—16	16—18	18—20	20—22	22—24
亡（人）	278	259	246	167	143	167	147	152	137	124	116	152
伤（人）	141	134	141	115	187	165	181	190	154	135	123	126

火灾伤亡人数24小时分布图

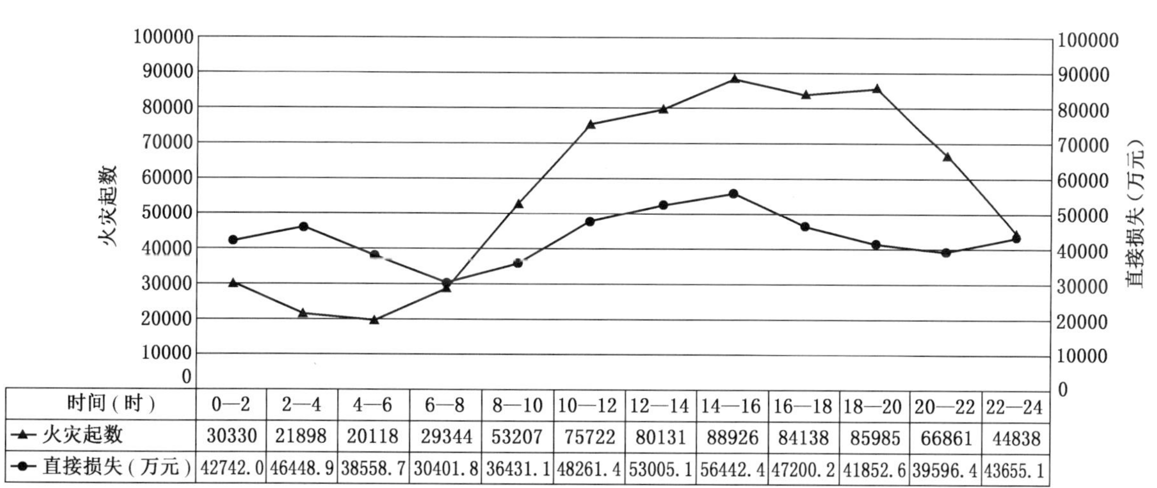

时间（时）	0—2	2—4	4—6	6—8	8—10	10—12	12—14	14—16	16—18	18—20	20—22	22—24
火灾起数	30330	21898	20118	29344	53207	75722	80131	88926	84138	85985	66861	44838
直接损失（万元）	42742.0	46448.9	38558.7	30401.8	36431.1	48261.4	53005.1	56442.4	47200.2	41852.6	39596.4	43655.1

火灾起数、损失24小时分布图

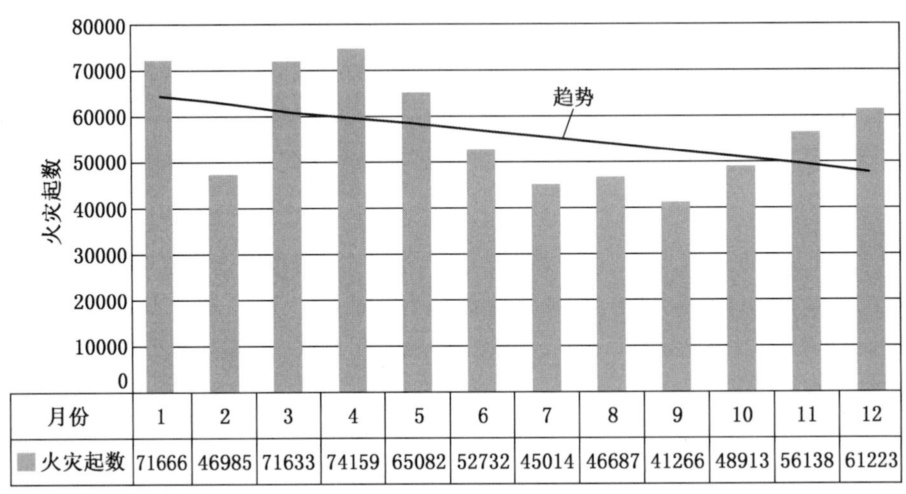

月份	1	2	3	4	5	6	7	8	9	10	11	12
火灾起数	71666	46985	71633	74159	65082	52732	45014	46687	41266	48913	56138	61223

火灾起数分月趋势图

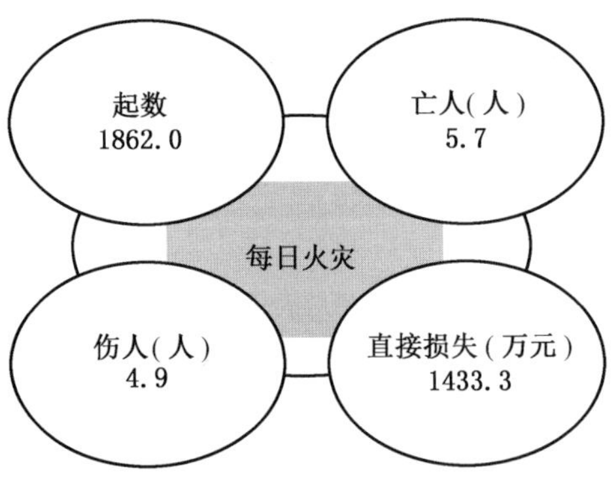

每日火灾情况图

春节期间火灾分地区综合情况

地区	火灾概况						较大火灾				重大火灾				特别重大火灾			
	起数	亡（人）	伤（人）	损失			起数	亡（人）	伤（人）	直接损失（万元）	起数	亡（人）	伤（人）	直接损失（万元）	起数	亡（人）	伤（人）	直接损失（万元）
				直接损失（万元）	烧毁建筑（平方米）	受灾户数												
合计	18561	52	48	6968.6	282879	5251	3	9	3	48.3								
北京	148	1	2	29.4	244	40												
天津	147			18.6	1447	11												
河北	1353	2		693.2	37520	179												
山西	274	1	1	109.9	5134	41												
内蒙古	644	4		298.1	16583	75												
辽宁	1965	1	1	578.8	41215	484												
吉林	463	2		154.0	8440	304												
黑龙江	480	3	1	209.3	9168	317												
上海	126	4	3	41.2	234	29												
江苏	1180	3	3	667.3	11310	106												
浙江	752		1	273.4	3956	142												
安徽	699		1	204.1	7752	194												
福建	669	2	1	245.3	8518	178												
江西	431		4	556.8	6741	231												
山东	2266	4	7	484.4	34392	515												
河南	723		1	161.5	5141	247												

春节期间火灾分地区综合情况（续）

地区	火灾概况						较大火灾				重大火灾				特别重大火灾			
	起数	亡（人）	伤（人）	损失			起数	亡（人）	伤（人）	直接损失（万元）	起数	亡（人）	伤（人）	直接损失（万元）	起数	亡（人）	伤（人）	直接损失（万元）
				直接损失（万元）	烧毁建筑（平方米）	受灾户数												
湖 北	445	5		91.0	4750	173												
湖 南	716	1	6	250.8	5306	199												
广 东	1406	4	1	337.8	21152	137												
广 西	411	3	3	154.8	5581	189	1	3	2	30.9								
海 南	82			195.1	5034	19												
重 庆	268	5	1	65.3	2094	169	1	3	1	5.7								
四 川	830	2	1	190.1	3606	264												
贵 州	423	3	4	233.3	4999	153	1	3		11.7								
云 南	622	2	5	269.2	11597	328												
西 藏	4			8.5	195	1												
陕 西	537			369.1	8398	348												
甘 肃	219			33.6	4531	36												
青 海	42			4.8	3590	10												
宁 夏	119			16.0	2908	89												
新 疆	117		1	24.2	1343	43												

注：2020 年春节期间是指 1 月 24—29 日（农历除夕至正月初五）。

春节期间起火原因基本情况

项目		火灾概况						较大火灾				重大火灾				特别重大火灾			
		起数	亡（人）	伤（人）	直接损失（万元）	烧毁建筑（平方米）	受灾户数	起数	亡（人）	伤（人）	直接损失（万元）	起数	亡（人）	伤（人）	直接损失（万元）	起数	亡（人）	伤（人）	直接损失（万元）
合计		18561	52	48	6968.6	282879	5251	3	9	3	48.3								
电气	小计	5244	11	10	2731.8	60989	1956	1	3	2	30.9								
	电气线路故障	3504	7	5	1957.4	45849	1375	1	3	2	30.9								
	电器设备故障	1241		1	465.3	9813	401												
	电加热器具火灾	265	1	3	134.0	2564	125												
	其他	234	3	1	175.1	2763	55												
生产作业	小计	122			48.4	1891	41												
	焊割	23			10.9	576	4												
	烘烤	47			14.3	428	20												
	熬炼				0														
	化工火灾	1			3.0	500													
	机械设备类故障	45			19.8	339	15												
	其他	6			0.4	48	2												
用火不慎	小计	4045	17	10	1249	72518	1401	2	6	1	17.4								
	余火复燃	284			63.8	6384	108												
	照明不慎	103			35.2	1819	41												
	烘烤不慎	528	2		142.9	6303	252												
	敬神祭祖	396	4	1	234.9	9296	118	1	3	1	5.7								
	油锅起火	598			66.9	2153	248												
	燃气炉具故障及使用不当	381		2	69.1	2148	149												
	燃油炉具故障及使用不当	37			3.8	288	7												
	其他炉具故障及使用不当	103	5	2	54.0	1498	37	1	3		11.7								

春节期间起火原因基本情况（续）

项目		火灾概况						较大火灾				重大火灾				特别重大火灾			
		起数	亡（人）	伤（人）	直接损失（万元）	烧毁建筑（平方米）	受灾户数	起数	亡（人）	伤（人）	直接损失（万元）	起数	亡（人）	伤（人）	直接损失（万元）	起数	亡（人）	伤（人）	直接损失（万元）
用火不慎	烟道过热蹿火、飞火等	188	2	5	101.8	3787	104												
	烧荒、野外生火不慎	911			115.7	32057	175												
	使用蚊香不慎	33	1		22.0	153	17												
	其他	483	3		339.0	6632	145												
吸烟	小计	2165	5	1	130.2	27315	433												
	违章吸烟	45			4.0	447	8												
	卧床吸烟	64	5		21.1	629	28												
	乱扔烟头、火柴等	2005		1	102.7	25618	384												
	其他	51			2.5	620	13												
玩火	小计	1751	2	9	1015.4	32935	595												
	小孩玩火	190	2	5	46.1	2224	72												
	燃放烟花爆竹	1520		3	951.1	30247	515												
	其他	41		1	18.2	464	8												
自燃		857			234.1	11514	133												
雷击		2			0.2	6	1												
静电		15			89.6	599	3												
不明确原因		561	1	2	219	10724	95												
放火		166	11	6	221.5	2819	40												
其他	小计	3633	5	10	1029.4	61569	553	0	0	0	0								
	遗留火种	2075	1	7	436.0	34515	357												
	其他	1558	4	3	593.3	27054	196	0	0	0	0								

注：2020 年春节期间是指 1 月 24—29 日（农历除夕至正月初五）。

国庆节期间火灾分地区综合情况

地区	火灾概况						较大火灾				重大火灾				特别重大火灾			
	起数	亡（人）	伤（人）	损失			起数	亡（人）	伤（人）	直接损失（万元）	起数	亡（人）	伤（人）	直接损失（万元）	起数	亡（人）	伤（人）	直接损失（万元）
				直接损失（万元）	烧毁建筑（平方米）	受灾户数												
合　计	10373	33	32	6531.4	183475	3268					1	13	15	151.2				
北　京	75		3	434.9	665	39												
天　津	65			43.4	756	11												
河　北	611	1		277.7	20738	104												
山　西	231	13	16	329.9	7613	20					1	13	15	151.2				
内蒙古	233			148.1	4076	48												
辽　宁	261			190.5	8029	66												
吉　林	175	1		80.7	2913	117												
黑龙江	178			121.0	5014	126												
上　海	183			49.8	412	20												
江　苏	959	1		594.1	7138	107												
浙　江	837	1		358.4	5785	194												
安　徽	455			255.8	5319	123												
福　建	438	2		229.4	5128	79												
江　西	309	1		302.3	2928	163												
山　东	1325	1		604.6	14817	455												
河　南	570	2	1	240.0	5227	174												

国庆节期间火灾分地区综合情况（续）

地区	火灾概况						较大火灾				重大火灾				特别重大火灾			
	起数	亡（人）	伤（人）	损失			起数	亡（人）	伤（人）	直接损失（万元）	起数	亡（人）	伤（人）	直接损失（万元）	起数	亡（人）	伤（人）	直接损失（万元）
				直接损失（万元）	烧毁建筑（平方米）	受灾户数												
湖北	252			124.1	1297	109												
湖南	332	3	2	757.3	5266	134												
广东	861	2	2	329.7	6587	100												
广西	212	1		90.5	41020	93												
海南	59			58.3	392	19												
重庆	195			83.5	1924	121												
四川	412	2		152.0	2454	170												
贵州	226		3	96.9	1737	86												
云南	200			166.9	3439	130												
西藏	5			1.9	532	1												
陕西	252	1	2	162.1	2901	243												
甘肃	105		1	140.7	2310	38												
青海	25			5.4	347	6												
宁夏	61		2	31.0	10308	64												
新疆	271	1		70.4	5403	108												

注：国庆节期间指 10 月 1—7 日。

国庆节期间起火原因基本情况

项目		火灾概况						较大火灾				重大火灾				特别重大火灾			
		起数	亡(人)	伤(人)	直接损失(万元)	烧毁建筑(平方米)	受灾户数	起数	亡(人)	伤(人)	直接损失(万元)	起数	亡(人)	伤(人)	直接损失(万元)	起数	亡(人)	伤(人)	直接损失(万元)
合计		10373	33	32	6531.4	183475	3268					1	13	15	151.2				
电气	小计	3723	22	27	3983.4	56104	1494					1	13	15	151.2				
	电气线路故障	2478	20	23	3409.3	38698	1072					1	13	15	151.2				
	电器设备故障	986	2	3	456.7	14556	331												
	电加热器具火灾	124			55.4	880	46												
	其他	135		1	62.0	1970	45												
生产作业	小计	308			346.5	6168	93												
	焊割	74			102.7	1968	23												
	烘烤	49			17.4	792	12												
	熬炼	9			3.2	48	1												
	化工火灾	8			24.4	425	3												
	机械设备类故障	128			156.5	1892	39												
	其他	40			42.3	1043	10												
用火不慎	小计	2082	3		578.5	72651	792												
	余火复燃	110	1		18.5	1531	39												
	照明不慎	54			22.1	549	16												
	烘烤不慎	137	1		46.5	1210	54												
	敬神祭祖	76			25.5	627	25												
	油锅起火	534			48.6	1594	229												
	燃气炉具故障及使用不当	332			71.0	1404	128												
	燃油炉具故障及使用不当	39			10.3	188	14												
	其他炉具故障及使用不当	65	1		14.6	373	28												

国庆节期间起火原因基本情况（续）

项目		火灾概况						较大火灾				重大火灾				特别重大火灾			
		起数	亡（人）	伤（人）	直接损失（万元）	烧毁建筑（平方米）	受灾户数	起数	亡（人）	伤（人）	直接损失（万元）	起数	亡（人）	伤（人）	直接损失（万元）	起数	亡（人）	伤（人）	直接损失（万元）
用火不慎	烟道过热蹿火、飞火等	112			36.6	1898	61												
	烧荒、野外生火不慎	340			40.4	19181	82												
	使用蚊香不慎	43			19.1	333	24												
	其他	240			225.3	43763	92												
吸烟	小计	1022	1		78.6	7845	209												
	违章吸烟	27			7.1	164	5												
	卧床吸烟	35	1		5.0	192	16												
	乱扔烟头、火柴等	927			63.8	7280	183												
	其他	33			2.7	209	5												
玩火	小计	150	2	1	64.7	2360	66												
	小孩玩火	114	2		44.1	1979	47												
	燃放烟花爆竹	25		1	9.7	238	17												
	其他	11			10.9	143	2												
自燃		726			503.8	6384	172												
雷击		1			1.8	8	1												
静电		6			1.0	30													
不明确原因		252		1	285.1	4223	69												
放火		104	4	1	164.0	2042	22												
其他	小计	1999	1	2	524.1	25660	350												
	遗留火种	1064			197.8	14880	185												
	其他	935	1	2	326.3	10780	165												

注：国庆节期间指 10 月 1—7 日。

第二章 各省、自治区、直辖市火灾情况

北京市分地区火灾综合情况

地区	火灾概况						较大火灾				重大火灾				特别重大火灾			
	起数	亡（人）	伤（人）	损失			起数	亡（人）	伤（人）	直接损失（万元）	起数	亡（人）	伤（人）	直接损失（万元）	起数	亡（人）	伤（人）	直接损失（万元）
				直接损失（万元）	烧毁建筑（平方米）	受灾户数												
合计	7113	43	46	5972.4	28751	2843												
东城区	243	2	6	112.8	164	126												
西城区	264	3	1	191.9	169	59												
朝阳区	1099	6	10	202.7	860	480												
海淀区	703	6	5	392.7	1017	298												
丰台区	616	7	9	223.6	744	90												
石景山区	188	2	3	54.7	89	120												
门头沟区	105	0	2	69.6	152	21												
房山区	532	1	0	401.6	12357	185												
通州区	663	3	0	91.8	1577	197												
顺义区	400	3	0	112.8	1282	115												
昌平区	732	3	6	1670.3	2263	283												
大兴区	662	3	4	1830.1	2335	207												
怀柔区	180	1	0	117.1	497	104												
平谷区	249	0	0	322.6	1152	138												
开发区	40	0	0	12.3	22	40												
密云区	291	1	0	46.3	490	281												
延庆区	146	2	0	119.4	3581	99												

天津市分地区火灾综合情况

地区	火灾概况						较大火灾				重大火灾				特别重大火灾			
	起数	亡（人）	伤（人）	损失			起数	亡（人）	伤（人）	直接损失（万元）	起数	亡（人）	伤（人）	直接损失（万元）	起数	亡（人）	伤（人）	直接损失（万元）
				直接损失（万元）	烧毁建筑（平方米）	受灾户数												
合计	7251	34	16	8572.3	1233142	517	2	4		4022.6								
滨海新区	706	4	1	310.5	5098	3												
河西区	249	2	1	84.2	345	94												
和平区	71			63.2	393	1												
河东区	210			57.4	501	26												
南开区	132	2		66.6	323	6												
河北区	282	1	4	214.2	518	17												
红桥区	84		4	150.3	531	5												
东丽区	804		2	4383.2	13644	25	1			4022.0								
西青区	314			445.5	1973	8												
津南区	476	6	2	164.7	6094	23												
北辰区	434	2		243.3	2414	3												
武清区	912	1		668.5	4790	7												
宝坻区	1005	8	2	353.8	35645	106	1	4		0.6								
宁河区	234	1		225.8	1143650	7												
静海区	578			216.8	7851	172												
蓟州区	491	5		189.8	3802	5												
经济技术开发区	65	1		82.8	187	1												
天津港保税区	38			27.9	2258													
高新区	9	1		191.2	262													
大港地区	157			432.6	2863	8												

河北省分地区火灾综合情况

地区	火灾概况						较大火灾				重大火灾				特别重大火灾			
	起数	亡（人）	伤（人）	损失			起数	亡（人）	伤（人）	直接损失（万元）	起数	亡（人）	伤（人）	直接损失（万元）	起数	亡（人）	伤（人）	直接损失（万元）
				直接损失（万元）	烧毁建筑（平方米）	受灾户数												
合计	45485	142	34	30034.4	4905380	6561	2	6		1.8								
石家庄市	5039	11	10	4812.3	2074078	701												
唐山市	7776	21	9	2317.1	189029	907												
秦皇岛市	1746	5		1846.2	85489	372												
邯郸市	4469	18		3405.8	955372	723												
邢台市	4233	11	1	3063.3	276940	630												
保定市	2032	16	1	1251.3	37585	177												
张家口市	2440	4	5	2452.4	173552	812												
承德市	1657	13	2	1621.2	41849	337												
沧州市	8250	17	2	4712.3	494292	1062	1	3		1.3								
衡水市	3033	13	3	1403.1	320949	177												
廊坊市	4802	12	1	3143.6	256173	657	1	3		0.5								
华北油区	8	1		5.7	72	6												

山西省分地区火灾综合情况

地区	火灾概况						较大火灾				重大火灾				特别重大火灾			
	起数	亡（人）	伤（人）	损失			起数	亡（人）	伤（人）	直接损失（万元）	起数	亡（人）	伤（人）	直接损失（万元）	起数	亡（人）	伤（人）	直接损失（万元）
				直接损失（万元）	烧毁建筑（平方米）	受灾户数												
合计	14748	56	27	11490.1	1641401	1407	2	7	1	52.4	1	13	15	151.2				
太原市	2553	20	18	2089.3	159737	176					1	13	15	151.2				
大同市	2664	10		1157	97910	34												
阳泉市	460	8	3	643	6067	122	1	3	1	22.4								
长治市	1015			872.2	14858	22												
晋城市	717	1		473.1	23881	197												
朔州市	1132	5	2	673.6	185811	34	1	4		30.0								
晋中市	1605	1	1	1280.2	36096	286												
运城市	1758	2	1	1896.6	55201	408												
忻州市	972	2		1286.8	1014817	64												
临汾市	1252	7	2	600.3	29671	50												
吕梁市	620			518.0	17352	14												

内蒙古自治区分地区火灾综合情况

地区	火灾概况						较大火灾				重大火灾				特别重大火灾			
	起数	亡（人）	伤（人）	损失			起数	亡（人）	伤（人）	直接损失（万元）	起数	亡（人）	伤（人）	直接损失（万元）	起数	亡（人）	伤（人）	直接损失（万元）
				直接损失（万元）	烧毁建筑（平方米）	受灾户数												
合计	17937	82	68	15697.8	740280	2627	1	4		95.5								
呼和浩特市	1797	7	1	1098.3	56154	60												
包头市	2039	5	12	905.8	65305	60												
乌海市	656	3	4	464.5	25155	56												
赤峰市	3162	6	8	1567.5	81454	137												
通辽市	2804	11	2	1357.9	109981	150												
鄂尔多斯市	1233	10		754.1	69664	474	1	4		95.5								
呼伦贝尔市	1371	21	13	4413.3	66124	314												
巴彦淖尔市	2057	3	1	949.9	80274	471												
乌兰察布市	909	5	22	1468.2	124270	196												
兴安盟	1248	6	4	644.5	43791	544												
锡林郭勒盟	408	4	1	992.4	11021	84												
阿拉善盟	246	1		1080.1	7061	80												
大兴安岭林管局	7			1.1	27	1												

辽宁省分地区火灾综合情况

地区	火灾概况						较大火灾				重大火灾				特别重大火灾			
	起数	亡（人）	伤（人）	损失			起数	亡（人）	伤（人）	直接损失（万元）	起数	亡（人）	伤（人）	直接损失（万元）	起数	亡（人）	伤（人）	直接损失（万元）
				直接损失（万元）	烧毁建筑（平方米）	受灾户数												
合计	22228	57	24	10344.9	734562	5751												
沈阳市	2859	12	1	797.3	56529	934												
大连市	3119	15	16	2218.7	33265	472												
鞍山市	2154	4	0	1300.7	154841	895												
抚顺市	1686	9	4	589.7	25251	1081												
本溪市	1038	1	0	477.5	18464	70												
丹东市	1403	0	0	431.4	30995	82												
锦州市	1460	0	0	724.0	64465	91												
营口市	1089	2	0	216.4	14124	102												
阜新市	611	0	1	176.9	33535	68												
辽阳市	1905	7	0	877.8	138542	130												
铁岭市	981	0	1	151.3	28927	295												
朝阳市	1165	2	0	487.4	35943	325												
盘锦市	1453	5	0	934.6	41129	640												
葫芦岛市	1305	0	1	961.0	58551	566												

吉林省分地区火灾综合情况

地区	火灾概况						较大火灾				重大火灾				特别重大火灾			
	起数	亡（人）	伤（人）	损失			起数	亡（人）	伤（人）	直接损失（万元）	起数	亡（人）	伤（人）	直接损失（万元）	起数	亡（人）	伤（人）	直接损失（万元）
				直接损失（万元）	烧毁建筑（平方米）	受灾户数												
合计	14075	35	9	8240.5	483152	10245	1	4	2	80.0								
长春市	2226	10	2	2569.5	67044	2060	1	4	2	80.0								
吉林市	1180	13	1	1108.2	55323	242												
四平市	999	3	3	822.1	31259	317												
辽源市	1845	3	2	459.9	53184	1654												
通化市	1058	3	0	488.5	12820	1064												
白山市	2084	0	0	1074.4	99183	832												
松原市	644	1	1	635.8	17275.5	140												
白城市	1170	1	0	419.6	51851	1042												
延边朝鲜族自治州	2837	1	0	659.8	94955	2892												
长白山保护区	32	0	0	2.3	257	2												

黑龙江省分地区火灾综合情况

地区	火灾概况						较大火灾				重大火灾				特别重大火灾			
	起数	亡（人）	伤（人）	损失			起数	亡（人）	伤（人）	直接损失（万元）	起数	亡（人）	伤（人）	直接损失（万元）	起数	亡（人）	伤（人）	直接损失（万元）
				直接损失（万元）	烧毁建筑（平方米）	受灾户数												
合计	15063	38	37	8821.1	444796	10430	1	3	4	83.5								
哈尔滨市	5786	21	11	2228.5	60884	5153												
齐齐哈尔市	1181	1	1	1184.2	69515	423												
大庆市	2308	2	0	1105.8	140094	1158												
牡丹江市	1349	1	2	984.6	47917	131												
佳木斯市	928	1	8	474.3	13395	948												
绥化市	350	3	4	792.5	23199	227	1	3	4	83.5								
伊春市	282	0	2	231.8	17139	298												
鸡西市	414	0	0	336	15369	309												
黑河市	550	0	0	466.8	17341	428												
双鸭山市	597	0	1	515.1	14333	601												
大兴安岭地区	191	5	1	142.8	6865	133												
鹤岗市	650	1	4	170.4	11539	289												
七台河市	477	3	3	188.3	7206	332												
林区																		
垦区																		

上海市分地区火灾综合情况

地区	火灾概况						较大火灾				重大火灾				特别重大火灾			
	起数	亡（人）	伤（人）	损失			起数	亡（人）	伤（人）	直接损失（万元）	起数	亡（人）	伤（人）	直接损失（万元）	起数	亡（人）	伤（人）	直接损失（万元）
				直接损失（万元）	烧毁建筑（平方米）	受灾户数												
合计	10508	62	54	6545.8	41915	1153	3	12	3	131.1								
黄浦区	268	3	2	127.9	500	1												
徐汇区	360	2	2	350.9	1866	196												
长宁区	243	1	2	108.9	296	41												
静安区	113		2	30.7	137	4												
普陀区	709	8	4	455.9	1070	47	1	4		48.1								
虹口区	233	2	5	211.4	536	4												
杨浦区	475		3	267.0	1009	13												
闵行区	1051	3	7	1181.3	3853	3												
宝山区	885	6	5	352.0	3618		1	5	1	43.0								
嘉定区	796	4	3	245.6	2421	22												
浦东新区	2332	15	11	947.0	6395	117	1	3	2	40.0								
金山区	453	1		255.5	5411	48												
松江区	745	7	6	238.2	1840	22												
青浦区	637	4	2	825.4	1664	176												
奉贤区	710	2		739.2	5347	331												
崇明区	486	4		202.8	5734	127												
轨道区域	8			2.8	17													
化工区	2			0.2	2													
水上区域	2			3.0	200	1												

江苏省分地区火灾综合情况

地区	火灾概况						较大火灾				重大火灾				特别重大火灾			
	起数	亡（人）	伤（人）	损失			起数	亡（人）	伤（人）	直接损失（万元）	起数	亡（人）	伤（人）	直接损失（万元）	起数	亡（人）	伤（人）	直接损失（万元）
				直接损失（万元）	烧毁建筑（平方米）	受灾户数												
合计	54065	90	63	36206.8	737665	17445	6	23	4	1219.6								
南京市	2949	9	11	1889.1	40939	521	1	3		4.8								
无锡市	7623	11	22	2833.9	66436	779	1	4	1	8.9								
徐州市	6235	12		2676.2	49915	12553	1	3		2.7								
常州市	5014	6	2	2706.3	43349	439	1	5	2	300.1								
苏州市	7588	14	11	7055.3	24603	1096	1	3	1	103.1								
南通市	4243	8	5	4434.6	51640	418												
连云港市	2271	4	3	1613.0	20626	37												
淮安市	3229	4		1412.6	30347	465												
盐城市	4143	4	3	2511.2	50726	33												
扬州市	3454	4	1	2818.4	58506	439												
镇江市	2129	3	1	1619.8	226517	487												
泰州市	2369	4	3	1872.5	24410	29												
宿迁市	2818	7	1	2764.0	49652	149	1	5		800.0								

浙江省分地区火灾综合情况

地区	火灾概况						较大火灾				重大火灾				特别重大火灾			
	起数	亡（人）	伤（人）	损失			起数	亡（人）	伤（人）	直接损失（万元）	起数	亡（人）	伤（人）	直接损失（万元）	起数	亡（人）	伤（人）	直接损失（万元）
				直接损失（万元）	烧毁建筑（平方米）	受灾户数												
合计	45112	78	74	43720.8	536599	8965	2	6	1	1.1								
杭州市	5918	14	10	4245.0	32346	274	1	3		0.3								
宁波市	6721	14	12	5066.7	84973	171												
温州市	7025	13	11	6190.1	70775	826	1	3	1	0.8								
嘉兴市	4893	7	9	4522.1	38242	1183												
湖州市	2470	3	6	3080.2	26924	134												
绍兴市	3763	4	6	2865.4	22400	1646												
金华市	4846	8	5	6796.6	118482	1013												
衢州市	1819	3	6	2409.8	50864	169												
舟山市	925	3	1	335.4	9660	129												
台州市	5538	5	3	3481.0	43357	2754												
丽水市	1194	4	5	4728.6	38577	666												
义乌市																		

安徽省分地区火灾综合情况

地区	火灾概况						较大火灾				重大火灾				特别重大火灾			
	起数	亡（人）	伤（人）	损失			起数	亡（人）	伤（人）	直接损失（万元）	起数	亡（人）	伤（人）	直接损失（万元）	起数	亡（人）	伤（人）	直接损失（万元）
				直接损失（万元）	烧毁建筑（平方米）	受灾户数												
合计	31959	106	36	25718.4	822279	8110	4	13	1	4606.2								
合肥市	4612	9	1	11308.3	55021	94	1			4386.0								
芜湖市	1099	10	12	1542.4	10699	209	1	3		69.0								
蚌埠市	3303	5	1	363.4	46235	683												
淮南市	1952	11		1367.7	32722	28	1	5		137.0								
马鞍山市	1765	4	4	1044.2	13172	59												
淮北市	1873	11	6	689.2	21664	6												
铜陵市	905	4		533.4	17920	86												
安庆市	1448	10	2	2012.8	17836	409												
阜阳市	4593	20	2	2198.3	421302	4675	1	5	1	14.2								
滁州市	1440	5	1	893.1	22666	434												
宿州市	1704	3		652.6	66421	586												
六安市	2699	6	2	655.1	32541	67												
宣城市	951	2		614.5	8919	36												
池州市	436			576.3	4896	71												
亳州市	2755	4	2	772.9	44906	372												
黄山市	424	2	3	494.1	5359	295												

福建省分地区火灾综合情况

地区	火灾概况						较大火灾				重大火灾				特别重大火灾			
	起数	亡（人）	伤（人）	损失			起数	亡（人）	伤（人）	直接损失（万元）	起数	亡（人）	伤（人）	直接损失（万元）	起数	亡（人）	伤（人）	直接损失（万元）
				直接损失（万元）	烧毁建筑（平方米）	受灾户数												
合计	22092	71	54	23219.0	383862	5641	2	11		122.7								
福州市	4316	16	8	3980.7	54393	397												
厦门市	2549	5	21	2786.5	26504	156												
莆田市	2057	4	0	1680.1	37764	81	1	3		15.0								
三明市	1176	3	2	1979.1	33342	334												
泉州市	7012	22	14	3744.7	91641	2916	1	8		107.7								
漳州市	2279	3	1	2154.3	45366	743												
南平市	925	3	0	1248.9	24933	206												
龙岩市	806	6	6	3055.1	30131	220												
宁德市	755	8	2	2426.9	30738	554												
平潭综合实验区	217	1	0	162.7	9050	34												

江西省分地区火灾综合情况

地区	火灾概况						较大火灾				重大火灾				特别重大火灾			
	起数	亡（人）	伤（人）	损失			起数	亡（人）	伤（人）	直接损失（万元）	起数	亡（人）	伤（人）	直接损失（万元）	起数	亡（人）	伤（人）	直接损失（万元）
				直接损失（万元）	烧毁建筑（平方米）	受灾户数												
合计	17669	43	45	27761.0	237984	9664	2	6	2	31.0								
南昌市	2758	8	7	3757.7	34449	1505	1	3	2	5.0								
景德镇市	588	2	2	1904.3	11460	76												
萍乡市	767	1		732.8	8399	307												
九江市	1715	4	8	1568.1	18177	406												
新余市	659	1	6	510.1	8068	301												
鹰潭市	735	2	1	573.0	11788	80												
赣州市	3290	8	6	7258.3	33976	2639												
吉安市	1654	5		1674.2	22667	716												
宜春市	1748	1	1	3897.8	43377	982												
抚州市	1521	5	8	1285.9	21661	603												
上饶市	2234	6	6	4598.8	23963	2049	1	3		26.0								

山东省分地区火灾综合情况

地区	火灾概况						较大火灾				重大火灾				特别重大火灾			
	起数	亡（人）	伤（人）	损失			起数	亡（人）	伤（人）	直接损失（万元）	起数	亡（人）	伤（人）	直接损失（万元）	起数	亡（人）	伤（人）	直接损失（万元）
				直接损失（万元）	烧毁建筑（平方米）	受灾户数												
合计	80977	187	215	41162.8	1850402	22346	1	4		50.0								
济南市	6341	17	20	3869.6	178876	244												
青岛市	6958	11	34	2559.9	254443	1466												
淄博市	4358	7	5	1869.9	72475	1560												
枣庄市	3119	5	3	812.0	21455	81												
东营市	2011	4	13	1488.1	48354	235												
烟台市	6002	17	12	2724.7	110356	3670	1	4		50.0								
潍坊市	6775	14	10	1229.0	70870	925												
济宁市	5756	12	10	3652.3	85266	1615												
泰安市	3644	12	39	1258.3	102783	459												
威海市	2611	11	10	3548.8	27153	666												
日照市	2161	10	6	3484.3	57408	549												
临沂市	7868	20	21	5710.4	129705	1734												
德州市	5616	16	4	2890.5	227201	3150												
聊城市	5987	8	8	2673.2	135571	413												
滨州市	5355	6	7	933.7	195805	622												
菏泽市	6415	17	13	2458.1	132682	4957												

河南省分地区火灾综合情况

地区	火灾概况						较大火灾				重大火灾				特别重大火灾			
	起数	亡（人）	伤（人）	损失			起数	亡（人）	伤（人）	直接损失（万元）	起数	亡（人）	伤（人）	直接损失（万元）	起数	亡（人）	伤（人）	直接损失（万元）
				直接损失（万元）	烧毁建筑（平方米）	受灾户数												
合计	39297	128	111	15066.7	839129	11031	4	14		94.4								
郑州市	3042	9	4	1807.1	34747	616												
开封市	2241	7	16	768.4	18399	524	1	3		37.5								
洛阳市	2930	11	11	2383.4	60728	812												
平顶山市	2217	4	6	376.0	35802	235												
安阳市	2112	6	3	920.1	74748	303												
鹤壁市	731	4	2	395.4	20720	395												
新乡市	2443	9	3	545.5	34391	715												
焦作市	1187	5	8	410.3	12830	217												
濮阳市	1924	7	2	973.1	44904	634												
漯河市	799	5	8	601.9	10972	246												
三门峡市	991	4	5	597.5	12296	433												
济源市	365	1	8	123.2	5503	144												
许昌市	1664	3	3	635.7	208495	595												
商丘市	3503	7	1	676.4	26147	1075												
周口市	3620	11	9	999.4	51593	471	2	8		49.1								
驻马店市	2765	11	2	805.8	39608	943	1	3		7.8								
南阳市	3671	16	14	1392.1	131650	1835												
信阳市	3092	8	6	655.6	15596	838												

湖北省分地区火灾综合情况

地区	火灾概况						较大火灾				重大火灾				特别重大火灾			
	起数	亡（人）	伤（人）	损失			起数	亡（人）	伤（人）	直接损失（万元）	起数	亡（人）	伤（人）	直接损失（万元）	起数	亡（人）	伤（人）	直接损失（万元）
				直接损失（万元）	烧毁建筑（平方米）	受灾户数												
合计	17758	78	24	15803.1	166553	7901	3	7		4636.1								
武汉市	3197	14	13	3316.1	20714	1897												
黄石市	714	1		278.6	5091	109												
襄阳市	1395	9	6	1462.9	14590	1047												
荆州市	1415	6		831.8	15511	1451												
宜昌市	816	8		989.5	9001	520												
十堰市	955	6		421.6	6269	190												
孝感市	1543	5	1	908.0	13070	787	1	4		35.7								
荆门市	1043	3	1	307.7	8100	228												
鄂州市	693	2	1	375.2	6880	170												
黄冈市	1484	9	1	953.1	29985	315	1	3		0.4								
咸宁市	1718	4	1	427.9	10249	140												
随州市	641	2		162.8	3233	99												
恩施土家族苗族自治州	1077	8		5019.9	16223	763	1			4600.0								
仙桃市	538	1		134.2	4931	12												
潜江市	225			70.0	1256	50												
天门市	276			138.0	1162	107												
神农架林区	28			5.8	288	16												

湖南省分地区火灾综合情况

地区	火灾概况						较大火灾				重大火灾				特别重大火灾			
	起数	亡（人）	伤（人）	损失			起数	亡（人）	伤（人）	直接损失（万元）	起数	亡（人）	伤（人）	直接损失（万元）	起数	亡（人）	伤（人）	直接损失（万元）
				直接损失（万元）	烧毁建筑（平方米）	受灾户数												
合计	24514	88	216	19536.7	315153	8047	4	16	2	1029.7								
长沙市	3714	13	11	6718.8	62980	635												
株洲市	1215	4	7	655.3	9132	274												
湘潭市	1653	2	21	514.4	10669	323												
衡阳市	2503	3	3	2092.5	20877	1829												
邵阳市	2422	9	6	1384.9	52224	746												
岳阳市	2113	1	37	788.8	13971	701												
常德市	2135	3	71	774.8	22138	228												
张家界市	700	7	2	229.1	9316	28	1	3		15.2								
益阳市	1878	6	1	711.0	19640	535												
郴州市	712	3	2	1594.1	20138	728	1	3		16.9								
永州市	1930	6	41	423.4	24375	491	1	3	2	3.8								
怀化市	1241	7	3	841.5	21381	210												
娄底市	1627	10	8	2105	16739	1044	1	7		993.8								
湘西土家族苗族自治州	671	14	3	703	11573	275												

广东省分地区火灾综合情况

地区	火灾概况						较大火灾				重大火灾				特别重大火灾			
	起数	亡（人）	伤（人）	损失			起数	亡（人）	伤（人）	直接损失（万元）	起数	亡（人）	伤（人）	直接损失（万元）	起数	亡（人）	伤（人）	直接损失（万元）
				直接损失（万元）	烧毁建筑（平方米）	受灾户数												
合计	54711	117	107	56006.6	1217685	6311	8	29	1	4152.4								
广州市	8555	11	6	4986.1	78321	198	1	3		5								
韶关市	5594	13	24	2877.0	42281	393	1	4		117.8								
深圳市	1085		3	1223.1	9779	343												
珠海市	2007	6		1392.7	17457	350	1	4		0.5								
汕头市	3829	10	17	8637.4	41671	19	1	3		13								
佛山市	1489			411.6	19910	56												
江门市	1467	4	1	912.2	25434	81												
湛江市	975	4	4	631.0	113279	224												
茂名市	3876	7	3	2100.0	43092	86												
肇庆市	676	4	1	469.9	2610	67												
惠州市	4720	16	20	14531.1	79413	730	1	3		3945.4								
梅州市	3343	5	6	2207.8	20356	121	1	3		10								
汕尾市	2738	1	5	5606.8	45623	1541												
河源市	1261	3	2	676.5	20949	104												
阳江市	4518	9	5	1725.9	367157	254	1	5		50								
清远市	1995	2	2	884.1	59117	41												
东莞市	1381	4		2362.5	45305	248												
中山市	1981	1	2	2797.2	111240	508	1	4	1	10.7								
潮州市	1041	7	1	288.7	7120	151												
揭阳市	1384	10	3	814.1	38759	728												
云浮市	796		2	470.8	28812	68												

广西壮族自治区分地区火灾综合情况

地区	火灾概况						较大火灾				重大火灾				特别重大火灾			
	起数	亡（人）	伤（人）	损失			起数	亡（人）	伤（人）	直接损失（万元）	起数	亡（人）	伤（人）	直接损失（万元）	起数	亡（人）	伤（人）	直接损失（万元）
				直接损失（万元）	烧毁建筑（平方米）	受灾户数												
合计	13630	56	95	10928.5	586310	6428	4	22	4	2112.9								
南宁市	2933	0	17	1878.2	119544	1064												
柳州市	1430	3	2	1037.7	10529	539												
桂林市	1633	6	4	547.6	9832	1316												
梧州市	531	4	1	388.5	2916	76												
北海市	770	10	2	2457.7	30624	270	1	7	2	2029.3								
防城港市	446	6	3	393.0	265100	244	1	6		45.6								
钦州市	408	2	11	368.1	46139	218												
贵港市	1036	0	7	911.9	24606	429												
玉林市	1474	6	9	654.0	16404	652	1	3	2	30.9								
百色市	911	6	10	708.0	9159	485	1	6		7.1								
贺州市	412	2	18	217.7	16625	158												
河池市	638	10	9	426.3	6185	192												
来宾市	600	1	2	647.7	16709	453												
崇左市	408	0	0	292.1	11938	332												

海南省分地区火灾综合情况

地区	火灾概况						较大火灾				重大火灾				特别重大火灾			
	起数	亡（人）	伤（人）	损失			起数	亡（人）	伤（人）	直接损失（万元）	起数	亡（人）	伤（人）	直接损失（万元）	起数	亡（人）	伤（人）	直接损失（万元）
				直接损失（万元）	烧毁建筑（平方米）	受灾户数												
合计	4682	10	20	5007.2	5556695	861												
海口市	1189	3	9	858.6	132141	213												
三亚市	539			761.5	16963	81												
三沙市	0																	
儋州市	324			362.5	60165	66												
琼海市	249	1		163.7	37758	42												
文昌市	123	1		91.3	326732	13												
东方市	846			362.5	1010551	24												
洋浦经济开发区	62			17.2	50144	2												
万宁市	317			194.2	48055	119												
五指山市	31		1	32.3	1312	3												
乐东黎族自治县	116			901.8	14889	6												
澄迈县	162			165.2	237954	30												
临高县	103	1	4	168	16861	51												
定安县	111	1		40.5	57993	31												
屯昌县	86	1	3	106.6	55378	35												
陵水黎族自治县	87			190.9	307991	28												
昌江黎族自治县	176	2		280.1	2869609	16												
保亭黎族苗族自治县	67		2	40.7	4211	19												
琼中黎族苗族自治县	39		1	111.1	13870	18												
白沙黎族自治县	55			158.5	294118	64												

重庆市分地区火灾综合情况

地区	火灾概况						较大火灾				重大火灾				特别重大火灾			
	起数	亡（人）	伤（人）	损失			起数	亡（人）	伤（人）	直接损失（万元）	起数	亡（人）	伤（人）	直接损失（万元）	起数	亡（人）	伤（人）	直接损失（万元）
				直接损失（万元）	烧毁建筑（平方米）	受灾户数												
合计	11703	64	46	11277.6	113665	7517	1	3	1	5.7								
万州区	332	1	6	249.1	2749	173												
黔江区	153			255.9	2346	94												
涪陵区	454		1	371.6	5045	149												
渝中区	291	1		79.3	1289	69												
大渡口区	243	2	1	64.8	700	117												
江北区	512	2	3	334.6	2070	291												
沙坪坝区	556	2	6	639.6	4263	618												
九龙坡区	884	3	4	404.7	3516	805												
南岸区	782	1	1	406.4	2121	461												
北碚区	592	1		218.4	5753	396												
万盛经开区	64	1		816.3	976	34												
双桥经开区	40			39.6	176	36												
渝北区	1016	5		687.0	6636	301												
巴南区	451	2		1034.0	5271	286												
长寿区	151	1		122.5	1515	38												
两江新区	276	1	2	306.5	779	172												
江津区	574			709.7	3180	469												
合川区	393	2		238.1	5685	222												
永川区	305			133.9	2455	138												
南川区	211		1	188.0	3425	186												

重庆市分地区火灾综合情况（续）

地区	火灾概况						较大火灾				重大火灾				特别重大火灾			
	起数	亡（人）	伤（人）	损失			起数	亡（人）	伤（人）	直接损失（万元）	起数	亡（人）	伤（人）	直接损失（万元）	起数	亡（人）	伤（人）	直接损失（万元）
				直接损失（万元）	烧毁建筑（平方米）	受灾户数												
綦江区	320	1		207.5	2975	219												
大足区	329	2	3	760.6	4240	310												
璧山区	78			85.9	2817	52												
铜梁区	211		1	50.9	1220	167												
潼南区	183			152.4	3912	118												
荣昌区	35	1	2	23.2	667	14												
开州区	133	4	1	65.2	2986	94												
梁平区	80	5	1	49.6	1007	54	1	3	1	5.7								
武隆区	165			401.9	2531	91												
城口县	30		1	59.2	438	19												
丰都县	91	6		105.8	2114	74												
垫江县	196	2		189.2	4046	130												
忠　县	57	2		35.0	1812	58												
云阳县	194	2		193.9	887	164												
奉节县	290	3		194.4	1090	209												
巫山县	76	1		59.6	1357	54												
巫溪县	200	2		54.2	2084	171												
石柱县	79	2	9	132.6	1224	20												
秀山县	247	3	1	145.2	4108	113												
酉阳县	271		2	788.7	6816	211												
彭水县	158	3		222.6	5385	120												

四川省分地区火灾综合情况

地区	火灾概况						较大火灾				重大火灾				特别重大火灾			
	起数	亡（人）	伤（人）	损失			起数	亡（人）	伤（人）	直接损失（万元）	起数	亡（人）	伤（人）	直接损失（万元）	起数	亡（人）	伤（人）	直接损失（万元）
				直接损失（万元）	烧毁建筑（平方米）	受灾户数												
合计	29174	104	70	20919.5	319197	10069	5	16		49.2								
成都市	9576	21	21	6020.0	60281	2219												
自贡市	1002	1	6	355.1	5018	562												
攀枝花市	698	1		82.7	5121	27												
泸州市	1768	9	14	1742.2	28727	882												
德阳市	721	2	6	1688.3	13947	132												
绵阳市	2384	3	1	1507.8	19880	983	1	3		7.7								
广元市	790	8	1	1298.8	10046	205												
遂宁市	1083	1	4	1491.9	14670	608												
内江市	952	6		347.6	10203	229												
乐山市	896	2	1	347.0	14565	359												
南充市	1740	5	3	664.0	15768	1060												

四川省分地区火灾综合情况（续）

地区	火灾概况						较大火灾				重大火灾				特别重大火灾			
	起数	亡（人）	伤（人）	损失			起数	亡（人）	伤（人）	直接损失（万元）	起数	亡（人）	伤（人）	直接损失（万元）	起数	亡（人）	伤（人）	直接损失（万元）
				直接损失（万元）	烧毁建筑（平方米）	受灾户数												
眉山市	868	1	3	1230.8	24327	180												
宜宾市	1185	4	1	611.0	6771	208												
广安市	1489	10	2	639.4	14618	754	1	3		10.0								
达州市	1552	3	2	649.3	10676	891	1	3		10.0								
雅安市	359	1	2	428.6	7190	111												
巴中市	720	10	2	431.2	6596	405												
资阳市	520	7		351.2	12195	40	1	4		0.2								
阿坝藏族羌族自治州	225	2		257.7	5443	72												
甘孜藏族自治州	240	2		576.9	29775	108												
凉山彝族自治州	406	5	1	198.0	3380	34	1	3		21.3								

贵州省分地区火灾综合情况

地区	火灾概况						较大火灾				重大火灾				特别重大火灾			
	起数	亡（人）	伤（人）	损失			起数	亡（人）	伤（人）	直接损失（万元）	起数	亡（人）	伤（人）	直接损失（万元）	起数	亡（人）	伤（人）	直接损失（万元）
				直接损失（万元）	烧毁建筑（平方米）	受灾户数												
合计	13327	58	136	12988.0	183109	4865	8	38	13	190.6								
贵阳市	2372	17	10	2020.4	19231	304	1	7		93.1								
遵义市	1998	6	3	884.1	18338	252	2	6		26.4								
安顺市	1213	1	97	524.3	7532	590												
黔南布依族苗族自治州	1102	9	2	2787.2	28349	316	2	8		14.2								
黔东南苗族侗族自治州	1460	14	1	1432.7	30222	981	2	14		42.8								
铜仁市	1524	3	1	1506	21481	704												
毕节市	2053	8	20	1595	30393	1070	1	3	13	14.1								
六盘水市	770	0	1	1004.1	8465	236												
黔西南布依族苗族自治州	795	0	1	1051	18764	412												
贵安新区	40	0	0	183.2	334	0												

云南省分地区火灾综合情况

地区	火灾概况						较大火灾				重大火灾				特别重大火灾			
	起数	亡（人）	伤（人）	损失			起数	亡（人）	伤（人）	直接损失（万元）	起数	亡（人）	伤（人）	直接损失（万元）	起数	亡（人）	伤（人）	直接损失（万元）
				直接损失（万元）	烧毁建筑（平方米）	受灾户数												
合计	16716	96	72	10980.1	685727	9619	3	9		49.1								
昆明市	3052	33	32	2373.0	43787	3241	1	3		0.5								
曲靖市	1833	12	4	785.2	105760	1001												
玉溪市	788	11	5	318.3	14057	314	1	3		10.4								
保山市	1105	13		657.2	23457	387	1	3		38.2								
昭通市	1960	2	9	844.7	23219	466												
丽江市	559	2		200.0	9885	65												
普洱市	926	2		660.2	34607	570												
临沧市	852	1		297.4	18564	793												
楚雄彝族自治州	879	2	2	517.1	20623	571												
红河哈尼族彝族自治州	1125	3		826.3	163407	224												
文山壮族苗族自治州	967	5	12	1283.7	116683	890												
西双版纳傣族自治州	476	5	5	184.7	6451	422												
大理白族自治州	1473	3	3	1201.6	55531	298												
德宏傣族景颇族自治州	401			327.8	24470	230												
怒江傈僳族自治州	227	1		239.1	19719	79												
迪庆藏族自治州	93	1		263.8	5507	63												

西藏自治区分地区火灾综合情况

地区	火灾概况						较大火灾				重大火灾				特别重大火灾			
	起数	亡（人）	伤（人）	损失			起数	亡（人）	伤（人）	直接损失（万元）	起数	亡（人）	伤（人）	直接损失（万元）	起数	亡（人）	伤（人）	直接损失（万元）
				直接损失（万元）	烧毁建筑（平方米）	受灾户数												
合计	307	3		757.8	17007	99	1	3		2.0								
拉萨市	93			486.3	5681	44												
日喀则市	49	3		112.7	2258	12	1	3		2.0								
昌都市	75			89.6	1344	22												
林芝市	18			2.2	1100	7												
山南市	5			44.0	244	3												
那曲市	56			21.8	6341	7												
阿里地区	11			1.2	40	4												

陕西省分地区火灾综合情况

地区	火灾概况						较大火灾				重大火灾				特别重大火灾			
	起数	亡（人）	伤（人）	损失			起数	亡（人）	伤（人）	直接损失（万元）	起数	亡（人）	伤（人）	直接损失（万元）	起数	亡（人）	伤（人）	直接损失（万元）
				直接损失（万元）	烧毁建筑（平方米）	受灾户数												
合计	21582	72	53	16922.6	445173	14893	1	3	2	30.0								
西安市	5405	27	2	2113.3	70931	3854												
铜川市	339		1	281.6	7820	276												
宝鸡市	2518	5		2352.4	64803	1522												
咸阳市	2275	13	3	1674.2	45527	1820												
渭南市	3056	5	16	1608.9	87485	1447												
延安市	1173		7	2518.7	23842	537												
汉中市	1379	6	5	1402.2	18582	1164	1	3	2	30.0								
榆林市	2541	4	6	1350.9	68052	2264												
安康市	924	7	6	2042.2	14316	806												
商洛市	705	3	5	1065.8	13157	530												
西咸新区	1109	2	2	474.7	27654	566												
杨凌示范区	158			37.9	3004	107												

甘肃省分地区火灾综合情况

地区	火灾概况						较大火灾				重大火灾				特别重大火灾			
	起数	亡（人）	伤（人）	损失			起数	亡（人）	伤（人）	直接损失（万元）	起数	亡（人）	伤（人）	直接损失（万元）	起数	亡（人）	伤（人）	直接损失（万元）
				直接损失（万元）	烧毁建筑（平方米）	受灾户数												
合计	9176	31	2	5389.6	386988	2612	1	4	1	9.2								
兰州市	1497	9		1970.2	103737	295												
嘉峪关市	176	2	1	112.5	13096	63												
金昌市	260			232.0	7386	121												
白银市	624			475.2	18118	31												
天水市	723	1		328.6	8049	67												
武威市	395	1		121.6	19283	113												
张掖市	1261	1		446.6	63440	232												
平凉市	798	2		175.6	20952	168												
酒泉市	909			205.6	53689	569												
庆阳市	835	3		401.8	35979	167												
定西市	820	1		270.1	21011	116												
陇南市	533	5		156.1	10027	481												
临夏回族自治州	244	5	1	160.0	8213	134	1	4	1	9.2								
甘南藏族自治州	101	1		333.7	4007.1	55												

青海省分地区火灾综合情况

地区	火灾概况						较大火灾				重大火灾				特别重大火灾			
	起数	亡（人）	伤（人）	损失			起数	亡（人）	伤（人）	直接损失（万元）	起数	亡（人）	伤（人）	直接损失（万元）	起数	亡（人）	伤（人）	直接损失（万元）
				直接损失（万元）	烧毁建筑（平方米）	受灾户数												
合计	1597	12	3	2482.0	328861	469	1	4		40.0								
西宁市	812	4	0	380.7	69335	58												
海东市	205	1	0	355.5	43295	135												
海北藏族自治州	73	0	0	60.8	3255	53												
黄南藏族自治州	58	0	0	280.9	8176	14												
海南藏族自治州	86	0	0	698.4	78722	23												
果洛藏族自治州	62	3	1	83.9	111753	41												
玉树藏族自治州	77	4	2	236.8	4984	38	1	4		40.0								
海西蒙古族藏族自治州	145	0	0	101.2	6952	25												
格尔木市	79	0	0	283.8	2388	82												

宁夏回族自治区分地区火灾综合情况

地区	火灾概况						较大火灾				重大火灾				特别重大火灾			
	起数	亡（人）	伤（人）	损失			起数	亡（人）	伤（人）	直接损失（万元）	起数	亡（人）	伤（人）	直接损失（万元）	起数	亡（人）	伤（人）	直接损失（万元）
				直接损失（万元）	烧毁建筑（平方米）	受灾户数												
合计	5585	16	20	6725.5	455131	5179												
银川市	1683	6	4	2650.8	153835	1460												
石嘴山市	1146	4	10	2286.1	68839	1176												
吴忠市	1138	2	2	573.3	50077	1068												
固原市	894	1	0	772.9	102425	875												
中卫市	724	3	4	442.4	79955	600												

新疆维吾尔自治区分地区火灾综合情况

地区	火灾概况						较大火灾				重大火灾				特别重大火灾			
	起数	亡（人）	伤（人）	损失 直接损失（万元）	损失 烧毁建筑（平方米）	损失 受灾户数	起数	亡（人）	伤（人）	直接损失（万元）	起数	亡（人）	伤（人）	直接损失（万元）	起数	亡（人）	伤（人）	直接损失（万元）
小计	11457	31	15	10295.7	767750	4952	2	7		21.3								
乌鲁木齐市	1665	10	1	910.7	54044	330												
克拉玛依市	314			89.9	12767	67												
吐鲁番市	789	4		1712.1	21851	194	1	4		20.5								
哈密市	515			583.6	12096	218												
昌吉回族自治州	902	4		446	30966	343												
博尔塔拉蒙古自治州	104		2	112.8	6903	61												
巴音郭楞蒙古自治州	476	4	5	677.2	153693	246												
阿克苏地区	1131			1378.3	35191	534												
克孜勒苏柯尔克孜自治州	156			142.4	4375	54												
喀什地区	1296	6	2	1456.2	160195	806	1	3		0.8								
和田地区	529		3	251.2	21577	140												
伊犁哈萨克自治州	1784			797.4	87950	888												
塔城地区	945		2	1056.6	126001	693												
阿勒泰地区	449	2		602.3	26879	218												
石河子市	402	1		79	13262	160												

第三章　较大火灾情况

1月

1月1日1时许，贵州省黔东南苗族侗族自治州从江县丙妹镇上歹村四组一民房发生火灾，烧毁2栋木质结构房屋，过火面积200平方米，造成5人死亡，直接财产损失21.1万元。起火原因为电气线路故障引燃可燃物。剖析火灾事故教训：镇党委、政府和村两委未定期开展村寨督导检查及入户检查，公安派出所未依照职责开展农村村寨检查，消防监管工作存在“盲区”；部分党委、政府和行业部门消防安全责任落实不到位，特别是农村偏远地区消防工作薄弱；村寨志愿消防队、消防基础设施未发挥作用，消防水池无水和管理维护不到位，志愿消防队平时未开展常态化训练、演练和巡查，对消防器材装备使用操作不熟练，影响了初期火灾扑救；村民住宅内电气线路私拉乱接、使用不合格电器产品。根据火灾原因调查和责任认定，对9人进行免职处理，2人给予党内严重警告处分，4人给予党内警告处分，2人给予政务警告处分，8人诫勉谈话，1人警示约谈。

1月1日11时15分，云南省昆明市东川区陶苑新区一民宅发生火灾，过火面积12平方米，造成3人死亡，直接财产损失5000元。起火原因系人为放火。

1月2日5时50分，河北省廊坊霸州市鑫厚德家具有限公司活动板房发生火灾，造成3人死亡。起火原因为电气线路故障引燃可燃物。

1月5日15时40分，西藏自治区日喀则市萨迦县吉定镇一超市发生火灾，过火面积14平方米，造成3人死亡，直接财产损失2万元。起火原因为遗留火种引燃可燃物。

1月14日13时8分，浙江省杭州市拱墅区半山镇一工地发生厌氧罐顶部爆炸事故，造成3人死亡，直接财产损失3000元。事故原因为生产作业不慎。

1月19日12时45分，四川省广安市邻水县鼎屏镇滨南路一副食店发生火灾，过火面积89平方米，造成3人死亡，直接财产损失38.4万元。起火原因为遗留火种引燃可燃物。

1月25日2时30分许，重庆市梁平区回龙镇民安街一村民自建房发生火灾，过火面积32平方米，造成3人死亡、1人受伤，直接财产损失5.7万元。起火原因为遗留火种引燃可燃物。

1月26日4时36分，广西壮族自治区玉林北流市清水口镇清香街一民房发生火灾，造成3人死亡，直接财产损失30.9万元。起火原因为电动自行车电气线路故障引燃可燃物。

1月29日0时46分，贵州省黔南布依族苗族自治州三都水族自治县三合街道永康村夭寨2组一民房发生火灾，过火面积169平方米，造成3人死亡，直接财产损失11.7万元。起火原因为遗留火种引燃可燃物。

2月

2月1日4时许，广东省广州市海珠区南石头街道石岗路侯皇庙街一民房发生火灾，过火面积20平方米，造成3人死亡，直接财产损失5万元。起火原因为人为放火。

2月23日1时20分，广东省深圳市宝安区航城街道三围社区雅居苑统建楼东侧一临街商铺发生火灾，过火面积40平方米，造成4人死亡，直接财产损失117.8万元。起火原因为电气线路故障引燃可燃物。

3月

3月8日5时50分，贵州省黔东南苗族侗族自治州天柱县竹林镇竹林村竹林街一民房发生火灾，造成9人死亡，直接财产损失94.6万元。起火原因为电热取暖器引燃烘烤衣物等可燃物。剖析火灾事故教训：起火建筑为典型的“下店上宅”建筑，未进行防火分隔；竹林镇党委、政府落实消防安全责任不到位，火灾防范和应急救援能力弱，对城镇化进程下小型经营场所新业态火灾风险研判不足，开展小场所排查整治流于形式；消防宣传教育不到位，群众消防安全意识不强，火灾防范和自救互救能力弱；竹林镇消防基础设施建设滞后，专职消防队处置火灾能力弱，致使灭火救援时机延误。根据火灾原因调查和责任认定，事故责任人5人被免职、18人被问责，竹林镇政府等7个责任单位作出检查。

3月10日4时许，河南省驻马店市遂平县阳丰镇索店村一民房发生火灾，过火面积28.8平方米，造成3人死亡，直接财产损失7.8万元。起火原因为电气线路故障引燃可燃物。

3月14日2时31分，天津市东丽区天津中储棉有限公司发生火灾，过火面积700平方米，直接财产损失4022万元。起火原因为人为放火。

3月15日5时3分，新疆维吾尔自治区吐鲁番市高昌区新城社区团结巷一住宅发生火灾，过火面积156平方米，造成4人死亡，直接财产损失21.4万元。起火原因为电动自行车电气线路故障引燃可燃物。

3月16日13时48分，广东省汕头市潮南区仙城镇仙门城社区柏翘大道一民房发生火灾，过火面积30平方米，造成4人死亡。起火原因为电气线路短路引燃可燃物。

3月18日16时1分，贵州省遵义市习水县温水镇炉村村新建组一民房发生火灾，过火面积100平方米，造成3人死亡，直接财产损失17.5万元。起火原因为遗留火种引燃可燃物。

3月23日4时48分，江西省上饶市鄱阳县九鸿天鹅广场A区一商铺发生火灾，造成3人死亡，直接财产损失26万元。起火原因为电动自行车电气线路故障引燃可燃物。

3月23日22时9分，安徽省阜阳市颍上县江心洲安置区一民宅发生火灾，过火面积20平方米，造成5人死亡、1人受伤，直接财产损失14.2万元。起火原因为电动自行车电气线路故障引燃可燃物。剖析火灾事故教训：消防安全主体责任不落实，住户消防安全意识淡薄，房屋违规建设问题突出，地方政府及相关行业部门消防安全监管不到位。

4月

4月2日10时50分，江苏省宿迁市沭阳县艾森家居股份有限公司发生火灾，造成5人死亡、2人受伤，过火面积3000平方米，直接财产损失800万元。起火原因为厂房在海绵包生产制作时，因摩擦、喷胶等导致海绵包静电累积，放置海绵包过程中弹簧扰动时与海绵产生间隙形成刷形放电，引燃海绵包内聚集的胶粘剂挥发的可燃气体，继而引燃可燃物。剖析火灾事故教训：厂房内部未设固定消防设施，未设防火分区，无防火分隔；派出所监督执法不规范，日常检查流于形式；企业主体责任不落实，未明确产权人与承租人之间的消防安全职责，企业内部消防安全职责不清、责任不明；安全培训流于形式，生产工艺没有操作规程，危险工段作业人员随意操作，新员工无任何岗前培训；消防安全意识淡薄，员工不会使用灭火器，火灾发生十分钟后才报警，听到逃生呼喊后有员工仍在作业，且有员工逃生后又返回寻找钱物。根据火灾原因调查和责任认定，5名事故责任人被刑事拘留，12名公职人员被宿迁市纪委监委处理。

4月12日6时15分，新疆维吾尔自治区喀什地区喀什市航天路其尼瓦克社区12组一民房发生火灾，过火面积10平方米，造成3人死亡，直接财产损失8000元，起火原因为不当使用燃气取暖器引燃可燃物。

4月24日0时30分，贵州省遵义市习水县九龙街道马皇坝村关边组一民房发生火灾，造成3人死亡，直接财产损失7.7万元。起火原因为电气线路短路引燃可燃物。

4月28日0时30分，四川省绵阳江油市体育路1巷1号成都铁路分局江油机务段A区一民宅发生火灾，过火面积70.7平方米，造成3人死亡，直接财产损失7.8万元。起火原因为电取暖器底座异常发热起火引燃可燃物。

4月30日8时38分，内蒙古自治区鄂尔多斯市鄂托克旗蒙西工业园鄂尔多斯市华冶煤焦化有限公司发生火灾，过火面积10平方米，造成4人死亡，直接财产损失95.5万元。起火原因为员工生产作业不慎发生爆燃事故。

5月

5月3日14时27分，湖南省永州市祁阳县八宝镇浦塘社区一民房发生火灾，过火面积45平方米，造成3人死亡、2人受伤，直接财产损失8万元。起火原因为电气线路故障引燃可燃物。

5月6日13时25分，山西省朔州市右玉县右卫镇王四窑村一民房发生火灾，过火面积200平方米，造成4人死亡，25间房屋烧毁，160头牲畜死亡，直接财产损失22.8万元。起火原因为遗留火种引燃可燃物。

5月7日2时43分，四川省资阳市安岳县兴隆镇金龙村九组一民房发生火灾，过火面积22平方米，造成4人死亡，直接财产损失2100元。起火原因为人为放火。

5月10日23时50分，湖北省恩施土家族苗族自治州巴东县信陵镇顺发客运站批发市场发生火灾，过火面积4870平方米，130家商户受灾，直接财产损失4600万元，未造成人员伤亡。起火原因为人为放火。

5月16日0时59分，贵州省黔南布依族苗族自治州惠水县文化路一小吃店发生火灾，过火面积36平方米，造成5人死亡，直接财产损失2.5万元。起火原因为电气线路故障引燃可燃物。剖析火灾事故教训：电气线路私拉乱接，使用不合格电器产品，大量使用各类电器设备，电气线路超负荷运行；商铺夹层堆放可燃物，且有人员住宿，窗户均设置不锈钢防盗栏，未开设逃生救援窗口，火灾发生后，被困人员不能第一时间逃离；群众消防安全意识淡薄，报警晚，错过最佳救援时机；职能部门履职不到位，小场所监管存在盲区漏洞。根据火灾原因调查和责任认定，11名政府工作人员被黔南布依族苗族自治州政府处理。

5月17日2时53分，甘肃省临夏回族自治州临夏县土桥镇南街一民房发生火灾，过火面积53平方米，造成4人死亡，直接财产损失9.2万元。起火原因为蓄电池接线柱与金属搭接形成电流回路，局部产生高温引燃可燃物。

5月21日2时34分，江苏省苏州市吴江区同里镇明清街一民房发生火灾，过火面积60平方米，造成3人死亡、1人受伤，直接财产损失10.3万元。起火原因为使用电加热器具不慎引燃可燃物。

5月22日0时30分，浙江省温州市瓯海区梧田街道振霞路一民房发生火灾，过火面积20平方米，造成3人死亡、1人受伤，烧毁家具、空调、衣物等物品，直接财产损失8000元。起火原因为电气线路故障引燃顶棚可燃物。

5月28日1时许，安徽省淮南市凤台县尚塘乡一民房发生火灾，过火面积1500平方米，造成5人死亡，直接财产损失137.1万元。起火原因为电气线路故障引燃可燃物。剖析火灾事故教训：事故建筑房主违规将原建筑进行扩建改造，改造时将原有室外疏散楼梯改为室内敞开式楼梯间，且未采用封闭楼梯间；建筑外窗设置户外广告牌，影响逃生和救援；店内消防安全措施不符合消防安全技术要求；事故场所人员违规居住；地方政府及相关部门消防安全监管不到位。

6月

6月4日0时52分，广东省佛山市顺德区伦教街道常教社区承恩里六巷一居民自建住宅楼发生火灾，过火面积22平方米，造成3人死亡，直接财产损失16.9万元。起火原因为电气线路故障引燃可燃物。

6月13日19时57分，江苏省无锡市滨湖区仙河苑3期一民房发生火灾，过火面积30平方米，造成4人死亡，直接财产损失8.9万元。起火原因为电器设备故障引燃可燃物。

6月14日21时许，河南省开封市鼓楼区自由路东段一民房发生火灾，过火面积70平方米，造成3人死亡，直接财产损失37.5万元。起火原因为楼梯间下方电吹风机在通电开启状态下持续发热引燃可燃物。

6月17日9时52分，湖南省娄底市双峰县永丰街道双湄路一心电器服务中心物流配送站发生火灾，过火面积450平方米，造成7人死亡，直接财产损失173.6万元。起火原因为遗留火种引燃可燃物。剖析火灾事故教训：起火现场易燃可燃物品堆放密集，火灾荷载大，未采取禁烟禁火措施，工作人员乱扔烟蒂；初期火灾处置不力，火灾短时间内迅速蔓延；员工对火灾危害性估计不足，逃生不及时，二层设置防盗窗影响逃生。根据火灾原因调查和责任认定，3 名事故责任人涉嫌重大责任事故罪被检察院批捕。

6 月 18 日 7 时 25 分，广西壮族自治区防城港市防城区中新路一民房发生火灾，造成 6 人死亡，直接财产损失 45.6 万元。起火原因为电气线路故障引燃可燃物。剖析火灾事故教训：起火建筑一层店铺内停放电动自行车，堆放电动自行车配件及生活用品等易燃物，未采取防火分隔措施，电动自行车起火后，逃生通道被热烟气封堵，无法逃生。

6 月 25 日 18 时 42 分，湖北省黄冈麻城市夫子河镇北门村北门湾一民房发生火灾，过火面积 30 平方米，造成 3 人死亡，直接财产损失 4000 元。起火原因为电器设备故障引燃可燃物。

7月

7 月 2 日 4 时 50 分许，广东省湛江市遂溪县遂城镇友谊新村一居民自建楼房发生火灾，过火面积 240 平方米，造成 5 人死亡，直接财产损失 50 万元。起火原因为电气线路故障引燃可燃物。剖析火灾事故教训：起火建筑室内装修可燃易燃物多，火灾载荷大；电气线路安装不规范；逃生出口年久失修，人员逃生路线选择错误；群众安全用电知识缺乏，消防安全意识淡薄，消防救援通道占用严重。

7 月 8 日 5 时许，贵州省贵阳市花溪区孟关国际汽配城 A8 栋一汽车用品商铺发生火灾，过火面积 60 平方米，造成 7 人死亡，直接财产损失 489.1 万元。起火原因为电气线路故障引燃可燃物。剖析火灾事故教训：物业管理公司未指定消防安全管理人，消防安全管理制度缺失，消防安全检查、巡查流于形式，消防设施陈旧缺失，部分消防设施长期处于瘫痪状态；基层消防安全管理组织松散，消防安全“网格化”管理工作落实不力，未建设汽配城专职消防队，开展消防安全隐患排查整治不彻底。根据火灾原因调查和责任认定，事故责任人有 4 人被移交司法机关处理，5 人被移交市纪委监委依法给予党纪政务处分；9 人被给予通报，作出书面检查。

7 月 27 日 23 时 24 分，四川省凉山彝族自治州越西县普雄镇一五金商贸店发生火灾，过火面积 130 平方米，造成 3 人死亡，直接财产损失 21.3 万元。起火原因为电气线路故障引燃可燃物。

7 月 30 日 5 时 20 分许，河南省周口市鹿邑县高集乡一床垫窗帘批发店发生火灾，过火面积 176 平方米，造成 5 人死亡，直接财产损失 10.3 万元。起火原因为电气线路故障引燃可燃物。剖析火灾事故教训：起火建筑属于“三合一”场所，采用聚苯乙烯泡沫夹芯彩钢板和方钢搭建，火灾发生后彩钢板房坍塌，封堵逃生路线；电气线路随意敷设，未进行穿管保护；辖区政府对火灾隐患督促整改不到位。根据火灾原因调查和责任认定，事故责任人 1 人被追究刑事责任，15 名公职人员被给予党纪政务处分，鹿邑县政府、高集乡党委、高集乡政府作书面检讨。

8月

8 月 5 日 2 时 58 分，天津市宝坻区口东镇一生活垃圾处理发电项目在建工地发生火灾，过火面积 512 平方米，造成 4

人死亡、2 人受伤，直接财产损失 6000 元。起火原因为人为放火。

8 月 5 日 5 时 24 分，广西壮族自治区百色市右江区太平街隆平巷一民房发生火灾，过火面积 30 平方米，造成 6 人死亡，烧毁家具、电动自行车、摩托车等，直接财产损失 47.3 万元。起火原因为电动自行车电气线路故障引燃可燃物。剖析火灾事故教训：起火建筑为 5 层自建房，电动自行车停放于一层门厅内，未采取防火分隔，电动自行车起火后，有毒热烟气通过楼梯向上迅速蔓延，导致人员窒息死亡。

8 月 7 日 23 时 23 分，上海市静安区永兴路 928 弄中海万锦城一民宅发生火灾，过火面积 30 平方米，造成 4 人死亡，直接财产损失 48.7 万元。起火原因为电动自行车充电过程中起火。

8 月 8 日 5 时 14 分，江苏省南京市鼓楼区金陵村小区一民宅发生火灾，造成 3 人死亡，直接财产损失 4.8 万元。起火原因为电动自行车充电过程中起火。

8 月 8 日 14 时，福建省泉州晋江市陈埭镇西坂村锦后路一民房发生火灾，过火面积 750 平方米，造成 8 人死亡，直接财产损失 103.7 万元。起火原因为违规焊割遗留火种引燃可燃物。剖析火灾事故教训：电焊工无证违章操作，现场未落实动火监护及防护措施；建筑结构为敞开式竖向井道形成“烟囱效应”，火势迅速向上蔓延；起火建筑逐层分租，消防安全管理混乱，建筑管理者未明确安全管理责任，未对疏散楼梯、消防设施统一维护、管理，建筑内车间、仓库设置混杂，火灾荷载大；业主和各承租经营单位均未组织消防应急演练，从业人员消防安全意识淡薄；政府部门管理缺位，开展消防安全检查不全面，辖区消防部门督促落实消防安全责任不到位，督促整治火灾隐患不力。根据火灾原因和责任认定，2 名事故责任人被追究刑事责任，15 名公职人员被给予党纪政务处分。

8 月 10 日 3 时 51 分，湖北省孝感市云梦县下辛店镇辛宜西路一小卖部发生火灾，过火面积 116 平方米，造成 4 人死亡，直接财产损失 35.7 万元。起火原因为电动自行车电气线路故障引燃可燃物。

8 月 15 日 11 时 57 分，安徽省合肥市鑫陆达物流园 1 号建筑和欧锋电器有限公司 1 号、2 号建筑发生火灾，过火面积 10000 平方米，烧毁烧损机械设备、汽车配件、生活用品、日用百货、家用电器等，直接财产损失 4386.3 万元，未造成人员伤亡。起火原因为电气线路故障引燃可燃物。

8 月 28 日 2 时 12 分，河南省周口市淮阳区齐老乡柳南村大街一超市发生火灾，过火面积 90 平方米，造成 3 人死亡，直接财产损失 38.8 万元。起火原因为电气线路故障引燃可燃物。

8 月 31 日 1 时 50 分许，贵州省毕节黔西市莲城街道莲城社区公园巷一民房发生火灾，过火面积 184 平方米，造成 3 人死亡、13 人受伤，直接财产损失 150 万元。起火原因为电动三轮车充电起火引燃可燃物。剖析火灾事故教训：起火建筑为敞开楼梯间，居住场所与经营场所未设置有效防火分隔，可燃物多，起火时形成“烟囱效应”；人员消防安全意识淡薄，缺乏消防自救逃生常识；消防基础设施和器材缺乏。根据火灾原因和责任认定，1 名事故责任人涉嫌失火罪被公安机关采取刑事措施，7 名公职人员被追究责任。

9月

9月22日5时2分，上海市宝山区汶水路1585弄龙珠苑一民宅发生火灾，过火面积300平方米，造成5人死亡、1人受伤，直接财产损失43.1万元。起火原因为电动自行车充电起火引燃可燃物。剖析火灾事故教训：起火建筑部分为泡沫夹芯板钢架结构，耐火等级低；电动自行车起火后火势发展猛烈，产生大量有毒烟气堵塞疏散通道，被困人员逃生受阻。根据火灾原因和责任认定，2名事故责任人以失火罪分别被判处有期徒刑四年和有期徒刑三年、缓刑三年。

9月25日15时许，广东省东莞市松山湖高新技术产业开发区华为团泊洼项目一在建实验室发生火灾，过火面积4100平方米，造成3人死亡，烧毁烧损部分建筑结构、微波吸收材料、设备、办公用品、汽车等，直接财产损失3945万元。起火原因为电焊作业遗留火种引燃可燃物。剖析火灾事故教训：消防安全主体责任落实不到位，施工现场安全管理不到位，供应材料阻燃性不符合标准；施工建造的暗室钢结构不符合规定，火灾发生后短时间内整体坍塌，安全风险评估和防范不足，监督检查不力；电焊作业动火审核把关不严，消防、技防手段应用不足，工作人员消防安全意识淡薄。

10月

10月10日6时57分，上海市浦东新区塘桥新路一自行车行发生火灾，过火面积15平方米，造成3人死亡、2人受伤，直接财产损失40万元。起火原因为锂电池充电起火引燃可燃物。

10月16日10时29分，山西省阳泉市盂县顺意温泉疗养中心装修工程外墙保温施工工地发生火灾，过火面积1500平方米，造成3人死亡、1人受伤，直接财产损失382.4万元。起火原因为气焊作业遗留火种引燃杂物。

10月20日22时20分，湖南省郴州市宜章县梅田镇建设路一民房发生火灾，过火面积40平方米，造成3人死亡，直接财产损失16.9万元。起火原因为电气线路故障引燃可燃物。

10月21日3时33分，江西省南昌市新建区坚磨大道江西维科技术有限公司在建工地工棚发生火灾，过火面积18平方米，造成3人死亡、2人受伤，直接财产损失1.2万元。起火原因为人为放火。

10月25日1时57分，江苏省常州市武进区常州信息职业技术学院南门对面一商铺发生火灾，过火面积1000平方米，造成5人死亡、2人受伤，直接财产损失300万元。起火原因为人为放火。

11月

11月2日11时45分，广西壮族自治区北海市中石化北海液化天然气有限责任公司发生火灾，过火面积2000平方米，造成7人死亡、2人受伤，直接财产损失2029.3万元。起火原因为动火作业过程中，隔离阀门开启，液化天然气（LNG）泄漏起火。剖析火灾事故教训：事故单位未落实安全主体责任，规章制度执行不严格，安全管控不到位，施工现场管理混乱；工作人员安全意识淡薄、违规施工作业；应急逃生路线不明确。

11月3日2时37分，江苏省徐州市

云龙区民富园一民宅发生火灾，过火面积16平方米，造成3人死亡，直接财产损失2.7万元。起火原因为遗留火种引燃可燃物。

11月6日9时20分，吉林省长春市双阳区鹿乡镇长春世鹿鹿业集团有限公司在建库房发生火灾，过火面积350平方米，造成5人死亡、1人受伤，直接财产损失80万元。起火原因为电焊作业引燃聚氨酯泡沫保温材料。剖析火灾事故教训：起火建筑立项与实际用途不符，建筑局部外墙和屋顶结构为聚苯乙烯泡沫夹芯板，外墙和屋顶内表面、房间内表面喷涂聚氨酯泡沫保温材料，火灾负荷大；现场空间相对封闭，聚氨酯泡沫燃烧速度快，挥发大量可燃气体，迅速发生轰燃，人员逃生难；单位消防安全意识薄弱，未落实消防安全制度，消防安全防范措施不到位，对于基本防火、灭火、逃生技能不掌握；擅自降低施工标准，大量采用易燃聚氨酯泡沫保温材料进行装修。根据火灾原因调查和责任认定，事故责任人5人被采取刑事措施。

11月13日8时57分，广东省中山市小榄镇绩西庆丰一路中山市矽立硅胶制品厂生产车间发生火灾，过火面积244平方米，造成3人死亡。起火原因为生产工人违反生产安全操作规程在车间内倾倒溶剂油（白电油）过程中产生静电，静电聚集点燃白电油。

11月19日5时许，青海省玉树藏族自治州玉树市双拥街双拥四小区一民房发生火灾，过火面积25平方米，造成4人死亡，直接财产损失40万元。起火原因为人为放火。

11月24日0时14分，福建省莆田市荔城区西天尾镇澄渚村一民房发生火灾，过火面积30平方米，造成3人死亡，直接财产损失15万元。火灾原因为人为放火。

11月28日2时56分，安徽省芜湖市弋江区汇成名郡YOU派公寓一楼一制冷设备维修服务部门面发生火灾，造成3人死亡，直接财产损失68.6万元。起火原因为地面插线板电源线电气线路短路。

12月

12月5日0时30分，河北省沧州市南皮县南皮镇南街村一民房发生火灾，过火面积15平方米，造成3人死亡，直接财产损失1.3万元。起火原因为火炕过热引燃上方被褥。

12月11日2时7分，云南省玉溪市红塔区北城街道北城社区文星街一民房发生火灾，过火面积151平方米，造成3人死亡，直接财产损失10.4万元。起火原因为插座发生短路引燃可燃物。

12月13日22时43分，四川省达州市达川区河市镇正街一民房发生火灾，过火面积650平方米，造成3人死亡，直接财产损失105.7万元。起火原因为电气线路故障引燃可燃物。

12月14日0时20分，湖南省张家界市慈利县零阳镇一鸣雅居小区一民宅发生火灾，过火面积11平方米，造成3人死亡，直接财产损失15.2万元。起火原因为使用电烤炉不慎引燃可燃物。

12月16日1时45分，广东省潮州市潮安区庵埠镇文里村文亨路一民房发生火灾，过火面积80平方米，造成4人死亡、1人受伤，直接财产损失11.6万元。起火原因为电气线路短路引燃可燃物。

12月19日0时46分，黑龙江省绥

化安达市万宝山镇工业园区海纳贝尔化工有限公司生产车间一台乳化反应釜爆炸起火，过火面积 1130 平方米，造成 4 人死亡、3 人受伤，直接财产损失 83.5 万元。事故原因为生产作业不慎。

12 月 19 日 15 时 21 分，陕西省汉中市略阳县兴州街道办事处小东街一民用建筑发生火灾，过火面积 63 平方米，造成 3 人死亡、2 人受伤，直接财产损失 30 万元。起火原因为泡泡机变压器故障引燃可燃物。

12 月 22 日 3 时 20 分，山东省烟台龙口市龙港街道办事处兴隆庄村一民房发生火灾，过火面积 800 平方米，造成 4 人死亡，直接财产损失 450 万元。起火原因为取暖炉穿墙处的高温烟管引燃可燃物及聚苯乙烯泡沫夹芯板。

12 月 27 日 9 时 45 分，云南省保山腾冲市腾越街道办事处洞坪社区山面组一民房发生火灾，过火面积 528 平方米，造成 3 人死亡，直接财产损失 45.8 万元。起火原因为电气线路故障引燃可燃物。

第四章　重大火灾情况

山西太原“10·1”台骀山滑世界农林生态游乐园有限公司火灾

2020 年 10 月 1 日，位于山西省太原市迎泽区郝庄镇小山沟村的太原台骀山滑世界农林生态游乐园有限公司四季冰雕馆发生重大火灾事故，过火面积 2258 平方米，造成 13 人死亡、15 人受伤，直接财产损失 1790 万元。事故发生后，党中央、国务院有关领导先后作出重要批示，国务院安全生产委员会对事故查处工作进行挂牌督办，并派出工作组督促指导事故调查。山西省委、省政府主要领导第一时间赶赴现场指挥抢险救援工作，并在全省部署开展安全生产风险隐患排查治理、人员密集场所消防安全专项整治行动。省政府于事故发生当日成立了事故调查组，组织消防、建筑等方面专家参与事故调查。省纪委监委成立事故责任追究审查调查组，对有关地方党委政府、相关部门和人员涉嫌违法违纪及失职渎职问题开展调查，提出责任认定意见。

一、基本情况

（一）起火单位情况

太原台骀山滑世界农林生态游乐园有限公司于 2014 年 12 月 3 日注册成立，该公司为家族式企业，有正式员工 107 人，同时根据季节性需要临时聘用 100 余人。该游乐园于 2013 年 3 月开工建设，逐步建成滑世界乐园、碉堡文化园、根祖文化园、野生植物园四大主题园，年接待游客约 40 万人次，高峰期每天游客约 5000 人次，平时约 1000 人次。

（二）冰雕馆基本情况

冰雕馆位于台骀山游乐园西北处，依山谷而建，南北两侧为山体，东西长 133.9 米，东口宽 32.8 米、西口宽 9 米，高 8.2 米，总建筑面积为 2258 平方米，于 2014 年 2 月开始建设，2014 年底建成。该项目主体工程无专业设计、无资质施工、无监理单位、无竣工验收。冰雕由哈尔滨瑞景冰雪文化艺术发展有限公司设计、制作、安装。2015 年 2 月 13 日对外营业后，正式员工 9 名。2020 年受疫情影响，3 月恢复对外营业。

（三）起火建筑总体结构

冰雕馆主体为钢架结构，南北两侧外墙 4 米以上用彩钢板围护，顶部为彩钢板封闭。内部喷涂约 15 厘米厚的聚氨酯作保温层，同时用约 14 厘米厚的聚苯乙烯夹芯彩钢板隔离成两个相对独立的部分，南侧为小火车通道，北侧为冰雕游览区（主体建筑 1 层、局部 2 层）。小火车通道照明线路均采用铰接方式连接，敷设在聚苯乙烯夹芯彩钢板上，并被聚氨酯保温材料覆盖。冰雕游览区共有 5 个安全出口，分别是东侧一楼入口、东侧二楼出口、西侧出口、南侧 2 个出口。小火车通道内有 10 个应急照明灯具、5 具灭火器；

冰雕游览区内有 2 个应急照明灯具，24 具灭火器。

二、事故原因及起火经过

（一）事故原因

经现场勘验、调查询问、视频分析、技术鉴定及专家论证，认定起火点位于火车通道内北侧距西口 6~11 米处。引发火灾的直接原因是：当日景区 10 千伏供电系统故障维修结束恢复供电后，景区电力作业人员在将自备发电机供电切换至市电供电时，违章进行了带负荷快速拉、合隔离开关操作，在火车通道照明线路上形成的冲击过电压，击穿了装饰灯具的电子元件造成短路；通道内照明电气线路设计、安装不规范，采用的无漏电保护功能大容量空气开关无法在短路发生后及时跳闸切除故障，持续的短路电流造成电子元件装置起火，引燃线路绝缘层及聚氨酯保温材料，进而引燃聚苯乙烯泡沫夹芯板隔墙及冰雕馆内的聚氨酯保温材料。

（二）起火经过

10 月 1 日 7 时 34 分，台骀山游乐园 10 千伏线路发生故障，为保证正常营业，8 时 50 分许景区水电部工作人员卢某开启了 4 台自备发电机供电。故障排除后，12 时 51 分 44 秒，卢某在未将低压用电设备及发电机断开的情况下，直接将单刀双掷隔离开关从自备发电机端切换至市电端；12 时 57 分 49 秒，火车通道内装饰灯具熄灭；12 时 59 分 22 秒，火车通道西口开始冒烟，12 时 59 分 37 秒出现明火；12 时 59 分 38 秒，冰雕游览区内西南侧开始冒烟；13 时 8 秒，浓烟从火车通道及冰雕游览区东口涌出。事故发生时，冰雕游览区内共有 28 名游客被困。

三、处置经过

10 月 1 日 13 时 1 分 31 秒，太原市消防救援支队指挥中心接到报警，随后省、市、区三级迅速开展应急响应。省政府主要领导率领工作组赶赴现场指挥抢险救援。各级消防、应急、公安、文旅、卫健等部门迅速组织 19 支应急队伍、276 名救援人员，并调集 48 辆救援车辆赶赴现场，全力展开现场灭火和人员搜救行动。

13 时 48 分，首战力量郝庄消防救援站 3 车 15 人和大东关消防救援站 2 车 13 人到场，在火场西北侧上风方向建立作战阵地，出 2 支水枪在西北侧控制火势，出 1 支水枪掩护搜救组从西侧通道进入内部搜索被困人员。14 时 7 分，大营盘消防救援站 3 车 10 人到场，对北侧屋顶实施破拆，并在东北侧山坡上设置 2 名安全观察员，不间断实施外部观察。

14 时 8 分，太原支队全勤指挥部到场，确定了“救人第一、排烟降毒、快速灭火”的处置原则，制定扩大警戒、加强防护、破拆排烟、查明危险源的作战措施。

14 时 13 分，太原支队特勤一站 3 车 21 人和大东关消防救援站 3 车 7 人到场。14 时 30 分，搜救组在距离北侧出口 40 米处、小火车隧道南侧的游览区低洼处搜救出 1 名被困人员。14 时 40 分、43 分、46 分、49 分、57 分，搜救组先后在同一区域内搜救出 5 名被困人员。

15 时 9 分，太原支队特勤二站 2 车 17 人、长风消防救援站 2 车 12 人到场，成立 2 个攻坚组，并进入内部纵深灭火，与北侧、东侧形成三方合力，加快内攻灭火搜救速度。15 时 12 分，广场消防救援站 3 车 13 人到场，成立 1 个搜救组从小火车隧道东侧进入。15 时 30 分，北大街消防救援站 1 车 6 人到场，成立 1 个排烟组在南侧实施墙体破拆。

15 时 32 分，山西省消防救援总队全勤指挥部、灭火救援专家组、火调专家组相继到达现场，并研究提出具体作战要求。

15 时 50 分，广场消防救援站搜救出 1 名被困人员。16 时，现场明火被基本扑灭。16 时 10 分，太原支队特勤一站搜救出 1 名被困人员。16 时 12 分、16 时 13 分相继搜救出 2 名被困人员。16 时 37 分、16 时 45 分、49 分，再次搜救出 3 名被困人员。至此，被困人员被全部搜寻出。

搜救结束后，指挥部组织两支攻坚力量深入内部地毯式搜救和清理余火，经先后 10 次内部反复搜索，确认无人员被困和无复燃可能后，18 时 30 分，整个灭火救援行动结束。

四、事故责任处理情况

公安机关依法对事故企业法定代表人韩某、董事长兼总经理韩某某等 13 名责任人采取刑事措施，对其中 6 名责任人依法进行逮捕、7 名责任人依法监视居住，并移送检察机关进行公诉。山西省文旅厅、太原市文旅局、太原市林业局、太原市城管局、迎泽区文旅局、迎泽区消防救援大队、太原市原国土局迎泽分局以及迎泽区委、区政府等单位 38 名有关公职人员，被给予党纪政务处分或组织处理。太原市委、市政府向省委、省政府作出深刻书面检查，迎泽区委、区政府向太原市委、市政府作出深刻书面检查。

第七篇

英 模 录

第一章 烈 士 名 录

2020年度全国消防救援队伍烈士名录

马小龙 生前系青海省海东市化隆回族自治县迎宾大道消防救援站特勤分队班长

韦安伟 生前系广西壮族自治区河池市天峨县消防救援大队峨城消防救援站政府专职消防队员

杨 鹏 生前系北京市大兴区黄村消防救援站灭火救援二班消防员

王 建 生前系北京市大兴区黄村消防救援站政治指导员

张五洲 生前系江西省南昌市消防救援支队梅岭消防救援站政府专职消防队员

徐济鑫 生前系江西省南昌市消防救援支队梅岭消防救援站政府专职消防队员

李义奎 生前任四川省德阳市广汉市佛山路消防救援站政治指导员兼初级专业技术职务

陈 陆 生前系安徽省合肥市庐江县消防救援大队政治教导员

赵 丹 生前系甘肃省陇南市文县贾昌消防救援站通信保障班消防员

黄 强 生前系河南省洛阳市消防救援支队锦屏大道消防救援站一班班长

郭冰冰 生前系河南省洛阳市消防救援支队兴宜路消防救援站政府专职消防队员

牛壮军 生前系河北省衡水市消防救援支队和平路消防救援站一班副班长

彭 迪 生前系安徽省马鞍山市消防救援支队向山消防救援站副站长

马小龙烈士事迹

马小龙，男，中共党员，汉族，甘肃镇原人，1988年2月出生，2006年12月参加工作，生前系青海省海东市化隆回族自治县迎宾大道消防救援站特勤分队班长，一级消防士消防救援衔。

入职以来，马小龙工作踏实、勤勤恳恳，始终把“人民消防为人民”的铮铮誓言牢记心中。2010年“4·14”玉树抗震救灾中马小龙带领搜救犬“小虎”共搜寻被困人员26人，其中生还14人。他所在的搜救犬分队被中共中央、国务院、中央军委授予“全国抗震救灾英雄集体”，马小龙被原公安部消防局表彰为“玉树抗震救灾先进个人”，被青海省公安厅荣记个人一等功。2020年2月4日，在成功处置一起交通侧翻困人事故后，马小龙在前往扑救山火途中因保护队友而英勇牺牲。

2020 年 2 月 10 日，马小龙被应急管理部批准为烈士。

韦安伟烈士事迹

韦安伟，男，瑶族，广西天峨人，1994 年 7 月出生，2014 年 12 月参加工作，生前系广西壮族自治区河池市天峨县消防救援大队峨城站政府专职消防队员。

2020 年 4 月 12 日 4 时 31 分，韦安伟在增援扑救南丹县城关农贸市场火灾过程中，因市场建筑物在高温烘烤下突然垮塌，不慎被建筑横梁埋压，英勇牺牲。

2020 年 4 月，韦安伟被广西壮族自治区人民政府批准为烈士。被共青团广西区委追授“优秀共青团员”。

杨鹏烈士事迹

杨鹏，男，汉族，山西阳泉人，1996 年 10 月出生，2017 年 9 月参加工作，生前系北京市大兴区黄村消防救援站灭火救援二班消防员，四级消防士。

2020 年 6 月 12 日 17 时许，北京市大兴区百联清城商务楼 B 座 19 层发生火灾。接到报警后，杨鹏随队赶赴现场处置。杨鹏作为侦察搜救组成员深入火场内部搜救，因高温浓烟影响，空气呼吸器供气不足，体力透支严重，在回撤途中失去意识，被送往医院抢救。经医院全力抢救无效，于 6 月 12 日 20 时 23 分不幸壮烈牺牲。

2020 年 6 月 14 日，杨鹏被应急管理部批准为烈士。被应急管理部消防救援局追认为中国共产党党员、追记一等功，被共青团北京市委员会、北京市人力资源和社会保障局追授“北京青年五四奖章”。

王建烈士事迹

王建，男，中共党员，汉族，陕西咸阳人，1986 年 9 月出生，2010 年 6 月参加工作，生前系北京市大兴区黄村消防救援站党支部书记、政治指导员，专业技术一级指挥员。

2020 年 6 月 12 日 17 时，北京市大兴区百联清城商务楼 B 座 19 层发生火灾。接到报警后，王建带队赶赴现场处置。王建带领两名指战员作为第一到场力量组成侦察搜救组，冒着高温浓烟深入火场内部搜救，因高温浓烟影响，空气呼吸器供气不足，体力透支严重，在回撤途中失去意识，于当日 18 时 5 分被送往医院抢救。经医院多日全力救治无效，于 6 月 21 日 13 时 10 分不幸壮烈牺牲。

2020 年 6 月 23 日，王建被应急管理部批准为烈士。被应急管理部消防救援局追记一等功，被共青团北京市委员会、北京市人力资源和社会保障局追授“北京青年五四奖章”。

张五洲烈士事迹

张五洲，男，汉族，湖北蕲春人，1982年10月出生，2018年2月参加工作，生前系江西省南昌市湾里消防救援大队梅岭消防救援站政府专职消防队员。

2020年7月7日21时14分，黄冈市消防救援支队接到报警称，湾里管理局梅岭森林公园附近公路因暴雨积水导致交通事故、阻断交通，遂派辖区消防部门2车10名指战员到达现场，通过绳索进行营救，将被困两名人员送至山上安全地带，负责垫后的张五洲还没来得及撤离，一股强大的山洪从上方冲击而来，将张五洲同志卷入乌源港，壮烈牺牲。

2020年7月，张五洲被江西省人民政府批准为烈士。

徐济鑫烈士事迹

徐济鑫，男，汉族，江西湾里人，1999年6月出生，2019年7月参加工作，生前系江西省南昌市湾里消防救援大队梅岭消防救援站政府专职消防队员。

2020年7月7日，在南昌市湾里管理局森林公园环山公路交通事故抢险救援行动中，在顺利营救出被困人员之后，负责垫后的徐济鑫还没来得及撤离，突然产生巨大嘈杂的声响，凶猛的山洪从侧面奔袭而下，瞬间把徐济鑫同志卷走。7月9日20时9分，徐济鑫遗体在距事件发生地约5公里的岭秀湖市民公园地下泄洪渠发现，已英勇牺牲。

2020年7月，徐济鑫被江西省人民政府批准为烈士。

李义奎烈士事迹

李义奎，男，中共党员，汉族，河南罗山人，1986年7月15日出生，2003年12月参加工作，生前任四川省德阳市广汉市佛山路消防救援站政治指导员兼初级专业技术职务，专业技术二级指挥员消防救援衔。

2020年7月8日晚，四川广汉金雁花炮有限责任公司南丰生产区发生火灾。接到报警后，李义奎带队赶赴现场处置。李义奎作为消防救援站指挥员，奋不顾身投入战斗。在他的带领下，参战指战员与其余人员一同转移群众1000余人。在处置过程中，因现场发生猛烈爆炸，已撤退至前方指挥部安全区域的李义奎不幸被冲击波产生的高速抛射物意外击中头盔，导致头部受伤，经全力抢救无效壮烈牺牲。

2020年7月23日，李义奎被应急管理部批准为烈士。2020年8月，被应急管理部消防救援局追记一等功。被四川省消防救援总队追记为优秀共产党员。

陈陆烈士事迹

陈陆，男，中共党员，汉族，江苏江都人，1984年2月出生，2004年7月参加工作，生前系安徽省合肥市庐江县消防救援大队政治教导员，一级指挥员。

入职以来，陈陆长期扎根基层，常年建功一线，始终把人民群众的利益放在心中最高位置。先后参加2008年南方雪灾、汶川地震灾区增援等灭火救援战斗1500余次，参与处置庐江县东顾山火灾、2016年庐江县内涝等重大灾害事故。2020年7月18日，庐江县遭遇百年一遇洪灾。陈陆带领大队全体指战员先后转战5个乡镇，奋战96小时，出警112次，行程600余公里，成功营救、转移和疏散人民群众2665人。7月22日，在执行庐江县连河村抗洪抢险任务中，陈陆所在的舟艇遭遇“滚水坝”侧翻，壮烈牺牲。

2020年7月26日，陈陆被应急管理部批准为烈士。被人力资源和社会保障部、应急管理部追授“中国消防忠诚卫士”称号，被应急管理部追记一等功，被中央宣传部、应急管理部、中央广播电视总台评为2020年“最美应急管理工作者”，被应急管理部消防救援局追授“全国消防救援队伍优秀共产党员”，被安徽省委追授“安徽省优秀共产党员”，被共青团安徽省委、安徽省青年联合会追授“安徽青年五四奖章”，被安徽省总工会追授“安徽省五一劳动奖章”，被中央电视台评为“感动中国2020年度人物”。

赵丹烈士事迹

赵丹，男，汉族，贵州开阳人，1996年8月出生，2015年9月参加工作，共青团员，生前系甘肃省陇南市文县贾昌消防救援站通信保障班消防员，四级消防士。

入职以来，赵丹同志先后参加2017年“8·7”文县天池特大山洪泥石流、“8·8”四川九寨沟7.0级地震、2018年“7·10”文县特大暴洪灾害救援等任务400余次，成功救助遇险群众200余人，为维护人民生命财产安全作出了突出贡献。2020年8月，甘肃省陇南市遭遇暴洪泥石流灾害，赵丹连续多日奋战在抗洪抢险一线。在8月13日执行抗洪抢险任务营救群众时，因水流湍急体力不支被洪水冲走，不幸壮烈牺牲。

2020年8月16日，赵丹被应急管理部批准为烈士。被甘肃省人力资源和社会保障厅、共青团甘肃省委、甘肃省青年联合会追授“甘肃青年五四奖章”，被甘肃省总工会追授“甘肃省五一劳动奖章”，被甘肃省消防救援总队追记个人二等功。

黄强烈士事迹

黄强，男，汉族，四川绵阳人，1994年6月出生，2015年9月参加工作，生前系河南省洛阳市消防救援支队锦屏大道消防救援站一班班长，四级消防士。

2020年8月18日6时20分，宜阳县消防救援大队宜阳县洛河锦龙大桥东一男

子被困洛河橡皮坝中间。接到报警后，黄强随队赶赴现场处置。面对湍急的洪水、隐藏的漩涡，他主动请缨上艇救援。救援中，舟艇突遇漩涡，加之水草缠桨失去动力倾覆，救援人员落入水中，经紧急救援并送往医院抢救，8 月 19 日 0 时 50 分，黄强同志因抢救无效壮烈牺牲。

2020 年 8 月 21 日，黄强被应急管理部批准为烈士。被河南省消防救援总队追记二等功。

郭冰冰烈士事迹

郭冰冰，男，汉族，河南洛阳人，1990 年 7 月出生，2019 年 8 月参加工作，生前系河南省洛阳市消防救援支队兴宜路消防救援站政府专职消防队员。

2020 年 8 月 18 日 6 时 20 分，宜阳县洛河锦龙大桥东一男子被困洛河橡皮坝中间，情况十分危急。接到报警后，郭冰冰立即随队赶赴现场处置。救援中，舟艇突遇漩涡，加之水草缠桨失去动力倾覆，救援人员落入水中，经紧急救援后立即送往医院抢救。8 月 19 日 2 时许，郭冰冰同志因抢救无效壮烈牺牲。

2020 年 9 月，郭冰冰被河南省人民政府批准为烈士。

牛壮军烈士事迹

牛壮军，男，中共党员，汉族，河北魏县人，1994 年 12 月出生，2012 年 12 月参加工作，生前系河北省衡水市消防救援支队和平路消防救援站一班副班长，三级消防士。

2020 年 8 月 23 日晚，一名维修工人在作业过程中被困于污水泵井内。衡水支队接到报警后，立即调派和平路消防救援站指战员前往处置，全勤指挥部遂行出动。到场后，和平路消防救援站组织下井施救，被困工人被成功救出。在施救过程中，牛壮军为营救受伤战友跌入井底，不幸溺水，壮烈牺牲。

2020 年 8 月 27 日，牛壮军被应急管理部批准为烈士。被应急管理部消防救援局追记一等功。

彭迪烈士事迹

彭迪，男，中共党员，汉族，安徽马鞍山人，1993 年 6 月出生，2012 年 12 月参加工作，生前系安徽省马鞍山市消防救援支队雨山区向山消防救援站副站长，四级指挥员。

2020 年 9 月 18 日 13 时 11 分，安徽省马鞍山市雨山区向山镇小南山小塘口矿坑坍塌，有群众被困。接到报警后，彭迪同志第一时间带队赶赴现场处置。13 时 27 分，彭迪行进至矿坑坍塌区进行侦察时，现场突然再次发生坍塌，彭迪同志不幸被埋压，后经抢救无效，壮烈牺牲。

2020 年 9 月 22 日，彭迪被应急管理部批准为烈士。10 月 29 日，被应急管理部消防救援局追记一等功。被安徽省总工会追授“安徽省五一劳动奖章”，被马鞍山市总工会追授“马鞍山市五一劳动奖章”，被马鞍山市青年联合会追授“十大杰出青年”称号。

第二章 国家级奖励名录

2020年全国消防救援队伍荣获国家级奖励名录

江西省九江市消防救援支队事迹（时代楷模）

湖北省武汉市消防救援支队事迹（全国抗击新冠肺炎疫情先进集体）

湖北省荆州市洪湖市消防救援大队事迹（全国抗击新冠肺炎疫情先进集体）

丁良浩事迹（中国青年五四奖章）

陈陆事迹（中国消防忠诚卫士）

陈建事迹（全国抗击新冠肺炎疫情先进个人）

李长春事迹（全国抗击新冠肺炎疫情先进个人）

刘江事迹（全国抗击新冠肺炎疫情先进个人）

付洁事迹（全国抗击新冠肺炎疫情先进个人）

朱雪亮事迹（全国抗击新冠肺炎疫情先进个人）

宦吉飞事迹（全国抗击新冠肺炎疫情先进个人）

包佳凯事迹（全国抗击新冠肺炎疫情先进个人）

熊伟事迹（全国抗击新冠肺炎疫情先进个人）

叶智勇事迹（全国劳动模范和先进工作者）

鲁文贵事迹（全国劳动模范和先进工作者）

向巴朗加事迹（全国劳动模范和先进工作者）

班玛南加事迹（全国劳动模范和先进工作者）

王玉珏事迹（全国劳动模范和先进工作者）

江西省九江市消防救援支队事迹（时代楷模）

江西省九江市消防救援支队始建于1949年，现有17个大队、70个消防救援站，1096名消防救援指战员、111名消防文员，承担着守护江西北大门1.9万平方公里土地、520余万群众消防安全的神圣使命。长期以来，他们对党忠诚、纪律严明、赴汤蹈火、竭诚为民，始终冲锋在灾情第一线、战斗在危险最前沿，先后打赢2008年南方雨雪冰冻灾害处置、2016年长江永安堤坝管涌救援、2019年奥德瑞仓库火灾扑救等等百余场大仗硬仗，辖区连续16年没有发生较大以上亡人火灾事故，保持了火灾形势高度安全稳定。支队曾荣立集体二等功一次，先后荣获52项省部级以上荣誉，连续10年被评为全省“先进支队”，涌现出被中共中央、国务院、中央军委授予“全国抗震救灾模范”石凯和“中国好人”鲁信等一大批先进典型。改革转制以来，支队模范践行习近平总书记重要训词精神，主动对标应急救援“主力军、国家队”新定位，积极适应“全灾种、大应急”新要求，抓安全、保平安，为维护人民生命财产安全和社会稳定作出了突出贡献。特别是在2020 年鄱阳湖发生超历史大洪水、防汛救灾形势异常严峻的紧要关头，支队闻汛而动、向险而行、冲锋在前，出色完成防汛抗洪抢险救灾等各项任务，营救疏散遇险被困群众 1.3 万人，用忠诚担当书写了时代荣光，被中央宣传部授予“时代楷模”称号，被应急管理部荣记集体一等功。

湖北省武汉市消防救援支队事迹（全国抗击新冠肺炎疫情先进集体）

新冠肺炎疫情发生后，湖北省的新冠肺炎确诊量长时间占全国确诊量的 80%以上，武汉市的确诊量长时间占湖北全省的 7 成以上。驻守在疫情防控决战决胜之地的湖北省武汉市消防救援支队全体指战员，忠实践行习近平总书记重要训词精神，坚持一手抓火灾和疫情防控，一手抓社会勤务服务，实现重点场所“零火灾”、全市火灾“零亡人”、涉疫勤务“零失误”、参战队伍“零感染”、服务群众“零差评”，受到各级领导同志肯定和社会各界赞誉。

一是勇于担当作为，服务防控大局。第一时间成立 20 支 650 人的“119 党员突击队”和 3 支医疗废物转运党员突击队，先后转送病员 11965 人，接送医护人员 6831 人，洗消杀毒 1427.8 万平方米，转运物资 12209.7 吨，转运医疗废物10138 桶。二是聚焦精准防控，守牢安全底线。第一时间对火神山、雷神山医院驻守保卫，组建方舱医院党员先锋突击队和 20 支防火监督检查党员突击队，实地检查单位 18878 家次，线上督导64353 家次，消除风险点 25426 个。三是弘扬战斗作风，树立良好形象。坚持闻疫而动、向疫而行、迎疫而战，驻守15 家康复驿站，确保涉疫勤务在哪里，支部的战斗堡垒和党员的先锋模范作用就跟进到哪里。战疫事迹被中央、省级媒体报道 1896 篇（次），200 余次被央视《新闻联播》《焦点访谈》《人民日报》、新华社等央媒推介。全市消防救援队伍 8 个集体、31 名个人受到国家级、省部级表彰。

湖北省荆州市洪湖市消防救援大队事迹（全国抗击新冠肺炎疫情先进集体）

湖北省荆州洪湖市消防救援大队担负着保卫洪湖辖区 2528 平方公里 93 万人民群众生命财产安全的重任。大队始终坚持以习近平总书记重要训词精神为引领，坚持抓党建带队建，抓转型促发展，在处置各项应急救援任务特别是新冠肺炎疫情作出了应有贡献。大队共完成涉疫勤务 81 起。针对定点救治医院医疗废水无法排除处理的险情，克服与病毒近距离、长时段接触巨大压力，每天 2～3 次输转，连续18 天共输转医疗废水 500 余吨。在接到极端天气下小汤山医院加固指令后，连续奋战 14 小时，对 5 栋住有 177 名病人占地共 4500 平方米的建筑两次加固作业，避免了板房坍塌、人员伤亡和病毒蔓延。与此同时，对 50 多个涉疫场所及外围周边道路洗消杀毒，累计面积约 18.2 万平方米。围绕“六稳”“六保”目标要求，加大消防监督等服务力度，并为服务复产复工运输物资近千吨，圆满完成了组织交予的各项任务，向党和人民交出了一份满意的答卷。

丁良浩事迹（中国青年五四奖章）

丁良浩，男，中共党员，汉族，江苏金坛人，1982 年 10 月出生，2000 年参加工作，大学本科学历，江苏省南京市鼓楼区方家营消防救援站站长助理，三级消防长消防救援衔。丁良浩先后参加灭火救援战斗 3000 多次，营救遇险群众 200 余人。参与过四川汶川“5·12”抗震救灾、江苏靖江“4·22”灭火救援战斗等多次急难险重任务，先后被评为“全国优秀人民警察”“十大杰出消防卫士”“最美应急管理工作者”。2017 年，在全国公安系统英雄模范立功集体表彰大会上受到习近平总书记亲切接见。2019 年，作为消防救援指战员代表参加新中国成立 70 周年纪念活动彩车巡游。2020 年 4 月，荣获第 24 届“中国青年五四奖章”。

参加工作 20 年来，丁良浩始终严格要求自己，苦练专业技能，不断挑战身体极限，练就了一身过硬的本领，各类演训、重大比武竞赛中都能看到他夺旗争先的身影。在 2007 年南京“7·15”金桥市场火灾处置、2008 年汶川地震救援、2014 年青奥会消防安保等工作中，丁良浩主动担当作为、带队担起主力，在大灾大难的危急时刻中尽显忠诚，发挥了不可替代的作用，用实际行动演绎了一名消防指战员的绝对忠诚。

陈陆事迹（中国消防忠诚卫士）

陈陆，男，中共党员，汉族，江苏江都人，1984 年 2 月出生，2004 年 7 月参加工作，生前系安徽省合肥市庐江县消防救援大队党委书记、政治教导员，一级指挥员消防救援衔。

陈陆同志参加消防救援工作以来，始终对党忠诚、爱岗敬业，扎根基层、无私奉献，在推进基层队伍全面建设、优化消防执法服务和参加抗击 2008 年南方雨雪冰冻灾害、四川汶川抗震救灾等重大任务中功绩突出，先后获评安徽省公安系统“优秀人民警察”、安徽消防救援队伍“优秀共产党员”、合肥市“抗震救灾先进个人”。2020 年 7 月 22 日，受持续强降雨影响，庐江县同大镇石大圩突发漫堤决口，导致 4 个村庄、5.8 平方公里被淹，6500 余名群众被洪水围困，情况万分危急。陈陆同志闻讯后，率领大队指战员迅速投入抢险救援战斗。因决口突然扩大，所乘橡皮艇被卷入激流漩涡发生侧翻，不幸落水英勇牺牲，用年仅 36 岁的生命诠释了“对党忠诚、纪律严明、赴汤蹈火、竭诚为民”的铮铮誓言。陈陆同志牺牲后，应急管理部批准其为烈士，并追记一等功，安徽省委追授其为“优秀共产党员”，共青团安徽省委、安徽省青年联合会追授其“青年五四奖章”，安徽省总工会追授其“五一劳动奖章”。人力资源和社会保障部、应急管理部联合追授陈陆同志“中国消防忠诚卫士”称号。

陈建事迹（全国抗击新冠肺炎疫情先进个人）

陈建，男，中共党员，汉族，四川仁寿人，1980 年 2 月出生，1999 年 12 月参加工作，湖北省武汉市消防救援支队特勤大队一站站长助理，二级消防长消防救援衔。

在抗击新冠肺炎疫情任务中，陈建胸怀大局、舍生忘死、全力以赴，高质高效完成各项工作任务。一是与病毒“零距离”同行。辗转全市 11 个街道、28 家医院，冒着感染病毒高风险，克服防护服不透气、上厕所不便、气候闷热等不利因素，累计行程 1.2 万余公里，出动医疗废物转运车辆 365 辆次，转运医疗废弃物 2186 桶。二是在抗疫“多阵地”突击。陈建英勇战斗在转运病患、物资搬运、洗消杀毒、转运医疗废弃物等勤务一线，转送病患 579 人，搬运物资 60 余吨，消杀面积 83.7 万平方米。深入定点医院、方舱医院开展“六熟悉”和消防服务，制定应急处置预案，开展消防培训。制定特勤防化洗消方案并组织专项训练 10 余次，规范了药剂、清水、热水三步洗消方法；拍摄普通站、特勤站洗消处置和门卫岗哨“五个不接触”，外来人员登记放行程序 3 个视频教学。三是在消防“大熔炉”闪光。入职 21 年来，陈建参加灭火救援战斗 1.5 万次，解救被困群众 1110 余人，先后参与处置“5・12”汶川地震、“6・1”东方之星沉船、“8・12”天津滨海爆炸、“4・13”洋浦化工厂爆炸等重大救援行动，荣立个人三等功 9 次，荣获“全国抗击新冠肺炎疫情先进个人”“全国优秀共产党员”“湖北省五一劳动奖章”“荆楚十大消防卫士”等荣誉 30 余项。

李长春事迹（全国抗击新冠肺炎疫情先进个人）

李长春，男，中共党员，汉族，安徽六安人，1979 年 8 月出生，1996 年 12 月参加工作，本科学历，湖北省武汉市消防救援支队火神山消防救援站站长助理，代行站长职务。

李长春兢兢业业、任劳任怨，将平凡的岗位工作做到极致。一是恪尽职守提战力。在抗击新冠肺炎疫情期间，带领 8 名战友入驻火神山医院，分秒必争、日夜奋战，迅速完成营房功能清理规划、装备选配调试、人员任务分工、战斗编成编组等工作，完成医院 1000 具约 8 吨灭火器转运安放和首批 1167 个感烟探测器的安装。二是主动作为保打赢。带领消防站无人机操手，利用高空全方位取景，采集数据 5700 个，绘制医院三维全景图，制作电子沙盘，制定 115 份覆盖医院所有区域的应急处置预案，每日组织站内同志开展应急处置线上推演，研究完善感烟探测监控平台，指定重点区域消防安全责任人，为早发现、早处置和医院的安全运行奠定了坚实的基础。三是巡防并举护平安。坚持每日两次进入绿区、黄区，不定时进入红区巡查电气电路和火灾风险点 160 余次，最大限度排除隐患，张贴消防宣传海报 600 余份，对医护、保安、后勤等人员开展消防安全培训 15 次，主动承担每日 2 次的消杀任务，协助医院防疫消杀 1.2 万平方米，用实际行动践行消防救援队伍的责任与使命。

刘江事迹（全国抗击新冠肺炎疫情先进个人）

刘江，男，中共党员，汉族，湖北武汉人，1985 年 3 月出生，2003 年 9 月参加工作，湖北省武汉市青山区消防救援大队副大队长。

刘江在抗击新冠肺炎疫情期间，担当方舱医院党员先锋突击队队长，不畏生死、忘我工作。一是火线请战当先锋。在武汉市消防救援支队组建防火监督工作突击队时，刘江第一时间写下请战书，主动请缨。2 月 16 日支队党员先锋突击队成立以来，他作为突击队队长，率先垂范、担当作为，带领 7 名队员迅速投入到方舱医院、定点医院的防火监督检查工作中，共“入舱”检查巡查 123 次，排除消防隐患 200 余处，开展联合疏散演练 10 次，消防宣传培训 3500 余人次，张贴疏散指示标志、宣传海报 1800 余张，发放手电筒 500 余个。二是建章立制保平安。刘江积极对接各区防疫指挥部，加强与各区疫情防控指挥部沟通联系。每到一处，均利用查阅建设图纸、实地丈量掌握等方式，了解掌握平面布局、安全疏散、消防设施等分布情况，采取图纸研讨、现场指导、主动帮扶等方式，对方舱医院、定点医院驻守保卫力量进行消防培训。三是全员发动除隐患。依托原有视频监控系统，利用通信技术与消防大队信息资源进行整合，协调落实“双端”专人实时值班值守，随时掌握舱内情况，确保信息通畅、反应高效。在医护、病患等人员间开展消防安全提示 120 余次，确保全市方舱医院内部消防安全。

付洁事迹（全国抗击新冠肺炎疫情先进个人）

付洁，男，中共党员，汉族，湖北枣阳人，1982 年 3 月出生，2000 年 12 月参加工作，湖北省武汉市消防救援支队雷神山专职小型消防救援站站长。

付洁是 16 年党龄的“老兵”，在消防救援一线奋战 22 个年头，参加抢险救援上万次，疏散营救群众千余人。他始终严格要求自己，政治上坚定可靠，工作中勤奋敬业，作风上踏实严谨，训练中积极刻苦，充分发挥一名消防员的先锋模范带头作用，积极谋划站内各项建设，得到了上级领导的高度赞扬与肯定。2020 年武汉疫情暴发，付洁主动请缨前往雷神山，在此期间担任雷神山专职小型消防救援站站长。每天坚持带领队员深入医院开展白天巡查 4 次、夜间巡查 3 次，全天候、不间断对院区 32 个强电间和重点部位进行检查记录，55 个日夜无死角、无遗漏，其中 15 次深入高危险感染病区进行检查巡查，排查整改违规充电、堆放杂物等消防隐患110余处，确保医护和病员生命安全。他采取互动培训、现场授课、实操演示等方式，分6批对医院安保、干警、医护等人员开展培训，对32个护士站上门服务，见缝插针开展消防知识宣传，累计组织培训90次、受训人数2000人次，发送消防安全提示800余份，张贴消防宣传海报600余份。为确保冲得上、打得赢，他带领队员开展院事迹区“六熟悉”25次，开展无预案拉动6次、想定作业11次、实战演练3次。主动承担院区洗消杀毒工作，累计消杀1.2万平方米，物资转运25吨，带头深入病区转移医疗废物8次，充分展现了新时代消防员的良好形象。他利用战地政工手段，结合“学训词、铸忠诚、创新业、立新功”及“不忘初心、牢记使命”主题教育活动的推进落实，紧盯“主力军、国家队”职能定位，把在主题教育中焕发的政治热情转化为干事创业的不竭动力，为雷神山防疫保卫工作作出了突出贡献。

朱雪亮事迹（全国抗击新冠肺炎疫情先进个人）

朱雪亮，男，中共党员，汉族，河南驻马店人，1986年9月出生，2006年12月参加工作，湖北省武汉市消防救援支队江岸医疗废物转运党员突击队队员、岔马路消防救援站分队长，一级消防士消防救援衔。

疫情发生以来，朱雪亮主动请缨、勇于担当，第一时间递交请战书加入大队“119党员突击队”，出色完成了各项急难险重任务。一是争做服务群众“摆渡人”。参与人员转运期间，先后出动车辆102台次，安全行驶超过5000公里，从定点医院、方舱医院转运康复人员到康复驿站792人次，转运疑似人员到定点医院检查145人次，转运解除隔离人员218人次，转运求助群众15人次。二是争做攻坚克难“排头兵”。得知辖区医院医疗废物存积过多，转运力量不足时，主动请战加入医疗废物转运党员突击队，先后辗转22个医疗点、13个社区卫生服务中心、4个医疗废物处置点，累计行驶里程6000余公里，安全转运医疗废物1652桶。三是争做赴汤蹈火“急先锋”。每次完成转运任务后，他都主动背起消毒喷壶，严格按照消杀程序，对执勤车辆进行科学、彻底洗消杀毒，确保绝对安全。入职14年来，先后参加灭火救援战斗8000余次，解救被困群众520余人，荣立个人三等功2次，荣获总队“红旗车驾驶员”、优秀士兵等各项荣誉10余项。

宦吉飞事迹（全国抗击新冠肺炎疫情先进个人）

宦吉飞，男，中共党员，汉族，湖北保康人，1987年9月出生，2010年参加工作，湖北省襄阳市消防救援支队灭火救援指挥部作战训练科科长。

作为作战训练科科长，宦吉飞积极研究技战术战法，始终将提升队伍战斗力摆在最重要的位置。在比武场上，他苦练精兵，练就过硬本领，先后在 2015 年、2017 年和 2019 年湖北省全省比武竞赛中，率队夺取全省比武竞赛团体总分第一，实现了襄阳消防史上第一个三连冠。在灭火战斗中，他时刻铭记“人民所需、使命必达”的信念，先后参与灭火救援 1503 起，营救人员 80 余人。在 2020 年新冠肺炎疫情防控期间，他主动请战，第一时间加入襄阳市消防救援支队“119 党员突击队”。多次深入高风险地区，参与人员和物资转运 80 余次，足迹遍布 6 个地级市、7 个区（县）、23 个乡镇，行程 6000 余公里。其中执行转运病员任务 33 起，累计转运 81 人，执行转运物资任务 12 起，累计搬运医用等物资 382.5 吨，以自己的实际行动践行了“救民于水火、助民于危难”的铮铮誓言。

包佳凯事迹（全国抗击新冠肺炎疫情先进个人）

包佳凯，男，中共党员，汉族，湖北鄂州人，1991 年 7 月出生，2008 年 12 月参加工作，湖北省鄂州市葛店经济技术开发区聚贤路消防救援站消防员。

新冠肺炎疫情发生后，包佳凯放弃原定的休假计划，毅然决然投入到疫情防控战役中。葛店长江职业技术学院是全市最大的患者集中隔离点，也是治愈出院患者定点医学观察点，他主动请缨，加入支队党员突击队。在接下来的 30 余天里，该同志日夜与患者“零距离”接触，但他毫不退缩，冲锋在前，累计完成搬运物资任务 20 余次、消杀任务 30 余次，消杀面积约 3 万平方米。同时，为防止火灾事故发生，先后 10 余次组织消防安全培训、消防设施检测，指导整改消防安全隐患 20 余处。包佳凯妻子曾丽萍，是市中心医院神经内科护士，疫情期间始终坚守战位，家中年仅 3 岁的孩子由年迈的父母照顾。在当时新型冠状病毒致死率高、传染性强，全国乃至全球都缺乏有效应对夫妻俩只能通过视频看望孩子，同时也互相鼓励，互相打气。包佳凯就像支队指战员的一个缩影，在人民最需要的时候，无所畏惧，逆向前行，用实际行动彰显着共产党员的忠诚本色，展示了新时期“火焰蓝”的使命担当。

熊伟事迹（全国抗击新冠肺炎疫情先进个人）

熊伟，男，中共党员，土家族，湖北宣恩人，1980 年 12 月出生，三级指挥长消防救援衔，应急管理部消防救援局特种灾害救援处工程师。2020 年 9 月 8 日，被党中央、国务院和中央军委表彰为“全国抗击新冠肺炎疫情先进个人”。

新冠肺炎疫情发生后，熊伟主动请缨参加应急管理部前方工作组，赶赴湖北武汉指导一线抗疫行动。到达武汉后，他迅速投身涉疫勤务一线，短短两天就组织在鄂的 337 名消防救援和森林消防指战员统一整编集结，成立 8 个突击分队、26 个班组和 10 个社区服务队，火速增援武汉防疫一线。他每天深入一线调研指导，先后对疫情最严重的 5 个地市、武汉 15 个区、全部方舱医院、隔离点等进行调研检查，指导队伍圆满完成各项灭火救援和涉疫勤务任务，取得了消防工作、为民服务“双胜利”。特别是在消防救援队伍全面承担涉疫勤务后，他连续三天进入定点医院、医废处理点等高危险区，全过程参与医废转运、病员转运等高风险涉疫任务，摸清情况，提出对策，完善措施，为圆满完成任务提供行动指导。在武汉工作的两个月时间，他先后指导编制了三版 12 类涉疫勤务行动要则，拍摄个人医学防护示范片，下发 6 份涉疫勤务工作《督办单》，同时针对消防救援队伍承担院前急救任务，成立专班开展工作调研，结合抗疫实际提出了探索建立“统一指挥，分类调度，互为补充”的院前急救新模式，并起草试点工作方案呈报应急管理部领导。

叶智勇事迹（全国劳动模范和先进工作者）

叶智勇，男，中共党员，汉族，福建厦门人，1975 年 12 月出生，福建省消防救援总队灭火救援指挥部副部长兼作战训练处处长，高级专业技术职务。

2012 年当选为全国消防救援队伍唯一代表参加党的十八大。先后参与了四川汶川“5·12”特大地震、漳州古雷“4·6”爆炸起火事故、泉州“3·7”坍塌事故等一系列重特大灾害事故处置，荣立二等功 2 次、三等功 7 次。2020 年 11 月，被党中央、国务院表彰为“全国先进工作者”。

鲁文贵事迹（全国劳动模范和先进工作者）

鲁文贵，男，中共党员，汉族，云南大关人，1982 年 5 月出生，贵州省黔南布依族苗族自治州消防救援支队长安路特勤站一分队分队长。

鲁文贵 22 年如一日，在工作岗位上干一行爱一行，专一行精一行。他刻苦训练、英勇顽强，是救援现场的“拼命三郎”，先后参加灭火救援战斗 1000 余次，荣立个人二等功 5 次，个人三等功 2 次。他是消防救援队伍里的“红门工匠”，先后投入 700 余小时，帮助贵州省 3 个地州市 29 个县（市）50 个消防救援站检修装备 2 万余件，自主研发 5 项装备专利并无偿为消防救援队伍使用，为消防救援队伍节约经费 87 万余元。先后被表彰为贵州省“我最喜爱的人民警察”、贵州省第六届“明礼知耻·崇德向善”道德模范，被授予第 19 届“贵州五四青年奖章”，被应急管理部表彰为“第五届全国 119 消防先进个人”。2020 年 11 月被党中央、国务院表彰为“全国先进工作者”。

向巴朗加事迹（全国劳动模范和先进工作者）

向巴朗加，男，中共党员，藏族，西藏洛隆人，1987 年 12 月出生，2008 年 6 月参加工作，西藏昌都市卡若区消防救援

大队大队长，先后荣立个人二等功 2 次，三等功 1 次，获评“全区政法维稳综治工作先进个人”。

入职 12 年来，他密切联系群众，帮助朝佛群众千余人次；他创新练兵模式，不断提高队伍战斗力；他紧盯寺庙安全，有效消除整改大批火灾隐患；他助民于危难，累计接警出动 3000 余人次，营救群众 600 余人，他用忠诚和担当铸就了高原消防卫士的英雄本色。2020 年 11 月被党中央、国务院表彰为“全国先进工作者”。

班玛南加事迹（全国劳动模范和先进工作者）

班玛南加，男，中共党员，藏族，青海共和人，1977 年 1 月出生，1997 年 12 月参加工作，甘南藏族自治州消防救援支队副支队长，三级指挥长消防救援衔。先后荣立个人三等功 4 次，嘉奖 27 次，5 次被评为“优秀共产党员”，2010 年 8 月被党中央、国务院、中央军委评为“全国抗震救灾模范”，2016 年被评为甘肃省第四届“我最喜爱的十大人民警察”，同年被评为“全国优秀人民警察”荣誉称号，受习主席亲切接见，2018 年被评为“感动甘南人物”，2019 年被评为“改革开放 40 年感动甘肃人物”，2019 年获颁“庆祝中华人民共和国成立 70 周年”纪念章，2020 年 11 月被党中央、国务院表彰为“全国先进工作者”。

班玛南加积极投身脱贫攻坚战，在迭部县水泊沟村驻村帮扶 3 年，协调双联单位为贫困户申请困难补助金和驾驶培训名额，累计为 4 个农牧村建成蓄水池 4 座，有效确保农牧村消防安全。他主动创新农牧村消防工作管理模式，推进解决藏区榻板房、藏传佛教寺院等区域性火灾隐患难题，创新推行“千村万户”消防扶持行动、“双培双改双建”预防机制，在迭山深处筑起一道“防火墙”。累计参加各类抢险救援 200 余次，带领指战员圆满完成“11·26”迭部县矿难事故、“3·2”迭部特大森林火灾等任务。

王玉珏事迹（全国劳动模范和先进工作者）

王玉珏，男，中共党员，汉族，宁夏固原人，1985 年 5 月出生，宁夏石嘴山市消防救援支队作战训练科副科长。

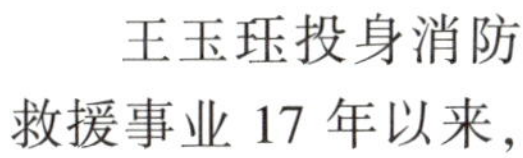

王玉珏投身消防救援事业 17 年以来，长期扎根基层一线，训练场上勤学苦练、磨砺锋芒，灾害面前不惧艰险、冲锋在前，先后参加火灾扑救和抢险救援战斗 4000 余次，荣立个人三等功 3 次，被宁夏回族自治区党委、政府表彰为“全区民族团结进步模范个人”，被原公安部消防局表彰为“公安消防部队优秀中队指挥员”，被应急管理部表彰为“第五届全国 119 消防先进个人”。2020 年 11 月被党中央、国务院表彰为“全国先进工作者”。

第三章　集体一等功名录

2020 年全国消防救援队伍集体一等功名录

江苏省消防救援总队

江苏省盐城市消防救援支队西环路特勤站

江苏省盐城市响水县黄海路消防救援站

江西省九江市消防救援支队

江西省宜春市靖安县消防救援大队

陕西省延安市宝塔区宝塔消防救援站

江苏省消防救援总队事迹

江苏省消防救援总队编制员额 8020 人，下辖 14 个支队、156 个大队、218 个消防救援站，现有消防执勤车辆 2719 辆，各类器材装备 44.8 万件（套），担负着全省防范化解重大安全风险、应对处置各类灾害事故的重要职责。近年来，特别是队伍改革转制以来，总队在应急管理部党委、消防救援局党委和江苏省委、省政府的正确领导下，以习近平总书记重要训词精神为指引，坚持边改革、边建设、边应急，积极构建社会火灾防控体系，全面提升应急救援实战能力，努力践行“国家队、主力军”职责使命，累计接处警 21.9 万次，出动车辆 35.12 万车次，出动指战员 176.7 万人次，抢救受伤人员 1.2 万人，疏散被困人员 2.8 万人，抢救财产 5.4 亿元，实现全省火灾总量“6 年 6 连降”，连续 21 年未发生重特大火灾事故，连续 5 年在国务院省级政府消防工作考核中获评“优秀”，成功打赢“3·21”响水特大爆炸事故处置等大仗硬仗，圆满完成首届全球苏商大会等消防安保任务，全力参与处置新冠肺炎疫情防控和抗洪抢险救灾工作，涌现出了“中国青年五四奖章”获得者丁良浩等一大批重大先进典型，为建设“强富美高”新江苏作出了积极贡献，被江苏省委荣记集体一等功。

江苏省盐城市消防救援支队西环路特勤站事迹

江苏省盐城市消防救援支队西环路特勤站，先后荣立集体一等功 1 次，集体三等功 10 次，曾被公安部消防局 2 次表彰为“全国公安消防部队先进基层党组织”，被应急管理部消防救援局表彰为“改革转制教育整训先进中队”，被共青团江苏省委表彰为“江苏省五四红旗团支部”。

西环路特勤站作为盐城消防救援队伍的尖刀拳头力量，经历了一次次血与火的洗礼、生与死的考验。2008 年汶川地震救援，盐城支队以特勤队为班底组建赴川救援突击队，奋战在抗震救灾第一线，搜救出数名被困人员；在阜宁“6·23”龙卷风受灾的阿特斯厂区，他们精确引流控烧极其危险的三甲基铝，耗时4个小时拆除了“重磅炸弹”；在山东寿光抗洪抢险救援现场，他们整夜不眠不休，在泥泞的田地里用铁锹铲、用人力搬，5小时铺出了十多公里长的排涝管路，在排涝阵地上坚守了7天7夜；在江苏响水天嘉宜公司“3·21”特大爆炸事故处置现场，他们始终战斗在最危险、最困难的地方，攻坚扑灭了苯和甲醇储罐区的熊熊烈火，全力营救出11名遇险群众。参战指战员们头盔被烤裂、面罩变了形，但没有一个后退半步，以实际行动忠实践行了“对党忠诚、纪律严明、赴汤蹈火、竭诚为民”的总要求。

江苏省盐城市响水县黄海路消防救援站事迹

江苏省盐城市响水县黄海路消防救援站在江苏响水天嘉宜公司“3·21”特大爆炸事故救援中，作为首战力量第一个到达现场，在现场情况不清、人员伤亡不明的情况下，第一时间摸排现场基本情况，为后续增援力量到场展开提供了关键信息，第一时间冒着生命危险冲进爆炸核心区，营救被困群众12人。指挥部调整作战任务后，在华旭药业厂区连续作战5小时，成功扑灭桶装物料仓库和袋装物料仓库区域火灾。在爆炸事故后续处置中，仍然坚守前线，全体指战员克服疲劳，不畏艰险，监护污水转排累计10000吨，监护化工物料转运1800余吨，用勇敢无畏在爆炸现场的废墟上树立起了一面忠诚的旗帜，被应急管理部荣记集体一等功。

近年来，先后有7名同志荣立个人三等功。被共青团中央表彰为“全国五四红旗团支部”，被应急管理部消防救援局表彰为“先进基层党组织”。

江西省九江市消防救援支队事迹

江西省九江市消防救援支队始建于1949年，现有17个大队、70个消防救援站，1096名消防救援指战员、111名消防文员，承担着守护江西北大门1.9万平方公里土地、520余万群众消防安全的神圣使命。长期以来，他们对党忠诚、纪律严明、赴汤蹈火、竭诚为民，始终冲锋在灾情第一线、战斗在危险最前沿，先后打赢2008年冰灾救援、2016年长江永安堤管涌处置和2019年奥德瑞仓库火灾扑救等百余场大仗硬仗，保持了辖区连续16年没有发生较大以上亡人火灾事故。支队曾荣立集体二等功一次，先后荣获52项省部级以上荣誉，连续10年被评为全省“先进支队”，涌现出被中共中央、国务院、中央军委授予“全国抗震救灾模范”石凯和“中国好人”鲁信等一大批先进典型。改革转制以来，支队模范践行习近平总书记重要训词精神，主动对标应急救援“主力军、国家队”新定位，积极适应“全灾种、大应急”新要求，有力促进了队伍建设发展，有效维护人民生命财产安全和社会稳定。特别是在2020年鄱阳湖发生超历史大洪水、防汛救灾形势异常严峻的紧要关头，支队闻汛而动、向险而行、冲锋在前，出色完成防汛抗洪抢险救灾等各项任务，营救疏散遇险被困群众1.3万余人，用忠诚担当书写了时代荣光，被中央宣传部授予“时代楷模”称号，被应急管理部荣记集体一等功。

江西省宜春市靖安县消防救援大队事迹

江西省宜春市靖安县消防救援大队成立于 1977 年，现有队员 38 人，其中指挥员 7 人、消防员 13 人、专职消防员 13 人、消防文员 5 人。承担着全县 1377.5 平方公里土地、11 个乡镇（街道）的防火、灭火和应急救援任务。改革转制以来，大队秉持“小大队要有大作为”的发展理念，坚持以习近平总书记重要训词精神为指引，团结带领全体指战员忠诚履职、进取拼搏，确保了辖区连续 14 年未发生较大以上亡人火灾事故，为维护人民生命财产安全和社会稳定作出了突出贡献。大队连续 5 年被评为全省先进大队，先后荣获全省文明单位、“全省五四红旗团支部”等省级以上荣誉 7 项、地市级荣誉 27 项，并被宜春市人民政府荣记集体二等功。特别是在 2019 年“7・21”靖安县吕阳洞山区山洪事故救援中，大队指战员充分发扬不怕牺牲、英勇顽强、连续作战的优良作风，坚决克服救援现场山洪咆哮、道路险峻、荆棘丛生、野兽出没等不利因素，经过近 17 小时的生死鏖战，成功营救和疏散被困人员 279 名、搜寻遇难者 4 人，出色完成了救援任务，得到各级党委、政府高度肯定和人民群众广泛赞誉，此次救援也入围 2019 年度全国应急救援十大典型案例。2020 年 2 月 21 日，应急管理部签署命令，给大队荣记集体一等功。

陕西省延安市宝塔区宝塔消防救援站事迹

陕西省延安市宝塔区宝塔消防救援站组建于 1973 年，前身为陕甘宁边区政府保安处，是我党创建领导的最早的消防力量。作为驻扎在宝塔山下、延河水畔的消防队伍，救援站始终坚持继承和发扬“延安精神”，将“人民至上”的职业理念和“竭诚为民”的价值追求深植灵魂、融入血脉，紧抓“张思德消防服务队”特色品牌，与枣园、杨家岭、宝塔山、“八一”敬老院等红色教育基地结成共建单位，累计参加社会救助 1310 次，为人民群众送水 5000 余吨，为社会公共单位和孤寡老人义务打扫卫生 1170 余次，为困难群众捐款 34 万余元，用实际行动践行了为人民服务的庄严承诺。

救援站以打造战斗精兵、争创一流队站为目标，圆满完成了党和国家领导人来延、第一届世界苹果大会、第十一届中国艺术节等百余次重大活动消防安全保卫任务，并在“12・22”国贸火灾、2013 年延安洪灾、“4・26”延炼轻质油储罐闪爆事故、“1・4”延濮石化生产装置爆炸等重大灾害事故处置中，发挥了重要作用。

近年来，救援站先后有 3 人荣立个人二等功，21 人荣立个人三等功，2015 年被公安部荣记集体二等功，被共青团延安市委授予“青年突击队”称号，2016 年被公安部评为“先进基层党组织”，2017 年被公安部评为“全国优秀公安基层单位”，2018 年被陕西省委宣传部表彰为“三秦楷模”，2019 年被应急管理部荣记集体一等功，2020 年被陕西省委、省政府荣记集体一等功。

第四章　个人一等功名录

2020 年全国消防救援队伍个人一等功名录

吴应强　江苏省泰州市消防救援支队应急通信与车辆勤务站三级消防士

陆　刚　江苏省淮安市消防救援支队徐杨特勤站站长

赵　毅　江苏省盐城市消防救援支队西环路特勤站政治指导员

尹同庆　江苏省盐城市消防救援支队副支队长兼灭火救援指挥部部长

林　佳　江苏省消防救援总队作战训练处初级专业技术职务

孔凡煜　江苏省徐州市消防救援支队鼓楼区孟家沟消防救援站四级消防士

周广宇　江苏省盐城市消防救援支队响水县黄海路消防救援站三级消防士

黄　涛　江苏省连云港市消防救援支队花果山特勤站三级消防士

杨　可　江苏省连云港市消防救援支队灌南县宁波路消防救援站三级消防士

宋海荣　福建省泉州市消防救援支队鲤城区江南消防救援站特种车驾驶员兼操作员，一级消防士

温殿威　福建省晋江市消防救援支队安海消防救援站特勤班副班长，四级消防士

王　鑫　福建省龙岩市消防救援支队新罗区莲东消防救援站特勤班班长，三级消防士

赵洪刚　福建省龙岩市消防救援支队曹溪路消防特勤站高级装备维护员兼特种车驾驶员，二级消防士

叶增儒　广东省珠海市消防救援支队特勤二站四级消防士

吴应强事迹

吴应强，男，中共党员，汉族，湖南浒源人，1997 年 4 月出生，2013 年 9 月参加工作，江苏省泰州市消防救援支队应急通信与车辆勤务站消防员，三级消防士消防救援衔。先后被评为泰州市劳动模范、首届“泰州青年五四奖章”“最美泰州人——青年人物篇”，全省消防救援队伍“践行授旗训词精神十大标兵”。因在江苏响水天嘉宜公司“3·21”特大爆炸事故处置中表现突出，被应急管理部荣记个人一等功。

2019 年 3 月 21 日 14 时 48 分，位于江苏省盐城市响水县陈家港镇的江苏天嘉宜化工有限公司发生爆炸，爆炸核心区域建筑物大面积倒塌、地面上到处是爆炸形成的坑洞、酸性腐蚀液体四处横流，半径

五公里以内玻璃、门窗全部震碎。吴应强主动请缨，火速整装前往响水参与救援，和战友 3 次深入爆炸核心区域搜救，由于毒气弥漫、坑洞遍布、污水聚集，加上连续作战身体透支，冲在最前面的吴应强不慎滑入了充满强腐蚀性浓酸的坑洞中，身体被浓硝酸重度烧伤。在生与死的考验面前，吴应强不畏艰险、不怕牺牲，用实际行动彰显了消防指战员的勇气与担当。

陆刚事迹

陆刚，男，中共党员，汉族，江苏淮安人，1985 年 8 月出生，2004 年 12 月参加工作，江苏省淮安市消防救援支队徐杨特勤站站长，二级指挥员消防救援衔。因在江苏响水天嘉宜公司“3・21”特大爆炸事故处置中表现突出，被应急管理部荣记个人一等功。

在事故处置过程中，陆刚冒着爆炸、中毒、高温、浓烟、腐蚀、灼伤和建（构）筑物坍塌的危险，带队深入核心区疏散、搜救人员，带领参战人员对燃烧的甲苯、甲醇罐区进行明火扑救和冷却降温，遏制了所负责区域的火灾态势。灭火任务完成后，他按照总队指挥部统一部署，抢抓黄金 72 小时营救期，迅速深入爆炸核心区搜救被困人员，在脸部严重过敏、喉咙严重沙哑的情况下，不顾个人安危，带队先后发起 7 轮地毯式排查、搜救，共搜救 13 名人员（其中 1 名生还）。搜救行动结束后，他还带队对爆炸核心区之江化工、天波化工、新联合化工等 19 家企业、22 处重大风险源进行风险点排摸。并会同化工专家、企业技术人员逐一制定落实现场看护等措施，现场监护转移氟化氢等危险化学品 30 余种、1300 余吨，避免了爆炸、泄漏、有毒侵害等次生灾害事故发生。

赵毅事迹

赵毅，男，中共党员，汉族，江苏盐城人，1989 年 2 月出生，2011 年 6 月参加工作，江苏省盐城市消防救援支队西环路特勤站政治指导员。先后荣立个人三等功 2 次，被江苏省消防救援总队表彰为十佳基层指挥员、江苏消防青春榜样、优秀党务工作者、优秀共产党员、优秀团干部，被盐城市委宣传部表彰为“最美盐城人”。2020 年因参加处置江苏响水天嘉宜公司“3・21”特大爆炸事故表现突出，被应急管理部荣记个人一等功。

工作以来，赵毅始终牢记宗旨、扎根基层、爱岗敬业、甘于奉献，先后参与灭火救援 4000 余起，抢救被困群众 140 余人。2019 年，在江苏响水天嘉宜公司“3・21”特大爆炸事故处置中，他作为首战队伍指挥员，第一时间到场，先后 3 次冒死进入核心区进行全面侦察，并果断作出第一时间救人的决策。他带领队站指战员冒着爆炸的危险和烟气的侵蚀，先后 8 次深入核心区营救遇险幸存者 13 人，搜寻遇难者 7 人，疏散群众 50 余人。在后期处置过程中，他分赴 16 个厂区摸排危险源 124 处，累计监护转运高危化学品

3000余吨、转排强酸污水10000余吨。

尹同庆事迹

尹同庆，男，中共党员，汉族，北京大兴人，1982年1月出生，2000年12月参加工作，江苏省盐城市消防救援支队副支队长兼灭火救援指挥部部长，三级指挥长消防救援衔。因在江苏响水天嘉宜公司“3·21”特大爆炸事故处置中表现突出，被应急管理部荣记个人一等功。

在盐城响水“3·21”特大爆炸事故救援中，尹同庆坚守120余天，科学指挥、艰苦鏖战，担当起“主力军、国家队”大任。他科学指挥稳大局，排险救生当先锋，调集全市力量火速驰援，统筹现场指挥，冒死深入核心区侦察险情，确立“划分片区、自成体系、同步作战”的作战原则，全力营救78名被困群众。他鏖战火魔无畏惧，冲锋陷阵不退缩，明确“搜救不断、全力控火、全程监测、安全行动”的作战思路，成立6个攻坚组强攻5处火点，带领攻坚组抵近着火罐区，与火魔殊死搏斗，扑灭了熊熊烈火。他消除隐患显担当，一心为民讲奉献，主动请战留守，绘制危险物料分布图，摸清95个A类重大风险源，编制监护转运和应急处置作战编成，科学安全转运了2500余吨危险化学品。

林佳事迹

林佳，男，中共党员，汉族，江苏沭阳人，1983年9月出生，2005年8月参加工作，江苏省消防救援总队作战训练处初级专业技术职务，三级指挥长消防救援衔。因在盐城响水“3·21”特大爆炸事故处置中表现突出，被应急管理部荣记个人一等功。

江苏响水天嘉宜公司“3·21”特大爆炸事故发生后，正在泰州陪同应急管理部专家郝伟调研的林佳，接到总队领导命令，立即和郝伟专家一道赶赴现场，作为总队前突指挥员第一个到达现场并指挥协调盐城、连云港支队做好前期处置工作。根据指挥部安排，林佳同志充分发挥化工救援专业特长，科学缜密开展灾情侦察研判并提出处置建议，组织扑救火势最猛烈、风险最大的3个1500立方米储罐火和剧毒丙烯腈罐火，开展核心区人员搜救，组织远距离供给泡沫药剂，全面摸排风险并提出分类管控对策，负责后期危险源清运技术把关，参与应急管理部事故调查灭火救援复盘推演工作。在此次灭火战斗中，作为总队全勤指挥部前突指挥员，时刻保持清醒头脑，面对血与火的考验、生与死的抉择，始终坚守阵地、死守“红线”，带领指战员与大火展开拉锯战、攻坚战，科学组织人员疏散搜救，为成功处置事故作出了应有贡献。

孔凡煜事迹

孔凡煜，男，中共党员，汉族，山东烟台人，1996年5月出生，2016年9月参加工作，江苏省徐州市鼓楼区孟家沟消

防救援站消防员，四级消防士消防救援衔。因在盐城响水“3·21”特大爆炸事故处置中表现突出，被消防救援局荣记个人一等功。

孔凡煜在工作中时刻用自身行为作出表率、树立榜样，始终在平凡的工作岗位上默默奉献，先后参与处置各类灭火救援 200 余次，社会救助 100 余次，成功挽救经济损失 500 多万元。在江苏盐城响水天嘉宜化工厂发生爆炸后，正在休假的孔凡煜得知消息，毅然放弃休假，主动请缨驰援盐城，到达现场，火焰横穿，满目疮痍，燃烧的罐体随时都会成为炸响的“地雷阵”，生死考验的严峻时刻，被大火包围的孔凡煜和战友们坚持铺设水带，架设水炮阵地，以顽强的毅力坚守在阵地上，迎着火海发起进攻。当指挥部下达搜救命令后，冲在最前面的孔凡煜已被烈焰、浓烟和有毒化学气体呛得阵阵呕吐，但他没有退缩半步，顶着烈焰的炙烤和随时发生二次爆炸的危险，先后成功疏散 20 余名受困群众，并冒着爆炸危险在燃烧罐体附近折返 3000 余米搜救一名被困人员，用自己实际行动诠释消防救援队伍的光辉形象。

周广宇事迹

周广宇，男，中共党员，汉族，湖南益阳人，1994 年 1 月出生，2014 年 9 月参加防工作，江苏省盐城市响水县黄海路消防救援站班长，三级消防士消防救援衔。因在江苏响水天嘉宜公司“3·21”特大爆炸事故处置中表现突出，被消防救援局荣记个人一等功。

在江苏响水天嘉宜“3·21”特大爆炸事故处置中，面对血与火的考验，周广宇舍生忘死，顽强拼搏，先后搜救幸存者 6 人，搜寻遇难者遗体 7 具。刚到达现场，当指挥员下达“先救人，尽一切可能救更多的人”的命令后，他主动请缨带领第一搜救小组深入离着火储罐最近的办公楼内搜救。当时由于烈焰炙烤，楼内充斥着大量黑烟，能见度不足一米，当知情人反映内部还有人员被困时，他并未有过多犹豫，带领队员义无反顾地冲进楼内，俯着身子一间间摸索着搜救。化工园区到处都是炸飞的装置碎片、外翻的泥土砖块，他勇挑重担，带领攻坚组，顶着浓烟，多次闯进鬼门关，搜寻角落，摸排风险，用实际行动践行了“人民消防为人民”的铮铮誓言。

黄涛事迹

黄涛，男，汉族，江苏南京人，1997 年 3 月出生，2014 年 9 月参加工作，江苏省连云港市消防救援支队花果山特勤站消防员，三级消防士消防救援衔。因在江苏响水天嘉宜公司“3·21”特大爆炸事故处置中表现突出，被消防救援局荣记个人一等功。

在江苏响水天嘉宜公司“3·21”特

大爆炸事故救援行动中，黄涛跟随首批救援力量到达现场，主动请缨加入灭火攻坚突击队，对猛烈燃烧的1号储罐进行打击，连续5小时浸泡在泡沫液中不下火线。中途罐体几经闷响，但是他没有退缩，始终坚守在灭火阵地最前沿，储罐溢出的液体与水形成的混合液已过膝盖，为了稳定水炮，他在水里采取跪姿等坚持战斗5个多小时。直到次日明火被扑灭后，顾不上休息的他又继续投入搜救工作，多次进厂检测搜救出被困人员3人。4月4日撤离后，黄涛同志又主动请求参加换防工作3次，为保障人民群众的生命安全作出了积极贡献。

杨可事迹

杨可，男，汉族，江苏溧阳人，1998年3月生，2015年9月参加工作，江苏省连云港市灌南县宁波路消防救援站特勤分队一班班长，三级消防士消防救援衔。因在江苏响水天嘉宜公司“3·21”特大爆炸事故处置中表现突出，被消防救援局记个人一等功。

杨可作为临近响水县区兄弟消防救援站班指挥员，跟随消防站火速驰援响水爆炸现场，第一批次到达现场，第一时间深入事故现场内部废墟搜救被困人员。在长达18个小时的第一阶段艰苦救援中，与战友们共搜救出8名被困人员，疏散10名被困人员。在废墟瓦砾中搜寻希望，无论白天还是黑夜，一次次进去“战场”的他全力以赴，用坚定的信念和过人的毅力，为被困群众打开了“生命通道”。

宋海荣事迹

宋海荣，男，中共党员，汉族，湖南益阳人，1988年11月出生，2008年参加工作，福建省泉州市鲤城区江南消防救援站特种车驾驶员兼操作员，一级消防士消防救援衔。入职以来，该同志荣立个人一等功一次，多次获评嘉奖、优秀士兵、优秀士官、十佳士官、优秀共产党员等荣誉。

2020年在担任泉州市鲤城区南环路消防救援站管理者期间，宋海荣积极探索改革转制以来专职队伍管理模式，及时了解队员思想动态，制止事故苗头，确保队伍安全稳定。在欣佳酒店坍塌事故救援中，积极配合现场指挥员安排，主动担起救援组主力的重任战斗在最前线。为快速精准打开救援通道，他凭借丰富的救援经验，顾不得被凿伤的危险，一次又一次深入事故现场，连续奋战了5天5夜，成功营救出15名被困人员，向党和人民交上了一份满意的答卷。无论是在火场还是在救援中，他始终走在最前线，与战友们处理各类救援工作，充分体现了新时代消防指战员“对党忠诚，纪律严明，赴汤蹈火，竭诚为民”的精神，受到广大指战员和人民群众的高度赞誉。

温殿威事迹

温殿威，男，共青团员，汉族，安徽

阜南人，1998 年 11 月出生，2017 年 9 月参加工作，福建省泉州市晋江安海消防救援站特勤班副班长，四级消防士。先后荣获福建省“最美消防指战员”提名奖，被评为 2020 年度“优秀消防员”“十佳消防员”。2020 年 10 月被应急管理部消防救援局记“11・27”灭火救援专项一等功。

入职以来，温殿威累计参加灭火救援战斗 1600 余次，疏散抢救被困人员 130 余人。在 2019 年 11 月 27 日晋江安海坑边村民房火灾事故救援任务中，他担任水枪手内攻灭火。战斗中，正全神贯注灭火的他发现持刀男子冲向着火煤气罐，为保护其免受火势伤害，他随即用身体挡住该男子去路，不料被该男子挥刀刺伤。面对火场内危急的情况，他不顾个人安危，坚持“轻伤不下火线”，始终坚守水枪阵地。直至战斗结束，他才发现自己伤情严重，并被战友紧急送往医院急救。他舍身救人，充分彰显人性善良的光辉，用热血践行了“对党忠诚、纪律严明、赴汤蹈火、竭诚为民”的铮铮誓言。

王鑫事迹

王鑫，男，中共党员，汉族，河北廊坊人，1996 年 7 月出生，2013 年 9 月参加工作，福建省龙岩市新罗区莲东消防救援站班长，三级消防士消防救援衔。先后在漳州“4・6”古雷港爆炸起火事故救援、厦门金砖会晤安保等灭火救援和重大活动安保中荣获“嘉奖”4 次，被评为“优秀士官”1 次、“优秀消防员”1 次。

王鑫始终以一名优秀共产党员的标准严格要求自己，苦练灭火救援本领，夯实体能技能基础，出色完成各项急难险重应急救援任务。在龙岩市新罗区“7・12”卓越新能源爆炸起火事故救援中，因表现突出，荣立个人一等功。

赵洪刚事迹

赵洪刚，男，中共党员，汉族，山东日照人，1990 年 5 月出生，2008 年 12 月参加工作，福建省龙岩市新罗区曹溪路消防特勤站高级装备维护员兼特种车驾驶员，一级消防士消防救援衔。

该同志始终践行“对党忠诚、纪律严明、赴汤蹈火、竭诚为民”的总要求，热爱本职岗位，主动担当履职，在灭火救援行动中，奋勇争先，奋斗在最危险最困难最艰苦的第一线，处处发挥党员先锋模范作用。先后荣立个人“一等功”1 次、“三等功”2 次，荣获各级“嘉奖”8 次、“优秀士兵”多次。

叶增儒事迹

叶增儒，男，汉族，广东云浮人，1997 年 9 月出生，2015 年 9 月参加工作，广东省珠海市消防支队特勤大队二站消防员，四级消防士消防救援衔。2020 年，

在广东珠海“1·14”长炼石化爆炸火灾事故处置中表现突出，被应急管理部消防救援局记个人一等功。

2020年1月14日，广东珠海发生长炼石化爆炸火灾事故，在现场处置中，叶增儒严格执行现场指挥部命令，充分发挥“多面手”作用，在随时面临爆炸危险的情况下，毅然带领3名战斗员在浓烟滚滚的泄漏装置东面，成功架设移动水炮，并对临近着火罐区进行冷却，在高温的烘烤和不断炸飞的铁块、钢板中，严守阵地，成功堵截火势向成品油罐区蔓延；完成堵截火势任务后，他立刻操作灭火机器人对着火装置区进行冷却抑制，有效控制现场装置温度。整个灭火行动，他冒着生命危险“三进三出”，连续奋战超15个小时，面对恶劣的火场条件毫不退缩、迎难而上，圆满完成攻坚任务，为成功扑救火灾作出了重要贡献。

第五章　集体二等功名录

2020 年全国消防救援队伍集体二等功名录

黑龙江省漠河市消防救援大队
江苏省消防救援总队
江苏省连云港市消防救援支队
江苏省淮安市淮安区翔宇消防救援站
江苏省连云港市灌南县宁波路消防救援站
江苏省南京市消防救援支队特勤大队一站
江苏省常州市消防救援支队玉龙路特勤站
江苏省徐州市消防救援支队特勤大队一站
江苏省宿迁市消防救援支队西湖路特勤站
江西省瑞金市消防救援大队
河南省三门峡市消防救援支队
河南省义马市消防救援大队
湖北省武汉经济技术开发区沌口消防救援站

第六章　个人二等功名录

2020 年全国消防救援队伍个人二等功名录

北京市消防救援总队（5 人）

梁　岩　北京市消防救援总队特勤支队高米店站消防员

刘懂懂　北京市朝阳区消防救援支队搜救犬站训导班班长

潘　震　北京市丰台区消防救援支队方庄特勤站战斗四班班长

刘行行　北京市通州区梨园消防救援站特勤分队分队长

姜红波　北京市大兴区黄村消防救援站特勤分队消防员

山西省消防救援总队（2 人）

张高峰　山西省太原市消防救援支队特勤大队二站站长助理

曹　豆　山西省襄汾县迎宾路消防救援站站长

内蒙古自治区消防救援总队（1 人）

巴特尔　内蒙古自治区呼和浩特市南二环路消防救援站副站长

吉林省消防救援总队（3 人）

石家伦　吉林省长春市消防救援支队特勤大队一站消防员

潘晋川　吉林省长春市消防救援支队特勤大队一站消防员

向道松　吉林省延边朝鲜族自治州延吉市公园路消防救援站消防员

黑龙江省消防救援总队（8 人）

陈　庚　黑龙江省哈尔滨市道外区振江街消防救援站政治指导员

刘永吉　黑龙江省齐齐哈尔市龙沙区海山路消防救援站消防员

邹春阳　黑龙江省鸡西密山市新民街消防救援站消防员

王孝冬　黑龙江省双鸭山市岭东区长虹路消防救援站消防员

韩立国　黑龙江省大庆市萨尔图区萨政路消防救援站消防员

曲　宽　黑龙江省伊春市乌翠区中心路消防救援站消防员

马振东　黑龙江省佳木斯抚远市抚远消防救援站消防员

白春涛　黑龙江省牡丹江市爱民区地明街消防救援站消防员

上海市消防救援总队（11 人）

谢　佳　上海市消防救援总队防火监督处副处长
蔡海铭　上海市消防救援总队防火监督处初级专业技术职务
董　喆　上海市消防救援总队防火监督处初级专业技术职务
金世杰　上海市消防救援总队特勤支队金桥消防救援站特勤四班班长
刘长俊　上海市黄浦区消防救援支队防火监督二处初级专业技术职务
李　彭　上海市浦东新区消防救援支队火调技术处副处长
卢旺平　上海市浦东新区消防救援支队川沙大队中级专业技术职务
王小辉　上海市浦东新区外高桥消防救援站副站长
郝星宇　上海市宝山区消防救援支队信息通信科科长
刘英武　上海市青浦区消防救援支队作战训练科初级专业技术职务
庄　庆　上海市青浦区赵巷消防救援站站长

江苏省消防救援总队（37 人）

周　详　江苏省消防救援总队总队长
陆　军　江苏省消防救援总队副总队长兼灭火救援指挥部部长
陈志昂　江苏省消防救援总队作战训练处处长
王　军　江苏省消防救援总队指挥中心中级专业技术职务
李　森　江苏省消防救援总队训练与战勤保障支队战勤保障队消防员
方忠向　江苏省南京市消防救援支队特勤大队一站消防员
席　晖　江苏省南京市消防救援支队特勤大队二站副站长
李泽楷　江苏省南京市消防救援支队特勤大队二站消防员
计成福　江苏省无锡市消防救援支队副支队长兼灭火救援指挥部部长
廖昌华　江苏省无锡市消防救援支队作战训练处副处长
梁　军　江苏省徐州市消防救援支队支队长
张　霄　江苏省徐州市消防救援支队作战训练科副科长
邓　壮　江苏省徐州市消防救援支队特勤大队一站消防员
雷东多　江苏省徐州市云龙区大马路消防救援站消防员
王士军　江苏省常州市消防救援支队支队长
黄　亮　江苏省常州市消防救援支队灭火救援指挥部副部长兼作战训练科科长
孙曙光　江苏省常州市武进区府东路消防救援站站长助理
陈武斌　江苏省苏州市消防救援支队政治委员
杨　刚　江苏省苏州市消防救援支队特勤大队一站站长
龚　权　江苏省南通市消防救援支队景兴路特勤站消防员
刘　棋　江苏省南通市港闸区天生港消防救援站消防员
杨华林　江苏省连云港市消防救援支队政治委员
李元杰　江苏省连云港市消防救援支队花

果山特勤站政治指导员

王海杰 江苏省连云港市消防救援支队花果山特勤站消防员

汤金保 江苏省淮安市消防救援支队支队长

秦礼磊 江苏省淮安市消防救援支队徐杨特勤站站长

徐翔翔 江苏省淮安市消防救援支队徐杨特勤站消防员

张秋龙 江苏省淮安市清江浦区城西消防救援站消防员

俞 翔 江苏省盐城市消防救援支队支队长

李子威 江苏省盐城市消防救援支队西环路特勤站消防员

许冠堂 江苏省盐城市盐南高新技术产业开发区消防救援大队政治教导员

季会军 江苏省盐城市盐南高新技术产业开发区消防救援大队初级专业技术职务

刘 斌 江苏省响水县黄海路消防救援站政治指导员

林高科 江苏省镇江市丹徒区宜城消防救援站消防员

查 晨 江苏省泰州市消防救援支队青年南路特勤站消防员

李 荣 江苏省宿迁市消防救援支队支队长

孙 然 江苏省宿迁市宿豫区泰山路消防救援站站长

浙江省消防救援总队（6 人）

沈 梁 浙江省台州市消防救援支队支队长

余昌锋 浙江省台州市消防救援支队副支队长

叶海林 浙江省台州市消防救援支队作战训练科科长

王攀沣 浙江省台州温岭市万昌中路消防救援站副站长

万庆林 浙江省台州温岭市万昌中路消防救援站站长助理

汪丛兵 浙江省台州市路桥区桐屿大道消防救援站站长助理

山东省消防救援总队（2 人）

赵建华 山东省济南市天桥区清河消防救援站战斗二班副班长

董国昂 山东省济宁市消防救援支队作战训练科副科长

河南省消防救援总队（3 人）

夏程平 河南省郑州登封市守敬路消防救援站消防员

刘增民 河南省焦作市消防救援支队支队长

许志强 河南省焦作市消防救援支队政治委员

湖北省消防救援总队（15 人）

赵 成 湖北省武汉市消防救援支队指挥中心副主任

杜 杰 湖北省武汉市硚口区宗关消防救援站消防员

许 兵 湖北省武汉市硚口区汉正街消防救援站消防员

汪 磊 湖北省武汉市硚口区古田消防救援站消防员

张光全 湖北省武汉市青山区红钢城消防救援站站长

朱雪亮 湖北省武汉市江岸区岔马路消防救援站消防员

王锋欣　湖北省武汉经济技术开发区消防救援大队副大队长

解方方　湖北省武汉市东湖新技术开发区豹澥消防救援站消防员

孙　康　湖北省黄石市铁山区友爱路消防救援站消防员

裴志国　湖北省十堰丹江口市人民路消防救援站消防员

赵方园　湖北省宜昌市猇亭区金岭路消防救援站消防员

孙发雷　湖北省大悟县前进大道消防救援站消防员

黎献文　湖北省黄冈市消防救援支队新港大道特勤站消防员

何宇生　湖北省黄冈市消防救援支队新港大道特勤站消防员

张文权　湖北省黄冈市新港大道消防救援站消防员

湖南省消防救援总队（5人）

曾贵林　湖南省衡阳市消防救援支队光辉街特勤站消防员

李顺星　湖南省永兴县沙子江消防救援站消防员

刘　威　湖南省洞口县雪峰消防救援站站长

郭　浩　湖南省洞口县雪峰消防救援站消防员

邓　杰　湖南省怀化市经济开发区环城西路消防救援站站长

广东省消防救援总队（12人）

刘志虎　广东省珠海市消防救援支队特勤大队大队长

黄　金　广东省珠海市消防救援支队特勤二站政治指导员

彭　雯　广东省珠海市消防救援支队特勤大队代理政治委员

江海汛　广东省珠海市消防救援支队特勤二站消防员

尹　弟　广东省珠海市消防救援支队特勤一站副站长

赵　宇　广东省珠海市消防救援支队特勤二站消防员

邓国良　广东省清远市消防救援支队副支队长

曾令莹　广东省清远市消防救援支队政治部主任

周明烟　广东省清远市消防救援支队清远大道特勤站消防员

胡思华　广东省肇庆四会市东城消防救援站站长

周　凌　广东省东莞市石龙消防救援站站长

王飞龙　广东省东莞市虎门消防救援站消防员

广西壮族自治区消防救援总队（3人）

兰雄杰　广西壮族自治区河池市金城江区文体路消防救援站消防员

黄章和　广西壮族自治区巴马瑶族自治县寿乡消防救援站消防员

张　敏　广西壮族自治区钦州市消防救援支队灭火救援指挥部副部长兼作战训练科科长

海南省消防救援总队（1人）

农国切　海南省洋浦经济开发区消防救援支队新英湾消防救援站特勤分队分队长

贵州省消防救援总队（2人）

赵康勇 贵州省桐梓县燎原路消防救援站消防员

龙 飞 贵州省安顺市经济开发区机场路消防救援站消防员

西藏自治区消防救援总队（2人）

宾守朋 西藏自治区日喀则市消防救援支队卡热浦东路特勤站消防员

江勇西绕 西藏自治区林芝市消防救援支队平安路特勤站站长

第八篇
大　　事　　记

2020年消防救援工作大事记

1月

1月1日，重庆市渝北区加州花园小区某高层住宅发生火灾。接到报警后，重庆市消防救援总队调集6个支队、11个消防救援站共42辆消防车、250名指战员赶赴现场处置。消防部门历时3小时，共营救被困群众68人、疏散群众200余人，未造成人员伤亡。次日，中共中央政治局委员、市委书记陈敏尔一行前往该小区，调研指导消防安全和火灾处置后续工作。

1月2日，应急管理部党组书记黄明深入四川省凉山彝族自治州消防救援队伍基层单位调研，看望慰问指战员及相关家属代表，勉励大家不忘初心、不负韶华，忠诚履职、竭诚奉献，努力为党和人民再立新功。消防救援局局长琼色、森林消防局政治委员单于广，四川省副省长尧斯丹等参加活动。

1月3日，消防救援局召开全国消防救援队伍全员岗位大练兵总结部署会，总结过去一年工作情况，部署全年练兵工作任务。消防救援局局长琼色、政治委员詹寿旺等出席会议并讲话。会上，浙江、山东、湖北、云南消防救援总队作了经验交流发言。

1月7日，2020年全国消防救援工作会议在北京召开，总结回顾上年消防救援工作、讲评总队党委班子考核情况，分析面临形势任务，部署年度重点工作。应急管理部党组书记、消防救援总监黄明出席会议并讲话，要求全国消防救援队伍坚定改革信心，扎实防控风险，突出强基固本，自觉自我革命，以强烈的自我革命精神当好消防救援事业改革发展的开拓者。会议表彰了2019年度先进总队党委、工作先进总队和安全工作先进总队。

1月16日，应急管理部党组书记黄明带队到江苏省南京市调研打通“生命通道”集中攻坚行动。其间，黄明主持召开座谈会，听取南京市政府、江北新区管委会和市住建、公安、规划、城管、消防等部门工作汇报和意见建议。

2月

2月9日，应急管理部党组书记黄明到北京市小汤山医院，检查指导新冠肺炎疫情防控期间消防安全工作，慰问一线执勤消防救援人员。消防救援局局长琼色等参加活动。

3月

3月7日19时17分，福建省泉州市鲤城区欣佳酒店发生坍塌事故。接到报警后，福建省消防救援总队迅速调派11个支队作战力量到场处置，历时112小时，救出受困人员71人。

3月10日，国务院联防联控机制在

北京举行新闻发布会，应急管理部党组成员、消防救援局局长琼色在会上介绍了消防救援队伍参与疫情防控、服务复工复产的主要工作情况，并就湖北省涉疫求助、福建泉州酒店坍塌事故救援和服务保障方舱医院消防安全举措等内容答记者问。

3 月 30 日，T179 次旅客列车（济南—广州）行驶至湖南省郴州市永兴县高亭司镇永华村附近时，因泥石流滑坡导致列车侧翻，车厢起火，人员被困。接到报警后，湖南省消防救援总队调派 48 辆消防车、225 名指战员携 6 条搜救犬到场处置，共疏散 204 人，营救被困人员 26 人（其中 25 人生还）。

3 月 31 日，中共中央政治局委员、上海市委书记、上海市委全面深化改革委员会主任李强主持召开市委全面深化改革委员会第六次会议，会议审议通过《上海市关于深化消防执法改革的实施意见》。

截至 3 月 31 日，按照中央机构编制委员会办公室印发的《应急管理部消防救援局、森林消防局“三定”规定和消防救援队伍、森林消防队伍总队以下单位机构编制方案的通知》要求，全国消防救援队伍完成改革转隶以来首次“三定”落编工作。

4月

4 月 10 日，消防救援局召开党风廉政建设暨警示教育视频会议，通报违纪违法案件，总结讲评党风廉政建设工作，分析队伍管党治队存在的现实问题，部署从严治党工作。

针对云南省遭遇十年以来最严重干旱灾害实际，消防救援局指导云南省消防救援队伍积极投入抗旱救灾工作，截至 4 月 11 日，全省消防救援队伍累计出动抗旱送水保苗 272 次，出动车辆 373 辆次，送水 4476 吨。

4 月 14 日起，国务院开展 2020 年度省级政府安全生产和消防工作考核，由工业和信息化部、公安部、自然资源部、住房和城乡建设部、交通运输部、农业农村部、文化和旅游部、应急管理部、国务院国有资产监督管理委员会、国家市场监督管理总局、全国总工会、国家文物局、国家铁路局、国家矿山安全监察局 14 个部门 16 位部级领导带队，对 31 个省级政府和新疆生产建设兵团进行考核巡查。

4 月 14 日，消防救援局召开“消防安全专项整治三年行动”动员部署视频会议，部署通过三年时间，强化源头治理、系统治理、精准治理，深入推进打通消防“生命通道”、重点场所治理、突出风险整治、重点行业管理等工作，有效防范化解重大消防安全风险，全面提升消防信息化管理能力、公民消防安全素质，建立完善从根本上消除火灾风险隐患的消防管理责任链条、火灾防控体系、监测预警机制，推动消防安全形势持续向好发展。

4 月 24 日，中国共产主义青年团中央委员会、中华全国青年联合会共同颁授第 24 届“中国青年五四奖章”，表彰“全国优秀共青团员”“全国五四红旗团委（团支部）”。全国消防救援队伍共有 9 个集体、7 名指战员获表彰。

4 月 30 日，中共中央政治局委员、上海市委书记李强主持召开市委常委会，会议审议通过《关于加强上海市消防救援队伍职业保障的意见》。

消防救援队伍系统统一社会信用代码赋码发证工作是消防工作改革转隶的重要

组成部分。截至4月30日，由中央机构编制委员会办公室赋码发证的应急管理部消防救援局和3个训练总队、2个大队，由属地省级机构编制委员会办公室赋码发证的31个省（自治区、直辖市）消防救援总队及所属84个支队、大队，由属地副省级市和地市级机构编制委员会办公室赋码发证的442个消防救援支队、90个大队、476个直辖市城区消防救援（特勤）站，由属地县级机构编制委员会办公室赋码发证的3379个消防救援大队，全部完成赋码办证工作。

5月

5月9日，应急管理部召开宣布消防救援局、森林消防局领导干部任职命令会议。经中央组织部批准，曹奇任消防救援局副局长、党委委员，王伟任消防救援局副政治委员兼纪委书记、党委委员，钱祖桥任森林消防局党委委员。根据《中华人民共和国消防救援衔条例》，国务院晋升曹奇、王伟、钱祖桥助理总监消防救援衔。

同日，应急管理部召开危险化学品重大危险源企业专项检查督导行动动员部署视频会议。消防救援局会同危险化学品安全监督管理司制定《危险化学品重大危险源企业专项检查督导工作方案》，组成8个工作组，对20个重点省份开展明察暗访，督促企业落实特殊管控措施。

5月15日，中华全国妇女联合会发布660个全国抗疫最美家庭评选结果，消防救援队伍有3个家庭获得表彰。

5月18—22日，消防救援局利用视频系统，对全国抗洪抢险专业队伍建设情况进行全面检查验收，省级救援队、支队级救援队全部参与验收，站级救援分队按照10%的比例进行实时随机抽验。

5月20日，消防救援局党委召开全国消防救援队伍警示教育大会，通报消防救援队伍近期违纪违法典型案件，着力营造安全稳定、风清气正的内部环境。会后，消防救援局制定《消防救援局“5·20”警示教育大会任务分解工作方案》，组建工作专班，出台《从严管理和关心关爱总队主官的若干措施》等工作方法。

同日，消防救援局召开视频会，部署规范消防行政许可和处罚行为优化消防执法营商环境专项行动。纠正消防行政许可和行政处罚等执法行为不规范、不合法问题，营造良好消防执法营商环境。

5月20—28日，全国“两会”在北京召开。全国各级消防救援队伍主动参与和保卫重大政治活动，消防救援局每日分析研判、研究推进措施，各级消防救援队伍紧紧围绕防风险、保平安各项工作要求，以面保点、整体防控，圆满完成全国“两会”消防安保任务。会议期间，涉会场所及周边“零火情”，北京市未发生亡人火灾，全国未发生重大以上火灾事故。

6月

6月3日，应急管理系统首个国家工程实验室——消防与应急救援国家工程实验室顺利通过专家组验收。实验室以应急管理部沈阳消防研究所为法人单位，上海消防研究所为联合建设单位，吸纳天津、四川消防研究所和清华大学等4所知名大学及华为公司等15家科技创新企业共同建设，汇聚多位公共安全领域知名专家学者，开展理论研究、产品开发、系统测试、工程模拟等工作。

6 月 4—5 日，应急管理部党委委员、消防救援局局长琼色率火灾防治管理司、风险监测和综合减灾司、森林消防局和中国地震局相关负责同志，到河北省张家口市检查调研 2022 年北京冬奥会筹备期安全保障工作。

6 月 10 日，国家综合性消防救援队伍网络学院正式启动运行，2020 年第一期、第二期网上专题培训班同步开班，分别设置学习贯彻习近平总书记重要指示批示、党的十九届四中全会精神解读专题，共 13 门课程 32 个学时，共 6 万余名指战员参加学习培训。

7月

7 月 1 日，消防救援局以视频会议形式在全国消防救援队伍同步开展“回望初心党旗红 · 砥砺前行火焰蓝”主题党日活动。同日，消防救援局政治委员詹寿旺以“强化政治机关意识、走好第一方阵”为题，为局机关全体党员干部讲授专题党课。

为应对因连续强降雨造成的长江流域洪涝灾害，7 月 13 日，消防救援局调派浙江、安徽、福建、湖北、湖南 5 个消防救援总队 1200 名预置力量驰援江西抗洪抢险。19 日，调派上海、浙江、山东、河南消防救援总队和南京训练总队 1500 名预置力量驰援安徽抗洪抢险，并紧急抽调昆明训练总队 6 名水域救援教员组成专家团队遂行增援任务。消防救援局在江西、安徽两省分别成立前方指挥部，全程驻守、靠前指挥，协调各方、统筹作战。

7 月 17 日，应急管理部发布《国家综合性消防救援队伍 2020 年面向社会招录消防员的公告》，正式启动消防员招录工作。此次国家综合性消防救援队伍面向社会招录消防员 15000 名，其中公开招录社会青年 5000 名、定向招录退役士兵 5000 名、专项招录高校应届毕业生 4894 名、专项招录原公安消防部队解约定向培养士官 106 名。

7 月 22 日，安徽省合肥市庐江县消防救援大队政治教导员陈陆在搜救被困群众时，突遇破圩决口后的激流漩涡，不幸落水壮烈牺牲。陈陆同志牺牲后，人力资源和社会保障部、应急管理部联合追授陈陆同志“中国消防忠诚卫士”，应急管理部批准陈陆同志为烈士、追记一等功，追授“全国消防救援队伍优秀共产党员”，安徽省委追授陈陆同志为“安徽省优秀共产党员”。

7 月 25 日，消防救援局举办队伍转制以来首个高级专业技术职务干部专题培训班。培训班共分 2 期举办，采取专题授课、案例教学、参观见学等方式，重点安排政治理论、应急管理论述、专业能力、党风廉政教育 4 个授课专题 18 门培训课程。全国消防救援队伍共 160 人参加培训。

7 月 31 日，应急管理部党委书记、消防救援总监黄明，专门到牺牲在抗洪抢险救援中的安徽省合肥市庐江县消防救援大队政治教导员陈陆同志家中，代表应急管理部党委看望慰问家属，表达沉痛哀思和关心问候。

8月

8 月 5 日，消防救援局党委部署启动巡察工作任务。第一轮巡察工作对内蒙古、上海、江苏、江西、广东、四川、云南 7 个消防救援总队开展巡察，对重庆、福建2个消防救援总队开展巡察“回头看”。

8月12日，中共中央政治局委员、北京市委书记蔡奇会见市消防救援总队主官，听取首都消防救援工作和消防救援队伍建设情况汇报，研究消防工作相关问题。

8月18—21日，应急管理部党委委员、消防救援局局长琼色率国家防汛抗旱总指挥部、国家减灾委员会相关工作组赴重庆、四川，传达习近平总书记关于防汛救灾工作的重要指示精神，督促各级各部门落实落细各项防汛救灾措施。工作期间，深入灾情一线，检查指导抗洪抢险工作，看望慰问一线消防指战员。

8月19日下午，正在安徽合肥考察调研的习近平总书记亲切看望慰问了防汛抗洪中不幸牺牲的消防救援队伍烈士陈陆同志的亲属，对牺牲同志的感人事迹和崇高精神给予高度评价。习近平总书记说，你们的亲人也是我们的亲人，是祖国的亲人，他们是我们心中的英雄，我们都会崇敬他们。每当危难时刻总有英雄挺身而出，这是中华民族伟大精神的体现。你们要把工作生活安排好，保重身体，以最好的方式来告慰他们。

8月22日，中共应急管理部委员会印发《关于向陈陆同志学习的决定》(应急委发〔2020〕20号)，号召广大党员干部职工和消防救援指战员深入学习宣传陈陆同志的先进事迹和崇高精神，激励广大党员干部职工和消防救援指战员不忘初心、牢记使命，担当作为、敬业奉献，奋力开创应急管理事业新局面。

8月25日，应急管理部发布《关于消防救援领域行业标准以“XF”代号重新编号发布的公告》(2020年第5号)，公告明确，消防救援领域165项现行行业标准类别由公共安全行业标准调整为消防救援行业标准，代号由“GA”调整为“XF”，顺序号、年代号和内容保持不变。消防救援行业标准（XF）的组织制修订职责，由应急管理部消防救援局及全国消防标准化技术委员会承担。

同日，消防救援局召开《中国消防》杂志创刊40周年座谈会，消防救援局局长琼色出席座谈会并讲话，消防救援局政治委员詹寿旺，应急管理部新闻宣传司、中国消防救援学院、《中国应急管理报》有关负责同志，作者、读者、媒体代表，杂志社和局新闻宣传处全体同志参加座谈。

同日，教育部办公厅、应急管理部办公厅联合印发《关于加强新冠肺炎疫情防控常态化条件下开学复课消防安全工作的通知》《学校及幼儿园开学复课消防安全检查要点》，部署各地教育部门、消防救援机构共同做好开学复课消防安全工作。

8月26日，国家综合性消防救援队伍总队级领导干部专题培训班在中国消防救援学院开班。此次培训班共分3期举办，国家综合性消防救援队伍各总队主官、副总队级支队主官等领导干部近300人参加培训。

8月31日，中央宣传部以云发布的方式，向全社会发布了江西省九江市消防救援支队的先进事迹，授予他们“时代楷模”称号。发布仪式现场宣布了《中共中央宣传部关于授予江西省九江市消防救援支队“时代楷模”称号的决定》，播放了反映该支队先进事迹的短片。中央宣传部负责同志为九江市消防救援支队代表颁发了“时代楷模”奖牌和证书。

8 月 31 日至 9 月 18 日，消防救援局在宁夏银川举办化工灭火救援技术培训班。全国 31 个消防救援总队和 3 个训练总队业务骨干共 130 人参加培训。

8 月 31 日至 9 月 25 日，消防救援局依托北京市消防救援总队训练与保障支队举办两期地震救援能力测评教练员培训班，全国 31 个总队负责地震救援专业队伍建设的管理人员及技术骨干，以及 3 个训练总队地震救援技术师资力量共 206 人参加培训。

9 月

9 月 2 日，应急管理部党委委员、消防救援局局长琼色率队到北京市延庆区调研检查 2022 年北京冬奥会安全保障和北京市第二消防训练基地建设工作，了解赛区场馆规划、施工进展和消防执勤保卫等情况，慰问一线消防指战员和地方森林专业灭火队员。

9 月 5 日，应急管理部党委书记、消防救援总监黄明与国家综合性消防救援队伍总队主官集体座谈，深入学习贯彻习近平总书记关于巡视工作的重要讲话精神，围绕中央巡视组反馈意见检视问题、剖析原因、共商对策。许尔锋、徐平、琼色、詹寿望等领导出席座谈会。中国消防救援学院主要负责人，国家综合性消防救援队伍各总队主官参加。

9 月 7 日，消防救援局针对吉林、黑龙江等地洪涝灾情，调集天津、河北、山东等总队的排涝抢险专业分队及保障力量共 565 名指战员，紧急驰援吉林、黑龙江。

9 月 8 日，全国抗击新冠肺炎疫情表彰大会在北京人民大会堂隆重举行，习近平向国家勋章和国家荣誉称号获得者颁授勋章奖章并发表重要讲话，李克强主持，栗战书宣读主席令，王沪宁宣读表彰决定，汪洋赵乐际韩正王岐山出席。会上，国家综合性消防救援队伍有 9 名指战员获评“全国抗击新冠肺炎疫情先进个人”、2 个集体获评“全国抗击新冠肺炎疫情先进集体”。

9 月 12 日，应急管理部党委作出决定，在全国应急管理系统组织开展向江西省九江市消防救援支队学习活动。

9 月 16 日，应急管理部在天津市召开第一届火灾调查专家组暨全国火灾调查技术学术工作委员会成立会议，应急管理部党委委员、消防救援局局长琼色同志出席会议并讲话。

9 月 23 日，追授陈陆同志“中国消防忠诚卫士”称号表彰大会暨先进事迹报告会在安徽省合肥市举行。人力资源和社会保障部国家表彰奖励办公室、应急管理部相关司局负责人，安徽省委、省政府主要领导同志参加会见和报告会。

本月，国家公务员局发布《国家综合性消防救援队伍 2020 年度补充录用公务员公告》，正式启动国家综合性消防救援队伍 2020 年度补充录用公务员工作。9 月 18 日，应急管理部发布《关于国家综合性消防救援队伍 2020 年度补充录用公务员有关事项的说明》，国家综合性消防救援队伍本次共补充录用人员 2390 名，其中消防救援队伍 1457 名、森林消防队伍 933 名。

10 月

10 月 1 日 13 时许，山西省太原市台骀山景区冰灯雪雕馆发生火灾，导致 13

人遇难、15 人受伤。事故发生后，应急管理部党委委员、消防救援局局长琼色率工作组，赴太原指导火灾事故调查处置工作。

10 月 8—23 日，消防救援局依托云南省昭通市消防救援支队培训基地举办首届全国水域救援教练员技术交流活动。来自全国 17 个消防救援总队的 101 名水域救援技术骨干利用基地急流河道模拟训练设施和金沙江巧家天然河道开展为期 15 天的水域救援培训。

10 月 13 日，中共中央政治局委员、北京市委书记蔡奇主持召开市委全面深化改革委员会第 13 次会议，审议并通过《关于深化消防执法改革的实施意见》。

10 月 14 日，应急管理部党委书记黄明到消防救援局调研中央巡视整改和全面从严治党工作。消防救援局政治委员詹寿旺主持座谈会，局党委委员分别汇报了有关工作情况。

10 月 17 日，应急管理部发布《国家综合性消防救援队伍 2021 年度招录干部公告》，明确国家综合性消防救援队伍 2021 年度招录干部 3000 名。

10 月 20 日，消防救援局成立 10 个巡察组，分别对天津、吉林、安徽、广西、陕西、甘肃、宁夏消防救援总队开展巡察，对辽宁、新疆总队和沈阳、四川消防研究所开展 2020 年局党委第二轮巡察“回头看”。

10 月 28 日，消防救援局出台《消防安全领域信用管理暂行办法》，深入推进消防安全领域信用管理工作，强化消防安全事中、事后监管，提升消防执法惩戒效果，督促社会单位和个人依法履行消防安全职责。《办法》自 2020 年 12 月 1 日起施行。

11月

11 月 3—4 日，全国消防救援队伍正规化建设推进暨试点成果交流展示现场会在山东省济南市召开。应急管理部政治部主任许尔锋、消防救援局政治委员詹寿旺等相关领导出席会议，全国消防救援队伍总队级单位政治委员、政治部主任参加会议。会议推广了山东、黑龙江、江西、重庆 4 个总队正规化试点建设成果。

11 月 5 日，国务院新闻办公室举行国家综合性消防救援队伍组建两周年新闻发布会。应急管理部党委委员、消防救援局局长琼色，消防救援局副局长兼应急管理部教育训练司司长张福生，森林消防局副局长闫鹏出席发布会，并分别就防汛救灾、火灾防控、消防执法改革、队伍建设、消防员招录等 9 个问题回答了记者提问。

同日，应急管理部举办“中国消防忠诚卫士”陈陆同志先进事迹报告会。部党委书记黄明出席报告会并在会前会见报告团成员，向陈陆同志的妻子王璇表示亲切慰问。

11 月 9 日，应急管理部召开第五届全国 119 消防先进集体和先进个人表彰大会，对 147 个先进集体、197 名先进个人进行表彰。部党委书记、消防救援总监黄明出席活动。

11 月 10 日，应急管理部批准发布 22 项应急管理行业标准。其中，包括水域救援作业、消防器材装备等 13 项消防救援行业标准，自 2021 年 5 月 1 日起施行。

11 月 20 日，全国精神文明建设表彰大会在京举行，对第六届全国文明城市、文明村镇、文明单位和第二届全国文明家庭、文明校园及新一届全国未成年人思想道德建设工作先进予以表彰。消防救援队伍 30 个单位获评第六届全国文明单位，其中海南省琼海市消防救援支队博鳌大队作为全国文明单位代表参加表彰大会，受到习近平总书记等中央领导同志亲切接见。

11 月 24 日，全国劳动模范和先进工作者表彰大会在北京人民大会堂隆重举行。习近平总书记出席大会并发表重要讲话。消防救援队伍 5 名指战员获评“全国先进工作者”称号，并赴京参加表彰大会。

11 月 27 日，消防救援局在广东省广州市召开 2020 年全国消防救援队伍特约研究员年会，交流消防领域最新学术研究成果，研讨新时代消防安全面临的新形势新问题，促进消防研究成果转化应用。来自全国 50 余位特约研究员、20 余位专家学者和消防救援队伍代表共 80 余人参加会议。

12月

12 月 8 日，应急管理部党委委员、消防救援局局长琼色应邀通过视频形式出席国际消防和救援人员运动联合会第二十一次国际会议，代表我国行使该联合会会员权利，对其 2020 年的工作情况进行审议，表决通过吸纳新会员、修订现有章程以及未来三年的工作规划等。

12 月 9 日，消防救援局在湖南省长沙市召开全国消防救援队伍人才工作会议，消防救援局政治委员詹寿旺出席会议并部署人才兴队相关工作。会议印发了《关于加强“十四五”期间消防救援人才队伍建设的意见》和《消防救援局人才库建设管理办法（试行）》，为 2020 年全国消防救援队伍创新成果评选获奖单位颁发了奖牌和证书。

12 月 16 日，全国消防救援队伍新招录干部初任培训在昆明训练总队开训，消防救援局政治委员詹寿旺在局机关会场作开训动员讲话。消防救援局相关同志和全体新训学员、昆明训练总队指战员 2600 余人在昆明训练总队现场参加。

12 月 28 日，应急管理部第 39 次部务会议审议通过《高层民用建筑消防安全管理规定》。《规定》自 2021 年 8 月 1 日起施行。

附　　录

1950—2020 年火灾情况

年　份	起　数	直接损失（万元）	亡（人）	伤（人）	火灾发生率（起/十万人口）	火灾死亡率（人/百万人口）	火灾伤人率（人/百万人口）	次均损失（元）	人均损失（元）	火灾损失率（元/万元国内生产总值）
1950	19692	1778.8	908	1873	3.6	1.6	3.4	903.3	0.03	
1951	19740	4420.1	754	2526	3.5	1.3	4.5	2239.2	0.1	
1952	36585	7321.3	741	2967	6.4	1.3	5.2	2001.2	0.1	
1953	37766	8077.2	1180	4292	6.4	2.0	7.3	2138.7	0.1	
1954	43849	3962.6	1414	2773	7.3	2.3	4.6	903.7	0.1	
1955	89703	4158.6	1865	5210	14.6	3.0	8.5	463.6	0.1	
1956	89680	6141.9	3408	14454	14.3	5.4	23.0	684.9	0.1	
1957	75579	5818.2	2929	9742	11.7	4.5	15.1	769.8	0.1	
1958	73315	8173.9	5310	11352	11.1	8.0	17.2	1114.9	0.1	
1959	114880	11616.9	10131	14617	17.1	15.1	21.7	1011.2	0.2	
1960	90845	17886.3	10843	13809	13.7	16.4	20.9	1968.9	0.3	
1961	103485	23009.2	6989	10597	15.7	10.6	16.1	2223.4	0.4	
1962	105064	17389.6	4990	8555	15.6	7.4	12.7	1655.1	0.3	
1963	106468	16691.2	4798	8939	15.4	6.9	12.9	1567.7	0.2	
1964	63301	9724.0	3441	6646	8.9	4.9	9.4	1536.2	0.1	
1965	76859	9588.2	4179	8283	10.6	5.8	11.4	1247.5	0.1	
1966	85377	19695.0	5386	12171	11.5	7.2	16.3	2306.8	0.3	
1967	36861	6403.4	1912	4199	4.8	2.5	5.5	1737.2	0.1	

1950—2020 年火灾情况（续一）

年　份	起　数	直接损失（万元）	亡（人）	伤（人）	火灾发生率（起/十万人口）	火灾死亡率（人/百万人口）	火灾伤人率（人/百万人口）	次均损失（元）	人均损失（元）	火灾损失率（元/万元国内生产总值）
1968	25940	5538.9	1114	2484	3.3	1.4	3.2	2135.3	0.1	
1969	35205	9651.2	1348	3615	4.4	1.7	4.5	2741.4	0.1	
1970	39925	9904.9	2167	5658	4.8	2.6	6.8	2480.9	0.1	
1971	75593	30428.4	4362	12368	8.9	5.1	14.5	4025.3	0.4	
1972	88417	26625.7	4629	10437	10.1	5.3	12.0	3011.4	0.3	
1973	84966	22141.9	4337	9095	9.5	4.9	10.2	2606.0	0.3	
1974	86614	27527.8	4348	8799	9.5	4.8	9.7	3178.2	0.3	
1975	82221	21343.0	4818	8674	8.9	5.2	9.4	2595.8	0.2	
1976	81634	25418.9	5673	9865	8.7	6.1	10.5	3113.8	0.3	
1977	85442	33519.4	5583	8699	9.0	5.9	9.2	3923.1	0.4	
1978	81667	22743.4	4046	7990	8.5	4.2	8.3	2784.9	0.2	6.28
1979	88082	23236.2	3696	6175	9.0	3.8	6.3	2638.0	0.2	5.81
1980	54333	17609.3	3043	3710	5.5	3.1	3.8	3241.0	0.2	3.9
1981	50034	23130.6	2643	3480	5.0	2.6	3.5	4623.0	0.2	4.76
1982	41541	18926.3	2249	2929	4.1	2.2	2.9	4556.1	0.2	3.57
1983	37026	20398.0	2161	2741	3.6	2.1	2.7	5509.1	0.2	3.44
1984	33618	16086.4	2085	2690	3.3	2.0	2.6	4785.1	0.3	2.24
1985	34996	28421.9	2241	3543	3.3	2.1	3.3	8121.47	0.27	3.17

1950—2020 年火灾情况（续二）

年　份	起　数	直接损失（万元）	亡（人）	伤（人）	火灾发生率（起/十万人口）	火灾死亡率（人/百万人口）	火灾伤人率（人/百万人口）	次均损失（元）	人均损失（元）	火灾损失率（元/万元国内生产总值）
1986	38766	32584.4	2691	4344	3.6	2.5	4.0	8405.41	0.30	3.19
1987	32053	80560.8	2411	4009	2.9	2.2	3.7	25133.62	0.74	6.73
1988	29852	35424.4	2234	3206	2.7	2.0	2.9	11866.68	0.32	2.37
1989	24154	49125.7	1838	3195	2.1	1.6	2.8	20338.54	0.44	2.90
1990	58207	53688.6	2172	4926	5.1	1.9	4.3	9223.74	0.47	2.90
1991	45167	52158.8	2105	3771	3.9	1.8	3.3	11547.99	0.45	2.41
1992	39391	69025.7	1937	3388	3.4	1.7	2.9	17523.22	0.59	2.59
1993	38073	111658.3	2378	5937	3.2	2.0	5.0	29327.42	0.94	3.22
1994	39337	124391.0	2765	4249	3.3	2.3	3.5	31621.88	1.04	2.66
1995	37915	110315.5	2278	3838	3.1	1.9	3.2	29095.48	0.91	1.89
1996	36856	102908.5	2225	3428	3.0	1.8	2.8	27921.78	0.84	1.52
1997	140280	154140.6	2722	4930	11.4	2.2	4.0	10988.07	1.25	2.06
1998	142326	144257.3	2389	4905	11.4	1.9	3.9	10135.70	1.16	1.81
1999	179955	143394.0	2744	4572	14.4	2.2	3.7	7968.33	1.15	1.75
2000	189185	152217.3	3021	4404	14.9	2.4	3.5	8045.95	1.20	1.78
2001	216784	140326.1	2334	3781	17.0	1.8	3.0	6473.08	1.10	1.46
2002	258315	154446.4	2393	3414	20.1	1.9	2.7	5978.99	1.20	1.51
2003	253932	159088.6	2482	3087	19.7	1.9	2.4	6265.01	1.23	1.36

1950—2020 年火灾情况（续三）

年 份	起 数	直接损失（万元）	亡（人）	伤（人）	火灾发生率（起/十万人口）	火灾死亡率（人/百万人口）	火灾伤人率（人/百万人口）	次均损失（元）	人均损失（元）	火灾损失率（元/万元国内生产总值）
2004	252804	167357.0	2562	2969	19.5	2.0	2.3	6620.03	1.29	1.23
2005	235941	136603.4	2500	2508	18.0	1.9	1.9	5789.73	1.04	0.75
2006	231881	86044.0	1720	1565	17.6	1.3	1.2	3710.70	0.65	0.41
2007	163521	112515.8	1617	969	12.4	1.2	0.7	6880.82	0.85	0.46
2008	136835	182202.5	1521	743	10.3	1.1	0.6	13315.49	1.29	0.69
2009	129382	162392.4	1236	651	9.7	0.9	0.5	12551.39	1.22	0.48
2010	132497	195945.2	1205	624	9.9	0.9	0.5	14788.65	1.46	0.49
2011	125417	205743.4	1108	571	9.3	0.8	0.4	16404.75	1.53	0.44
2012	152157	217716.3	1028	575	11.2	0.8	0.4	14308.66	1.61	0.42
2013	388821	484670.2	2113	1637	28.6	1.6	1.2	12465.12	3.56	0.85
2014	395052	470234.4	1815	1513	28.9	1.3	1.1	11903.10	3.44	0.74
2015	346701	435895.3	1899	1213	25.5	1.4	0.9	12572.66	3.20	0.64
2016	323636	412502.2	1591	1093	23.4	1.2	0.8	12745.87	2.98	0.55
2017	281467	359950.1	1390	881	20.2	1.0	0.6	12788.36	2.59	0.44
2018	242943	367908.8	1462	843	17.4	1.0	0.6	15143.83	2.64	0.41
2019	255625	402992.2	1369	889	18.3	1.0	0.6	15764.98	2.88	0.41
2020	681498	524595.3	2088	1792	48.3	1.5	1.3	7697.69	3.72	0.52

注：1. 1979 年以前的火灾数据均按照《中国火灾大典》中的统计数据填写。

2. 1980 年以后的火灾数据均按照每年的《火灾年报》《中国火灾统计年鉴》或《中国消防年鉴》《中国消防救援年鉴》中的统计数据填写。

1979—2020年全国一次死亡30人以上火灾情况

序号	起火日期	起火单位名称或地址	亡(人)	伤(人)	直接损失(万元)	火灾类别	火灾原因
1	1979年12月18日	吉林省吉林市煤气公司液化石油气厂	32	54	539	石油气厂	泄漏的液化气遇明火
2	1982年3月9日	福建省福鼎县制药厂冰片车间	65	35	35	车间	违章操作
3	1985年1月18日	上海飞往北京的5109航班	38	3	280	飞机	着陆与地面摩擦
4	1986年3月28日	云南省安宁县青龙区山林	56	3		山林	不明确原因
5	1986年4月11日	山东省德州市第二运输公司一客车	35	17	2.4	汽车	司机违章携带汽油
6	1987年3月15日	黑龙江省哈尔滨市亚麻纺织厂	58	177	650.4	工厂	粉尘爆炸
7	1987年4月15日	内蒙古自治区库都尔林业作业区	49	31		草原	不明确原因
8	1987年5月6日	黑龙江省大兴安岭林区	193	171	52666.1	森林	违章用火
9	1988年1月7日	广州开往西安的272次列车	34	30	16.3	列车	旅客违章携带化学物品
10	1990年5月8日	黑龙江省鸡西矿务局小恒山矿	80		567	矿井	违章切割
11	1990年7月7日	乌鲁木齐开往库尔勒市的一客车	38	13	9	汽车	侧翻起火
12	1990年10月23日	福建省福清县一油罐车	31	22		汽车	翻车漏油
13	1991年5月30日	广东省东莞市兴业雨衣制造厂	72	47	116	“三合一”厂房	吸烟
14	1993年2月14日	河北省唐山市林西百货大楼	81	54	401.2	商场	违章电焊
15	1993年11月19日	广东省深圳市致丽玩具厂	84	40	260	合资企业	电气
16	1993年12月13日	福建省福州市高福纺织有限公司	61	7	600	合资企业	放火
17	1994年6月16日	广东省珠海市前山纺织城	93	156	9500	高层、厂房	违章操作
18	1994年11月27日	辽宁省阜新市艺苑歌舞厅	233	20	12.8	歌舞厅	玩火
19	1994年12月8日	新疆维吾尔自治区克拉玛依市友谊馆	325	130	210.9	礼堂	电气
20	1995年3月13日	辽宁省鞍山商场	35	18	866	商场	电气

1979—2020 年全国一次死亡 30 人以上火灾情况（续）

序号	起火日期	起火单位名称或地址	亡（人）	伤（人）	直接损失(万元)	火灾类别	火灾原因
21	1995 年 4 月 24 日	新疆维吾尔自治区乌鲁木齐市凤凰时装城	52	6	41.6	录像厅	电气
22	1996 年 7 月 17 日	广东省深圳市端溪酒店	30	13	13	酒店	电气
23	1996 年 8 月 9 日	河南省濮阳至汤阴的输油管道	43	54	1.6	管道	犯罪分子盗油
24	1996 年 11 月 27 日	上海市四川中路 401 号居民楼	36	19	178	居民楼	精神病患者用火取暖
25	1997 年 1 月 5 日	黑龙江省哈尔滨市长林子打火机厂	93	15	4.1	打火机厂	违章操作
26	1997 年 1 月 29 日	湖南省长沙市燕山酒家	40	79	97.2	高层、酒店	违反安全规定
27	1997 年 2 月 12 日	广深高速公路一客车	40	6	11.2	汽车	违反安全规定
28	1997 年 4 月 12 日	福建省晋江市陈埭裕华鞋厂	32	4	80.4	“三合一”厂房	放火
29	1997 年 12 月 12 日	黑龙江省哈尔滨市汇丰大酒店	31	17	61.9	酒店	放火
30	2000 年 3 月 29 日	河南省焦作市天堂音像俱乐部	74	2	20	录像厅	电气
31	2000 年 4 月 22 日	山东省青州市一肉鸡加工车间	38	20	95.2	车间	电气
32	2000 年 12 月 25 日	河南省洛阳市东都商厦	309	7	275.3	歌舞厅	电焊
33	2003 年 2 月 2 日	黑龙江省哈尔滨市天潭大酒店	33	10	15.8	商住楼	违反操作规程
34	2004 年 2 月 15 日	吉林省吉林市中百商厦	54	70	426.4	商场	吸烟
35	2004 年 2 月 15 日	浙江海宁市黄湾镇五丰村	40	3	0.1	农村	用火不慎
36	2005 年 6 月 10 日	广东省汕头市华南宾馆	31	28	81	娱乐场所	电气
37	2005 年 12 月 15 日	吉林省辽源市中心医院	37	46	821.9	医院	电气
38	2007 年 10 月 21 日	福建省莆田市秀屿区笏石镇飞达鞋面加工厂	37	19	30.1	“三合一”场所	放火
39	2008 年 9 月 20 日	广东省深圳市龙岗区舞王俱乐部	44	64	27.1	歌舞厅	室内发射烟花弹
40	2010 年 11 月 15 日	上海市静安区胶州路高层公寓大楼	58	71	15800	高层住宅楼	违章电焊
41	2013 年 6 月 3 日	吉林省德惠市宝源丰禽业有限公司	121	76	18200	厂房	电线短路
42	2015 年 5 月 25 日	河南省平顶山市鲁山县康乐园老年公寓	39	6	37.1	养老院	电气线路故障

2011—2020年人员密集场所重特大火灾分布情况

项目		起数	亡(人)	伤(人)	直接损失(万元)	典型火灾案例：时间	火灾发生单位及名称	亡(人)	伤(人)	损失(万元)	起火原因
2011年	小　计	5	49	8	10094.2	1月13日	湖南省长沙市岳麓区西娜湾宾馆	10	4	60.4	使用电烤炉不慎
	商场市场	1	14		591.1	1月17日	湖北省武汉市侨康副食批发市场	14		591.1	无法排除电气
	宾馆饭店	3	20	7	9452.1	2月3日	辽宁省沈阳市皇朝万鑫国际大厦			9384.0	燃放烟花爆竹
	歌厅舞厅					5月1日	吉林省通化市东昌区胜利路1号如家快捷酒店	10	3	7.7	刑事放火
	其　他	1	15	1	51	8月23日	广东省佛山市盛丰陶瓷有限公司办公综合楼	15	1	51.0	电线短路
2012年	小　计	1	10	7	2696.8						
	商场市场	1	10	7	2696.8						
	宾馆饭店					6月30日	天津市蓟县莱德商厦	10	7	2696.8	空调电源线短路
	歌厅舞厅										
	其　他										
2013年	小　计	3	41	52	390.5						
	商场市场	1	16	5	187	4月14日	湖北省襄阳市迅驰星空网络会所	14	47	186.9	电线短路
	宾馆饭店					7月26日	黑龙江省绥化市海伦市联合敬老院	11		16.6	刑事放火
	歌厅舞厅					12月11日	广东省深圳市光明新区荣健农副产品批发市场	16	5	187	电线短路
	其　他	2	25	47	203.5						

2011—2020 年人员密集场所重特大火灾分布情况（续一）

项目		起数	亡(人)	伤(人)	直接损失（万元）	典型火灾案例					
						时间	火灾发生单位及名称	亡（人）	伤（人）	损失（万元）	起火原因
2014 年	小　计	2	12	28	8996.8						
	商场市场										
	宾馆饭店	1			8983.9	1 月 11 日	云南省迪庆藏族自治州香格里拉县独克宗古城			8983.9	使用电暖器不慎
	歌厅舞厅	1	12	28	12.9	12 月 15 日	河南省新乡市长垣县皇冠歌厅	12	28	12.9	电暖器距离空气清新剂过近
	其　他										
2015 年	小　计	2	56	6	537.1						
	商场市场	1	17		500.0	2 月 5 日	广东省惠州市惠东县惠东大道 349 号义乌小商品批发城	17		500.0	小孩刑事放火
	宾馆饭店										
	歌厅舞厅										
	其　他	1	39	6	37.1	5 月 25 日	河南省平顶山市鲁山县康乐园老年公寓	39	6	37.1	电气线路故障
2016 年	小　计										
	商场市场										
	宾馆饭店										
	歌厅舞厅										
	其　他										

2011—2020年人员密集场所重特大火灾分布情况（续二）

项目		起数	亡(人)	伤(人)	直接损失（万元）	典型火灾案例：时间	火灾发生单位及名称	亡（人）	伤（人）	损失（万元）	起火原因
2017年	小　计	2	28	31	185.0						
	商场市场					2月5日	浙江省台州市天台县足馨堂足浴店	18	18	115.0	电器设备故障
	宾馆饭店										
	歌厅舞厅	1	10	13	70.0	2月25日	江西省南昌市红谷滩新区白金汇海航酒店唱天下会所	10	13	70.0	焊割
	其　他	1	18	18	115.0						
2018年	小　计	3	39	27	9296.2	4月24日	广东省清远英德市兰桂坊KTV	18	5	20.0	放火
	商场市场	1	1		9015.0	6月1日	四川省达州市通川区好一新商贸城	1		9015.0	照明电源线短路
	宾馆饭店	1	20	22	261.2						
	歌厅舞厅	1	18	5	20.0	8月25日	黑龙江省哈尔滨市松北区北龙汤泉休闲酒店	20	22	261.2	风机盘管机组电气线路短路
	其　他										
2019年	小　计										
	商场市场										
	宾馆饭店										
	歌厅舞厅										
	其　他										
2020年	小　计	1	13	15	151.2						
	商场市场										
	宾馆饭店					10月1日	山西省太原市迎泽区台骀山景区冰雕展览馆	13	15	151.2	电气线路故障
	歌厅舞厅										
	其　他	1	13	15	151.2						

注：重特大火灾，指一次造成10人以上死亡，或者50人以上重伤，或者5000万元以上直接财产损失的火灾。

2011—2020 年起火原因情况

年份	起数	亡（人）	伤（人）	直接损失（万元）	起火原因																	
					放火		电气		违反安全规定		吸烟		用火不慎		玩火		自燃		其他		不明确原因	
					起数	所占比例（%）	起数	所占比例（%）	起数	所占比例（%）	起数	所占比例（%）	起数	所占比例（%）	起数	所占比例（%）	起数	所占比例（%）	起数	所占比例（%）	起数	所占比例（%）
2011	125417	1108	571	205743.4	2832	2.3	37960	30.3	6742	5.4	7091	5.7	22248	17.7	8247	6.6	3533	2.8	26764	21.3	10000	8.0
2012	152157	1028	575	217716.3	3052	2.0	49043	32.2	6291	4.1	9492	6.2	27293	17.9	5771	3.8	4610	3.0	35608	23.4	10997	7.2
2013	388821	2113	1637	484670.2	7089	1.8	115599	29.7	13046	3.4	26226	6.7	69080	17.8	12982	3.3	11547	3.0	108596	27.9	24656	6.3
2014	395052	1815	1513	470234.4	7314	1.9	108282	27.4	11712	3.0	23701	6.0	71318	18.1	16639	4.2	10613	2.7	117578	29.8	27895	7.1
2015	346701	1899	1213	435895.3	6026	1.7	104534	30.2	10091	2.9	19503	5.6	61089	17.6	11478	3.3	10116	2.9	100719	29.1	23145	6.7
2016	323636	1591	1093	416490.4	4469	1.4	117057	36.2	10875	3.4	24798	7.7	68125	21.0	11357	3.5	14026	4.3	57720	17.8	15209	4.7
2017	281467	1390	881	359950.1	3748	1.3	100453	35.7	11130	4.0	22458	8.0	61990	22.0	8326	3.0	12946	4.6	48653	17.3	11763	4.2
2018	242943	1462	843	367908.8	3109	1.3	85893	35.4	10134	4.2	18848	7.8	53748	22.1	7172	3.0	12035	5.0	41410	17.1	10594	4.4
2019	255625	1369	889	402992.2	3180	1.2	89492	35.0	10614	4.2	20720	8.1	58704	23.0	6601	2.6	13594	5.3	42878	16.8	9842	3.9
2020	681498	2088	1792	524595.3	5929	0.9	216735	31.8	16636	2.4	80873	11.9	145174	21.3	12247	1.8	42189	6.2	143668	21.1	18047	2.6

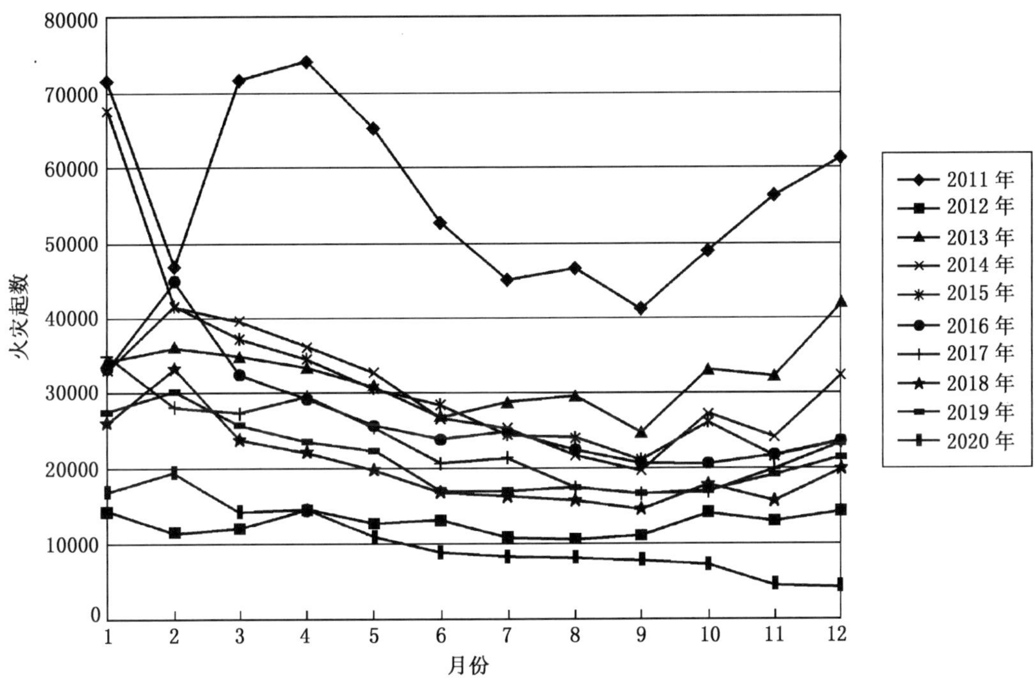

2011—2020 年火灾分月综合分布图

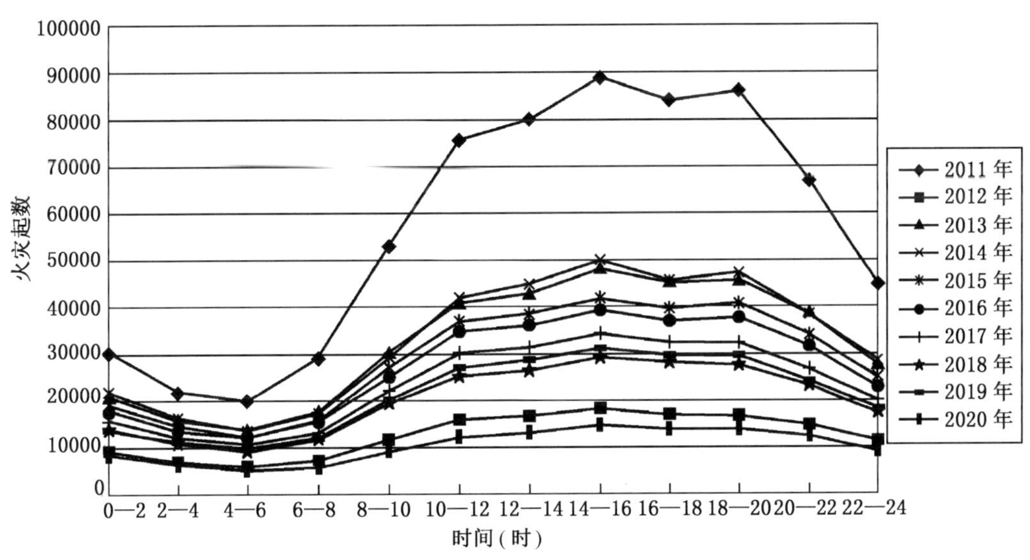

2011—2020 年火灾 24 小时分布图

1990—2020 年春节期间火灾情况

年份	起 数	燃放烟花爆竹		亡（人）	伤（人）	直接损失（万元）
		起数	所占比例(%)			
1990	3442	2120	61.6	32	74	840.3
1991	4160	2797	67.2	39	94	1132.1
1992	3389	2360	69.6	48	37	1842.9
1993	3621	2492	68.8	62	70	2223.9
1994	3688	2439	66.1	45	37	4247.1
1995	3512	1823	51.9	60	70	3174.8
1996	4540	2259	49.8	76	61	3231.8
1997	4968	2113	42.5	39	86	2717.2
1998	6301	2625	41.7	77	91	3376.6
1999	12711	6808	53.6	97	98	7660.7
2000	7682	3282	42.7	109	76	3051.3
2001	6493	2315	35.7	86	57	2140.0
2002	19041	11130	58.5	57	55	3298.8
2003	11197	4722	42.2	109	62	3138.9
2004	14150	2763	35.8	136	78	6177.8
2005	10238	1752	29.5	90	45	4971.9
2006	10201	1913	30.7	55	38	2754.2
2007	9634	4230	43.9	34	11	2567.5
2008	7494	3143	41.9	50	17	2798.1
2009	7972	3419	42.9	55	7	3723.7
2010	6638	2357	35.5	36	15	4629.5
2011	8654	3242	37.5	38	11	15538.4
2012	4628	902	19.5	14	2	3825.2
2013	11554	2010	17.4	34	27	8250.8
2014	21984	5721	26.0	42	24	9844.7
2015	13736	3270	23.8	49	29	13896.1
2016	16057	2926	18.2	54	34	12844.0
2017	10981	1888	17.2	37	15	9794.5
2018	10650	2106	19.8	52	27	9232.6
2019	10916	1885	17.3	41	14	9481.6
2020	18561	1520	8.2	52	48	6968.6

注：2004—2006 年燃放烟花爆竹起数所占的比例均为此类火灾占消防部门调查火灾的比例。

2000—2020 年国庆节期间火灾情况

年份	起数	亡(人)	伤(人)	直接损失(万元)	起火原因																			
					放火		电气		违反安全规定		用火不慎		吸烟		玩火		自燃		雷击		其他		不明确原因	
					起数	所占比例(%)	起数	所占比例(%)	起数	所占比例(%)	起数	所占比例(%)	起数	所占比例(%)	起数	所占比例(%)	起数	所占比例(%)	起数	所占比例(%)	起数	所占比例(%)	起数	所占比例(%)
2000	1603	22	68	1409.1	113	7.0	468	29.2	108	6.7	414	25.8	121	7.5	89	5.6	28	1.7	7	0.4	150	9.4	105	6.6
2001	1931	29	68	1449.0	113	5.9	520	26.9	87	4.5	555	28.7	142	7.4	106	5.5	27	1.4	1	0.1	256	13.3	124	6.4
2002	2466	37	51	2077.3	153	6.2	578	23.4	134	5.4	757	30.7	212	8.6	176	7.1	37	1.5	2	0.1	257	10.4	160	6.5
2003	1783	42	74	1989.1	79	4.4	483	27.4	128	7.2	526	29.5	104	5.8	60	3.4	22	1.2			249	14.0	127	7.1
2004	2265	54	46	5690.1	129	5.7	507	22.4	104	4.6	756	33.4	153	6.8	103	4.5	40	1.8	2	0.1	267	11.8	204	9.0
2005	2024	28	32	1229.7	98	4.8	473	23.4	111	5.5	634	31.3	153	7.6	67	3.3	39	1.9			297	14.7	152	7.5
2006	2248	16	34	1391.4	101	4.5	525	23.4	91	4.0	706	31.4	146	6.5	82	3.6	61	2.7			349	15.5	187	8.3
2007	2456	23	14	1991.8	75	3.1	777	31.6	161	6.6	505	20.6	180	7.3	115	4.7	70	2.9			388	15.8	185	7.5
2008	1734	13	11	2123.0	50	2.9	588	33.9	106	6.1	351	20.2	109	6.3	41	2.4	51	2.9			305	17.6	133	7.7
2009	2604	10	13	3952.2	65	2.5	741	28.5	126	4.8	598	23.0	190	7.3	126	4.8	73	2.8			457	17.5	228	8.8
2010	1984	14	14	4498.6	43	2.2	674	34.0	137	6.9	331	16.7	114	5.7	71	3.6	61	3.1			400	20.2	153	7.7
2011	1703	6	11	3227.9	35	2.1	565	33.2	114	6.7	250	14.7	101	5.9	53	3.1	52	3.1	1	0.1	430	25.2	102	6.0
2012	3672	16	3	5912.8	93	2.5	1131	30.8	166	4.5	654	17.8	188	5.1	131	3.6	119	3.2			895	24.4	295	8.0
2013	7661	22	16	8634.2	161	2.1	2221	29.0	252	3.3	1375	17.9	466	6.1	217	2.8	237	3.1	1	0.0	2247	29.3	484	6.3
2014	7661	22	16	8634.2	161	2.1	2221	29.0	252	3.3	1375	17.9	466	6.1	217	2.8	237	3.1	1	0.0	2247	29.3	484	6.3
2015	5812	26	19	5940.4	99	1.7	1709	29.4	168	2.9	1164	20.0	341	5.9	100	1.7	171	2.9	2	0.0	1608	27.7	450	7.7
2016	4676	19	18	12496.1	68	1.5	1756	37.6	148	3.2	963	20.6	329	7.0	122	2.6	226	4.8	3	0.1	843	18.0	218	4.7
2017	4412	18	15	6871.9	73	1.7	1584	35.9	179	4.1	1039	23.5	305	6.9	90	2.0	229	5.2	2	0.0	749	17.0	162	3.7
2018	4591	17	21	6597.5	68	1.5	1466	31.9	180	3.9	993	21.6	340	7.4	99	2.2	242	5.3			986	21.5	217	4.7
2019	4006	27	8	8640.1	71	1.8	1363	34.0	167	4.2	857	21.4	301	7.5	72	1.8	267	6.6	4	0.1	720	18.0	184	4.6
2020	10373	33	32	6531.4	104	1.0	3723	35.9	308	3.0	2082	20.1	1022	9.9	150	1.4	726	7.0	1	0.01	1999	19.3	252	2.4

注：1. 2009 年为 10 月 1—8 日，2008 年为 9 月 29 日至 10 月 5 日，2012 年为 9 月 30 日至 10 月 7 日，其余年份指 10 月 1—7 日。
2. 表内 2000—2006 年数据指消防部门调查的火灾数据。

2000—2020 年全国消防救援队伍接警出动综合情况

年份	出动情况（万起）						参战人员（万人次）	出动车辆（万辆次）	参战人员伤亡（人）			战斗成果	
	起数	虚警及其他	火灾扑救	抢险救援	重大活动执勤	社会救助			小计	亡	伤	抢救人员（人）	抢救财产价值（亿元）
2000	20.9	1.3	17.6	0.7	0.1	1.2	488.4	73.8	494	11	483	12527	134.1
2001	24.5	1.3	20.3	0.9	0.2	1.9	293.6	44.8	189	6	183	11596	141.3
2002	37.7	0.8	24.3	2.8	1.5	8.2	407.9	64.1	753	7	746	10196	169.7
2003	40.2	0.8	24.3	4.5	1.5	9.1	412.3	68.7	254	28	226	13666	236.4
2004	42.5	3.3	24.1	3.8	1.3	10.0	397.9	65.5	105	16	89	20414	323.4
2005	44.5	4.8	23.9	6.1	0.2	9.5	424.8	72.6	53	6	47	114877	350.2
2006	49.8	4.4	20.9	6.9	0.9	12.6	435.9	72.0	119	14	105	33651	303.2
2007	50.4	6.0	16.7	11.6	0.5	15.5	522.7	83.8	104	11	93	71690	1656.0
2008	51.4	10.0	13.5	13.3	1.1	13.6	542.4	86.4	122	14	108	88534	550.2
2009	53.6	10.0	12.8	15.0	1.4	14.4	566.8	89.6	64	8	56	79086	261.0
2010	58.9	11.6	13.1	18.3	1.0	14.8	615.2	96.7	28	7	21	159834	367.0
2011	65.6	14.2	12.5	20.9	0.9	17.1	733.4	117.1	55	6	49	128893	644.1
2012	75.5	15.4	15.1	23.3	1.5	20.2	811.0	131.6	30	8	22	143342	330.7
2013	103.3	15.3	38.5	26.3	1.3	21.9	1102.6	183.2	52	15	37	175220	359.2
2014	114.0	18.6	39.4	29.8	1.3	24.9	1224.9	205.6	29	13	16	176091	512.5
2015	113.2	18.9	34.5	31.9	1.2	26.7	1210.2	206.2	123	31	92	166031	399.2
2016	114.4	21.8	32.3	32.3	1.5	26.6	1239.9	210.2	45	12	33	194202	302.7
2017	118.9	24.7	27.9	33.6	1.7	31.0	1311.5	224.8	11	6	5	157008	282.6
2018	117.3	23.6	24.2	33.2	1.9	34.4	1286.9	221.7	21	10	11	150913	305.0
2019	131.0	26.7	25.5	37.0	4.5	37.3	1348.3	238.1	25	9	16	160498	183.1
2020	161.3	10.8	67.7	36.2	5.4	41.1	1567.8	280.8	48	13	35	186260	914.1

注：为统一口径，部分年份的数据根据各地通过火灾统计软件（系统）上报的数据进行了修正。

城乡消防规划统计

地区	直辖市			地级市				县级市				乡级												村		
												建制镇									乡（包括苏木、民族乡、民族苏木）			行政村		
												全国重点镇			一般建制镇			合计总数								
	已编制消防规划数量	当年新编制、修订消防规划数量	已超出规划期限或总体规划已调整的消防规划数量	数量	已编制消防规划的地级市数量	当年新编制、修订消防规划的地级市数量	已超出规划期限或所在市总体规划已调整的消防规划数量	数量	已编制消防规划的县级市数量	当年新编制、修订消防规划的县级市数量	已超出规划期限或所在市总体规划已调整的消防规划数量	数量	已编制消防规划的重点镇的数量	当年新编制、修订消防规划的重点镇的数量	数量	已编制消防规划或消防专篇的建制镇的数量	当年新编制、修订消防规划或消防专篇的镇的数量	总数	已编制消防规划或消防专篇的建制镇的数量	当年新编制、修订消防规划或消防专篇的镇的数量	数量	有消防规划或消防规划内容的乡的数量	当年新编制、修订消防规划或消防规划内容的乡的数量	数量	有消防规划或消防规划内容的行政村数量	当年新增有消防规划或消防规划内容的行政村数量
全　国	4	1	1	324	295	84	56	1447	1336	231	194	3608	3208	332	16704	12869	1433	20324	16108	1776	8387	3660	222	464072	34042	1681
北　京	1											21	21		94	94		115	115							
天　津	1											10	10		118	118		128	128					3556	937	
河　北				11	11	1	2	118	115	13	3	191	191	20	1039	475	48	1230	666	68	714	206	9	49442		
山　西				11	10	1	5	104	82	2	38	141	115	7	414	239	12	555	354	19	534	18		21026		
内蒙古				12	12			11	11			143	114	2	365	277	3	508	391	5	271	93	2	11065	538	47
辽　宁				14	9	8	2	41	27	15	3	88	66	4	542	357	49	630	414	53	259	6		10501	83	
吉　林				9	6	3		36	28	12		81	58	21	352	181	28	433	239	49	167	80	4	9200	1388	8
黑龙江				13	7	6	6	65	55	10	10	115	80	15	397	228	31	512	308	46	353	159	19	8580	276	154
上　海	1	1	1																							
江　苏				13	13	9	1	22	21	13		94	94	19	532	523	164	649	610	217	47	41	4	8779	1404	
浙　江				11	11	5	6	47	33	15	11	131	112	18	499	415	93	620	527	101	257	159	26	20099	8587	27
安　徽				16	14	4	1	67	55	7	2	129	111	12	850	655	54	979	766	66	272	158	7	14228	605	369
福　建				10	10	2	1	56	56	27	19	91	91	9	542	526	127	633	617	44	250	244	32	9848	647	3

城乡消防规划统计（续一）

地区	直辖市			地级市				县级市				乡级												村		
												建制镇									乡(包括苏木、民族乡、民族苏木)			行政村		
												全国重点镇			一般建制镇			合计总数								
	已编制消防规划数量	当年新编制、修订消防规划数量	已超出规划期限或总体规划已调整的消防规划数量	数量	已编制消防规划的地级市数量	当年新编制、修订消防规划的地级市数量	已超出规划期限或所在市总体规划已调整的消防规划数量	数量	已编制消防规划的县级市数量	当年新编制、修订消防规划的县级市数量	已超出规划期限或所在市总体规划已调整的消防规划数量	数量	已编制消防规划的重点镇的数量	当年新编制、修订消防规划的重点镇的数量	数量	已编制消防规划或消防专篇的建制镇的数量	当年新编制、修订消防规划或消防专篇的镇的数量	总数	已编制消防规划或消防专篇的建制镇的数量	当年新编制、修订消防规划或消防专篇的镇的数量	数量	有消防规划或消防规划内容的乡的数量	当年新编制、修订消防规划或消防规划内容的乡的数量	数量	有消防规划或消防规划内容的行政村数量	当年新增有消防规划或消防规划内容的行政村数量
江　西				11	11	6		73	73	11		124	124	14	706	381	27	830	687	41	568	375		16908		
山　东				16	16	5	6	30	30	12	15	192	192	15	877	779	65	1069	948	75	59	47	2	56409	1195	7
河　南				18	13	5	6	107	100	10	10	199	155	34	904	700	68	1110	776	102	622	113	3	43901	2135	616
湖　北				13	13	1	1	82	76	3	9	140	109	22	628	472	113	768	591	135	156	69	17	18139	23	306
湖　南				14	13	6	1	93	88	9	22	165	147	19	975	882	17	1140	1029	36	331	112	1	23987	1221	5
广　东				21	21			20	20	1		123	76	17	961	699	32	1084	755	49	11	8		20384		
广　西				14	15	3	7	71	70	4	7	114	111	13	681	621	56	795	744	47	306	125	2	12986	78	22
海　南				4	2	1	1	15	14	1		34	34		107	81	17	141	115	17	14	10		1775	77	2
重　庆	1							12	12			88	88		527	527		615	615		195	195		8034	8034	
四　川				21	21	3	3	154	154	32	32	258	258	27	1391	739	56	1649	997	83	317	119	35	27018		
贵　州				7	5	2		47	44	22	2	137	125	2	707	634	200	842	757	224	355	226	25	11691	1198	3
云　南				16	16			14	14			184	184		483	483		667	667		544	449		12065		
西　藏				7	7	2		1	1			138	74	6	18	18	1	156	92	7	536	172	7	5464	138	1

城乡消防规划统计（续二）

地区	直辖市			地级市				县级市				乡级															村		
												建制镇									乡（包括苏木、民族乡、民族苏木）			行政村		
												全国重点镇			一般建制镇			合计总数								
	已编制消防规划数量	当年新编制、修订消防规划数量	已超出规划期限或总体规划已调整的消防规划数量	数量	已编制消防规划的地级市数量	当年新编制、修订消防规划的地级市数量	已超出规划期限或所在市总体规划已调整的消防规划数量	数量	已编制消防规划的县级市数量	当年新编制、修订消防规划的县级市数量	已超出规划期限或所在市总体规划已调整的消防规划数量	数量	已编制消防规划的重点镇的数量	当年新编制、修订消防规划的重点镇的数量	数量	已编制消防规划或消防专篇的建制镇的数量	当年新编制、修订消防规划或消防专篇的镇的数量	总数	已编制消防规划或消防专篇的建制镇的数量	当年新编制、修订消防规划或消防专篇的镇的数量	数量	有消防规划或消防规划内容的乡的数量	当年新编制、修订消防规划或消防规划内容的乡的数量	数量	有消防规划或消防规划内容的行政村数量	当年新增有消防规划或消防规划内容的行政村数量
陕　西				10	9	5	1	37	35	2	2	123	123	10	789	746	83	906	838	166	9	8		8112	141	
甘　肃				15	15	2	3	66	66	5		153	150	2	772	642	45	925	791	58	456	141	11	15406	248	
青　海				8	8	1		38	36	1	5	65	59	7	79	62	5	144	121	12	193	27	2	4149	895	
宁　夏				5	3	3	3	2	2	2	2	23	28	17	75	75	37	103	103	54	90	16	11	2240	191	107
新　疆				4	4			18	18	2	2	108	108		280	240	2	388	347	2	501	284	3	9080	4003	4

说明：1. 表中涉及的行政区划数量，请参照《中华人民共和国行政区划简册》《中华人民共和国行政区划手册》、民政部区划地名司网站以及当地民政部门等的权威资料确定。

2. 城市消防规划的内容，按照国家标准《城市消防规划规范》（GB 51080—2015）执行。

3. “直辖市”不填写“地级”一栏的内容，填写“乡镇”“村”的内容。

4. 地级市（地区、州、盟）包括所辖区，不包括辖县。

5. “县的数量”，包括县、自治县、旗、自治旗以及湖北省的1个林区（神农架林区）、贵州省的1个特区（六枝特区）。

6. “乡级”不包括城市街道，包括建制镇、乡、民族乡、苏林、民族苏木和2个区公所（河北省1个、新疆维吾尔自治区1个）。

7. 全国重点镇数量，以2014年住房和城乡建设部等部门《关于公布全国重点名单的通知》（建村〔2014〕107号）为准。

8. 数据统计截止时间为2020年12月31日。